Democracia, Justiça e Direitos Humanos

www.editorasaraiva.com.br/direito
Visite nossa página

EDUARDO C. B. BITTAR

Democracia, Justiça e Direitos Humanos

Estudos de Teoria Crítica e Filosofia do Direito

2ª edição
2022

saraiva jur

saraiva EDUCAÇÃO | saraiva jur

Av. Paulista, 901, Edifício CYK, 3º andar
Bela Vista – SP – CEP 01310-100

SAC | sac.sets@saraivaeducacao.com.br

Diretoria executiva	Flávia Alves Bravin
Diretoria editorial	Ana Paula Santos Matos
Gerência editorial e de projetos	Fernando Penteado
Novos projetos	Aline Darcy Flôr de Souza Dalila Costa de Oliveira
Gerência editorial	Isabella Sánchez de Souza
Edição	Daniel Pavani Naveira
Produção editorial	Daniele Debora de Souza (coord.) Cintia Aparecida dos Santos Rosana Peroni Fazolari
Arte e digital	Mônica Landi (coord.) Camilla Felix Cianelli Chaves Claudirene de Moura Santos Silva Deborah Mattos Guilherme H. M. Salvador Tiago Dela Rosa
Projetos e serviços editoriais	Daniela Maria Chaves Carvalho Emily Larissa Ferreira da Silva Kelli Priscila Pinto Klariene Andrielly Giraldi
Projeto gráfico	Mônica Landi
Diagramação	SBNigri Artes e Textos Ltda
Revisão	Daniela Georgeto
Capa	Deborah Mattos
Impressão e acabamento	

DADOS INTERNACIONAIS DE CATALOGAÇÃO NA PUBLICAÇÃO (CIP)
VAGNER RODOLFO DA SILVA - CRB-8/9410

B624d Bittar, Eduardo C. B.
Democracia, Justiça e Direitos Humanos: Estudos de Teoria Crítica e Filosofia do Direito / Eduardo C. B. Bittar. – 2. ed. – São Paulo : SaraivaJur, 2022.
352 p.
ISBN 978-65-5362-089-6 (Impresso)
1. Direito. 2. Filosofia do Direito. 3. Teoria Crítica. 4. Democracia. 5. Justiça. 6. Direitos Humanos. I. Título.

2022-625 CDD 340.1
CDU 340.12

Índices para catálogo sistemático:

1. Filosofia do Direito 340.1
2. Filosofia do Direito 340.12

Data de fechamento da edição: 24-3-2022

Dúvidas? Acesse www.editorasaraiva.com.br/direito

CL 607305 CAE 791954

SUMÁRIO

PREFÁCIO À 2ª EDIÇÃO

Bastaria um olhar sobre o extenso e rico currículo do Professor Dr. Eduardo C. B. Bittar para descobrir que se está diante de um jovem gigante das letras jurídicas brasileiras, seja pela titulação conquistada, seja pela quantidade e qualidade de sua produção bibliográfica e técnica, para além das demais atividades registradas no sistema de currículos *lattes* do *CNPq*. A mera possibilidade de poder lançar algumas notas a título de *Prefácio* de obra publicada pelo colega e amigo Eduardo, por quem nutro não apenas uma grande admiração intelectual, mas também um sentimento de amizade, muito embora o vínculo pessoal seja relativamente recente, já seria por si só suficiente para assegurar um patamar mais elevado ao meu próprio currículo, de resto modesto quando comparado com o do Eduardo. Mas o que torna o convite que me foi formulado ainda mais honroso e agradável é o fato de que a obra que ora tenho o privilégio de prefaciar versa sobre temática que me é particularmente cara, qual seja, a dignidade humana e os direitos humanos, muito embora a diferença de perspectiva e de método de análise que marca as nossas respectivas produções nessa seara. Com efeito, ao passo que o Autor explora com maestria ímpar a matriz histórica e filosófica dos direitos humanos, dialogando com a teoria da Justiça e do Direito, o nosso enfoque diz com a dogmática jurídico-constitucional dos direitos fundamentais na condição de direitos humanos institucionalizados na esfera de uma ordem estatal concreta, mas que não dispensa — muito antes pelo contrário, o exige como pressuposto e condição de possibilidade — um discurso de justificação e fundamentação apurado, tal como o produzido por Eduardo Bittar.

O autor se ocupa — também e principalmente nesta obra — com a dignidade e os direitos humanos na perspectiva de sua justificação e fundamentação, mas explora igualmente as relações entre direitos humanos, justiça e democracia, de modo profundamente comprometido com uma práxis voltada à liberdade com responsabilidade (pessoal e social), além de articulada com os grandes desafios de nosso tempo e do nosso espaço latino-americano. Na obra, que ora alcança, vitoriosa, a sua 2ª edição, tais categorias (dignidade, direitos humanos, justiça e democracia) ganham a vida e o sabor que apenas a pena de um poeta e artesão das letras filosóficas e jurídicas, tal como o é Eduardo Bittar, saberia transmitir.

Se a dignidade da pessoa humana, como o advoga Peter Häberle, é (também) a premissa antropológica do *Estado Constitucional Contemporâneo*, sendo a democracia consequência organizatória e ao mesmo tempo garantia política da dignidade humana, os Estados que não levam a sério a dignidade e os direitos não poderão ostentar o título de autênticos *Estados Constitucionais*. O que Eduardo Bittar oferece ao leitor ávido por beber de fonte tão rica e cristalina é um leque de ensaios de alta qualidade e senso crítico-reflexivo, diversificado quanto aos temas, mas coeso no que concerne ao fio condutor, qual seja, o dos direitos humanos e da sua conexão com a justiça e a democracia, eixos estruturantes da narrativa e que são visualizados desde uma perspectiva filosófica comprometida, como já assinalado, com a dignidade e os direitos das pessoas concretas, inseridas no espaço e tempo presentes. Que possamos, com brevidade, ver uma terceira (3ª) edição nas prateleiras físicas e virtuais de livrarias e bibliotecas já não é um mero desejo, mas uma certeza. Parabéns ao Autor, mas parabéns acima de tudo a quem for tocado por sua luz.

Porto Alegre, 14 de fevereiro de 2022.

Ingo Wolfgang Sarlet

Professor Titular e Coordenador do PPGD da Escola de Direito da PUCRS. Desembargador aposentado do TJRS. Advogado.

INTRODUÇÃO

Fotografia: Kritisch Bildung, estampada nos muros da Johann Wolfgang Goethe-Universität (Frankfurt am Main), Alemanha.

Este livro contém uma análise da relação entre Democracia, Justiça e Direitos Humanos, encontrando nesta intrínseca correlação elementos de indispensável orientação para o mundo do Direito. O livro foi lançado com este propósito, qual seja, o de explicitar e o de estreitar esse vínculo interno, sendo também revisado para reforçar esse propósito. A atual 2ª edição do livro *Democracia, justiça e direitos humanos: estudos de Teoria Crítica e Filosofia do Direito* está aprimorada, modificada e incorpora três novos *Ensaios*, além de incluir novas análises conjunturais e nova avaliação teórica. É importante noticiar ao leitor, também, que entre a 1ª e a 2ª edição decorreram alguns anos, sendo que, nesse meio-tempo, a obra foi traduzida e publicada na Alemanha, sob o título *Democracy, Justice and Human Rights: Studies of Critical Theory and Social Philosophy of Law* (Saarbrücken, LAP, 2016).

Porém, a sua maior particularidade se encontra no fato de que, apesar de o livro ter sido escrito no período de 2007 a 2010, e de ter sua 1ª edição publicada no ano de 2011, a 2ª edição da obra é escrita após muitas transformações sociais, políticas e econômicas ocorridas no Brasil e no mundo. Neste interregno, as manifestações de rua de 2013, que ocuparam todo o Brasil, sacudiram a vida política e deixaram uma marca de que a insatisfação se transformou em tal insumo político que o período democrático e republicano inaugurado em 1985, e selado sob a Constituição de 1988, se encontra modificado. Se toda uma geração foi colhida pelos efeitos anestesiantes do neoliberalismo, o decreto de seu sepultamento também trouxe uma alteração do cenário político contemporâneo, em que a lógica das redes sociais "curto-circuitou" os métodos tradicionais da política institucionalizada. Além disso, o período foi marcado por um forte estremecimento da democracia, num verdadeiro teste de capacidade de resistência das instituições democráticas, a todo tipo de atitude antidemocrática.

***

A atualidade desta obra também se confirma no fato de que toda situação de crise (econômica, política, moral) opera não somente profunda estagnação, mas leva a recuos no plano dos direitos. Isso se dá em função do intenso estado de relativismo e da condição de paralisia econômica, do inconformismo e da busca por mudanças, num complexo cenário global de fragilidades, incluindo a situação da pandemia da Covid-19. Todo momento de crise é, nesse sentido, também, um momento em que avultam os obscurantismos, que apenas pareciam estar sepultados. Mas a busca por soluções, muitas vezes, traz consigo, no afã da mudança, a oportunidade para que se possa abrir mão daquilo que é fundamental. E eis do que o livro trata, da relação de interconexão entre três dimensões fundamentais da organização das sociedades contemporâneas, a partir do enorme legado da modernidade, a saber, a democracia, a justiça e os direitos humanos. O *Estado Democrático de Direito* se funda na dependência interna entre esses três pilares de organização da arquitetura dos direitos.

Assim, num livro que procura diagnosticar o estado da arte da relação entre democracia, justiça e direitos humanos, avulta a questão da liquidez de nossos tempos, aparece o problema da polarização política, da recaída em extremos que o passado já demonstrou inférteis, mas vai além disso. Enquanto livro de *Ensaios*, é relevante notar que cada um deles apresenta diagnósticos, sem deixar de apontar rumos, em especial, quando se discute a vitalidade da vida democrática. Bem se sabe que o método de escrita dos *Ensaios* é diferente das obras sistemáticas, e, exatamente por isso, guarda a sua peculiaridade e o seu valor. É nessa medida que as contribuições da *Escola de Frankfurt* se fazem ainda mais atuais e vivas, como se procura demonstrar a cada *Ensaio*, pois enfrentam estas discussões de modo muito percuciente. A título de exemplo, quando se recorre ao ensaio sobre Jürgen Habermas, a teoria contemporânea da democracia é discutida dentro da perspectiva teórica *proceduralista*, com a clara proposição de que não devemos abandoná-la, mas consolidá-la, realizá-la e aprimorá-la, como um dos principais legados do mundo moderno. Também, quando se discute a Era Digital, com o auxílio do conceito de *aceleração* da sociologia de Hartmut Rosa, está-se a apontar para uma clara relação de compreensão das transformações internas do mundo moderno.

A obra, agora, está composta por um conjunto de quinze *Ensaios* – sendo que alguns deles foram publicados autonomamente, em formato de artigos, ao longo dos últimos anos de reflexão e pesquisa –, cujos conteúdos ensaiam uma conexão contínua entre questões filosóficas, questões sociológicas e questões democráticas. Em sua totalidade interna, a reunião dos *Ensaios* – cada qual marcado por uma busca específica de verticalização reflexiva – dá conta de permear o que o título da obra se propõe a investigar. Os *Ensaios* foram gestados a partir de debates, reuniões de pesquisa e encontros do *Grupo de Pesquisa*, por mim liderado junto ao CNPq, intitulado "Democracia, Justiça e Direitos Humanos: estudos de Teoria Crítica" (2007-2010), e, depois, foram ganhando vida própria. O Grupo teve início no *Núcleo de Estudos da Violência* – USP (NEV-USP), com a finalidade de empreender um esforço de releitura dos textos da tradição frankfurtiana, para deles retirar um quadro de *diagnóstico do tempo presente*, e, por isso, traduzir a atualidade de questões que apontam para a necessidade de uma revisão do *projeto da modernidade*, de sua racionalidade, de suas práticas e de seus legados, mas também de sua patologias. Nesse sentido, essa tarefa é subsequente à tarefa de ter já empreendido, no conjunto de minhas pesquisas científicas, a apreensão de que o cenário pós-moderno convida à reflexão acerca das perspectivas do *projeto da modernidade*.

***

O livro, portanto, inscreve-se, em seu ajuste temático e teórico, em uma tradição teórica e procura exercitar a tarefa de dialogar com as matrizes do pensamento frankfurtiano, considerando suas diversas tendências e ênfases, bem como a multiplicidade de abordagens que tiveram aparecimento a partir das pesquisas nascidas do *Instituto de Pesquisa Social de Frankfurt (Institut für Sozialforschung)*. Nesse sentido, esta 2ª edição é lançada, também, em tom celebrativo, tendo em vista que o *Institut* celebra 100 anos de existência (1923-2023), com uma história entrecortada por períodos de extrema dificuldade, mas muito fértil no desenvolvimento de estudos e pesquisas. O conjunto de *Ensaios* consegue dar conta de apontar como a *Escola de Frankfurt* contribui para a compreensão das transformações da sociedade moderna.

Por isso, desde que entrei definitivamente em contato com os temas, as obras e os autores da *Escola de Frankfurt*, tornou-se impossível pensar os desafios da modernidade sem recorrer às ferramentas conceituais desenvolvidas pelos frankfurtianos. Durante a última década, através de diversas iniciativas e em ocasiões diferentes, foi possível desenvolver ou manter conexão com o

Institut e/ou com a Goethe-Universität am Main, em estudos e pesquisas sobre Axel Honneth, Rainer Forst, Jürgen Habermas e Hartmut Rosa. No entanto, esses estudos não param por aí. Ao longo dos últimos 20 anos, os registros em torno do pensamento frankfurtiano vieram crescendo, enquanto se desenvolvia um grupo de pesquisa sobre os temas, e com ele a correspondência intelectual direta com Jürgen Habermas, Axel Honneth, Rainer Forst e Hartmut Rosa. Com o primeiro, temos mantido vigoroso acompanhamento da evolução de sua obra e de sua produção mais recente, com claro diálogo aberto de recíproca cordialidade. Com mensagem de esperança, apoio e gentil disposição, sinaliza a importância da tarefa de atualização e adaptação do pensamento da Teoria Crítica aos desafios específicos das mais diversas realidades, aí incluída a realidade brasileira, foco das pesquisas contidas no livro. O atual Diretor, Axel Honneth, sensível ao problema da violência e dos direitos humanos em todo o mundo, tem priorizado manter o *Institut* ativamente participativo da vida intelectual global, inclusive com francos e abertos diálogos com o Brasil, que se estendem e contemplam, direta e indiretamente, inúmeros centros de pesquisa, professores e grupos de estudos em todo o país. Por isso, essa ligação nos permite manter convívio e interlocução, bem como um interesse vivo pelo crescente amadurecimento de sua obra em direção aos temas do reconhecimento e da justiça. Não por outro motivo, o diálogo mantido com Axel Honneth vem permitindo o desenvolvimento de temas e indagações que interessam à atualidade de uma *Teoria Crítica* e, igualmente, vem fornecendo os subsídios necessários tanto para a integração do conhecimento em termos de uma atividade de pesquisa de interesse comum, em que estão os desafios não só da Alemanha atual, mas também do Brasil atual, quanto para o convívio em termos de risco de uma comunidade global.

***

Assim, esta obra reúne uma preocupação que organiza a diversidade interna dos temas contidos nos *Ensaios*, qual seja: a realização do ideário contido nas exigências do *Estado Democrático de Direito*. Somente por assumir essa perspectiva – reforçando a importância de um conceito de Direito forjado de forma adequada para garantir a efetividade desses ideais –, esta obra já desempenha um papel de decisiva importância para a área do Direito. Ao longo dos *Ensaios*, poderão ser encontradas abordagens que trabalham com a 1ª geração, a 2ª geração, a 3ª geração e a 4ª geração da Escola de Frankfurt. O importante é que todo o desfecho da obra nos conduz aos dois últimos *Ensaios*, em que a correlação entre justiça e democracia em Jürgen Habermas é explorada de forma mais detida, e, também, em que a correlação entre tecnologia e direitos humanos é discutida à luz da noção de *aceleração* na sociologia de Hartmut Rosa. Assim, ao longo de toda a obra, serão encontrados inúmeros concertos e correlações com textos de Max Horkheimer, Theodor W. Adorno, Walter Benjamin, Herbert Marcuse, Erich Fromm, Jürgen Habermas, Rainer Forst, Axel Honneth e Hartmut Rosa. Das reflexões contidas na obra, não se procura enfatizar um único autor ou filósofo, pois, na verdade, trata-se de buscar nas matrizes do pensamento frankfurtiano um conjunto de reflexões que permitem dar conta da análise da atualidade das questões que atravessam o tempo presente, considerando-se, inclusive, os limites históricos de seus Autores.

Ao mesmo tempo, se o livro não deixa de conter a preocupação de manter um diálogo profícuo com a complexidade da obra desses Autores, também enlaça o vigor de suas investigações, atraindo seus temas e reflexões para um quadro de problemas e questões que atravessam a nossa atual conjuntura social. Ao longo de todo o empreendimento de reflexão, o enlace temático está voltado para compreender especialmente questões da *democracia*, da *justiça social* e dos *direitos humanos*, aspectos definitivamente importantes para a compreensão do papel que uma *Filosofia Social do Direito* pode representar como contribuição crítica à reflexão em torno dos desafios contidos no desenvolvimento da cultura dos direitos.

É ao modo, portanto, de um *diagnóstico do tempo* que se dá a proposta desta obra. Por isso, a forma do ensaio é mais bem reputada do que a linearidade de capítulos de um livro sistemático. Os *Ensaios* têm profunda correlação entre si e são vazados por uma compreensão de mundo claramente interdisciplinar, o que provoca atravessamentos recíprocos. Ora, são os estudos interdisciplinares que marcam a constituição do *Institut* e diferenciam a proposta de agir teoricamente, enquanto se pensa interdisciplinarmente. Mas, ao mesmo tempo, cada *Ensaio*, ainda que guarde uma correlação geral com os demais temas da obra, possui autonomia reflexiva e aprofunda-se para designar uma forma de compreensão da realidade contingente de modo unitário. Por isso, os temas de técnica, do trabalho, da dignidade humana, da educação em direitos humanos, da democracia pluralista, da sensibilidade estética, da informação e da comunicação, da política participativa, da cidade e da tecnologia digital podem estar juntos. Eles se somam em torno de complexos temas, que somente podem ser tratados enquanto façam parte de uma visão maior sobre os desafios e problemas da atualidade da vida moderna.

São Paulo, 21 de março de 2022.

O Autor

1. A CRISE ECONÔMICO-FINANCEIRA GLOBAL E OS DESAFIOS PARA A CULTURA DOS DIREITOS HUMANOS: ensaio sobre as condições econômicas da dignidade humana

1.1. CRISE, DIREITO E DIGNIDADE HUMANA

A crise econômico-financeira (2008-2013), e seus desdobramentos posteriores (2013-2022), ainda não completamente dissipada, vem gerando efeitos inúmeros. O primeiro deles, uma retração econômica de mais de uma década, que afeta a vida da população de forma muito dramática. A estagnação do crescimento mundial, as instabilidades econômico-financeiras, a retração dos mercados e o processo de desglobalização apontam para um cenário de fragilidades econômicas e grandes incertezas. Com isso, o aparecimento recente, dentro do mundo democrático, de forças políticas ultraconservadoras é um dos mais claros frutos da volatilidade econômico-financeira e da tentativa de soterramento dos ideais contidos nas social-democracias contemporâneas.

No Brasil, o otimismo com o qual o país vinha enfrentando a crise global, com moeda estável e crescimento positivo, animou os interesses de investidores e acelerou a aceitação do país no balanço dos interesses globais. Passada a euforia inicial, inúmeros desajustes vieram aparecendo como saldo deste processo: crescimento da inflação, alta dos custos básicos de vida, necessidade de aumento de preços, aumento da demanda por impostos por parte do Estado. E... a necessidade de aumentar tarifas de transporte. Neste exato ponto, tudo descarrilhou. O *Movimento do Passe Livre* (MPL) aparece neste momento, detonando o estopim de um movimento que alcançaria a Esplanada do Planalto e, também, traria consigo o fenômeno urbano contemporâneo dos *black blocs*[1]. Quando a

---

1 "Podemos pensar essas manifestações como um terremoto – uma metáfora mais adequada do que o trovão mencionado no editorial do semanário francês – que perturbou a ordem de um país que parecia viver uma espécie de vertigem benfazeja de prosperidade e paz, e fez emergir não uma, mas uma infinidade de agendas mal resolvidas, contradições e paradoxos" (Rolnik, Apresentação, As vozes das ruas: as revoltas de junho e suas interpretações, in Maricato et al., *Cidades rebeldes*: passe livre e as manifestações que tomaram as ruas do Brasil, 2013, p. 8).

insatisfação ganhou as ruas, não se podia imaginar que tanta angústia, desgoverno e insatisfação se encontravam acumulados. O resto de história que decorre do acumulado posterior a isto é bem conhecido da opinião pública.

O importante a considerar é que o fim do neoliberalismo, após cansativos anos de materialismo consumista, marasmo político, desmobilização político-intelectual e sensação de despedida e morte das ideologias/alternativas, levou a uma nova crise. Pode-se, assim, falar de *crise* (econômico-financeira) da *crise das alternativas* (neoliberalismo como fim das alternativas). A crise econômico-financeira, ao se abrir e escancarar os desatinos do mercado global, de apostas frias e superficiais, não produtivas, mas especulativas, deixou para trás um imenso rastro de destruição, inclusive no nível da cultura e do conhecimento, trazendo junto consigo a necessidade de *reconstrução* de identidades, de formas de pensar e agir socialmente engajadas. Toda uma geração de movimentos de juventude, forjada nos dissabores do mundo urbano marcado por custos altos de vida, falta de mobilidade urbana, degradação das condições de vida, altos índices de violência, precariedade do atendimento das demandas sociais básicas no campo dos direitos humanos encontrou nas ruas uma forma inovadora de construção do espírito de preocupação com o que é de interesse de todos.

No momento em que eclodem as manifestações, ali não estavam partidos, não apareciam sindicatos, não havia lideranças políticas tradicionais, mas jovens forjados na lógica da virtualidade e do neoliberalismo, que, agora, surgem, por meio de um grande número de ativistas, grupos, blogueiros, movimentos, manifestantes, fazendo com que o MPL viesse a ganhar força contextual. Um grupo de duzentas pessoas, descendo a Rua São Bento, em São Paulo, ao ritmo de "*Vem pra rua!*", libera um conjunto de descontentamentos que gera uma escalada política capaz de abalar profundamente todo o processo de luta pela *consolidação da democracia* nos últimos 30 anos (1988-2018), considerando-se o importante papel de equilíbrio e resguardo conferido pela Constituição Federal de 1988 nesse mesmo período. Se a crise econômica impacta diretamente nas formas como o *Estado Democrático de Direito* se afirma e nas políticas que promove de fato, trata-se de um fenômeno que produz seus efeitos no plano das questões de que se ocupa o Direito e, por isso, das que se ocupa também a reflexão crítica a respeito do Direito. Por isso, trata-se de um problema de que se ocupa a Filosofia Social do Direito. O abalo da centralidade do poder das instituições democráticas, a fragilidade das instituições democráticas, os déficits de consolidação de uma cultura dos direitos humanos e as políticas voltadas para os direitos sociais fazem parte dos desafios conjunturais que se somam, num contexto de complexidade, para adensar ainda mais o problema da eficácia desses direitos humanos e do cumprimento de promessas normativas que se escalonam e se acumulam como dívidas sociais crescentes.

Pode-se dizer que a crise permite, o tempo todo, evocar o fantasma do colapso sistêmico que assombra o mundo contemporâneo, e não somente por conta dos efeitos dessa presente crise, mas pela recorrente questão da sempre presente recaída na crise. Por isso, um quadro analítico e uma consolidada perspectiva de compreensão reflexiva cumprem uma tarefa de destacada importância, no atual contexto, para enquadrar o tema dos direitos humanos e seus desafios. Essa modalidade de direitos se encontra a todo tempo na berlinda, e se torna o ponto de toque da tentativa contemporânea de desmonte da cultura de paz, de respeito, de participação e de bem-estar social. É nessa medida que a escalada do neoconservadorismo domina a cena, reinstalando a ameaça contínua da violência institucional e, com isso, criando dificuldades para os avanços em matéria de direitos humanos.

E isso, especialmente, se considerados os desafios democráticos na realidade brasileira, esta que está cercada por uma conjuntura de desafios internos, e internacionais, fora dos quais não se pode pensar no avanço de conquistas no plano de uma cultura dos direitos humanos.

Em contraste com essa realidade, uma filosofia que se queira social trabalha na perspectiva de sua constante intervenção no plano da ação histórica, e, por isso, pensa a *práxis* como o lugar de especial relevo para o debate sobre as formas de dominação em sociedade. A filosofia social postula e reivindica uma posição claramente normativa em suas pesquisas e reflexões, e, exatamente por isso, distancia-se do foco de produção de perfectíveis sistemas teóricos e de coerentes redes de descrição total da realidade[2]. Diagnósticos e prognósticos são tecidos com base nos mutantes quadros da dinâmica da vida social, e, exatamente por isso, a prática da ética da resistência, como "núcleo impulsionador da resistência", na afirmação de Theodor Adorno[3], pela ação e pela teoria, revela-se na análise do enquadramento concreto das ações históricas que visam à transformação social[4]. Dessa forma, a reflexão sobre a relação entre direito e sociedade ganha especial atenção se considerada a tensão ineliminável entre faticidade e validade, para invocar a ideia de direito apresentada por Jürgen Habermas[5].

2 "A teoria crítica seria uma passagem para uma concepção em que a unilateralidade que afeta necessariamente a teoria tradicional – já que os processos parciais foram retirados do conjunto da práxis social – será novamente suprimida" (Nobre, Da dialética do esclarecimento à teoria estética: algumas questões, in Kriterion, *Revista de Filosofia*, n. 85, p. 75).

3 Adorno, *Educação e emancipação*, 3. ed., 2003, p. 154.

4 Bittar, Capitalismo, corrupção e movimentos sociais, *Folha de S.Paulo*, Caderno Tendências e Debates, 24 fev. 2007, p. A3.

5 A respeito, *vide* Bittar, A discussão do conceito de direito: uma reavaliação a partir do pensamento habermasiano, *Boletim da Faculdade de Direito da Universidade de Coimbra*, Coimbra, n. 81, p. 797-826, 2005.

As pesquisas de uma *Filosofia Social do Direito* devem, sobretudo, acenar no sentido desse visceral compromisso com as tarefas fundamentais que definem as premissas de ação de uma cultura democrática, com a promoção da educação para os direitos humanos e a preservação do debate sobre a dignidade da pessoa humana. Aqui está imersa a ideia de uma racionalidade mínima do convívio como projeto. O compromisso de reflexão que o direito mantém com a dignidade da pessoa humana deve caminhar no sentido do incentivo a uma vida isenta dos níveis intoleráveis de violência, quando a dialética conceitual entre *não violência* e *direito* parece ser um apelo essencial à ideia de que o direito possui um compromisso com a racionalidade da interação social. Em seu compromisso social parece definir a exigência de uma agenda que consinta em um rico estudo do ideário da *Escola de Frankfurt*, desde a sua primeira geração, até suas mais recentes manifestações, como uma obra em aberto, cuja significação continua de extrema atualidade, provocando as mentes do presente para a intervenção ético-política sobre o real, como mecanismo de transformação da própria sociedade.

Trata-se, com isso, de dar prosseguimento ao conjunto de estudos iniciados com as discussões sobre a crise do direito[6] e suas consequências humanas, principalmente se considerado o fato de que o direito aloja, atualmente, condições de preservação de garantias mínimas para o tratamento de questões concernentes ao tema da dignidade humana. Está reservado ao direito um papel regulatório, nas sociedades modernas, que não pode ser subsumido por outra instância social decisória. Assim, deve-se estimular a que se pense sobre qual o papel do direito, diante de tais desafiadoras conjunturas sociais, políticas e econômicas, nessa perspectiva, indagando qual o lugar dos direitos humanos no quadro de uma sociedade global em crise.

1.2. A CRISE E O CONTEXTO HISTÓRICO DO DIREITO

Em seguida aos anos de chumbo da ditadura civil-militar, o Brasil, ao adentrar nos anos 90, conhece os anos de chumbo da ortodoxia do discurso neoliberal, fundado que está na lógica da desregulamentação, da opacidade do direito, da terceirização, da desestatização, da minimização da presença interventiva do Estado na economia. No final da primeira década do século XXI, juntamente com todo o globo, mas com capacidade ímpar, historicamente, de reagir à desaceleração, a crise global afetará a economia brasileira[7]. Para pensar

---

6 *Vide* Bittar, *O direito na pós-modernidade e reflexões frankfurtianas*, 2009, p. 18 e s.

7 "O Brasil se depara com uma crise importada dos países desenvolvidos, de enormes proporções e pela qual o país não tem responsabilidade. Pela primeira vez, uma crise que ameaça reverter progressos sociais e econômicos importantes em muitos países encontra o Brasil mais forte e preparado" (Diop, A voz sensata do Brasil na crise, *Folha de S.Paulo*, 12 abr. 2009, p. A3).

com Reinhart Koselleck, uma vez que toda *crise* coloca a questão do futuro[8], a atual crise econômico-financeira global, por isso, coloca questões que deverão ser administradas pela cultura do direito contemporâneo, a saber: i) qual o papel do direito num contexto em que a herança do processo de déficits jurídicos complexos traz como consequência a inviabilização do atendimento e do provimento de direitos humanos?; ii) qual o papel da cultura do direito na criação de condições de superação da crise econômica e de seus efeitos, uma vez que em questão está o problema dos paradigmas advindos do discurso moderno?; iii) quais as formas de regulamentação que podem permitir uma reinvenção qualificada de práticas que funcionem como vetores de modificação das condições de funcionamento das instituições provedoras de justiça?

Esta não é a primeira crise econômica da vida moderna, pois a de 2008-... foi precedida das crises de 1873, 1929 e 1973. Isso significa que existe algum preparo advindo das medidas e das atitudes tomadas diante das crises anteriores para minimizar o impacto danoso dos efeitos da atual crise financeira global. Também, pode-se dizer, a *crise econômica* de 2008-..., a primeira do século XXI, não é a única *crise* existente no presente contexto, pois está acompanhada de outras tantas. Ou seja, trata-se de mais uma das crises que afetam o mundo contemporâneo, mas não da única. Por isso, ela não pode ser pensada como "crise econômico-financeira", isoladamente, como crise de "gestão do mercado", pois se trata de percebê-la como mais uma das manifestações da crise de um "modelo de civilização", que se impõe ao mundo, mas que encontra seus limites e resistências.

Não se trata, portanto, de interpretar a *crise* como uma *crise episódica* – lateral, passageira e conjuntural –, e, sim, de encará-la como uma crise contextual, que evidencia a insuficiência de certo modo de orientação da vida social, surgido na modernidade, nutrido ao longo de seu desenvolvimento, orientado pela lógica da *razão instrumental* (*Instrumentellen Vernunft*). É exatamente este que, agora, ainda uma vez, se revela, como existem muitas formas de se revelar, na superfície, como um fenômeno que fala de exaustão de um *paradigma epocal*. Em verdade, tudo está a apontar para a necessidade de o *projeto da modernidade* ser revisto, em seus aspectos obscuros e defasados, pois o século XXI demanda que não seja mera mimese do século XX, e de suas catástrofes (humanas, sociais e políticas).

---

8 "Pertence à natureza da crise que uma decisão esteja pendente mas ainda não tenha sido tomada. Também reside em sua natureza que a decisão a ser tomada permaneça em aberto. Portanto, a insegurança geral de uma situação crítica é atravessada pela certeza de que, sem que se saiba ao certo quando ou como, o fim do estado crítico se aproxima. A solução possível permanece incerta, mas o próprio fim, a transformação das circunstâncias vigentes – ameaçadora, temida ou desejada –, é certo. A crise inova a pergunta ao futuro histórico" (Reinhart Koselleck, *Crítica e crise*, 1999, p. 111).

O que justifica uma pesquisa sobre esse tema é exatamente a perspectiva de pensar o quanto a exaustão do modelo abre campo para novas práticas de justiça, e para modos alternativos de se refletirem as formas de justiça no mundo contemporâneo. Ela provocará a projeção desse cenário sobre uma reviravolta que repõe a oportunidade de projeção de uma significação importante para o âmbito do direito, com a retomada do papel do Estado e do papel do direito, como articuladores das condições de regulamentação e, também, de oferta de disciplina normativa ao mercado, ao mesmo tempo que construtores das formas de operacionalização e catalisação da justiça social.

De qualquer forma, a primeira percepção do advento da *pós-modernidade*, ou seja, da sociedade que vive da crise da modernidade, e de sua projeção no âmbito jurídico é a de crise, em seu sentido original (*krísis*, gr. = ruptura, quebra)[9]. A noção de *crise* vem contextualizada, crescentemente, numa vivência maior da própria *crise* do capitalismo solidamente constituído, alicerçado em fortes concepções presenciais do Estado intervencionista, condições materiais de expansão dos mercados, amplo espaço para a dominação e a hegemonia das novas ideologias pregadas pela mídia e pelos meios de comunicação, descobertas científicas pluralizando os usos da natureza, políticas internacionais fortalecedoras da consciência de mercado e da expansão multinacional, desenvolvimento acelerado dos meios de transporte que encurtaram distância e reduziram custos, amplo progresso tecnológico e mecânico..., que é um capitalismo do período fordista[10] e keynesiano[11] do pós-guerra (1945-1973), hoje em direção a um toyotismo em crise, quando as principais indústrias automobilísticas do mundo se tornam as primeiras frágeis vítimas do desmantelamento gerado pela crise iniciada em 2008.

A globalização que hora encontra o seu limite é apenas a *globalização econômica*, e isso na medida em que a globalização em curso foi apenas eco-

---

9 O conceito de crise também possui sua história: "O conceito de crise, desenvolvido na tragédia clássica, tem também uma contrapartida no conceito de crise encontrado na ideia de história enquanto salvação. Esta margem de pensamento entrou nas teorias evolucionistas sociais do século XIX através da filosofia da história do século XVIII. Pois Marx desenvolveu, pela primeira vez, um conceito científico-social de crises sistêmicas; é diante destes antecedentes que falamos hoje de crises sociais ou econômicas" (Habermas, *A crise de legitimação no capitalismo tardio*, 1999, p. 12).

10 "A data inicial simbólica do fordismo deve por certo ser 1914, quando Henry Ford introduziu seu dia de 8 horas e 5 dólares como recompensa para os trabalhadores da linha automática de montagem de carros que ele estabelecera no ano anterior em Dearbon, Michigan" (Harvey, *Condição pós-moderna*, 1992, p. 121).

11 "*Os princípios da administração científica*, de F. W. Taylor – um influente tratado que descrevia como a produtividade do trabalho podia ser radicalmente aumentada através da decomposição de cada processo de trabalho em movimentos componentes e da organização de tarefas de trabalho fragmentadas segundo padrões rigorosos de tempo e estudo do movimento –, tinham sido publicados, afinal, em 1911" (Harvey, *Condição pós-moderna*, 1992, p. 121).

nômica, não encontrando um sentido maior em sua constituição interna. De fato, essa crise colhe o mundo em pleno processo de expansão e integração econômica, e por isso seus efeitos também são em cascata, como afirma Marcio Pochmann: "A crise econômica atual dissemina-se num mundo ineditamente integrado e subordinado à lógica do funcionamento das forças de mercado"[12]. A diferença entre economia real e economia financeira permite, crescentemente ao longo da década de 90, um acúmulo especulativo que somente poderia vir a redundar na explosão das consequências que começaram a testemunhar a crise financeira, a partir de 2008 e 2009.

A resposta da economia de mercado, de modo imediato, é apenas superficial e episódica; visa a minimizar o impacto econômico negativo e a recuperar em tempo o mais curto possível a resposta em direção ao retorno do crescimento da massa econômica gerada pela atividade socialmente valiosa. Por isso, o sistema enxerga apenas a *doença episódica*, e, por isso, lida com a ideia de crise, de modo muito superficial, ou seja, como crise no sistema econômico, e não, de forma mais abrangente e ampla, como crise de uma *forma histórica* de sistema econômico. Ainda mais, a resposta que o sistema oferece à sua crise parece ser uma resposta interna, que depende da própria tecnologia específica das ciências econômicas, quando, em verdade, o olhar deveria ser deslocado para um conjunto maior de fatores que determinam a exaustão do paradigma. Numa latitude, ou noutra, tem-se que a atual forma como se enfrenta a crise não aborda seus aspectos mais substanciais, ou, quando o faz, opera de modo técnico, desconectando-a de uma diversidade de outros fatores colaterais.

Não se trata de mera *crise econômico-financeira*, por desestabilidade monetária ou especulativa, mas sim de algo estrutural para a sociedade, capaz de afetar as economias mais estáveis do planeta[13], gerando consequências humanas e sociais incalculáveis[14]. A *crise* tem precisa determinação na vida econômica dos Estados-nação, mas tem também fortes consequências na vida das pessoas, não poupando os países mais avançados e os mais atrasados, e isso porque "... é nos países desenvolvidos, que foram o epicentro da crise, que a fome deve avançar mais: alta de 15%. O total, porém, é bastante inferior ao

---

[12] Pochmann, Desglobalização, *Folha de S.Paulo*, Tendências e Debates, terça-feira, 24 mar. 2009, p. A3.

[13] "Vivemos hoje numa época caracterizada tanto pelo lento declínio do império americano, que nasceu dos escombros dos impérios britânico, francês e holandês, entre outros, como pela súbita queda da vasta ordem imperial da União Soviética. Se há, como se diz, uma nova ordem mundial, trata-se na melhor das hipóteses da nervosa ordem da fala sobre, e da denúncia de, múltiplas vozes que, devido a seu silêncio até agora longo, não tinham sido realmente consideradas vozes de outros indivíduos que de fato existem" (Lemert, *Pós-modernismo não é o que você pensa*, 2000, p. 148).

[14] Cf. Habermas, *A crise de legitimação no capitalismo tardio*, 1999, p. 62.

das demais regiões: 15 milhões de pessoas", conforme noticia a mídia[15]. De fato, os efeitos da *crise* são colhidos concretamente sobre pessoas humanas, atingindo, portanto, seus direitos basilares.

Isso, em especial, no que tange às pessoas mais fragilizadas em dinâmicas sociais marcadas por discriminação, hostilização social de minorias, preconceitos, disparidades de gêneros e desigualdades. Pode-se constatar, juntamente com Maria Nazareth Farani Azevedo, que: "Em especial, mulheres, crianças, migrantes, refugiados, indígenas e deficientes físicos estão entre aqueles que mais sofrerão com a crise"[16]. Por isso, desde a emergência da globalização, fala-se muito em governança global, mas a *crise* revelou que se vivia, em verdade, uma *anarquia orquestrada*. Ora, o que é a *crise econômica* senão a anarquia do modo anárquico com o qual o mercado pretendeu construir a vitória do neoliberalismo como forma política no mundo globalizado?

Considerando a equação global, a crise afeta especialmente economias mais frágeis. O número de famintos no mundo indica isso: 15 milhões de pessoas nos países desenvolvidos; 53 milhões de pessoas na América Latina e Caribe; 42 milhões de pessoas no Oriente Médio e norte da África; 265 milhões de pessoas na áfrica subsaariana; 642 milhões de pessoas na Ásia e no Pacífico[17]. A desaceleração econômica provoca uma retração que torna a equação da fome e da miséria que nos faz recuar décadas no tema do provimento de direitos humanos. A crise está, por isso, trazendo forte retração para as economias locais, especialmente aquelas que se encontram em desenvolvimento[18]. Ademais, a situação de *crise* faz com que cada economia local reaja de modo muito peculiar ao estado de incertezas econômicas e retração do mercado global. Em especial, no Brasil, onde a democracia ainda não se encontra plenamente consolidada, são as instituições democráticas que se encontram desestabilizadas, tendo-se em vista o *impeachment-golpe* de 2016, a fragilização da Presidência da República e o crescimento do cenário de polarização, seguido de manifestações de discursos de ódio, de ameaças de violência institucional e de intolerância política.

Mas as economias hegemônicas, no epicentro da modernidade europeia, como em Paris, ressentem-se dos efeitos da crise, como demonstram as mani-

---

15 *Folha de S.Paulo*, sábado, 20 jun. 2009, Caderno Dinheiro 1, p. B1.

16 Maria Nazareth Farani Azevedo, Os direitos humanos em tempos de crise, *Folha de S.Paulo*, São Paulo, domingo, 15 mar. 2009, p. A3.

17 *Folha de S.Paulo*, sábado, 20 jun. 2009, Caderno Dinheiro 1, p. B1.

18 Os fluxos internacionais de crédito tiveram expressiva queda, prejudicando orçamentos e expectativas de investimentos, o que pode ser quantificado, quando se pretende estimar uma queda de $ 1,2 trilhão para menos de $ 200.000 bilhões para os países não desenvolvidos do fluxo internacional. Esses dados são noticiados por Marcio Pochmann, Desglobalização, *Folha de S.Paulo*, Tendências e Debates, São Paulo, terça-feira, 24 mar. 2009, p. A3.

festações dos trabalhadores, aos milhões, que mais de uma vez, somente no primeiro semestre de 2009, revelam-se não somente como fenômenos de contestação ao governo Sarkozy, mas como fenômenos da sociedade mundializada, que sofre localmente efeitos de crises sistêmicas globais e almeja, através de protestos, a construção legítima de novas demandas por justiça e a apresentação de formas aceitáveis de crítica aos encaminhamentos das políticas em cenário de crise econômica global. Igualmente, em episódios mais recentes, as manifestações dos *Gillet-Jaune*, em Paris (França), ao longo do mês de novembro de 2018, reivindicam o aumento das condições mínimas de vida e a desoneração das classes mais baixas.

A modernidade, que não é mais a modernidade de "aço e ferro", a do capital preso e sólido, opõe-se a esta outra, a *modernidade líquida* do capitalismo tardio, a do capital *solto* e *volátil*, ou seja, descompromissada e desregulada[19]. Num contexto de profunda insegurança, fica fácil perceber o quanto o Estado de Direito perde a sua capacidade regulatória da vida social, fazendo com que a própria solidez dos direitos desapareça, liquefaça-se com a própria liquefação do mercado[20]. De modo ameaçador, portanto, o que se vive presentemente é uma *vaporização* daquilo que é mais fundamental, e, por isso, elementar, compreendido, na linguagem do direito, como direitos humanos fundamentais.

Enraizar esse questionamento e dedicar algum fôlego da reflexão do direito sobre o seu papel diante da crise, bem como perceber, por um desgaste histórico e concretamente aferível, as consequências da crise sobre a dinâmica dos direitos humanos no Brasil, parece questionamento de todo fundado e importante para se fazer. A emergência do tema também torna a questão um polo central de preocupações dos principais foros de discussão mundiais, a exemplo da décima sessão especial do Conselho de Direitos Humanos da ONU, ocorrida em Genebra, no dia 20-2-2009, que tematizou a questão da crise e seu impacto sobre as diversas dimensões dos direitos humanos, sabendo que se trata atualmente de uma questão com muitas faces, em função da complementaridade dessas dimensões de direitos humanos. A *globalização* traz consequências humanas, para pensar com Zygmunt Bauman[21], mas a *desglobalização* também traz consigo consequências desumanas[22] e, por isso, desabilita-

---

19 Cf. Bauman, *Modernidade líquida*, 2001, p. 54.

20 "A pobreza e a exclusão social estão na base da maioria dos casos das violações de direitos humanos. O desrespeito aos direitos sociais básicos é ameaça concreta à estabilidade política, ao Estado de Direito e à democracia em todo o mundo" (Azevedo, Os direitos humanos em tempos de crise, *Folha de S.Paulo*, São Paulo, domingo, 15 mar. 2009, p. A3).

21 Bauman, *La globalización*: consecuencias humanas, 2001, p. 103 e s.

22 "Segundo o Banco Mundial, até 53 milhões de pessoas passaram a enfrentar a extrema pobreza como consequência direta do cenário econômico vigente" (Azevedo, Os direitos humanos em tempos de crise, *Folha de S.Paulo*, São Paulo, domingo, 15 mar. 2009, p. A3).

doras da realização de direitos humanos. Assim, não será surpreendente que as ondas neoconservadoras se oponham ferrenhamente aos direitos humanos, como uma forma de criar uma *retrotopia*, no lugar da mais sólida construção consensuada por todos os povos em torno dos direitos universais, mínimos e globalmente válidos. A revalidação de discursos racistas, da intolerância política e das ameaças às instituições democráticas não faz avançar o cenário contemporâneo e, por isso, representa um retrocesso em direção à face negativa (face sombra) do *projeto da modernidade* no século XX.

Nesse contexto, algumas perguntas avultam e se destacam como reflexão a respeito da própria consistência e das perspectivas para o direito: a mera continuidade do direito, como produto da era técnica, e relação de cálculo, satisfaz para atender a demandas de legitimação da ordem vigente? A crise regulatória dos mercados apresenta-se como uma oportunidade para a revisão e superação dos quadros legitimatórios do Direito? Iniciativas de reforma do sistema implementadas, ou em implementação, são suficientes para a correção de rumos do modelo de administração da vida social no mundo contemporâneo? As estruturas sobre as quais se sustentam as vigas do mundo moderno, sobre as quais operam separadas as lógicas da moralidade, da normatividade jurídica e da economia serão capazes de suportar os ônus advindos de sobrecargas imensas, não compensadas, de demandas por justiça, num contexto de crise? São suprimíveis as conquistas de direitos humanos, sob a alegação de faltas orçamentárias utilizadas como fundos de ajuda, e socorro monetário ou financeiro, como forma de equilíbrio emergencial dos mercados e de suas lógicas, quando, para prover sua sustentação, ao mesmo tempo se é obrigado a descobrir o agasalho que mantinha possível, ao menos nas políticas de bem-estar social, a lógica da efetivação de conquistas históricas de direitos humanos? O caráter fugidio do mercado, e de suas necessidades imediatas, é mais sólido e significativo que a solidez dos direitos conquistados e legislados, positivados e sistematizados como direitos humanos?

1.3. CRISE, PROGRESSO E A CULTURA DOS DIREITOS HUMANOS

Que tipo de lógica de progresso governa as sociedades modernas?[23]

[23] Quais as consequências humanas e sociais da intensificação da lógica das sociedades modernas, sob o aquecimento da economia em tempos de globalização? Quais os efeitos da estagnação econômica sobre a torrente dos insumos deixados pelos sucessivos anos de desenvolvimento da ideologia neoliberal? Compreender esses fatores parece ser de fundamental importância para a discussão crítica dos efeitos do otimismo econômico que orientou a volúpia dos mercados a uma crise de dimensões globais. Especulação, estelionatos financeiros, projeções econômicas sem sustentação material, lucros estratosféricos, apostas bilionárias, escaladas de jogadas financistas, dominação do mercado global pela hegemonia produtiva de certas empresas, volatilidade lucrativa, circulação material irrestrita, lastreamento das economias em capital especulativo são algu-

O pragmatismo insaciável, que de tudo retira a aura, nascido desse processo, que se infla da ideia progressista, é o mesmo que alimenta os processos de acelerada destruição do mundo natural e exaustão do ambiente físico sobre o qual se lastreia a própria sobrevivência da humanidade[24]. Em nome do progresso, conseguiu-se um regresso tão ilimitado que ameaça colocar a humanidade sob uma catastrófica e irreversível condição de barbarização. Mas esta advertência já havia sido feita por Adorno e Horkheimer, quando afirmam: "A maldição do progresso irrefreável é a irrefreável regressão"[25]. Quando na técnica se antevia a liberdade, ela passa a se converter em fator de aprisionamento; quanto maior a progressão, maior a regressão, e o deslimite alcança aos poucos a expressão do descontrole. Com isso, o auge da civilização é a sua própria aniquilação, e, dessa forma, realiza-se a dialética do esclarecimento. A ameaça de que os resultados tenham escalada desastrosa em todas as partes do mundo fala a linguagem dos efeitos daquilo que sucessivamente e progressivamente assumiu a veste ideológica do processo que se chama de globalização.

Mais que isso, o processo de afirmação das sucessivas etapas do capital, do industrial ao financeiro, do nacional ao global – e, agora, de volta aos nacionalismos –, condicionou a própria identidade humana a um processo de alienação de sua própria natureza, em que o instrumento se converte em fim, e os meios operam independentemente do próprio ingrediente humano. Com a modernidade, abriu-se campo para a possibilidade de instrumentalização da razão, que agora se converte na inoperância de uma razão que tolera o convívio com a desnaturação da própria condição humana, social e ambiental. No lugar de realizar o princípio de vida, a modernidade está consagrando o princípio de morte (*tánatos*). O pensamento de Freud não deixa de ser sensível a essa profunda contradição, o paradoxo da civilização moderna ocidental[26]. Quando *tá-*

---

mas práticas comuns do *contexto pré-crise*. A *fúria* que se seguiu ao longo dos ventos positivos da globalização somente poderia aprofundar ainda mais claramente as premissas do mundo moderno, ou seja, de um mundo governado por uma lógica de governança pelo mercado e definida como capaz de gerar progresso, ideologia que orienta a construção e reconstrução cíclica pela qual opera o sistema. Nessa lógica, o direito se tornou uma moeda claramente dispensável. Ele já havia sido desabilitado com a inauguração do hino tatcheriano que proclama a nova ordem econômica das últimas décadas.

24 "Esse sossego se radicaliza em solidão e autoerotismo, evidenciando impossibilidades de estabelecer e sustentar laços e compromissos para além das próprias aspirações e necessidades; o domínio sobre a natureza converte-se facilmente em destruição sistemática dos recursos necessários à preservação da vida sobre a Terra e a intoxicação química sustenta redes planetárias de usurpação e monitoração dos desejos que, imantados na satisfação química imediata e absoluta, se aniquilam no esgotamento da autonomia, encontrando no objeto um encerramento autoerótico, consumido, muitas vezes, até a morte" (Endo, *A violência no coração da cidade*, 2005, p. 142).

25 Adorno e Horkheimer, *Dialética do esclarecimento*, 1985, p. 46.

26 "As provas aduzidas por Freud têm duplo aspecto: primeiro, deriva-as analiticamente da teoria dos instintos; e, segundo, encontra análise teórica corroborada pelas grandes doenças e descontentamentos da civilização contemporânea: um ciclo ampliado de guerras, perseguições ubíquas,

natos ecoa em nosso tempo, as consequências se projetam sobre o homem. Suas ressonâncias tornam inaudíveis as vozes que falam a favor de *éros*.

A globalização propagada é a do consenso de Washington, que constrói a onipotência da projeção da lógica do mercado, e que se expressa, em sua onipresença: todas as partes do mundo devem converter-se aos seus ditames – homogeneização global; onisciência e onipotência: sociedade de controle em que o alargamento da comunicação e da telemática, da tecnologia da informação significam a extensão do caráter tátil do poder. O curioso é perceber como a *onipotência do mercado* se desfaz na *fragilidade líquida* dos números, das cifras, das apostas e das expectativas; daí também se propalar a ideia de que se trata de uma "crise de confiança" de investidores, bem como de suas apostas. Nesse sentido, bastaria voltar a confiar. E o mundo, seria o mesmo? O que se percebe é que o potencial arrasador dessas formas de proceder do mercado geram catastróficos efeitos sociais, destrona economias nacionais, atinge milhões de trabalhadores, bem como condiciona a viabilidade dos direitos. Por isso, dialeticamente, esse modelo civilizador torna-se barbarizante. Por isso, a civilização, construída e arquitetada dessa forma, é frágil, uma vez que está plantada sobre o vazio dos valores econômicos. Em suma, esse projeto civilizador é frágil, pois sedimenta suas raízes sobre a dimensão da racionalidade instrumental.

Como afirma Benjamin: "Para que falar de progresso a um mundo que afunda na rigidez cadavérica?"[27] O progresso pressupõe, dialeticamente, crise, de modo que nenhuma crise do capitalismo é acidental, mas parte do processo de afirmação do próprio capital[28]. Um mundo tomado por essa lógica, cuja expansão se dá na base do neoliberalismo internacional, é um mundo tomado por uma parelha de forças que tornam incontornável e irreversível a marcha em direção a catástrofes cada vez mais cíclicas, profundas e arrasadoras, tanto do ponto de vista produtivo quanto do ponto de vista econômico e do ponto de vista natural. A ideia de uma progressão infinita somente pode ser agressiva às condições de sobrevivência, como tem destacado Serge Latouche. Ao mesmo tempo em que a economia se mantém aquecida, também se torna possível que essa equação conduza ao aquecimento do planeta, ao crescimento das taxas de doenças, ao aumento da pobreza e das desigualdades sociais, ao aumento do lixo e da poluição, num ciclo que tem redundado em sinais claros de exaustão e enfurecimento reativo do mundo natural. A dialética da

---

antissemitismo, genocídio, intolerância e a imposição de ilusões, trabalho forçado, doença e miséria, no meio de uma riqueza e conhecimento crescentes" (Marcuse, *Eros e civilização*: uma interpretação filosófica do pensamento de Freud, 1999, p. 83).

27 Benjamin, Parque central, in *Obras escolhidas*, III, 1989, p. 171.

28 "Uma ecologia que ignora ou negligencia o marxismo e sua crítica do fetichismo da mercadoria está condenada a não ser mais do que correção dos 'excessos' do produtivismo capitalista" (Löwy, *Ecologia e socialismo*, 2005, p. 37-38).

modernidade, mais uma vez, opera sob nossos olhos, o que renova a importância de pensar de modo crítico a modernidade, a partir do quadro de questões introduzidas pelo pensamento frankfurtiano e que devem ser reatualizadas na *Dialética do esclarecimento* de Horkheimer e Adorno.

Para ficar num exemplo concreto, como se pode ler no documento que finaliza a *Relatoria Especial para a Assembleia Geral da ONU* ("Promoción y protección de todos los derechos humanos civiles, políticos, económicos, sociales y culturales, incluido el derecho al desarrollo"), elaborado por Raquel Rolnik (4-2-2009), percebe-se que o processo de intensiva *hipotecarização* do setor imobiliário, de securitização das políticas sociais, de *comoditização* das relações de produção obedeceu a um fluxo crescente, contínuo e simultâneo nos últimos decênios, tornando insuportável ao próprio mercado de hipotecas imobiliárias o suporte físico dessa situação num quadro de liquidez. Por isso, "Entre el verano y el otoño de 2007, la caída del mercado de alto riesgo comenzó a repercutir en los bancos de los Estados Unidos y Europa que habían realizado inversiones en ese mercado"[29]. E isso porque o próprio modelo econômico vigente esforçou-se por transformar o direito à moradia e à residência, como lugar digno de abrigo do cidadão, em valor de mercadoria: "Los investigadores han señalado que la globalización ha puesto de relieve la idea de que la vivienda es una mercancía"[30]. A revisão do modelo se impõe, até como manifesta forma de sobrevivência e luta por preservação do próprio mercado, enquanto formas a ele alternativas não despontam, ou acenam para melhores condições de atendimento a demandas humanas e sociais.

Quer-se apontar que a forma como o mercado reage à crise, retroalimentando as próprias fontes de funcionamento que deram início à crise, gera, na perspectiva de afirmação sistêmica da "salvação" do sistema financeiro, uma confirmação do "modelo" reinante, no lugar de tomar-se da oportunidade para uma *reforma dos marcos regulatórios* e das formas de *representação normativa* da comunidade de cidadãos dos Estados-nação por ela afetados[31]. Essa falta de consistência das políticas que se pretendem capazes de debelar a crise, com

29 Rolnik, *Informe de la Relatoría Especial sobre la vivienda adecuada como elemento integrante del derecho a un nivel de vida adecuado sobre el derecho de no discriminación a este respecto*, Asamblea General, Naciones Unidas, 2009, p. 8.

30 Rolnik, *Informe de la Relatoría Especial sobre la vivienda adecuada como elemento integrante del derecho a un nivel de vida adecuado sobre el derecho de no discriminación a este respecto*, Asamblea General, Naciones Unidas, 2009, p. 17.

31 Essa crítica também se encontra em Pochmann: "Em síntese, a desglobalização já desponta como uma das consequências da crise econômica atual. Sua reversão parece possível, mas depende da adoção de outra modalidade de saída da crise que não seja a clássica. Nesse caso, o padrão de financiamento precisa ser reconstituído, bem como outro modelo de produção e consumo necessita ser adotado" (Desglobalização, *Folha de S.Paulo*, São Paulo, Tendências e Debates, terça-feira, 24 mar. 2009, p. A3).

uma aposta na recuperação "desde dentro" do sistema, torna, exatamente por isso, o modelo redivivo um modelo que se coloca na berlinda das perspectivas de confirmação de sua insustentabilidade para o século XXI. Afinal, já ficou para trás o decreto de *"fim da história"*, proclamado em alto e bom tom na década de 90 por Francis Fukuyama. A história tem um novo recomeço, que está dando-se, até certo ponto, em outros moldes, os quais apontam para a necessidade de superação da ortodoxia neoliberal e das formas de condução das políticas que governaram a "era da globalização".

Nesse sentido, está-se diante de um contexto em que a demanda por uma decisão existencial humana se torna mais uma vez algo com o que se confronta a humanidade; é o próprio modelo civilizatório que se encontra em questão, e, por isso, trata-se do próprio cenário de conformação da lógica social do mundo moderno, administrado sob a lógica da racionalidade instrumental e do princípio da eficiência-utilidade, que vive seu próprio mal-estar. No âmbito das decisões, trata-se, em verdade, de agora em diante, de uma aposta, ou em *eros* ou em *tánatos*, aposta esta que tem que ver, sem dúvida nenhuma, com uma grave questão filosófica de nosso tempo, ao mesmo tempo em que tem que ver com uma grave questão que repercute nos âmbitos da economia, da política e do direito. Cabe, por isso, à *Filosofia Social do Direito* especular sobre os efeitos da crise, mas, de forma ainda mais qualificada, sobre o significado da crise e suas repercussões sob a perspectiva de afirmação dos direitos, especialmente considerados os impactos sobre os direitos humanos.

A retração dos mercados tem gerado inúmeros efeitos, colhidos em cascata: desemprego, queda das taxas de consumo, oscilações do mercado financeiro, quebra de empresas, bolhas inflacionárias, protecionismo nos mercados nacionais, aumento das manifestações de xenofobia, polarização política e intolerância social, perda de benefícios sociais, soterramento da social-democracia, perda de legitimidade dos partidos e movimentos sociais, desgastes provocados sobre os discursos de proteção aos direitos humanos, entre outros.

Por isso, essa questão toca de perto o problema do direito contemporâneo, inclusive de países de economia emergente, como o Brasil, pois, em verdade, a questão da correlação entre déficit democrático e ineficácia dos direitos é de todo demonstrável, como hipótese de trabalho[32]. E, agora, está

[32] A perceber, para ficar num exemplo, que os índices de criminalidade, que acenam para queda, apontam para uma reescalada da violência no Estado de São Paulo, em pleno contexto da crise financeira no primeiro semestre de 2009, como noticia a *Folha de S.Paulo*, em 1º de maio de 2009: "Números divulgados ontem pela Secretaria da Segurança Pública mostram o crescimento significativo dos casos de roubo, estupro e latrocínio (roubo seguido de morte). Os homicídios, que até outubro de 2008, seguiam uma tendência de queda, voltaram a aumentar. Entre o primeiro trimestre de 2008 e o primeiro trimestre de 2009, os roubos subiram 19%, os estupros 33,5%, os latrocínios 36% e os homicídios, 0,7%".

posto o desafio de pensar, a partir da crise, como se torna possível enfrentar o seus efeitos, sem com isso dispensar a importância e a garantia dos direitos. Isso significa pensar também como a crise afeta as perspectivas de desenvolvimento social para compreender como as carências de mercado afetarão a dinâmica do processo de alcance de mais profundas e valiosas contribuições no plano da garantia das liberdades, da realização dos direitos, da ampliação da democracia e da realização e concretização de direitos humanos torna-se de fundamental importância, quando se trata de articular a contribuição que a sociologia e a filosofia vêm dando para a compreensão das ambiguidades do mundo contemporâneo.

A inabilidade das ferramentas jurídicas modernas e sua incapacidade de responder aos desafios da sociedade contemporânea estão entre os grandes desafios destes tempos, de modo que a ineficácia sistêmica do direito somente pode ter como consequência um conjunto de impactantes e insolúveis efeitos de perda de legitimidade nas práticas do direito oficial, com resultados que somente aprofundam a distância da sociedade brasileira do contexto da realização de uma civilização[33]. Mas a criatividade instalada em algumas iniciativas e práticas, com tônus social, tem-se destacado inclusive como porta-voz do processo de formulação e discussão de alternativas à crise econômica global[34]. A sustentabilidade dessas propostas é questão que ainda está por ser analisada, mas parece curioso que elas apareçam na participação brasileira nessas discussões.

A crise do Direito, agora, se vê claramente associada a uma crise da autoridade e das instituições democráticas, em grande parte desacreditadas perante uma opinião pública desesperada, desesperançada e desorientada. Por isso, crime organizado, violência, desigualdades sociais, grupos de extermínio, rebeliões carcerárias sangrentas são apenas sinais de uma sociedade, tal qual a sociedade brasileira contemporânea, ainda distanciada das condições de realização das garantias democráticas, favorecendo a atmosfera de fragmentação social de nosso tempo. Mas todo recuo democrático representa um abandono perigoso de importantes conquistas que representaram a luta de inúmeras gerações passadas. Este é o *sentido* mais profundo de toda tarefa de preservação da cultura de direitos humanos.

Trata-se de verificar, nesse campo de trabalho, especificamente no que tange ao Brasil, como essas questões se conectam para produzir oportunidades

---

33 A respeito, Bittar, *O direito na pós-modernidade e reflexões frankfurtianas*, 2. ed., 2009, p. 184 e s.

34 "O que podemos fazer? Para começar, precisamos ter clareza sobre de que se trate essa batalha. É a batalha entre o espírito de Davos (em favor de um sistema novo que não seja o capitalismo, mas que mesmo assim seja hierárquico, explorador e polarizador) e o espírito de Porto Alegre (um sistema novo que seja relativamente democrático e relativamente igualitário). Não existe mal menor aqui. É uma coisa ou outra" (Immanuel Wallerstein, Aprendendo com o Brasil, *Folha de S.Paulo*, São Paulo, domingo, 15 mar. 2009, p. A3).

férteis para recuos sociais em direção a atos de barbárie e a retrocessos autoritários, os quais evocam um imaginário também *autoritário* e *antidemocrático* ("saudades da ditadura brasileira", "expressões de fundamentalismo religioso", "retomada das tradições e dos costumes", "expressões de intolerância política", "censura nas escolas", "perseguição a minorias"), um imaginário que parece preencher um espaço vazio deixado pela falta de consensos sociais fortes e significativos, responsáveis pela construção de uma atmosfera social prenhe de medo, insegurança, incerteza e indefinição. Daí a sensação de "liquidez" desses tempos.

Por isso, se os direitos humanos são fruto de processos históricos de construção e afirmação, deve-se perceber que também são fruto histórico dialeticamente colocado diante do desafio de seu recuo histórico[35]. E esse recuo deriva do desestímulo, do enfraquecimento dos movimentos, da perseguição aos defensores e do desinvestimento em políticas públicas de direitos humanos. O registro circunstancial aponta para o crescimento da xenofobia, a exemplo da situação da Europa, e para o desprezo aos direitos dos trabalhadores, a exemplo da situação dos Estados Unidos. Esse registro aponta para as duas faces da mesma moeda: a condição histórica dos direitos humanos sob a vigência de uma crise estrutural do capitalismo global, em pleno início do século XXI.

Nesse contexto, portanto, o *Estado Democrático de Direito* dá claras demonstrações de incapacidade de reação, ante um quadro gigantesco e alarmante de crise social[36]. Vê-se, nesse sentido, envolvido num círculo de ação e reação, em que sua legitimidade se torna ainda mais confiscada. Muitas vezes, luta contra aquilo que ele mesmo tem provocado, através de políticas desacertadas e complicações burocráticas[37]. Sem uma cultura do que é público, e obedecendo ou até aprofundando a lógica que já havia fundado a identidade desigual brasileira, as alternativas são parcas de elevar o debate em direção a qualquer tipo de perspectiva[38]. Nessa medida, o Estado de Direito, que se encontra na curvatura histórica, entre civilização e barbárie, administra os

---

35 A respeito, *v.* Comparato, *A afirmação histórica dos direitos humanos*, 1999, p. 102.

36 "Aumentou sobremodo o fosso entre a evolução da criminalidade e da violência e a capacidade do estado de impor lei e ordem" (Adorno, Crime, punição e prisões no Brasil: um retrato sem retoques, in *Anais do Foro Iberoamericano sobre Seguridad Ciudadana, Violencia Social y Políticas Públicas*, Madrid, 2006, p. 9).

37 "Se buscaram conferir uma feição modernizadora às políticas formuladas, agiram no interior de um quadro institucional conservador, dominado inclusive por atores que reivindicam o monopólio do saber técnico, não escutam especialistas fora de seus círculos corporativos, não se sujeitam à crítica externa, não prestam contas à sociedade, aos cidadãos eleitores de suas decisões e – o pior – não se sentem responsabilizados pelas consequências de suas ações" (Adorno, Crime, punição e prisões no Brasil: um retrato sem retoques, in *Anais do Foro Iberoamericano sobre Seguridad Ciudadana, Violencia Social y Políticas Públicas*, Madrid, 2006, p. 6).

38 "Esta fragmentação urbana nas primeiras décadas da República, francamente associada à especulação e aos interesses privados, demonstra a fraca definição do que é público, completamente associada, na capital paulista, ao interesse privado" (Endo, *A violência no coração da cidade*, 2005, p. 58).

efeitos de um processo de liquidação de sua própria legitimidade conquistada historicamente no albor da modernidade. Exatamente por isso, vê-se ameaçado. A *violência* – cujos registros de índices contemporâneos apenas demonstram crescimento – nada mais é do que a retomada do poder em outra linguagem, que não a da razão, em tempos em que a dissolução do Estado compromete a organização corporativa da vida social.

Nenhum tipo de solução pode ser entrevisto no horizonte se a resposta que se aguarda depender das leis do mercado ou se a resposta for procurada na intensificação da criminalização social (inclusive dos movimentos sociais), na manutenção da dicotomia que separa sociedade civil de Estado e torna a cidadania uma expectativa passiva dentro da representatividade política, ou no quietismo alarmante que silencia e compactua sem mobilização consistente ante o cataclisma social. Qualquer resposta que possa apontar perspectivas passa, necessariamente, por incentivos à cidadania, à participação, à inclusão política e econômica, assim como pela ampliação da democracia e reforço do papel prestativo do Estado, pelo fomento de uma cultura pluralista, tolerante, democrática e centrada nos direitos humanos.

Não é por outro motivo que o desaparecimento da possibilidade do iluminismo autêntico é o que torna hoje impossível de entrever a superação da condição humana apassivada e individualizada da sociedade da globalização. O poder de escolha numa cultura do genérico, numa cultura da multidão absorvida pela unidade, é achatado para fazer desaparecer a subjetividade autônoma, e é por isso que a qualidade do humano desaparece para aparecer a qualidade do *genérico*[39]. A massa somente tem por referências os ícones do próprio processo de construção de identificação a partir do genérico; suas referências são as referências do mercado. A perda da subjetividade no individualismo é a cilada do moderno processo civilizatório, e o preço a pagar está no desaparecimento do laço contínuo que permite a intersubjetividade, elemento fundamental para a constituição da vida social. Paradoxalmente, o gozo imediato torna-se o presídio que mantém o indivíduo em permanente estado de subserviência ao mercado. É a imagem publicitária, agora, o instrumento que sabota o superego ao criar a falsa percepção de que, mesmo aprisionado ao gosto e ao consumo, a cela na qual se encarcera o indivíduo é tão larga quanto as possibilidades de compra[40]. Não por outro motivo, a vertigem da sociedade contemporânea a faz incapaz, em absoluto, de reagir criativamente ao mal-estar, por ela mesma gerado, ao mal-estar na civilização[41].

---

39 "Na identificação forçada do homem-massa com a totalidade social, contudo, não havia liberdade alguma" (Jay, *A imaginação dialética*: história da Escola de Frankfurt e do Instituto de Pesquisas Sociais, 2008, p. 342).

40 V. Douglas e Isherwood, *O mundo dos bens*: para uma antropologia do consumo, 2004.

41 V. Freud, *O mal-estar na civilização*, 1997, e, também, Rouanet, *Mal-estar na modernidade*, 1993.

Se essas questões aparecem num quadro de reflexão mais amplo, a observação das experiências alternativas à hegemônica forma de interpretação e de oferecer diagnósticos pode ser um exercício interessante. Ainda que os resultados mais concretos da crise, para os próximos anos, não possam ser adiantados, fica claro que a projeção é, por si mesma, alarmante. Daí a imperativa tarefa de continuar a envidar esforços no sentido de pensar e agir em torno da geração de condições de avaliação dos desafios que estão implicados para a dinâmica dos direitos, num quadro histórico em que as sociedades contemporâneas se veem imersas. Pensar a civilização e, com isso, enfrentar o mal-estar por ela gerado parece ser a primeira tarefa desse percurso.

CONCLUSÕES

A crise global econômico-financeira (2008-2013), e seus reflexos posteriores (2013-2022), tem causado consequências sociais catastróficas em diversas partes do mundo. Os dados que se possam analisar não permitem mentir. Essa *crise*, que parece não ceder a curto prazo e cujos efeitos se prolongarão durante muitos anos, afigura-se ter tornado explícito o comprometimento visceral das opções políticas com as opções econômicas. Esse é o primeiro balanço que se pode fazer da crise e da análise conjuntural.

O desprestígio dos direitos humanos, em especial em investimentos de políticas públicas, aparece como primeira frágil expressão de que os direitos humanos ocupam espaço minoritário e marginal no processo de tomada de decisão política, seja em escala global, seja em escala local-nacional. E isso porque os socorros vultosos ao mercado deram-se com uma rapidez tão fantástica e com um volume tão expressivo de recursos que também ficou patente que temas mais problemáticos dos direitos humanos (saúde, educação, transporte, habitação, aposentadoria, inclusão de deficientes, fome e discriminação, genocídio e transição democrática), sempre relegados a quarteirões distantes, continuam desatendidos e desprestigiados. Mas não são esses direitos que requerem investimentos e ações estatais organizativas e concretas e que irão encontrar ainda maiores dificuldades de se realizar, considerando que os insumos drenados para salvar empresas e capitais absorverão o impacto de medidas socialmente relevantes para o futuro? Esse é o segundo balanço de previsibilidade possível em meio à crise.

No entanto, enquanto uma solução que aponte para a superação do estado de crise não se firma no horizonte, o "salvacionismo do mercado" realiza-se com a clara capacidade de aprofundar ainda mais as distorções e desigualdades do mundo moderno. E isso porque os principais excluídos do mundo moderno são os primeiros atingidos pelas consequências da primeira *crise econômico-financeira* do século XXI. Os estudos empíricos econômicos apontam que as regiões do mundo com maiores debilidades estruturais são as mesmas que terão aumento do número de subnutridos e famintos. Se esse quadro não se fecha, e se o mundo criará alternativas sustentáveis para a superação da crise econômico-financeira, em meio a uma grande e grave crise civilizatória, incluindo a questão ambiental (aquecimento global), esta é uma questão que perpassa o conjunto das preocupações dos militantes de direitos humanos e daqueles que, de alguma forma, projetam o seu olhar para as gerações futuras.

Como a questão não se encerra aqui, trata-se de continuar pensando e observando os desafios do mundo da globalização em crise como um mundo que teve no fim das *grandes metanarrativas* e no *fim das utopias* um dos principais sintomas de seu refazimento, sem novas condições de plenificação de novos projetos políticos emancipatórios. Brotará da nova dor do século XXI um novo projeto para a humanidade? Isso se deve perguntar quem pensar no futuro. Ainda assim, a clara perspectiva de futuro apenas pode seguir, considerado o legado positivo do *projeto da modernidade*, na associação e comprometimento entre democracia e direitos humanos.

Por ora, trata-se de pensar como essas questões continuam a atingir os modelos políticos vigentes e a bloquear os processos de luta e conquistas de direitos, causando desafios à reinvenção de fórmulas de construção da democracia e das práticas de liberdade, diante dos novos quadros de poder que atualmente se apresentam. E, agora, bem se sabe que as novas formas de poder estão associadas à dinâmica digital, às campanhas eleitorais virtuais, ao desmonte das instituições democráticas e ao enfraquecimento do papel da sociedade civil organizada. Assim, sem recair nas fórmulas e dicotomias, ou nos eventos macabros que organizaram a lógica do século XX – e a história deveria ser capaz de nos ensinar a formar a consciência a este respeito –, trata-se de pensar se existem *alternativas* para que o mundo tenha uma *alternativa*. E essas *alternativas* somente podem ser encontradas num horizonte de fortalecimento dos direitos humanos e da democracia.

Trata-se de pensar se é possível estar além dos limites dos recorrentes ciclos de crise econômico-financeira, em que a questão da crise *aparece* e *reaparece*, se mais sutil ou mais voraz, se mais rápida ou mais catastrófica, como forma de lembrar o homem daquilo que é básico: do humano. Eis aí a questão central dos direitos humanos.

REFERÊNCIAS BIBLIOGRÁFICAS

ADORNO, Sergio. Crime, punição e prisões no Brasil: um retrato sem retoques. *Anais do Foro Iberoamericano sobre Seguridad Ciudadana, Violencia Social y Políticas Públicas*. Madrid-Espanha, 19-21 jun. 2006. No prelo.

________. Um país que se tornou refém da impunidade. Entrevista. *O Globo*, Especial, Rio de Janeiro-São Paulo, domingo, 22 set. 2002, 3.

________; MESQUITA, Myriam. Direitos humanos para crianças e adolescentes: o que há para comemorar? In: AMARAL JÚNIOR, Alberto do; PERRONE-MOISÉS, Claudia. (Orgs.). *O cinquentenário da Declaração Universal dos Direitos do Homem*. São Paulo: Editora da Universidade de São Paulo, 1999, p. 265-289.

ADORNO, Theodor W. Notas marginais sobre teoria e práxis. In: *Palavras e sinais:* modelos críticos. 2, Tradução de Maria Helena Ruschel. Petrópolis: Vozes, 1995, p. 202-230.

________. Progresso. In: *Palavras e sinais:* modelos críticos. 2, Tradução de Maria Helena Ruschel. Petrópolis: Vozes, 1995.

________. *Educação e emancipação*. Tradução de Wolfgang Leo Maar. 3. ed. São Paulo: Paz e Terra, 2003.

________; HORKHEIMER, Max. *Dialética do esclarecimento:* fragmentos filosóficos. Tradução de Guido Antonio de Almeida. Rio de Janeiro: Zahar, 1985.

AGAMBEN, Giorgio. *Estado de exceção*. Tradução de Iraci D. Poleti. São Paulo: Boitempo, 2004.

ALMEIDA, Guilherme Assis de. *Direitos humanos e não violência*. São Paulo: Atlas, 2001.

ANGELO, Claudia. Humanos esgotam capital natural da Terra. *Folha de S.Paulo*, São Paulo, quarta-feira, 30 mar. 2005, p. A12.

AZEVEDO, Maria Nazareth Farani. Os direitos humanos em tempos de crise. *Folha de S.Paulo*, São Paulo, domingo, 15 mar. 2009, p. A3.

BARRETTO, Vicente. Educação e violência: reflexões preliminares. *Revista Brasileira de Filosofia*, São Paulo, fasc. 165, p. 63-70, jan./mar. 1992.

BAUMAN, Zygmunt. *Em busca da política*. Tradução de Marcus Penchel. Rio de Janeiro: Zahar, 2000.

________. *La globalización:* consecuencias humanas. México: Fondo de Cultura Económica, 2001.

________. *O mal-estar da pós-modernidade*. Tradução de Mauro Gama e Cláudia Martinelli Gama. Rio de Janeiro: Zahar, 1998.

BENJAMIN, Walter. Parque central. In: *Obras escolhidas*. Tradução de José Martins Barbosa e Hemerson Alves Baptista. São Paulo: Brasiliense, 1989. v. 3.

BITTAR, Eduardo C. B. *O direito na pós-modernidade e reflexões frankfurtianas*. 2. ed. Rio de Janeiro: Forense Universitária, 2009.

________. A discussão do conceito de direito: uma reavaliação a partir do pensamento habermasiano. *Boletim da Faculdade de Direito da Universidade de Coimbra*. Coimbra, n. 81, p. 797-826, 2005.

________. Filosofia crítica e filosofia do direito: por uma filosofia social do direito. Dossiê Filosofia do Direito: o que foi, e o que é que será? Revista *Cult*, São Paulo, ano 10, n. 112, p. 53-55, abr. 2007.

________. Capitalismo, corrupção e movimentos sociais. *Folha de S.Paulo*, Tendências e Debates, São Paulo, sábado, 24 fev. 2007, p. A3.

________. Violência e realidade brasileira. *Katálysis* – Revista de Serviço Social: violência: expressões na contemporaneidade, Programa de Pós-Graduação em Serviço Social, Santa Catarina, UFSC, v. 11, n. 2, p. 214-234, jul./dez, 2008.

________; ALMEIDA, Guilherme Assis de. *Mini-Código de direitos humanos*. Brasília--São Paulo: Secretaria Especial de Direitos Humanos/Juarez de Oliveira, 2008.

BOHLEBER, Werner. Trauma extremo, o colapso da civilização e as consequências de longo prazo para indivíduos e sociedades. *Ide*, Sociedade Brasileira de Psicanálise, v.1, n. 1, p. 112-118, 2005.

BORGES, Bento Itamar. *Crítica e teorias da crise*. Porto Alegre: EDIPUCRS, 2004.

BRONNER, Stephen Eric. *Reclaiming the Enlightenment*: toward a politics of radical engagement. New York: Columbia University Press, 2004.

CARDIA, Nancy. *Punishing the victims:* the paradox from failing to repair. Symposium IV: The ambivalence of Social Change, 15th World Congress of Sociology, Brisbane-Austrália, 2002. Disponível em: <http://www.nevusp.org.>. Acesso em: 18 jun. 2007.

________. *Os impactos da exposição à violência ou horror continuado?* O caso de São Paulo. Culture, Cytizenship and Urban Violence Seminary, Cuernavaca-México, 1999. Disponível em: <http://www.nevusp.org.>. Acesso em: 18 jun. 2007.

CARVALHO, Glauber Silva de. Um breve panorama da teoria sobre a violência criminal urbana no Brasil. *Revista Brasileira de Ciências Criminais*, São Paulo, Revista dos Tribunais, ano 7, n. 27, p. 309-326, jul./set. 1999.

CHIAVENATO, Julio José. *O massacre da natureza*. 3. ed. São Paulo: Moderna, 1989.

COMPARATO, Fábio Konder. *A afirmação histórica dos direitos humanos*. São Paulo: Saraiva, 1999.

CUNHA, Paulo Ferreira da. *A constituição viva:* cidadania e direitos humanos. Porto Alegre: Livraria do Advogado, 2007.

DAMATTA, Roberto. *Carnavais, malandros e heróis:* para uma sociologia do dilema brasileiro. 6. ed. Rio de Janeiro: Rocco, 1997.

DIOP, Makhtar, A voz sensata do Brasil na crise. *Folha de S.Paulo*, Tendências e Debates, São Paulo, domingo, 12 abr. 2009, p. A3.

DOUGLAS, Mary; ISHERWOOD, Baron. *O mundo dos bens:* para uma antropologia do consumo. Tradução de Plínio Dentzien. Rio de Janeiro: UFRJ, 2004.

DUPAS, Gilberto. *Ética e poder na sociedade da informação*. 2. ed. São Paulo: UNESP, 2001.

________. Técnicas alimentares: saúde ou doença? *Folha de S.Paulo,* Tendências e Debates, terça-feira, 4 nov. 2008, p. A3.

ENDO, Paulo César. *A violência no coração da cidade:* um estudo psicanalítico sobre as violências na cidade de São Paulo. São Paulo: Escuta/Fapesp, 2005.

FREUD, Sigmund. Estudos sobre a histeria. In: *Sigmund Freud.* Rio de Janeiro: Imago, 1996. v. 2.

________. Além do princípio de prazer. In: *Obras completas.* Rio de Janeiro: Imago, 1999. v. 18.

________. *O mal-estar na civilização.* Tradução de José Octávio de Aguiar Abreu. Rio de Janeiro: Imago, 1997.

FROMM, Erich. *Ter ou ser?* Tradução de Nathanael C. Caixeiro. 4. ed. São Paulo: LTC, 1987.

HABERMAS, Jürgen. *A crise de legitimação do capitalismo tardio.* 3. ed. Tradução de Vamireh Chacon. Rio de Janeiro: Tempo Brasileiro, 1999.

________. Caos na esfera pública, *Folha de S.Paulo,* Mais!, domingo, 13 de ago. 2006, p. 4-5.

________. *A inclusão do outro:* estudos de teoria política. Tradução de George Sperber e Paulo Astor Soethe. São Paulo: Loyola, 2002.

HARVEY, David. *Condição pós-moderna:* uma pesquisa sobre as origens da mudança cultural. Tradução de Adail Ubirajara Sobral e Maria Stela Gonçalves. São Paulo: Loyola, 2002.

HERMANN, Fábio. Psicanálise e política: no mundo em que vivemos. *Percurso, Revista de Psicanálise,* ano 18, n. 36, p. 5-25, 2006.

HORKHEIMER, Max. *Crítica de la razón instrumental.* Traducción de Jacobo Muñoz. Madrid: Trotta, 2002.

KOSELLECK, Reinhart. *Crítica e crise.* Rio de Janeiro: UERJ/Contraponto, 1999.

LEOPOLDO E SILVA, Franklin. *Descartes:* a metafísica da modernidade. 2. ed. São Paulo: Moderna, 2005.

LÖWY, Michael. *Ecologia e socialismo.* São Paulo: Cortez, 2005.

LYOTARD, Jean-François. *A condição pós-moderna.* 2. ed. Tradução de José Bragança de Miranda. Lisboa: Gradiva, 1989.

MARCUSE, Herbert. *Eros e civilização:* uma interpretação filosófica do pensamento de Freud. Tradução de Álvaro Cabral. 8. ed. Rio de Janeiro: LTC, 1999.

________. *A grande recusa hoje.* Isabel Loureiro (Org.). Tradução de Isabel Loureiro e Robespierre de Oliveira. Rio de Janeiro: Vozes, 1999.

MARX, Karl. *Crítica da filosofia do direito de Hegel.* Tradução de Rubens Enderle e Leonardo de Deus. São Paulo: Boitempo, 2005.

________. *O capital.* 3. ed. Tradução de Regis Barbosa e Flávio R. Khorte. São Paulo: Nova Cultural, 1988.

________; ENGELS, Friedrich. *A ideologia alemã*. Tradução de Luis Cláudio de Castro e Souza. São Paulo: Martins Fontes, 2001.

NEME, Cristina. Violência e segurança: um olhar sobre a França e o Brasil. *Revista de Sociologia Política,* Curitiba, n. 25, p. 123-137, nov. 2005.

NOVAES, Adauto (Org.). *Civilização e barbárie*. São Paulo: Companhia das Letras, 2004.

PINHEIRO, Paulo Sérgio; ALMEIDA, Guilherme Assis de. *Violência urbana*. São Paulo: Publifolha, 2003.

POCHMANN, Márcio. Desglobalização. *Folha de S.Paulo,* Tendências e Debates, São Paulo, terça-feira, 24 mar. 2009, p. A3.

ROLNIK, Raquel. *Informe de la Relatoría Especial sobre la vivienda adecuada como elemento integrante del derecho a un nivel de vida adecuado sobre el derecho de no discriminación a este respecto*. Asamblea General. Naciones Unidas, 4 febrero 2009.

________; Apresentação, As vozes das ruas: as revoltas de junho e suas interpretações. In: MARICATO, Ermínia et al. *Cidades rebeldes*: passe livre e as manifestações que tomaram as ruas do Brasil. São Paulo: Boitempo, Carta Maior, 2013.

ROUANET, Sergio Paulo. Adorno e a psicanálise. Adorno: 100 anos, *Revista Tempo Brasileiro,* n. 155, p. 131-156, 2003.

________. *Mal-estar na modernidade:* ensaios. São Paulo: Companhia das Letras, 1993.

________. *Teoria crítica e psicanálise*. Rio de Janeiro: Tempo Brasileiro, 1998.

SAFATLE, Vladimir. *Cinismo e falência da crítica*. São Paulo: Boitempo, 2008.

SARLET, Ingo Wolfgang. *Dimensões da dignidade humana:* ensaios de filosofia do direito e direito constitucional. Porto Alegre: Livraria do Advogado, 2005.

SCHRITZMEYER, Ana Lúcia Pastore. Descrença nas instituições públicas de resolução de conflitos. In: *Cidadania, verso e reverso*. São Paulo: Imprensa Oficial, 1997.

UNIVERSIDADE DE SÃO PAULO. 3º Relatório Nacional sobre os Direitos Humanos no Brasil (2002-2005). Universidade de São Paulo: Núcleo de Estudos da Violência, 2007.

VALA, Jorge; MONTEIRO, Maria Benedicta (Coords.). *Psicologia social*. 5. ed. Lisboa: Calouste Gulbenkian, 2002.

WALLERSTEIN, Immanuel. Aprendendo com o Brasil. *Folha de S.Paulo,* São Paulo, domingo, 15 mar. 2009, p. A3.

WIGGERSHAUS, Rolf. *A Escola de Frankfurt:* história, desenvolvimento teórico, significação política. Rio de Janeiro: DIFEL, 2002.

2. ÉTICA, TÉCNICA E DIREITOS HUMANOS: ensaio sobre os desafios contemporâneos da humanização*

2.1. FUNDAMENTOS METODOLÓGICOS E ANÁLISE DE CAMPO DE ESTUDO

A pesquisa sobre o sentido da técnica na vida social contemporânea tem sentido relevante na pesquisa sobre a condição humana, especialmente pois, se a técnica tem a virtude de significar uma solução para problemas práticos e operacionais da vida, ela também tem o potencial de danificar os horizontes de ação e compreensão do mundo. O avanço técnico, neste sentido, não é nem deletério nem apenas sinal de puro progresso. A partir do avanço técnico, costuma-se medir o avanço humano, mas já se aprendeu, na história moderna, a verificar o quanto é ilusória a associação direta entre estes fenômenos. Por isso, o estado da técnica, verifica-se, condiciona positiva e negativamente a condição humana, cabendo num diagnóstico do presente a tarefa de verificar quais são os prejuízos e quais são os benefícios do evolver da técnica, na base do que se pode fincar a tarefa da crítica, e, por isso, apontar rumos para a tarefa da responsabilidade humana diante do aparato. Aliás, advertência já se encontrava claramente formulada no texto de José Ortega y Gasset, *Meditación de la técnica*, de 1939, onde afirma: "Uno de los temas que en los próximos años se va a debatir con mayor brío es el del sentido, ventajas, daños y límites de la técnica"[1].

A questão sobre a técnica, em nossos tempos, traz consigo uma série de reflexões conexas, uma vez que provoca a que se questione se a técnica tem provocado alienação ou libertação, e, ainda, se tem cumprido a função de

---

* Aula de erudição proferida no concurso público para Professor Titular do Departamento de Filosofia e Teoria Geral do Direito da Faculdade de Direito da Universidade de São Paulo (2-9-2011).

Este artigo foi publicado sob o título "Ética, técnica e direitos humanos", na *Revista Brasileira de Estudos Políticos, Revista de Pós-Graduação da Faculdade de Direito da UFMG*, n. 103, Belo Horizonte: Universidade Federal de Minas Gerais, p. 139-182, jul./dez. 2011.

[1] Ortega y Gasset, *Meditación de la técnica y otros ensayos sobre ciencia y filosofía*, 2004, p. 21.

humanização ou de desumanização[2]. A sociologia do conhecimento e a filosofia crítica se encontram exatamente neste ponto, onde, quando se trata de avaliar as perdas e ganhos dos avanços da técnica, se torna necessário verificar quais são os efeitos do processo de construção de superlativos ideológicos no campo da produção e da economia, atores inteiramente relacionados ao surgimento da modernidade e à afirmação histórica do modo capitalista de produção, e seus desdobramentos em suas posteriores fases. A sociologia da tecnologia, como ramo da sociologia do conhecimento[3], tem apontado os efeitos disfuncionais trazidos pela predominância da razão técnica[4], assim como a filosofia crítica tem apontado os resultados desse processo a partir de uma compreensão da dialética do esclarecimento[5].

Marx e Engels podem ser considerados a matriz referencial teórica de ambas as perspectivas de análise, a saber, da sociologia do conhecimento[6], e também da própria filosofia crítica. É deles a afirmação: "Não é a consciência que determina a vida, mas sim a vida que determina a consciência"[7].

A crítica da economia hiperinflacionada não é somente a crítica a um sistema econômico, mas aos efeitos deste sistema econômico sobre a dimensão da própria condição humana. E, se os efeitos percebidos têm sido anuladores, não se deve pensar que a lógica do produtivismo materialista seja ela mesma capaz de produzir melhores condições de vida, senão progressivos processos de sucateamento da própria existência humana. A preocupação fica clara

2 "Será a tecnologia um fator de alienação ou de libertação do indivíduo? Constituirá ela uma influência humanizadora ou desumanizadora?" (Niel, Mathilde, O fenômeno da tecnologia: libertação ou alienação do homem, *Humanismo socialista* (Fromm, org.), 1976, p. 348).

3 Neste caso, costuma-se identificar em Mannheim o surgimento da expressão "sociologia do conhecimento". Este trecho é claro neste sentido: "O objetivo mais importante deste livro é procurar um método adequado à descrição e análise desse tipo de pensamento e de suas mudanças, e formular os problemas correlatos, método que, além de fazer justiça ao caráter único e peculiar do fenômeno, abra caminho à sua compreensão crítica. O método que procuraremos apresentar é o da sociologia do conhecimento" (Mannheim, *Sociologia*, 1982, p. 97).

4 "La sociología de la ciencia es, desde luego, una rama de la sociología del conocimiento, como lo son, y también de importancia, las de la tecnología, la medicina, el arte y la religión" (Bunge, *Sociología de la ciência*, 1998, p. 19).

5 "Temos, portanto, o direito de perguntar: por que é que a tecnologia, que poderia libertar o indivíduo e derrubar as barreiras no mundo, contribui pelo contrário para a alienação do homem?" (Niel, Mathilde, O fenômeno da tecnologia: libertação ou alienação do homem, *Humanismo socialista* (Fromm, org.), 1976, p. 353).

6 No entanto, a preocupação com o aspecto social do conhecimento é uma preocupação constante desde o pensamento de Marx, que seria o fundador de uma sociologia do conhecimento,como afirma Bunge: "En realidad, la moderna sociología del conocimiento no es creación de Mannheim. Fue en principio esbozada por Karl Marx y Friedrich Engels, y cultivada mucho después, en forma sistemática, por Émile Durkheim y por Max Weber..." (Bunge, *Sociología de la ciência*, 1998, p. 20).

7 Marx, Engels, *A ideologia alemã*, 2001, p. 20.

quando, em *A ideologia alemã*, Marx e Engels afirmam: "De modo geral, aniquilou todo elemento natural na medida em que isso é possível no âmbito do trabalho, e conseguiu dissolver todas as relações naturais para transformá-las em relações monetárias. No lugar das cidades nascidas naturalmente, criou as grandes cidades industriais modernas que brotaram como cogumelos. Por toda parte onde penetrou, ela destruiu o artesanato e, de modo geral, todos os estágios anteriores da indústria. Completou a vitória da cidade comercial sobre o campo. Sua condição primeira é o sistema automático"[8].

2.2. *TECHNÉ*, DE ARTE E TÉCNICA A INSTRUMENTAÇÃO E TÉCNICA, E *PRÁXIS*, DE AÇÃO E INTERAÇÃO A LABOR E PRODUÇÃO

A origem etimológica do termo *técnica* é grega, mas isso não significa que o que os gregos conheceram como *techné* esteja conservado na semântica do termo *técnica* em seu uso a partir da modernidade. A *techné*, entre os gregos, tem o sentido de uma competência do conhecimento diversa da capacidade instintiva (*phýsis*) ou do mero acaso (*tyche*). Como observa Heidegger, em seu texto *Die Frage der Technik*, a extensão do sentido do termo, entre os gregos, engloba as artes, desde a criação arquitetônica até a pintura e a escultura, não deixando de designar aquilo que permite ao carpinteiro produzir um navio ou a um agricultor arar a terra[9]. Os gregos também distinguiam com nitidez o sentido de técnica (*techné*) e de ação (*práxis*), isso porque a *techné* conduz à produção (*poietiké*) e *práxis* significa exercício da virtude deliberativa (*phrónesis*)[10]. A excelência humana, portanto, não está na técnica, mas na virtude, e o domínio da virtude é o domínio da razão que age e não o da produção. Em 1140 a, 15, da *Ética a Nicômaco*, Aristóteles deixa a distinção bastante clara: "Com efeito, ao passo que o produzir tem uma finalidade diferente de si mesma, isso não acontece com o agir, pois que a boa ação é o seu próprio fim"[11].

Os gregos também já haviam identificado que a questão da liberdade (*eleutería*) tem a ver com a forma como se administra a relação com a esfera

---

8 Marx, Engels, *A ideologia alemã*, 2001, p. 71.

9 "The word stems from the Greek. *Technikon* means that wich belongs to *techné*. We must observe two things respect to the meaning of this word. One is that *techné* is the name not only for the activities and skills of the craftsman, but also for the arts of the mind and the fine arts. *Techné* belongs to bringing-forth, to *poiesis*; it is something poiectic" (Heidegger, *The question concerning technology and other essays*, p. 13).

10 "Diferindo, pois, o produzir e o agir, a arte deve ser uma questão de produzir e não de agir; e em certo sentido, o acaso e a arte versam sobre as mesmas coisas" (Aristóteles, *Ética a Nicômaco*, 1140 a, 15, p. 144). Também: "Logo, como já dissemos, a arte é uma disposição que se ocupa de produzir, envolvendo o reto raciocínio" (Aristóteles, *Ética a Nicômaco*, 1140 a, 20, p. 144).

11 Aristóteles, *Ética a Nicômaco*, 1140 b, 5-10, p. 144.

do labor e do trabalho. E que, em tese, a técnica contém um potencial de libertação do labor. A própria escravidão se justifica, e isto é claro em Aristóteles, enquanto os instrumentos não cumprem por si sós suas funções; se obedecessem a ordens ou se antecipassem a elas, como as estátuas de Dédalos ou os trípodes de Hefestos, se as próprias tecedeiras tecessem por si próprias, então os senhores não necessitariam de escravos ("oudén àn édei oúte toîs architéktosin yperetwn oúte toîs despóstais doúlwn")[12]. O argumento de Aristóteles está a revelar que a técnica possui um sentido libertário da dimensão do labor, e que a dominação perde a sua justificativa quando a técnica é colocada a serviço da libertação humana.

Se os gregos conheceram o termo *techné* e, mais do que isso, a excelência (*arethé*) da técnica, no esplendor da estética de Fídias, na harmonia das cítaras, ou na capacidade de encantamento da *kartarsis* produzida pelo teatro[13], no entanto, não conheceram o assombroso desenvolvimento técnico que hoje coloca o próprio homem na berlinda dos tempos. Pode-se até mesmo dizer, com Walter Benjamin, que os gregos "...foram obrigados, pelo estágio de sua técnica, a produzir valores eternos". Nesse sentido, a beleza torna-se também um fruto da *techné* e, por isso, a *techné* era capaz de traduzir harmonia, proporção, equilíbrio[14]. Mais ainda, se os gregos viam na técnica um potencial de libertação, como se pode explicar que a técnica tenha se convertido em um instrumento de dominação? Para compreender isso é necessário compreender que a história ocidental está marcada por fissuras, o que torna necessário identificar que o termo técnica foi resignificado com a entrada na modernidade.

Algo muda no trânsito histórico, pois se a *techné* é indigna de grande atenção para os gregos, não é desta forma que os modernos a enxergam. Se os antigos conheceram *techné*, ela sempre foi considerada algo de auxiliar da *phýsis*, ou seja, uma experiência humana acumulada na forma de conhecimento para lidar com o artefato e o mundo natural, foi distinguida, como forma de conhecimento, de *epistéme* e de *sophía*, optando por glorificar esta última. Por isso, pode-se dizer, há continuidades e descontinuidades entre a técnica antiga e a técnica moderna, a par do fato de esta ser derivação daquela. Aquela não tinha condições de se desgarrar, mas esta já não depende mais do homem senão como de um instrumento. A *techné* se torna a razão

---

[12] Aristóteles, *Política*, 1253 b,/ 1254 a, 1.

[13] Essa perda é registrada por Heidegger: "There was a time when it was not technology alone that bore the name *techné*. Once that revealing that brings forth truth into the splendor of radiant appearing also was called *techné*" (Heidegger, *The question concerning technology and other essays*, p. 34).

[14] "Once there was a time when the bringing-forth of the true into the beautiful was called *techné*. And the *poiesis* of the fine arts also was called *techné*" (Heidegger, *The question concerning technology and other essays*, p. 34).

dos novos tempos, com os modernos. Na modernidade, detonaram-se as condições para converter a *techné* na *sophía* de nossos tempos. O abandono da autonomia da *sophía* e sua escravização à *techné* constroem uma história erodida na capacidade de oferecer, aos próprios indivíduos, autonomia. É nesse sentido que Heidegger se refere à técnica não somente como instrumentação da ação, mas sobretudo como um modo de visão de mundo: "O que *é* agora vai sendo caracterizado pela dominação da essência da técnica moderna, dominação que se apresenta já em todas as esferas da vida, através de múltiplos sinais que podem ser nomeados: funcionalização, perfeição, automatização, burocratização, informação"[15].

2.3. TÉCNICA E MODERNIDADE: O IMPÉRIO DA TÉCNICA

Ficou no tempo a ideia de que a técnica traz ao homem, inevitavelmente, libertação e pode ser considerada o caminho para a emancipação humana. Depois de exaustivas provas de seus descalabros, pode-se considerar vencido o otimismo que informava o pensamento de Bacon, quando afirmava: "Pois de fato, os benefícios dos inventos podem estender-se a todo o gênero humano, e os benefícios civis alcançam apenas algumas comunidades e estes duram poucas idades, enquanto aqueles podem durar para sempre. Por outro lado, a reforma de um Estado dificilmente se cumpre sem violência e perturbação, mas os inventos trazem venturas e os seus benefícios a ninguém prejudicam ou amarguram"[16]. Isso porque a razão técnica, que opera acima da razão comunicativa, e que se faz instrumento predominante das formas de organização de vida, a partir da modernidade, esgota o potencial emancipatório em processos de instrumentalização do homem e da natureza[17].

A técnica moderna comprovou-se uma forma de racionalização social. No entanto, a racionalização aqui é avaliada no sentido weberiano, ou seja, num sentido que se enfatiza que, além de conquistas, há perdas[18]. A técnica se torna a principal força de aquecimento do capitalismo emergente[19]. A consciência

---

15 Heidegger, *Conferências*, p. 193, *apud* Rüdiger, *Martin Heidegger e a questão da técnica*: prospectos acerca do futuro do homem, 2006, p. 34.

16 Bacon, *Novum organum*, livro CXXIX, 1999, p. 96.

17 "O progresso técnico e científico não conduz inevitalmente à emancipação humana. Deve-se levar em conta também a esfera comunicativa. Na verdade, a emancipação diz respeito tanto à razão prática quanto à razão técnica. Sublinhar o elo dialético entre essas duas formas de racionalidade não quer dizer que elas coincidam" (Araújo, *Religião e modernidade em Habermas*, 1996, p. 33).

18 "O progresso técnico-científico não deixa de ser avaliado, sem ambiguidade, como um processo de racionalização, no sentido weberiano" (Araújo, *Religião e modernidade em Habermas*, 1996, p. 39).

19 "A técnica e a ciência assumem papel preponderante como suportes ideológicos da dominação. As consequências são múltiplas: a eliminação de todo conteúdo prático graças ao esvaziamento

tecnocrática que surge a partir da modernidade não somente significa a nova força ideológica a determinar o mundo da vida, e, ainda significa uma forma de esterilização da política, e alienação das massas, mas também uma forma de redução de toda razão prática (ética, direito, política) em razão técnica[20]. A consequência imediata é a transformação da consciência do agir em consciência do fazer, quando o *homo activus* se torna simplesmente o *homo faber.* Está aí situada a questão de como se acomodam as forças de nulificação da existência e da interação. O trabalho emerge como categoria reinante, a sufocar as demais.

A partir da modernidade, a técnica ganha o *status* de uma *logía,* quando da técnica se passa a descolar a tecno-*logia* e a cultura do tecnologismo, sendo que esta mudança vai mais além do mero acréscimo de sufixos ao antigo termo *techné*; esta mudança provoca uma mutação que se opera também no interior do próprio sentido destes termos. A própria definição antropológica e instrumental de tecnologia[21], mais acessível ao senso comum, perde seu lugar para dar assento a algo mais pujante. A tecnologia ganha sua própria independência, como ramo de estudo, mas também como fundamento de si mesma. Essa força e esse *status* também alimentam o processo de sua autonomização. Quando se pensa que é possível por meio dela controlar a natureza, controlar os outros homens, impor condições de exercício de poder, a técnica se torna rebelde ao próprio homem, pois "... a técnica, no seu ser, é qualquer coisa que o homem não domina", como afirma Heidegger nos *Escritos políticos*[22]. De mero instrumento dos intentos antropointeressados, a técnica se converte em senhora da própria existência humana.

Este giro copernicano no sentido da *techné* se opera na passagem para a modernidade. A ciência moderna, a visão instrumental da natureza, a ascensão da ideologia da ciência e da técnica são antecedentes da própria revolução industrial. Heidegger vê nessa passagem em direção à modernidade e na ciência da natureza, especialmente na física do século XVII, o caminho aberto para

---

da ação política (orientada basicamente para soluções de questões técnicas) conduz à despolitização da grande massa da população e à mudança da relação entre as esferas sociais, tornando caduca a ideia da política como simples fenômeno de superestrutura. O fato é que a técnica e a ciência transformam-se em forças produtivas principais do capitalismo intervencionista e se confundem com seu marco institucional" (Araújo, *Religião e modernidade em Habermas*, 1996, p. 38).

20 "De acordo com Habermas, a força ideológica da consciência tecnocrática reside no fato de conseguir escamotear a diferença entre técnica e prática, visando eliminar o dualismo fundamental do trabalho e da interação" (Araújo, *Religião e modernidade em Habermas*, 1996, p. 38).

21 Tal qual registrada em *Die Frage der Technik*, de Heidegger: "The current conception of technology, according to wich it is a means and a human activity, can therefore be called the instrumental and anthropological definition of technology" (Heidegger, *The question concerning technology and other essays*, p. 5).

22 Heidegger, *Escritos políticos*, p. 231, *apud* Rüdiger, *Martin Heidegger e a questão da técnica*: prospectos acerca do futuro do homem, 2006, p. 154.

a criação do império da técnica, a partir do século XVIII[23]. O século XVIII é marcado pela consagração dos termos investigação (*indagine*) e experimento (*cimento*). Durante o século XVIII, pela primeira vez na história, o conhecimento útil vem a se tornar, efetivamente, respeitável, em meio a uma forte ideologia de progressismo, inovação, avanço técnico, invencionismo. A investigação útil recebe o *status* social de conquista, e as conquistas conferem notoriedade e aprofundam a capacidade que a indústria tem de produção. Por isso, o sistema econômico é receptivo e se apropria das categorias vindas da ciência e das descobertas de mundo modernas. Com isso, quantidade e eficiência "... tornam-se as virtudes da nova moralidade, *a moralidade tecnológica*", à qual se refere Mathilde Niel[24]. No *Técnica e ciência como ideologia* (*Technik und Wissenschaft als Ideologie*), de 1968, dedicado a Herbert Marcuse nos seus 70 anos, Habermas, seguindo a tese de Marcuse, afirma que: "Com a investigação industrial de grande estilo, a ciência, a técnica e a revalorização do capital confluem num único sistema"[25].

A questão problemática da modernidade passa a ser não propriamente a da razão técnica em si, na medida em que a história da humanidade envolve uma história da técnica, mas no fato de a razão técnica tornar-se um fim em si mesma, e, acima de tudo, tornar-se o modo de ser de uma época a predominar sobre as demais categorias existenciais[26]. Do horizonte de visão teocentrado ao tecnocentrado, tem-se uma passagem que determina a linha ideológica predominante, que não é a da emancipação humana. O que de fato ocorreu foi não somente uma incrementação da técnica, em direção ao seu aperfeiçoamento, mas propriamente uma sacralização da tecnologia[27]. O homem moderno entroniza a técnica. Por isso, à sua liturgia se devotam exércitos humanos. De sua natureza inerte, as coisas passam a receber vida, e não a vida de milhões que é vertida para sustentar o inerte. O inerte se transmuta de extensão do corpo a substituto do corpo.

A ideia de Aristóteles, de uma libertação do reino da necessidade pela técnica, como categoria substitutiva à da escravidão, parece malograr exata-

---

23 "The modern physical theory of nature prepares the way first not simply for technology but for the essence of modern technology" (Heidegger, *The question concerning technology and other essays*, p. 22). "Chronologically speaking, modern physical science begins in the seventheenth century. In contrast, machine-power technology develops only in the second half of the eighteenth century" (Heidegger, *The question concerning technology and other essays*, p. 22).

24 Niel, Mathilde, O fenômeno da tecnologia: libertação ou alienação do homem, *Humanismo socialista* (Fromm, org.), 1976, p. 353.

25 Habermas, *Técnica e ciência como ideologia*, 2001, p. 72.

26 "O problema não é a razão técnica enquanto tal, mas sua extensão a outras esferas de decisão racional" (Araújo, *Religião e modernidade em Habermas*, 1996, p. 39).

27 "Infelizmente, o homem sacralizou a tecnologia" (Niel, Mathilde, O fenômeno da tecnologia: libertação ou alienação do homem, *Humanismo socialista* (Fromm, org.), 1976, p. 353).

mente onde a tecnologia inverte a polaridade da relação homem-máquina para a relação máquina-homem. Com a passagem da técnica à tecnologia, a promessa de liberdade acaba se realizando em aumento de opressão, e a possibilidade emancipatória da técnica se realiza paradoxalmente pela escravização humana. Na linha de Mathilde Niel, a tecnologia "... tornou-se hoje o novo suporte desta velha mentalidade absolutista e emocional. Assim, em vez de figurar como o meio de libertação que poderia ser, a tecnologia transformou-se em novo meio de escravidão"[28]. Se o utensílio, que teria função agregada à dimensão da natureza, ganha autonomia e vida próprias, pode-se dizer com Ortega y Gasset, que: "No es ya el utensilio que auxilia al hombre, sino al revés: el hombre queda reducido a auxiliar de la máquina"[29]. Por isso, quanto mais se avança em um mundo dependente da técnica para que prossiga mais em direção à autocirculação e retroalimentação da própria técnica, a ideia de liberdade se esfumaça e se converte em algo por realizar[30].

Por isso, ao empobrecimento do termo grego *techné* se segue o empobrecimento da cultura e a fragilização da autonomia humana diante da possibilidade de reagir ao império da técnica. Essa questão aparece na preocupação soberanamente posta no texto de Walter Benjamin, *A obra de arte na era de sua reprodutibilidade técnica*, de 1935: "Uma nova forma de miséria surgiu com esse monstruoso desenvolvimento da técnica, sobrepondo-se ao homem"[31]. E isso, pois, a técnica não carrega consigo nenhuma questão espiritual mais profunda[32], a não ser a exaustão da espiritualidade das coisas. As coisas que perdem o seu sentido, em verdade, têm-se tornado algo da ordem do fungível, e, por isso, perdem a sua aura. "O conceito de aura permite resumir essas características: o que se atrofia na era da reprodutibilidade técnica da obra de arte é sua aura. Esse processo é sintomático, e sua significação vai muito além da esfera da arte. *Generalizando, podemos dizer que a técnica da reprodução destaca do domínio da tradição o objeto reproduzido*. Na medida em que ela multiplica a reprodução,

---

28 Niel, Mathilde, O fenômeno da tecnologia: libertação ou alienação do homem, *Humanismo socialista* (Fromm, org.), 1976, p. 359. Ainda: "Mas, para falar com franqueza: a maquinaria e a tecnologia possuem uma tendência natural para escravizar o homem e é provável que se tornem inimigos tão perigosos como o mais inumano tipo de capitalismo" (Niel, Mathilde, O fenômeno da tecnologia: libertação ou alienação do homem, *Humanismo socialista* (Fromm, org.), 1976, p. 361).

29 Ortega y Gasset, *Meditación de la técnica y otros ensayos sobre ciencia y filosofía*, 2004, p. 87.

30 "Uma humanidade composta de homens livres, relacionados criadoramente uns com os outros e com o mundo, é um ideal ainda a realizar..." (Niel, Mathilde, O fenômeno da tecnologia: libertação ou alienação do homem, *Humanismo socialista* (Fromm, org.), 1976, p. 358).

31 Benjamin, *Magia e técnica, arte e política:* ensaios sobre literatura e história da cultura, 7. ed., 1994, p. 115.

32 "... a técnica em si mesma não põe questão espiritual alguma: ela opera ou não opera, funciona ou não funciona" (Rüdiger, *Martin Heidegger e a questão da técnica*: prospectos acerca do futuro do homem, 2006, p. 25).

substitui a existência única da obra por uma existência serial"[33]. A técnica segue adiante, em seu progresso, corrompendo a identidade das coisas e tornando tudo fungível, até alcançar o próprio homem, que se torna despossuído de aura, e, por isso, suscetível a se coisificar, e expor a sua ossatura cadavérica despossuída de sua própria carne. É a própria visão de mundo que passa a se condicionar ao império da reprodutibilidade a partir de então: "Nesta, a unidade e a durabilidade se associam tão intimamente como, na reprodução, a transitoriedade e a repetibilidade. *Retirar o objeto do seu invólucro, destruir sua aura, é a característica de uma forma de percepção cuja capacidade de captar 'o semelhante no mundo' é tão aguda, que graças à reprodução ela consegue captá-lo até no fenômeno único*"[34].

A técnica é, sem dúvida nenhuma, uma forma de interação com a natureza, uma forma pela qual a adaptação do homem ao meio se dá para que a própria sobrevivência da espécie se torne possível pela acumulação de experiências e de conhecimentos[35]. A vida depende da técnica para se conservar e se reproduzir. Em grande parte, é em função e como resposta a desafios naturais que a técnica evolui. Por isso, Ortega y Gasset afirma: "Hombre, técnica y bienestar son, en última instancia, sinónimos"[36]. A modernidade consente que, de alguma forma, pelo progresso material uma série de modificações que se dão no espaço do desenvolvimento material abram campo para uma maior capacidade de acumular bem-estar e superar anteriores limitações existenciais. É, inclusive, Engels quem nota que esta é a primeira vez na história em que se acumulam condições de afirmação de uma maior possibilidade de, pela posse dos meios, estabelecer melhores condições humanas para todos[37].

Mais ainda, é Marx quem constata com estupefação que, no entanto, a ciência trouxe o domínio da técnica, e o domínio da técnica consentiu uma série de avanços materiais, que, inclusive, facultam maior conforto e bem--estar materiais, mas isso não significou maior justiça, maior inclusão nem maior bem-estar generalizados socialmente. Ainda, se isso é uma realidade

---

[33] Benjamin, *Magia e técnica, arte e política*: ensaios sobre literatura e história da cultura, 7. ed., 1994, p. 168.

[34] Benjamin, *Magia e técnica, arte e política:* ensaios sobre literatura e história da cultura, 7. ed., 1994, p. 170.

[35] "Pues bien, estos son los actos técnicos, específicos del hombre. El conjunto de ellos es la técnica, que podemos, desde luego, definir como la reforma que el hombre impone a la naturaleza en vista de la satisfacción de sus necesidades" (Ortega y Gasset, *Meditación de la técnica y otros ensayos sobre ciencia y filosofía*, 2004, p. 28).

[36] Ortega y Gasset, *Meditación de la técnica y otros ensayos sobre ciencia y filosofía*, 2004, p. 35.

[37] "Ao concluir aquela seção, Engels aponta a possibilidade de assegurar a todos os membros da sociedade uma existência digna no plano corporal e espiritual, o que havia se tornado tecnicamente possível: 'essa possibilidade está aí agora pela primeira vez, mas *está aí* (*aber sie ist da*)'" (Borges, *Crítica e teorias da crise*, 1994, p. 89).

para alguns países, não se trata de uma realidade global.

Isso se deve ao fato de que a modernidade imprimiu à técnica o seu funcionamento ao modo da dialética do esclarecimento, por isso ela promete progresso e realiza reificação; promete liberdade e realiza opressão. Na advertência de Ortega y Gasset[38], a técnica implica não adaptação do sujeito ao meio, mas adaptação do meio ao sujeito, e esta conversão que inverte o sentido desta relação também marca a possibilidade de, na relação entre *ego* e *alter*, o outro tornar-se também parte do meio e, com isso, ser tornado tão instrumento quanto os meios da técnica. A instrumentalização das coisas converte-se em instrumentalização do próprio homem. Por isso, se a técnica foi ressignificada, foi para caminhar em direção à depravação da relação do homem com o meio, que é o que marca a identidade do moderno; o moderno aqui é sinônimo de desnaturação da natureza e de desumanização do homem. O que daí surge é o *homo fabricatus*, a que se refere Habermas[39].

Antes de tudo, o homem moderno é responsável por desencantar e por desumanizar. Primeiro desencanta a natureza, tornando-a mundo objetivo, *res extensa*, depois desumaniza, porque a dominação que se estabelece sobre as coisas se estabelece também sobre o homem. De tudo se retira a aura e a alma. Por isso, no vocabulário da *Dialética do esclarecimento*, "Desencantar o mundo é destruir o animismo"[40]. A empreitada da civilização ocidental se lança no sentido de purgar o mundo do mistério e desencantá-lo de tudo. Esta razão que se instala como perscrutadora é dominadora, pois age ao modo de um interesse não por conhecimento, mas por dominação. "A racionalidade técnica hoje é a racionalidade da própria dominação. Ela é o caráter compulsivo da sociedade alienada de si mesma"[41].

Dessa forma, os avanços da modernidade significam os avanços de sua técnica, independentes e, por vezes, por cima do próprio homem. De mecanismo de superação da necessidade humana, a técnica se converte em forma de criação de novas necessidades humanas, a tornar o ciclo de dependência da técnica um infinito e irreversível processo de marcha em direção ao futuro. "Pelo contrário, o homem tecnológico vive num estado de extrema tensão

---

38 "La técnica es el contrario de la adaptación del sujeto al medio, puesto que es la adaptación del medio al sujeto" (Ortega y Gasset, *Meditación de la técnica y otros ensayos sobre ciencia y filosofía*, 2004, p. 31).

39 "O homem não só pode já, enquanto *homo faber*, objetivar-se integralmente pela primeira vez e enfrentar as realizações autonomizadas nos seus produtos, mas pode igualmente, enquanto *homo fabricatus*, integrar-se nos seus dispositivos técnicos, se conseguir reproduzir a estrutura da ação racional teleológica no campo dos sistemas sociais" (Habermas, *Técnica e ciência como ideologia*, 2001, p. 75).

40 Horkheimer, Adorno, *Dialética do esclarecimento*, 1985, p. 20.

41 Horkheimer, Adorno, *Dialética do esclarecimento*, 1985, p. 114.

tecnológica"[42]. A vontade de controle da moderna sociedade panóptica a que se refere Foucault se realiza por meio de uma perda crescente de controle na medida da própria crescente dependência da técnica. A desenfreada busca do mais, a competição pela aquisição do conhecimento último, a ilimitada e insaciável vontade de controle e posse sobre o natural fundam uma ordem que escapa à capacidade humana de manter o controle. O controle total significa o descontrole total. Por isso, para Adorno e Horkheimer, "O mito converte-se em esclarecimento, e a natureza em mera objetividade. O preço que os homens pagam pelo aumento de seu poder é a alienação daquilo sobre o que exercem o poder"[43].

A ilusão moderna de que a técnica liberta redundou em sua fetichização. Daí sua central condição para a incrementação dos processos de produção ter-se tornado também um fator de crescimento econômico e revolução permanente da história moderna. No entanto, a mesma história moderna das recentes conquistas e avanços registra a nefasta associação que liga e torna circular a relação entre tecnologia, Estado e ideologia, e faz com que, em grande parte, se cumpra a história da modernidade como história da vontade de poder[44]. A potenciação do poder pela técnica traz também consigo os grandes paradoxos experimentados ao longo da modernidade. Daí traduzir-se a situação histórica do homem moderno nesta ambígua e paradoxal condição: a técnica que liberta é a mesma que oprime, abrindo horizontes para a objetificação da vida. Essa é a própria demonstração de que a dialética do esclarecimento funciona no interior da modernidade como motor secreto de uma engrenagem, de uma mecânica subliminar, que, entre evolução e involução, entre progresso e regresso, consentiu fenômenos como Auschwitz, Gulag e Guantánamo, como analisam Adorno e Horkheimer. Na base dessa dialética, a civilização ocidental nos leva a experimentar paradoxos cada vez mais crescentes e que deglutem o que há de mais aurático na existência. A dialética do esclarecimento continua a operar em seu maquinismo de contradições, onde o empalidecimento do humano corresponde à aurora da técnica, e vice-versa.

Num mundo que, por conta e risco do próprio homem, há muito deixou de ser antropocêntrico, como anunciado nos albores do Renascimento moderno, para se converter em tecnocêntrico, quanto mais a técnica avança, ao

---

[42] Niel, Mathilde, O fenômeno da tecnologia: libertação ou alienação do homem, *Humanismo socialista* (Fromm, org.), 1976, p. 356.

[43] Horkheimer, Adorno, *Dialética do esclarecimento*, 1985, p. 24.

[44] "Colocando-se a serviço do Estado e das ideologias, a tecnologia tornou-se ainda mais ameaçadora. A combinação de tecnologia-Estado-ideologia constitui um super-Absoluto que procura dominar o mundo e eliminar seus opositores" (Niel, Mathilde, O fenômeno da tecnologia: libertação ou alienação do homem, *Humanismo socialista* (Fromm, org.), 1976, p. 354).

longo da história da modernidade, mais a grandiosidade da técnica se torna espetaculosa, fazendo o homem se sentir pequeno e impotente diante da potência da máquina. Sua potência é trocada pela potência da máquina, mas a diminuição do esforço do labor humano se torna inversamente proporcional à capacidade humana de realizar o espírito do esclarecimento, ou seja, o abandono da menoridade autoinfligida a que se refere Kant, aqui citado por Adorno e Horkheimer: "Nas palavras de Kant, o esclarecimento "é a saída do homem de sua menoridade, da qual é o próprio culpado. A menoridade é a incapacidade de se servir de seu entendimento sem a direção de outrem. 'Entendimento sem a direção de outrem' é o entendimento dirigido pela razão"[45]. A impotência humana diante do maquinismo torna-se agora a potência autônoma e própria dos implementos e equipamentos.

Essa era do império da técnica funda uma condição tal que se torna possível ao homem sobejamente experimentado na técnica vivenciar nela mesma a nova forma de legitimação da dominação, como constata Habermas: "Pois agora, a primeira força produtiva, a saber, o progresso técnico-científico submetido a controle tornou-se o fundamento da legitimação. Esta nova forma de legitimação perdeu, sem dúvida, a velha forma de *ideologia*"[46]. É certo que a nova forma de ideologia robustece o processo de dominação e de controle dos meios de produção, impedindo o processo de emancipação humana. É pela necessidade de adaptação à técnica e pela vontade de querer alimentada pela mercadurização da vida que a consciência tecnocrática se desenvolve e se reproduz independentemente de impedimentos, afinal ela age como arma branca no interior do próprio sistema econômico. Quem negaria a importância da técnica e da ciência? Por isso, a repressão que pratica se infiltra profundamente na consciência do agir social e obtém "... a lealdade das massas" por meio "... de compensações destinadas à satisfação de necessidades privatizadas"[47]. Por isso, a sensação hodierna é a de que vivemos as incongruências da modernidade, e, dessa forma, nos encontramos na angustiante condição entre sucumbirmos à técnica ou superarmos suas mazelas já historicamente colhidas, de Auschwitz a Hiroshima-Nagasaki, e de Guantánamo ao Iraque.

Não se trata de abominar a técnica e de nela verificar qualquer valor escatológico, mas de perceber que a técnica afasta o homem de si mesmo e, assim, estende muros entre a compreensão estupefata da gnose e o simples

---

[45] Horkheimer/Adorno, *Dialética do esclarecimento*, 1985, p. 81.

[46] Habermas, *Técnica e ciência como ideologia*, 2001, p. 80.

[47] Habermas, *Técnica e ciência como ideologia*, 2001, p. 81. Também: "A fim de ajudar as massas alienadas a resignar-se ao fracasso da idade de ouro, promete-se uma forma de felicidade imediatamente tangível — a que se adquire pela posse dos bens materiais que a tecnologia produz" (Niel, Mathilde, O fenômeno da tecnologia: libertação ou alienação do homem, *Humanismo socialista* (Fromm, org.), 1976, p. 355).

acionar de um botão. A técnica dessensibiliza os indivíduos de sua responsabilidade, ao distanciar o encadeamento entre atos e consequências. A era da técnica instala o bestial entre os homens, pois, com a mesma leveza com que o polegar move o *mouse* do computador, também se aciona o sistema que destrói cidades inteiras. A técnica libera a barbárie e desafia a civilização enquanto a emancipação se vê estagnada como projeto irrealizado. "A consciência tecnocrática é, por um lado, menos ideológica do que todas as ideologias precedentes; pois, não tem o poder opaco de uma ofuscação que apenas sugere falsamente a realização dos interesses. Por outro lado, a ideologia de fundo, um tanto vítrea, hoje dominante, que faz da ciência um feitiço, é mais irresistível e de maior alcance do que as ideologias de tipo antigo, já que com a dissimulação das questões não só justifica o interesse parcial de dominação de uma determinada classe e reprime a necessidade parcial de emancipação por parte de outra classe, mas também afeta o interesse emancipador como tal do gênero humano"[48]. A preocupação, portanto, com relação aos efeitos desse processo sobre a dimensão do mundo da vida parece ser algo que demanda uma análise mais detida.

2.4. TÉCNICA, MUNDO DA VIDA E DESUMANIZAÇÃO

A sociedade moderna, uma era dominada pela armação (*Gestell*), no sentido heideggeriano[49], converteu o potencial emancipatório da técnica em fórmula de opressão econômica pela burguesia, e é esta transformação que operou a conversão de seu sentido de liberdade em castração. A modernidade, portanto, passa a significar uma era histórica em que o esgotamento da experiência é canalizado pela dimensão do trabalho e pelas exigências do mercado, a partir de onde a dimensão da técnica, como produto do trabalho, passa a codeterminar as demais instâncias da existência. A mudança histórica operada permite a redução da existência ao labor e o cerceamento da mais vasta concepção de *techné*, tal como concebida pelos antigos. A sociedade moderna, capitalista e produtivista faz com que o "modo ter" assuma a dianteira com relação ao "modo ser" e passe a presidir a carruagem do destino em direção à definição dos rumos da história. O problema não está no uso da técnica para abreviar o esforço humano ou pôr fim a sofrimento e padecimentos físicos, mas na quintessenciação de seu sentido da própria historicidade – a mecânica da máquina a dirigir a mecânica da história. O homem passa a ser medido pela medida da técnica. Para o nosso tempo, portanto, a técnica é a medida de todas as coisas, contrariando o dito de Protágoras.

---

48 Habermas, *Técnica e ciência como ideologia*, 2001, p. 80.

49 Cf. Rüdiger, *Martin Heidegger e a questão da técnica*: prospectos acerca do futuro do homem, 2006, p. 142.

O que se define como fruto do artifício humano, paradoxalmente, expulsa o humano. A propriedade da técnica é sua própria capacidade de colocar-se no lugar do natural e do humano. Não é em termos dicotômicos que se enxerga a relação entre técnica e humanidade, por simples recíproca exclusão, mas em termos dialéticos, onde um determina o outro, impulsionando relações de tensão e contradição que são inelimináveis no interior da sociedade produtivista e consumista contemporânea. A técnica é excludente enquanto for feita excludente; a técnica será emancipatória quando for colocada a serviço da emancipação. Isso porque a questão da técnica não pode ser vista isoladamente, ou fora da totalidade social, o que envolve as relações de produção e as forças produtivas em jogo em dado momento histórico, como na tradição marxista se costuma apontar. A técnica pressupõe relações históricas e sociais que a fazem ter este ou aquele sentido. E o sentido atual se esgota em seu uso ideológico como forma de manutenção do sistema produtivo capitalista. Por isso, o problema não está no progresso da técnica pelo aprimoramento do conhecimento científico, mas na servilização da ciência aos interesses preponderantes da técnica utilizada como dominação.

Ademais, a crítica aqui realizada procura focar as disparidades entre o progresso material alcançado, fruto da técnica, e os níveis de atendimento a necessidades elementares no que tange à dignidade humana. Apesar de os implementos existirem, eles não servem a todos, e muito menos são acessíveis a todos. O problema não está na tecnologia, como implemento para a existência humana, mas no apossamento da técnica sobre o homem, na conversão do raciocínio humano em pensamento tecnocentrado e no destacamento e autonomização da técnica sobre o natural e o humano. A técnica ganha independência com relação ao homem, e se sobrepõe a ele e à natureza.

Na era da cibercultura, o problema da absolutização do valor da técnica é o de que seus processos se transmitem e acabam por produzir a tecnificação da vida, gerando a desapropriação do homem de seu próprio autoentendimento. Somente a experiência compartilhada e construída simbolicamente permite definir a condição humana, no entanto, quando ela é reduzida à condição puramente laboral, numa sociedade administrada pelo poder burocrático e pelo poder econômico, o próprio mundo da vida se amesquinha para dar sobrevida aos interesses imediatistas de dominação. Na sociedade da informação, a vulnerabilidade à técnica se potencializa ao extremo, e se trata de um passo sem retorno. Quanto mais se dispõe da técnica, mais esta se torna necessária. A técnica, por isso, se integra ao quotidiano da vida, e assim a ela se integrando, acaba por vincular todo o ciclo de vida que dela depende, de modo a que se passa a depender numa escala em cadeia como nunca antes. Desta forma, ela se tornou o núcleo da existência.

A nulificação da existência se processa a cada novo avanço de nossa era tecnocrática. Por isso, não se pode, de maneira alguma, afirmar que a tecnologia liberta, *tout cort*; pode-se dizer que a tecnologia tem libertado alguns homens, mas existem hordas de seres humanos desprovidos de acesso a ela, como meio de mantê-los retidos no silêncio do inacesso aos meios de provimento da vida, e aos meios desenvolvidos de comunicação, o que significa, especialmente na sociedade da informação, apartamento da esfera do diálogo produtor de comunicação e mobilização social pela esfera pública, como aponta Habermas.

Assim, a complexa e rica experiência do mundo da vida passa a ser invadida por determinantes externas, sistêmicas do poder burocrático e do poder econômico, que crestam o espaço que se reproduz, por excelência, na base da troca de experiências simbolicamente representadas. A razão instrumental viola o espaço da interação comunicativa. Por isso, quando Habermas menciona a questão da eficácia desta ideologia da técnica e da ciência modernas, discute sua capacidade de "... dissociar a autocompreensão da sociedade do sistema de referência da ação comunicativa e dos conceitos da interação simbolicamente mediada, e em substitui-lo por um modelo científico. Em igual medida, a autocompreensão culturalmente determinada de um mundo social da vida é substituída pela autocoisificação dos homens, sob as categorias da ação racional dirigida a fins e do comportamento adaptativo"[50]. O imperativo instrumental substitui o imperativo categórico, e, com isso, sucateia-se a alternativa possível fundada na constelação de valores emancipatórios que estão ligados à dimensão da razão comunicativa, como afirma Habermas: "Mas este processo de desdobramento das forças produtivas só pode constituir um potencial de libertação se não substituir a racionalização no outro nível"[51].

Racionalização e tecnificação se afastam conceitualmente, pois a racionalidade, enquanto comunicativa, se põe a serviço da emancipação, fundada na lógica do diálogo e na recuperação da intervenção ativa do homem sobre a história, enquanto a técnica se encontra a serviço dos interesses de mais-valia e nulifica o potencial humano interativo. Por isso, a simplificação do mundo da vida é algo que se deve ter como padrão e medida do arrasamento provocado pelo movimento de modernização da sociedade. O modo técnico-operativo de ser da sociedade hodierna torna o condicionamento comportamental do tipo behaviorista a lei a invadir e dissolver a experiência espontânea, criativa e integradora da comunicação desenvolvida na base das exigências do *mundo da vida* (*Lebenswelt*). No mundo da vida, o que se percebe, portanto, é, no que tange à sociedade, o aumento da desintegração social; no que tange à cultura, a perda do potencial simbólico; no que tange ao indivíduo, a perda de autonomia.

---

[50] Habermas, *Técnica e ciência como ideologia*, 2001, p. 74.

[51] Habermas, *Técnica e ciência como ideologia*, 2001, p. 88.

2.5. HUMANIZAÇÃO: A RESPONSABILIDADE ÉTICA DA CULTURA DOS DIREITOS HUMANOS

"Ser radical é agarrar as coisas pela raiz. Mas, para o homem, a raiz é o próprio homem"[52]. Esta frase do jovem Marx revela a preocupação com a dimensão do humano que está atrás da obra e do pensamento críticos. A sutil questão da ética em Marx nos leva a pensar que o caminho da reação à reificação somente pode se dar pelo processo da humanização, na medida em que a instrumentalização de tudo dentro da modernidade tornou-se a nova lei[53]. "Na concepção marxiana, o socialismo é humanismo na medida em que organiza a divisão social do trabalho, o reino da necessidade, de maneira a possibilitar aos homens a satisfação das suas necessidades sociais e individuais sem exploração e como o mínimo de dificuldades e sacrifícios"[54].

Nesse sentido, fica claro que existem fortes evidências de um humanismo como preocupação latente, especialmente na obra do jovem Marx, humanismo compartilhado, aliás, com diversas outras correntes teóricas, pois, na verdade, como linha filosófica, o próprio humanismo (*humanism; humanisme; humanismus; umanesimo*), apesar de ter sido desta forma batizado pelo Renascimento, é anterior ao próprio Renascimento, assim como vai além dele[55]. Há, neste sentido, uma linha invisível que liga o *gnouth autós* socrático à ideia do homem vitruviano de Leonardo Da Vinci, assim como ao socialismo de Marx, em sua crítica à sociedade capitalista, uma linha invisível que exala a preocupação pelo homem e sua condição. A *humanitas* é este fio invisível na história a reunir concepções tão diversas em torno de um mesmo objetivo, desde a *paideia* dos gregos até a *humanitas* de Cícero e Varrão, passando pelo *trivium* e *quadrivium* dos medievais, ao *umanesimo* dos renascentistas italianos, à cultura dos *hommes de lettres* do Iluminismo francês. Por isso, se Marx não fundou o humanismo ocidental, conferiu-lhe, no entanto, uma feição muito particular, e, nesse sentido, distinta do individualismo burguês, de modo a ser, exatamente por isso, de grande valia para a filosofia crítica.

---

52 Marx, *Crítica da filosofia do direito de Hegel — introdução*, 2005, p. 151.

53 Por isso, Heidegger afirma: "O humanismo de Marx não carece de retorno à Antiguidade, como também não o humanismo que Sartre entende quando fala do existencialismo" (Heidegger, *Sobre o humanismo*: carta a Jean Beaufret, 1973, p. 351).

54 Marcuse, Herbert, Humanismo socialista?, *Humanismo socialista* (Fromm, org.), 1976, p. 113. Ainda: "O nascimento do pensamento socialista brotou do desenvolvimento do humanismo europeu, tradição que tem as suas mais profundas raízes na Grécia antiga, na Renascença e no Iluminismo" (Sviták, Ivan, As fontes do humanismo socialista, *Humanismo socialista* (Fromm, org.), 1976, p. 37).

55 "Y ciertamente, dentro de la tradición occidental el humanismo no se restringe al Renacimiento, aunque originalmente se refiera a él" (González, *El ethos, destino del hombre*, 1996, p. 28).

O embate do pensamento crítico com a tecnificação da existência e como mundo do trabalho é uma clara derivação reativa do processo moderno de quintessenciação do progresso e da forma capitalista de fetichização do mundo do trabalho[56]. O que se percebe na crítica da tradição marxista é exatamente a preocupação de superar a ideia que identifica a vida com trabalho e a servilização humana num novo modo de dominação que torna a ferramenta o senhor do próprio homem a instrumentar a dominação de classes. Nesse sentido, se a técnica estivesse vertida para o favorecimento da igualdade e da justiça, a técnica seria um instrumento de equilíbrio social e não de dominação[57]. Por isso, o próprio trabalho, fonte de criação e de proteção da vida humana, da forma como é explorado, torna-se uma fonte de reificação da própria vida e de opressão social[58], e, com isso, de desumanização[59].

Se o homem é o foco de atenções ao longo do Renascimento ocidental, numa etapa seguinte, a técnica se torna a imperiosa força de atração da própria definição das coisas como são. Por isso, é ao longo da modernidade que se percebe a ascensão do homem como fonte do humanismo filosófico, ou seja, da ideia de que o homem é a medida de todas as coisas, bem como do humanismo histórico, que reúne, desde o século XIV, diversas concepções em torno dos ideais de cultivo da *humanitas*[60]. Os largos anos que nos separam das primeiras declarações do século XVIII foram suficientes para demonstrar que mais avançamos no plano da técnica do que no plano da realização dos ideais de liberdade, igualdade e fraternidade. Por isso, se a modernidade nasce para vangloriar o homem, ao longo de seu desenvolvimento se responsabiliza por

---

56 "Los tiempos modernos producen, en síntesis, la paradójica inversión de los valores humanistas, particularmente manifiesta en las amenazas tecnocráticas y econocráticas que borran la fundamental distinción entre medios y fines de la vida propiamente humana" (González, *El ethos, destino del hombre*, 1996, p. 30).

57 "Mas, acima de tudo, a tecnologia deveria contribuir para tornar mais amistosas as relações sociais e induzir à justiça e à igualdade sociais" (Niel, Mathilde, O fenômeno da tecnologia: libertação ou alienação do homem, *Humanismo socialista* (Fromm, org.), 1976, p. 351).

58 "Marx, e especialmente Lukács depois dele, insistiram com energia no carácter passivo que o desenvolvimento da reificação impõe à vida e ao comportamento dos indivíduos submetidos às leis econômicas de um mercado, que adquirem as características de um poder quase-natural" (Goldman, Lucien, Socialismo e humanismo, *Humanismo socialista* (Fromm, org.), 1976, p. 69-70).

59 "O trabalho e a vida social, fontes inexauríveis do desenvolvimento do homem, transformam-se nestas circunstâncias em factores de desumanização" (Suchodolski, Bogdan, Humanismo da Renascença e humanismo marxiano, *Humanismo socialista* (Fromm, org.), 1976, p. 59).

60 Esse extenso movimento histórico foi capaz de produzir ecos em diversas partes da Europa, como se pode perceber pelo grande número de nomes que figuram em seu pórtico: entre os italianos: Giovanni Pico della Mirandola (1463-1494); Francesco Petrarca (1304-1374); Coluccio Salutati (1331-1406); Leonardo Bruni (1374-1444); Lorenzo Valla (1407-1457); Giannozzo Manetti (1396-1459); entre os franceses: Charles de Bouelles (1475-1553); Michel E. de Montaigne (1533-1592); entre os espanhóis: Ludovico Vives (1492-1540); entre os alemães: Rodolfo Agrícola (1442-1485).

um processo em que a redução de tudo à posse das coisas e ao domínio da natureza produz um exaurimento da existência, quando o colorido se torna cinza, quando o multidimensional se torna unidimensional, trazendo como consequência um apagamento do próprio homem, pois "... con la victoria de la época técnica de él resultante, el aura de la persona se apaga", como escreveu Horkheimer em 1966[61].

A modernidade pauperiza o sentido da *techné*, ao extrair-lhe o sentido de técnica e arte, conhecido pelos gregos, e ao reduzi-lo ao instrumentalismo da natureza, para produzir uma condição histórica na qual a *práxis* do trabalho se torna a única predominante da vida social[62]. A técnica foi posta como fim, e os meios se tornaram legítimos a partir deste teleologismo inconsequente. "O que há de falso no primado da *práxis*, hoje exercido, manifesta-se na primazia da tática sobre qualquer outra coisa. Os meios independizaram-se até o extremo. Enquanto servem irrefletidamente aos fins, alienaram-se destes"[63]. Se se tratava de dominar a natureza pelos instrumentos, agora são os instrumentos que dominam a consciência de um tempo. No texto de 1965, *Progresso técnico e mundo social da vida*, publicado originalmente em *práxis*, Zagreb, n. 112, 1966, e, posteriormente, integrado a *Técnica e ciência como ideologia*, de 1968, Habermas é explícito quanto a esse ponto: "O poder de disposição técnica sobre a natureza que a ciência possibilitou estende-se hoje também diretamente à sociedade..."[64]. Uma ética de fins supera uma ética de meios e se torna a força motriz da lógica de funcionamento da razão técnica. O homem não está acima da natureza, não está além da natureza, nem prescinde da natureza; o homem é (parte) da natureza, e sua irreconciliada relação com ela traz consequências graves contra si mesmo, pois significa conflito com sua própria matriz[65].

Nessa lógica, a ciência deixa de cumprir seu papel de emancipadora da existência, para se converter em instrumento a serviço do próprio poder, quando sua força emancipatória acaba por acolher a força opressiva da dominação[66]. Ciência e técnica despidas de ética realizam formas de supressão do

---

61 Horkheimer, *El futuro del matrimonio*, 2005, p. 106.

62 "En principio, no cabe olvidar que la *techné* misma significó dos cosas: técnica y arte. La *techné* griega fue ante todo arte (literario, arquitectónico, escultórico, musical). Es precisamente desde su significación humanizante, como esencial realización de la excelencia humana, que el arte se cuenta entre las más excelsas creaciones del espíritu humano" (González, *El ethos, destino del hombre*, 1996, p. 38).

63 Adorno, Notas marginais sobre teoria e práxis, *Palavra e sinais:* modelos críticos, 2, 1995, p. 216.

64 Habermas, *Técnica e ciência como ideologia*, 2001, p. 100.

65 "El humanista se reconoce en la Naturaleza y se reconcilia con ella. Y se reconoce, ante todo, en los hombres mismos, y se reconcilia con ellos" (González, *El ethos, destino del hombre*, 1996, p. 24).

66 "La ciencia se corrompe cuando se pone al servicio de la destrucción, del privilegio, de la opresión o del dogma" (Bunge, *Ética, ciencia y técnica*, 1996, p. 47).

que é de fundamental importância para a condição humana, e se tornam, exatamente por isso, forças que, no lugar de protegerem, ameaçam o lugar do humano no mundo[67]. Sua corrupção responde ao espírito de um tempo. Existe uma ética da ciência e da técnica, a limitar a sua utilização, e esta ética é dada pelos limites e contornos oferecidos por uma cultura secularizada dos direitos humanos, que não carece, em sua fundamentação, de nenhum recurso metafísico, dependendo exclusivamente da capacidade de coorganização social do comportamento humano para a produção da emancipação do mundo da vida.

Se as vantagens colhidas desse processo de agigantamento da técnica são evidentes e inegáveis[68], também são evidentes os efeitos do desenvolvimento da técnica sobre a dimensão da natureza e sobre o convívio humano[69]. Tudo está a indicar que não é a liberdade que se terá como colheita ao final da jornada, mas ainda mais opressão, seguindo a lógica da moderna configuração da sociedade capitalista[70]. Colhido pela dialética do iluminismo, o homem se movimenta dessa mesma forma, e age de forma a tornar a própria técnica um elemento de aniquilação do humano. Por isso, pode-se repetir com Sófocles: "O mais maravilhoso e terrível que há no mundo é o homem... de sua arte e de seu gênio criador surgem tanto o bem como o mal" (*Antígona*, 335). Isso porque onde predomina o *homo faber* o destino é a reificação das coisas. Essas

---

67 "Honestidad intelectual, independencia de juicio, coraje intelectual, amor por la libertad y sentido de la justicia: cinco virtudes que el oficio de conocer exige y refuerza mucho más que el oficio de la ley, porque surgen de un código interno, autoimpuesto, que responde a la mecánica de la investigación y no depende de una sanción exterior" (Bunge, *Ética, ciencia y técnica*, 1996, p. 51).

68 "É impossível negar que o desenvolvimento da tecnologia possibilitou uma melhoria no padrão de vida de grande número de homens, o alívio de muito sofrimento físico, a libertação do homem de tarefas incômodas e a prolongação da vida humana" (Niel, Mathilde, O fenômeno da tecnologia: libertação ou alienação do homem, *Humanismo socialista* (Fromm, org.), 1976, p. 350).

69 "Certos humanistas, críticos perante o atual culto da tecnologia, revoltaram-se também contra a tecnologia em geral, sem quaisquer qualificações. Condenam, não em primeiro lugar os múltiplos abusos da tecnologia como entidade metafísica, como estrutura ontológica do ser humano atual. Esta atitude unilateral, irrealista, não presta atenção à natureza instrumental da tecnologia e à pluralidade das funções diferentes, e até mesmo opostas, que desempenha na sociedade moderna. Liberta o homem das forças naturais, mas, em determinadas condições, torna-o escravo dos seus próprios produtos. Tende a eliminar a sua pobreza material, mas por vezes, aumenta a sua pobreza espiritual. Cria ao mesmo tempo uma abundância de bens materiais e um anseio avassalador de propriedade e consumo. Possibilita o crescimento cultural numa escala sem precedentes, mas proporciona também com excessiva frequência apenas substitutos culturais baratos" (Markovic, Mihailo, Humanismo e dialéctica, *Humanismo socialista* (Fromm, org.), 1976, p. 108).

70 Por isso, se tem perguntado, insistentemente, na literatura específica sobre o tema: "O problema que pretendo discutir é, sem dúvida, o mais sério que se oferece ao homem moderno. Que vai ser do indivíduo numa civilização tecnológica? Após um período de crise, iremos transformar-nos em robots ou alcançaremos a liberdade?" (Niel, Mathilde, O fenômeno da tecnologia: libertação ou alienação do homem, *Humanismo socialista* (Fromm, org.), 1976, p. 347).

são palavras de Hannah Arendt: "A fabricação, que é o trabalho do *homo faber*, consiste em reificação"[71]. Por isso, absorvido pelo mundo do trabalho, expulso da arena política, o *homo faber* tende a determinar as condições de exercício do poder social. Hannah Arendt, comentando Marx, assinala com propriedade: "Num dos apartes que revelam o seu eminente senso histórico, Marx observou certa vez que a definição do homem por Benjamin Franklin como fazedor de instrumentos é tão típica da 'ianquidade', isto é, da era moderna, quanto a definição do homem como animal político o era da antiguidade. O acerto desta observação reside no fato de que a era moderna estava tão decidida a excluir da esfera pública o homem político, ou seja, o homem que fala e age, quanto a antiguidade estava interessada em excluir o *homo faber*"[72].

A repressão social aniquila aquilo que há de humano no homem. É Erich Fromm quem afirma que a "... repressão, seja ela condicionada individualmente ou socialmente, deforma o homem, fragmenta-o, priva-o de toda a sua humanidade"[73]. Por isso, vale a pena perguntar se o humanismo estaria exaurido, desabilitado de propostas, ou desprovido de sentido, hodiernamente. Para responder a estas questões com Herbert Marcuse, é necessário dizer que o humanismo "... deve persistir como ideologia enquanto a sociedade depender da continuação da pobreza, da suspensão da automatização, dos meios de comunicação social, do impedimento do controlo da natalidade e da criação e recriação das massas, do ruído e da poluição, da obsolescência e desperdício planificados, do rearmamento mental e físico"[74]. A preocupação é a mesma a ocupar o pensamento de Erich Fromm: "O redespertar do humanismo constitui, hoje, uma nova reacção contra esta última ameaça numa forma mais intensa – o temor de que o homem venha a tornar-se escravo das coisas e prisioneiro das circunstâncias que ele próprio criou – e contra a ameaça inteiramente nova à existência física da humanidade por meio das armas nucleares"[75].

No sentido aqui invocado, a cultura do humanismo hoje ganha ainda mais sentido se trabalhada como forma de uma vigília contra a técnica, no sentido da preocupação que Heidegger imprime ao problema[76]. Por isso,

---

71 Arendt, *A condição humana*, 10. ed., 2000, p. 168.

72 Arendt, *A condição humana*, 10. ed., 2000, p. 172.

73 Fromm, Erich, A aplicação da psicanálise humanista à teoria de Marx, *Humanismo socialista* (Fromm, org.), 1976, p. 252.

74 Marcuse, Herbert, Humanismo socialista?, *Humanismo socialista* (Fromm, org.), 1976, p. 119.

75 Fromm, Introdução, *Humanismo socialista* (Fromm, org.), 1976, p. 8.

76 "O filósofo entende que o pensamento redentor não é, pois, o que se opõe à técnica, nem muito menos o que a sustenta, mas o que a vigia e se mantém no seu extremo: é o que se põe a pensar junto do perigo supremo, que é o da aniquilação da essência humana na era da máquina" (Rüdiger, *Martin Heidegger e a questão da técnica*: prospectos acerca do futuro do homem, 2006, p. 211).

afirma: "Que outra coisa significa isto, a não ser que o homem (*homo*) se torne humano (*humanus*)? Deste modo então, contudo, a *humanitas* permanece a preocupação de um tal pensar; pois humanismo é isto: meditar, e cuidar para que o homem seja humano e não des-humano, inumano, isto é, situado fora de sua essência. Entretanto, em que consiste a humanidade do homem? Ela repousa em sua essência"[77]. Ainda que Heidegger, em sua *Carta sobre o humanismo*, queira encontrar falhas nas demais concepções humanistas, e, por sua vez, Sartre, em *O existencialismo é um humanismo*, não deixe de advertir contra os perigos dos excessos de humanismo dos modernos[78], não deixa de considerar que o império da técnica consiste na atual ameaça contra a própria existência humana, isso porque a técnica leva o próprio humanismo à crise. Por isso, Juliana González adianta: "La alternativa para la ética actual no es, a nuestro juicio, negar el humanismo sino superar sus distorsiones y rencontrarlo, tanto en sus significaciones originarias y radicales como en las nuevas notas esenciales que ha adquirido en la época moderna y contemporánea"[79].

Se o ser humano é a sua existência material e histórica e o mundo de reprodução cultural e simbólico de sua existência, a reificação provoca o risco de desaparição paulatina das marcas do humano, substituídas que tem sido pela rotina da reprodução técnica[80]. Por isso, tornou-se possível que o nosso tempo ofereça ao homem "... o perigo da aniquilação de sua essência", como afirma Heidegger em Nietzsche IV[81]. E Hannah Arendt, na esteira de Heidegger, em seu texto *On violence*, escrito em 1969, reflexão elaborada em meio à Guerra Fria e à Guerra do Vietnã, e em torno da questão termonuclear, que atualmente deve ser acrescida dos riscos do incremento do terrorismo cibernético, não deixa de ecoar esta ideia ao afirmar que o próprio emprego da tecnologia no plano da guerra tornou possível que a luta entre oponentes se transformasse em um jogo apocalíptico. "Assim, a guerra – desde tempos imemoriais, árbitro último e implacável em disputas internacionais – perdeu muito de sua eficácia e quase todo o seu fascínio. O jogo de xadrez apocalíptico entre as superpotências, quer dizer, entre aqueles que manobram no mais alto plano de nossa civilização, está sendo jogado de acordo com a regra de

---

77 Heidegger, *Sobre o humanismo*: carta a Jean Beaufret, 1973, p. 350.

78 "Le culte de l'humanité aboutit à l'humanisme fermé sur soi de Comte, et, il faut le dire, au fascisme. C'est un humanisme dont nous ne voulons pas" (Sartre, *Existentialisme est un humanisme*, 1996, p. 76).

79 González, *El ethos, destino del hombre*, 1996, p. 35.

80 "A reificação que ela promove pode levar ao completo esquecimento da essência da verdade, que é abertura tanto quanto fechamento, e, no limite, à supressão do próprio ser humano" (Rüdiger, *Martin Heidegger e a questão da técnica*: prospectos acerca do futuro do homem, 2006, p. 148).

81 Heidegger, Nietzsche IV, *apud* Rüdiger, *Martin Heidegger e a questão da técnica*: prospectos acerca do futuro do homem, 2006, p. 246.

que se alguém vencer é o fim para ambos; trata-se de um jogo que não apresenta qualquer semelhança com quaisquer jogos de guerra que o precederam"[82].

Se a relação homem-natureza é marcada pela passagem do mundo objetivo ao mundo subjetivo pela linguagem, e se a passagem do mundo subjetivo ao mundo social se dá pela linguagem, não há pontes de acesso ao ser nem ao convívio fora da linguagem. Por isso, a preservação do humano passa pela preservação da linguagem. Num contexto de mercadurização da relação *ego-alter*, e de aniquilação da riqueza da troca simbólica, a autorremissão dos homens a si mesmos está na aproximação de sua própria natureza antropolinguística e comunicativa, como forma de reencontro com a razão possível de nossos tempos. Não há humanismo fora da preservação do caráter simbólico do humano. O que propriamente identifica e distingue o homem é a dimensão do simbólico, na medida em que a linguagem confere ao homem acesso ao ser, e na medida em que a interação comunicativa é que descreve o convívio sócio-humano. O modo como Habermas percebe a introjeção da técnica no mundo de vida, pauperizando o simbólico, é o motivo de sua reação pela teoria do discurso contra a perda de sentido da experiência e contra as formas de degradação da condição humana. "Esta intenção não só se encontra entre os tecnocratas da planificação capitalista, mas também entre os de um socialismo burocrático. Só que a consciência tecnocrática obscurece o fato de que o enquadramento institucional, como contexto mediado pela linguagem comum, só poderia dissolver-se segundo o padrão dos sistemas da ação racional dirigida a fins a preço da exclusão da dimensão essencial, por ser a única acessível à humanização"[83]. Aí se quer ver criada uma nova forma de humanismo[84]. Por isso, afirma: "A força libertadora da reflexão não pode ser substituída pela difusão de um saber tecnicamente utilizável"[85].

Sob a dominância do férreo estuque, na linguagem de Weber, esmagam-se os potenciais de salvaguarda e proteção da *humanitas* que o direito legítimo visa resguardar. Sem tal preocupação, o resultado é propriamente a desumanização[86]. Como reagir a um estado de coisas em que a interação foi sufocada pelo trabalho, o mundo da vida ressecado pelas dominantes sistêmicas, fazendo com que se processe a gradativa e sempre crescente sensação de perda de

---

82 Arendt, *Sobre a violência*, 1994, p. 13.

83 Habermas, *Técnica e ciência como ideologia*, 2001, p. 86.

84 "Pelo fato de que o universalismo, como princípio-ponte dos discursos prático-morais, traduz um motivo de reciprocidade que lhe é inerente. A ética discursiva é, na verdade, uma ética da fraternidade despida do caráter religioso" (Araújo, *Religião e modernidade em Habermas*, 1996, p. 104).

85 Habermas, *Técnica e ciência como ideologia*, 2001, p. 106.

86 "La deshumanización se produce precisamente como sutil e imperceptible amenaza de disolución de la *humanitas* (la cual es, en efecto, histórica; el hombre tiene el poder de hacer o deshacer su ser en la historia)" (González, *El ethos, destino del hombre*, 1996, p. 33).

sentido da experiência? Como a humanização do direito responde a este tipo de condição existencial em que se situa no processo de modernização a paradoxal condição de criadora e aniquiladora[87]? Isso porque somente a modernidade se abre como um tempo histórico no qual é necessário batizar os direitos de *humanos*, para distingui-los da mera técnica. A modernidade inventa a sublimação da técnica e faz naufragar a dimensão da ética, assim como, dialeticamente, inventa a imposição de direitos humanos como restrição aos avanços da técnica (*Technik*) que potencializa o poder (*Macht*). Onde o mundo da vida é determinado pelos *media* do dinheiro (*Geld*) e do poder (*Macht*), a derrota da ética implica a vitória da barbárie. Por isso, na advertência de Max Weber, dentro da lógica da racionalização moderna, as questões éticas se tornam irracionais diante de um mundo ocupado pela lógica da razão referentes a fins: "Do ponto de vista da racionalidade referente a fins, entretanto, a racionalidade referente a valores terá sempre caráter irracional, e tanto mais quanto mais eleve o valor pelo qual se orienta a um valor absoluto; pois quanto mais considere o valor próprio da ação (atitude moral pura, beleza, bondade absoluta, cumprimento absoluto dos deveres) tanto menos refletirá as consequências dessa ação"[88].

Por isso, a preocupação ética inerente a uma cultura crítica e social para os direitos humanos não envolve mero conhecimento operatório, do direito-técnica, mas um conhecimento voltado para a autocompreensão a partir da própria *humanitas*. Uma cultura jurídica cuja ênfase se deposita sobre o caráter de complementaridade das diversas dimensões dos direitos humanos é uma cultura jurídica compromissada com o aspecto emancipatório a colaborar com o projeto de humanização da sociedade reificada pela ausência de consciência de seu próprio *éthos*. Num tempo em que a arte de fazer o direito se vê esgotada no bisturi asséptico do fazer instrumental a partir de normas que a tecnologia conforma aos interesses de mercado, a própria ciência do direito se torna instrumentação para a ação, e, com isso, perde o seu sentido, especialmente ao se converter em instrumental para processos de dominação, e se separar vez e vez mais da função que a enobrece, a de salvaguarda da dignidade humana e da luta contra o desenfreado confronto em frente do princípio de realidade. Não há como formar para uma cultura democrática, pluralista e tolerante fora de incentivos a uma cultura dos direitos humanos, esta que

---

[87] "Como situar então a postura de Habermas diante da erosão dos sentidos e das evidências transmitidas pelos mitos e pelas religiões? Pode-se pensar num retorno? Devemos buscar apoio num mundo irremediavelmente desencantando? A essas indagações a teoria do agir comunicativo propõe respostas filtradas pela viabilidade de seu próprio projeto, que retoma, sem nostalgia de eras passadas e sem projeções utópicas reconciliadoras, ao conteúdo semântico das tradições culturais, sob a forma de um humanismo baseado na reciprocidade do diálogo" (Araújo, *Religião e modernidade em Habermas*, 1996, p. 87-88).

[88] Weber, *Economia e sociedade*, 1999, p. 16.

passa a ser o centro de forças da fundamentação ética do direito contemporâneo. Se o direito, como categoria, pertence ao mundo da vida (*Lebenswelt*), a sua missão nestes tempos, portanto, é a de não sucumbir à tecnocracia, é a de resistir à colonização e à reificação, e a dos juristas a de praticar uma ética humanista de resistência[89] contra o florescimento do terror último que ameaça a sobrevivência do próprio *Dasein*.

Se o termo humanismo pressupõe este outro, a saber, humanidade (*humanitas; humanity; humanité; humanität; umanità*), o que é humanidade? Ora, humanidade é destino comum, do qual não se pode livrar cada um dos indivíduos que vive neste mundo, fato que por si só demanda a administração das necessidades mundanas dentro da esfera do mesmo *oikós* comum. Esta recíproca dependência coexistencial está a fundar por si mesma a lógica do partilhamento que deve fundamentar todo esforço no sentido de que cada ação convirja em direção deste conjunto de ações que tornam possível o *fazimento* disto que se chama o mundo subjetivo, que mantém sua estrita dependência do mundo objetivo e se estrutura na base da politicidade do mundo social. Nesse sentido, ganha relevo a máxima de Cícero: grande é a força da humanidade (*Magna est vis humanitatis*). A *humanitas* não é um formal atributo do ser humano, mas um traço de sua identidade de ser terreno e, por isso, histórico, social e político. A compreensão de que o homem é o autor de sua própria existência é parte deste progresso em direção à própria emancipação humana. Em sua famosa conferência em Paris, em 29 de outubro de 1945, em sua visão existencialista, é Sartre quem afirma: "O homem, tal como concebido pelo existencialismo, se ele não é passível de definição, é porque ele não é nada, de início. Ele somente será após, e ele o será na medida em que se fizer"[90]. Produto de suas próprias ações, o homem é capaz de condicionar sua própria existência, e, por isso, se torna responsável pela formação de sua própria história; tornar-se autor da própria história, e não instrumento histórico da história da técnica, é parte da luta emancipatória nos quadros de uma sociedade tecnificada.

O humanismo é, no fundo, uma forma de atuação ética. A ética é somente a sistematização dessa compreensão acerca da responsabilidade que nos cerca, a nos ligar a tudo e a todos. Se a ética é, etimologicamente, a morada do homem, ou ainda, o próprio destino do homem, como afirma Heráclito ("O caráter do homem é o seu destino" – *Ethos antrhwpw daímwn* – Heráclito, *Fragmentos*, 119), renunciar à ética significa renunciar ao seu próprio destino. A cultura do humanismo se realiza por meio de formas de atuação que pro-

---

89 "De aquí la difícil consigna del intelectual humanista: no venderse, no rendirse" (Bunge, *Ética, ciencia y técnica*, 1996. p. 137).

90 Sartre, *Existentialisme est un humanisme*, 1996, p. 29.

curam incentivar com que o *homo humanus* avulte sobre o *homo bestialis*, isso porque o homem somente realiza sua própria autoidentidade quando o homem humano realiza o seu *daimon*, realiza o seu destino e cuida da sua morada (*éthos*)[91]. Não é o afastamento do humano, mas a aproximação deste que pode nos oferecer saídas para a sensação de esgotamento de nossa era. O homem que se apropria eticamente da pergunta sobre si mesmo e se debruça sobre a identidade do humano é aquele que pode repetir com o comediógrafo latino do séc. II a.C.: "Homo sum; humani nihil a me alienum puto" – "Sou um homem; não considero alheio a mim nada do que é humano" (Terêncio, *O homem que puniu a si mesmo*, 77). Somente a fúria indomável do progressismo rompe o pacto com o *éthos*. O resultado dessa fúria é um desacoplamento do ser consigo mesmo, pois, em verdade, o *éthos* como casa significa um retorno à própria autoidentidade e ao autoconhecimento. Ética é a responsabilidade do homem pelo homem e seu entorno, na medida em que o homem não pode ser distinto daquilo que responsabiliza por fazer no plano da ação e dos resultados da ação social[92].

A formação da *paideia* do homem para a virtude faz parte do programa de uma sociedade para a qual a preocupação com o humano está acima da preocupação com a técnica e com o mundo material[93]. Na linha crítica de Erich Fromm, o centro da ideia do desenvolvimento de uma cultura dos direitos humanos pode ser percebido por meio de um estreitamento da luta emancipatória com a ética da resistência, que gira em torno da recusa a se tornar o homem unidimensional, que gira em torno de uma concepção de homem perdida na história e atropelada pela civilização tecnológica. O holismo da consciência crítica e formadora assume a complexidade do que é humano, para afirmar com Demócrito que "O homem é um microcosmo" – "*Anthrwpos mikros kósmos*" (*Fragmentos*, B 24 Diels), e significa o primeiro passo para o impedimento da reprodução de ideologias que cumprem o seu papel

---

91 "El *homo humanus* es el que cumple su destino (*daimon*). Coinciden en este sentido la *humanitas* y el *ethos*" (González, *El ethos, destino del hombre*, 1996, p. 19).

92 "Se sabe que su origen más arcaico *ethos* significó morada o guarida de los animales, y que solo más tarde, por extensión, se referirá al ámbito humano, conservando, de algún modo, ese primigenio sentido de lugar de resguardo, de refugio o protección; de espacio vital seguro, al cubierto de la intemperie y en el cual se acostumbra habitar. El sentido de habitar o morar está ciertamente entrañado en el *ethos* humano remite a la idea esencial de morada interior. El *ethos* es el lugar humano de seguridad existencial (autarquía). Aunque también lo significativo es que se trate de un lugar acostumbrado, habitual, familiar. De ahí que *ethos* signifique también costumbre, uso. Remite a una forma habitual de comportamiento. Y de ahí también su asociación al término casi idéntico que significa expresamente hábito o costumbre" (González, *El ethos, destino del hombre*, 1996, p. 10).

93 "Cuando un hombre realiza lo humano, potencializa para todos la *humanitas*. Eso es lo que torna al humanista ejemplar: su vida se nutre en modelos y se torna modélica ella misma" (González, *El ethos, destino del hombre*, 1996, p. 27).

no afastamento do homem de si mesmo, e, portanto, de sua própria morada (*éthos*)[94]. Por isso, "humanismo y ética constituyen, en realidad, una unidad esencialmente indisoluble. El humanismo es ante todo una concepción ética"[95].

A *humanitas* não se realiza pelo indivíduo isolado, nem pelo indivíduo para si; a *humanitas* se realiza na latitude social da vida. Por isso, ao humanismo individualista se opõe o humanismo socialista, este do qual se extrai o fundamento para uma legítima cultura dos direitos humanos como *práxis* de solidariedade social, que o faz reconciliar-se com o outro e com a natureza. O humanismo social é, por isso, uma proposta que se distingue de outras demais tendências no interior do humanismo ocidental[96]. O humanismo social é crítico da lógica do mercado, da fetichização da mercadoria e da reificação do mundo da vida. Um contemporâneo, social e pós-metafísico humanista é crítico da alienação, da reificação, do individualismo e do ontologismo, e encontra na dialética da história o seu apoio para a lata compreensão do homem e sua condição humana. Ainda que o humanismo pós-metafísico renuncie às tentativas clássicas de afirmação do homem por sua essência, continua a vincular a solidariedade e a ética como traços de identidade do exercício de uma forma de ação que prioriza a *humanitas*. Não é pelo esvaziamento do *éthos* que se cumprirá este processo de reação ante o mundo da técnica, que tudo esvazia e que dissolve as teias de solidariedade humana[97].

A responsabilidade ética que está por detrás dos direitos humanos hoje é a de desmascarar a mistificação da técnica e a de indicar caminhos e alternativas no sentido da humanização das condições de vida, apesar da própria técnica. Aí está uma tarefa de humanização a ser levada adiante pela cultura dos direitos humanos. Mas, ao mesmo tempo, assim como as forças emancipatórias estão alocadas no campo do humanismo crítico, não se pode pensá-lo sem o auxílio da ciência e da própria técnica[98]. Numa lógica humanista, até mesmo a própria técnica ganha outro sentido. O uso da técnica que não esteja associado à libertação humana é ilegítimo e dominador, o uso social da técnica ganha uma feição política e humanamente relevante[99]. A serviço de

---

94 "Por esto la *humanitas* converge también con la *paideia* misma, en tanto que ésta es *formación* integral del hombre" (González, *El ethos, destino del hombre,* 1996, p. 23).

95 González, *El ethos, destino del hombre,* 1996, p. 17.

96 "Según el humanismo enfoque su atención sobre el hombre como animal, el hombre como persona, o el hombre como humanidad, se tendrá el humanismo naturalista, el humanismo individualista, o el humanismo universalista o societario" (Bunge, *Ética, ciencia y técnica,* 1996, p. 131).

97 "La humanización coincide con la formación del *ethos*: la forma propiamente humana de ser" (González, *El ethos, destino del hombre,* 1996, p. 23).

98 "Un humanismo sin ciencia y neutral es inoperante; una ciencia sin humanismo es peligrosa" (Bunge, *Ética, ciencia y técnica,* 1996, p. 138).

99 "Se a tecnologia se tornar meio em vez de fim, se se puser ao serviço do homem real, promoverá uma síntese harmoniosa entre os indivíduos e o seu meio, tornar-se-á de novo humana e criará

necessidades emancipatórias, a técnica tem um amplo programa de desafios a cumprir, com vistas à realização do humano[100]. Por isso, afirma Marcuse: "Nas condições das sociedades industriais estabelecidas, nada mais se faz sentir que o temor deste estádio em que o progresso técnico se transformará em progresso humano: autodeterminação da vida pelo desenvolvimento das necessidades e faculdades que podem atenuar a luta pela existência – os seres humanos como fins em si mesmos"[101]. Há tantas metas e objetivos para a afirmação dos direitos humanos que não saberíamos nem por onde começar; se a técnica se dispusesse à humanização, sua tarefa, a serviço dessas causas, não se exauriria tão cedo. No centro da ideia de uma cultura para os direitos humanos está a preocupação com o desenvolvimento de potenciais humanos obliterados pela sociedade da posse, do individualismo, da concorrência, da competição e da lógica da acumulação.

Assim, entrevê-se no humanismo social uma forma consistente e sistemática de recuperação do que a técnica soterra, cujo programa de pensamento envolve um necessário compromisso de salvaguarda dos direitos humanos em suas diversas latitudes, quando o direito aparece para cumprir a função de proteção à dignidade humana (*Menschenswürde*)[102]. O programa do humanismo social acaba sendo remédio e refúgio contra os males dos tempos insólitos nos quais se vive. Por isso, o humanismo crítico tem no direito um importante escudo de preservação da ordem daquilo que podem ser considerados os valores precípuos da existência e do convívio, devendo, portanto, preservar, em seu interior, uma reflexão consistente sobre o humanismo como forma de nutrir-se contra a sua própria e tendencial autoalienação[103]. O império da

---

um universo humano" (Niel, Mathilde, O fenômeno da tecnologia: libertação ou alienação do homem, *Humanismo socialista* (Fromm, org.), 1976, p. 360).

100 "É possível delinear alguns aspectos da nova tecnologia: a total reedificação de cidades e vilas, a reconstrução das regiões rurais depois das devastações da industrialização repressiva, a instituição de serviços verdadeiramente públicos, a assistência aos doentes e pessoas de idade" (Marcuse, Herbert, Humanismo socialista?, *Humanismo socialista* (Fromm, org.), 1976, p. 120).

101 Marcuse, Herbert, Humanismo socialista?, *Humanismo socialista* (Fromm, org.), 1976, p. 115. Ainda: "O requisito prévio para a libertação do conteúdo humanista do socialismo seria uma transformação fundamental na direcção do progresso técnico, a total reconstrução do aparelho técnico" (Marcuse, Herbert, Humanismo socialista?, *Humanismo socialista* (Fromm, org.), 1976, p. 115). Mesmo em Habermas a visão é esta: "Assim como é inaceitável a suposição otimista de uma convergência de técnica e democracia, também não se pode acolher a afirmação pessimista de que a democracia é excluída pela técnica" (Habermas, *Técnica e ciência como ideologia*, 2001, p. 104).

102 A vida humana também desfruta, em suas forças anônimas, de dignidade e exige respeito. Se podemos recorrer ao termo dignidade, é porque ele cobre um amplo espectro semântico..." (Habermas, *O futuro da natureza humana*, 2004, p. 30).

103 "Decisivo para la crisis del humanismo ha sido, es verdad, el reinado cada vez más totalitario de la técnica: la tecnificación de toda la existencia; ésta sí, ciertamente, hace patente una crisis del humanismo y quizá anuncie su ocaso" (González, *El ethos, destino del hombre*, 1996, p. 31).

técnica tem se manifestado de diversas formas, e uma delas está na perda da autonomia e da capacidade de utilização do potencial contido na razão emancipatória, no plano da razão prática da ética, do direito e da política. Por isso, absorvendo a lição marxiana de origem, é possível, com otimismo, desenvolver uma ética ativa de resistência, no interior da modernidade, sem abandonar o barco da modernidade, considerando a longevidade da crítica humanista iniciada pelo jovem Marx da *Crítica da Filosofia do Direito de Hegel*, compartilhada pelo pensamento crítico de Benjamin a Adorno, de Horkheimer a Habermas e Erich Fromm, com vistas à dilatação do olhar que se projeta sobre o homem nas diversas esferas em que se projeta[104].

CONCLUSÕES

Se a era da técnica mundifica uma forma de interação em que o instrumental se posta acima do comunicativo, o resultado é o empobrecimento da experiência a partir da colonização do mundo e da vida em seus diversos aspectos. Quando a técnica ganha um sentido próprio e obsoletiza o homem, aí está uma preocupação em torno da qual se deve deter todo aquele que efetivamente se dedica a pensar a sociedade moderna. A técnica que avança sobre o humano e contra ele é a técnica que ameaça e faz recuar a própria possibilidade do humanismo. Nesse sentido, todas as tendências atuais do hiperenaltecimento da tecnologia, da centralidade do digital, do desenvolvimento do nanotecnopoder, da ampliação da associação entre as nanobiotecnologias, a inteligência artificial, o controle de dados, a robotização, apenas definem as possibilidade de um horizonte em que a *desumanização* poderá ganhar nova escalada.

Nesse sentido, a cultura dos direitos humanos deve representar o lugar de preservação do humano, e, em tais condições, isso significa a necessidade de crítica da técnica e de humanização do mundo da vida. A cultura de direitos humanos deve ser capaz, também, de avançar no sentido da captura das novas formas de controle, e gerar avanços consideráveis na regulação de novas gerações de direitos humanos, em favor da proteção da dignidade da pessoa humana, ante os avanços técnicos e os avanços biomédico-científicos[105].

---

104 "O humanismo, a filosofia do humanismo, mais do que a economia, constitui o carácter básico e a contribuição positiva do pensamento marxiano" (Senghor, Leopold, O socialismo é um humanismo, *Humanismo socialista* (Fromm, org.), 1976, p. 88). Também: "Por humanismo entendo a filosofia que procura resolver todos os problemas filosóficos na perspectiva do Homem, que abrange não só problemas antropológicos, como natureza humana, alienação, liberdade etc., mas ainda todos os outros problemas ontológicos, epistemológicos e axiológicos" (Markovic, Mihailo, Humanismo e dialéctica, *Humanismo socialista* (Fromm, org.), 1976, p. 95).

105 A esse respeito, *vide* o estudo de Wolkmer, Leite (orgs.), *Os novos direitos no Brasil*: natureza e perspectivas, 2016.

O papel da filosofia e, especialmente, do pensamento crítico continua a ser o de servir de aguilhão e, nesse sentido, de provocar um despertar crítico para essa tarefa fundamental, tendo-se na humanização uma preocupação fundamental do horizonte de trabalho[106]. O caráter admoestatório da filosofia está na sua sensibilidade de perceber, pela observação histórica de seu tempo, aquilo que se tornou o fulcro social fundamental, a determinar e a dominar o próprio ciclo existencial.

A filosofia cumpre o papel de anúncio ou prenúncio quando as novas formas de barbárie se aproximam, quando o falso se instala, quando o cinismo medra e a vitória se faz sobre a ruína das coisas – seu papel admoestatório é parte de sua própria missão ética diante das demais ciências. Pensar, agir e lutar na linha de uma *ética de resistência*, no *front* dos processos de humanização, em face da anestesia e da cultura da irresponsabilidade que atormenta a nossa era, acaba tendo o papel de medicina social, indispensável para a sobrevivência do que ainda possibilita a própria sociabilidade: a justiça.

REFERÊNCIAS BIBLIOGRÁFICAS

ARAÚJO, Luiz Bernardo Leite. *Religião e modernidade em Habermas*. São Paulo: Loyola, 1996.

ARENDT, Hannah. *A condição humana*. Tradução de Roberto Raposo. 10. ed. Rio de Janeiro: Forense Universitária, 2000.

________. *Sobre a violência*. Tradução de André Duarte. Rio de Janeiro: Relume Dumará, 1994.

BACON, Francis. *Novum organum*. Tradução de José Aluysio Reis de Andrade, São Paulo: Nova Cultural, 1999.

BENJAMIN, Walter. *Magia e técnica, arte e política*: ensaios sobre literatura e história da cultura. Tradução de Sérgio Paulo Rouanet. 7. ed. São Paulo: Brasiliense, 1994.

________. Charles Baudelaire, um lírico no auge do capitalismo. *Obras escolhidas*. Tradução de José Martins Barbosa e Hemerson Alves Baptista. São Paulo: Brasiliense, 1989, v. III.

BUNGE, Mario. *Sociología de la ciencia*. Traducción de Hernán Rodríguez Campoamor. Buenos Aires: Sudamericana, 1998.

________. *Ética, ciencia y técnica*. Buenos Aires: Sudamericana, 1996.

[106] Heidegger: "The closer we come to the danger, the more brightly do the ways into the saving power begin to shine and the more questioning we become. For questioning is the piety of thought" (Heidegger, *The question concerning technology and other essays*, p. 35).

FROMM, Erich. A aplicação da psicanálise humanista à teoria de Marx. *Humanismo socialista* (Fromm, org.). Tradução de Artur Morão. Lisboa: Edições 70, 1976.

________. Introdução. *Humanismo socialista* (Fromm, org.). Tradução de Artur Morão. Lisboa: Edições 70, 1976.

________. *Marx's concept of man*. New York: Continuum, 2004.

________. *Ter ou ser?* 4. ed. Tradução de Nathanael C. Caixeiro. Rio de Janeiro: LTC, 1987.

GOLDMAN, Lucien. Socialismo e humanismo. *Humanismo socialista* (Fromm, org.). Tradução de Artur Morão. Lisboa: Edições 70, 1976.

GONZÁLEZ, Juliana. *El ethos, destino del hombre*. México: Fondo de Cultura Económica, 1996.

HABERMAS, Jürgen. *Técnica e ciencia como ideologia*. Tradução de Artur Morão. Lisboa: Edições 70, 2001.

________. *O futuro da natureza humana*. Tradução de Karina Jannini. São Paulo: Martins Fontes, 2004.

HEIDEGGER, Martin. Sobre o humanismo: carta a Jean Beaufret (Conferências e escritos filosóficos). *Os pensadores*. São Paulo: Abril, 1973, v. XLV.

________. *The question concerning technology and other essays*. Tradução de William Lovitt. Cambridge: Harper, s.d.

HORKHEIMER, Max. *Sociedad, razón y libertad*. Traducción de Jacobo Muñoz Veiga. Madrid: Trotta, 2005.

LUHMANN, Niklas. *A realidade dos meios de comunicação*. Tradução de Ciro Marcondes Filho. São Paulo: Paulus, 2005.

MANNHEIM, Karl. *Sociologia*. Tradução de Emilio Willems, Silvio Uliana e Cláudio Marcondes. São Paulo: Ática, 1982.

MARCUSE, Herbert. Humanismo socialista? *Humanismo socialista* (Fromm, org.). Tradução de Artur Morão. Lisboa: Edições 70, 1976.

MARKOVIC, Mihailo. Humanismo e dialéctica. *Humanismo socialista* (Fromm, org.). Tradução de Artur Morão. Lisboa: Edições 70, 1976.

MARX, Karl. *Crítica da filosofia do direito de Hegel*. Tradução de Rubens Enderle e Leonardo de Deus. São Paulo: Boitempo, 2005.

________; ENGELS, Friedrich. *A ideologia alemã*. Tradução de Luis Cláudio de Castro e Souza. São Paulo: Martins Fontes, 2001.

________. Manifesto do Partido Comunista. *Obras escolhidas* (v. I). Rio de Janeiro: Vitória, 1956.

MERQUIOR, José Guilherme. *Arte e sociedade em Marcuse, Adorno e Benjamin*. Rio de Janeiro: Tempo Brasileiro, 1968.

NIEL, Mathilde. O fenômeno da tecnologia: libertação ou alienação do homem. *Humanismo socialista* (Fromm, org.), 1976.

RÜDIGER, Francisco. *Martin Heidegger e a questão da técnica*: prospectos acerca do futuro do homem. Porto Alegre: Sulina, 2006.

SARTRE, Jean-Paul. *L'existentialisme est un humanisme*. Paris: Gallimard, 1996.

SENGHOR, Leopold. O socialismo é um humanismo. *Humanismo socialista* (Fromm, org.). Tradução de Artur Morão. Lisboa: Edições 70, 1976.

SUCHODOLSKI, Bogdan. Humanismo da Renascença e humanismo marxiano. *Humanismo socialista* (Fromm, org.). Tradução de Artur Morão. Lisboa: Edições 70, 1976.

SVITÁK, Ivan. As fontes do humanismo socialista. *Humanismo socialista* (Fromm, org.). Tradução de Artur Morão. Lisboa: Edições 70, 1976.

WEBER, Max. *Economia e sociedade*. Tradução de Regis Barbosa e Karen Elsabe Barbosa. São Paulo: Imprensa Oficial; Universidade de Brasília, 1999.

WOLKMER, Antonio Carlos. *Fundamentos do humanismo jurídico no Ocidente*. Barueri: Manole; UFSC: Fundação Boiteux, 2005.

________; LEITE, José Rubens Morato (orgs.). *Os novos direitos no Brasil*: natureza e perspectivas – uma visão básica das novas conflituosidades jurídicas. 3. ed. São Paulo: Saraiva, 2016.

3. EDUCAÇÃO E METODOLOGIA PARA OS DIREITOS HUMANOS: ensaio sobre cultura democrática, autonomia e ensino jurídico*

3.1. EDUCAÇÃO: ENTRE TREINAMENTO E FORMAÇÃO

A polêmica em torno da educação é de fundamental importância para a constituição de um arsenal de conceitos para basearem o desenvolvimento das concepções em torno de uma cultura democrática, aberta, pluralista e voltada para os direitos humanos. O debate sobre o próprio conceito de educação evoca, portanto, a necessidade de uma devida atenção ao problema da racionalidade, tendo em vista que é sobre ela que se estruturam as práticas educativas visando à socialização. Esse debate sobre a razão não se faz sem um recurso direto ao tema da razão herdada da modernidade[1], o que implica a avaliação, através

---

* Artigo publicado no livro intitulado *Educação em direitos humanos:* fundamentos teórico-metodológicos, organizado por Rosa Maria Godoy Silveira, Adelaide Alves Dias, Lúcia de Fátima Guerra Ferreira, Maria Luiza Pereira de Alencar Mayer Feitosa, Maria de Nazaré Tavares Zenaide, publicado pela Editora da UFPB, João Pessoa, p. 313-334, 2007.

Este artigo foi publicado com o título "Educação e metodologia para os direitos humanos: cultura democrática, autonomia e ensino jurídico", in Eduardo Faria Silva; José Antonio Peres Gediel; Silvia Cristia Trauczynski (orgs.), *Direitos humanos e políticas públicas*, Curitiba: Positivo, 2014, p. 67-84.

1 Essa crítica do legado moderno do Iluminismo é compartilhada pelos principais autores que inspiram as teorias educacionais contemporâneas, entre os quais se encontra Michel Foucault. Aliás, sobre essa proximidade entre Escola Crítica e Foucault, leia-se: "A questão da emergência e do desenvolvimento das formas de racionalidade na cultura ocidental e seus efeitos constituem um dos temas cardeais tanto nas pesquisas de Weber, quanto nas dos frankfurtianos e nas de Foucault. Quando, em uma das teses mais polêmicas de *Vigiar e Punir*, assevera que as mesmas Luzes que descobriram as liberdades inventaram as disciplinas, situa-se no mesmo campo de crítica e reprovação dos autores da primeira geração da Escola de Frankfurt, afinal eles '(...) começaram a expor o que chamaram de 'a dialética do Iluminismo' – o lado sombrio do Iluminismo que fomenta sua própria destruição' (Bernstein, 1993, p. 35-36). Tanto Weber como Adorno e Horkheimer são, ao mesmo tempo, herdeiros do Iluminismo e seus críticos" (Margareth Rago, Luiz B. Lacerda Orlandi e Alfredo Veiga-Neto (orgs.), *Imagens de Foucault e Deleuze:* ressonâncias nietzschianas, Rio de Janeiro: DP&A, 2002, p. 73-74).

do pensamento da Escola de Frankfurt, da necessidade de se pensar que parâmetros e práticas definem o encaminhamento de uma ponderada proposta de ensino focado em práticas de educação para os direitos humanos.

Desde logo, deve ser desmistificada aquela ideia tradicional de que tudo o que tem que ver com educação e racionalização tem que ver com progresso, desenvolvimento e melhoria. O mito de que educar é formar deve ser desfeito. A educação como *Ausbildung* (treinamento) deve ser diferenciada da educação como *Bildung* (formação). Dessa forma, o que se percebe é que educar pode significar também a preparação que *direciona* o desenvolvimento destas ou daquelas qualidades, habilidades e competências, podendo atrofiar dados importantes da personalidade humana, significando apenas treinamento. Se todo projeto educacional induz a certos valores, e não há educação isenta, desvios podem ocorrer, por exemplo, aqueles que induzam ao fortalecimento de uma ideia de coletivo que sufoca a autonomia individual, ou ainda aqueles que priorizam a formação técnico-operacional e reificadora da consciência, quando se nega, ao mesmo tempo, a formação ampla, crítica e humanística.

Se a educação pode ser responsável por forjar consciências e moldá-las conforme conveniências políticas, também a educação passa a ser responsável politicamente pelos resultados que se têm na articulação da vida social. Aqui se torna, ainda uma vez, de fundamental importância distinguir educação como formação e educação como treinamento. Por isso, pela leitura de *Educação após Auschwitz*, de Theodor W. Adorno, percebe-se que Himmler não somente não era um indivíduo deseducado, mas também que a educação pode ser opressiva e forjadora da consciência opressora, bastando que seja vista como treinamento[2]. Daí o problema herdado pela filosofia da educação de pensar como lidar com essas questões, já que se tornou complexo pensar *filosoficamente* após Auschwitz *ignorando* Auschwitz, e ignorando a responsabilidade histórica do educador. Uma cultura para a democracia é antes de tudo uma cultura preparada para o *não retorno* do totalitarismo.

Nesse sentido, o esforço de compreensão de como a razão pôde conduzir aos eventos que marcaram Auschwitz é de fundamental importância, e o segundo mito a se desfazer é exatamente aquele que prega que razão é sinônimo de

---

2 "Por um lado, eles representam a identificação cega com o coletivo. Por outro, são talhados para manipular massas, coletivos, tais como os Himmler, Höss, Eichmann. Considero que o mais importante para enfrentar o perigo de que tudo se repita é contrapor-se ao poder cego de todos os coletivos, fortalecendo a resistência frente aos mesmos por meio do esclarecimento do problema da coletivização" (Adorno, *Educação e emancipação*, 3. ed., 2003, p. 127). E também este outro trecho: "A educação contra a barbárie": "Por outro lado, que existam elementos de barbárie, momentos repressivos, e opressivos no conceito de educação e, precisamente, também no conceito da educação pretensamente culta, isto eu sou o último a negar. Acredito que – e isto é Freud puro – justamente esses momentos repressivos da cultura produzem e reproduzem a barbárie nas pessoas submetidas a essa cultura" (Adorno, *Educação e emancipação*, 3. ed., 2003, p. 157).

cultura, de progresso, de evolução. No entanto, um exame mais detido do tema faz perceber que a racionalidade está profundamente impregnada pelo gérmen de sua própria contradição, de sua própria destruição. Quanto mais especialista, mais ignorante! Quanto mais racional, menos sentimental! Formação e *deformação* podem estar andando lado a lado! Essas forças contraditórias são capazes de produzir horrores históricos, morais, políticos, ideológicos, o que motiva por si só que se repense que sentido possuem as práticas científicas, as pedagogias educacionais e o que engendram a partir de si mesmas[3].

Mas se a intenção for a de pesquisar a mais apropriada concepção de educação para os direitos humanos, deve-se desde logo dizer que educar só tem sentido como preparação para o desafiar. Uma educação que não seja desafiadora, que não se proponha a formar iniciativas, que não prepare para a mobilização, que não instrumente a mudança, que não seja emancipatória é mera fábrica de repetição das formas de ação já conhecidas. Educação é, por essência, incitação à formulação de experiência, em prol da diferenciação, da recriação, do colorido da diversidade criativa. A partir da educação deve-se ser capaz de ousar. Em *Educação – para quê?*, Adorno se recorda de Goethe para grifar esse aspecto: "Lembro apenas de que há uma frase de Goethe, referindo-se a um artista de quem era amigo, em que diz que 'ele se educou para a originalidade'. Creio que o mesmo vale para o problema do indivíduo"[4].

3.2. EDUCAÇÃO, AUTONOMIA E EMANCIPAÇÃO: A FORMAÇÃO DA CULTURA DEMOCRÁTICA

Vale a pena que, preliminarmente, o conceito de educação seja presentado, dentro do pensamento adorniano, em *Educação após Auschwitz*, nas seguintes palavras: "A educação tem sentido unicamente como educação dirigida a uma autorreflexão crítica"[5]. É certo que, a partir daí, o que se percebe é que a educação é um processo que se afirma na microscopia de ações que valorizam dinâmicas muito singulares de afirmação de *valores* e desinculcação de *desvalores*. Somente assim é capaz de operar verdadeiras revoluções.

---

3 Esta leitura da educação vem inspirada no crédito dado pela Escola de Frankfurt à teoria freudiana, segundo a qual *eros* (impulso de vida) e *tânatos* (impulso de morte) caminham lado a lado na história. Leia-se: "Entre as intuições de Freud que realmente também alcançam o domínio da cultura e da sociologia, uma das mais profundas, a meu ver, é a de que a civilização engendra por si mesma o anticivilizatório e o reforça progressivamente. As suas obras *O mal-estar na civilização* e *Psicologia de grupo e a análise do ego* mereceriam a maior difusão, precisamente em relação a Auschwitz. Se a barbárie está no próprio princípio da civilização, então a luta contra esta tem algo de desesperador" (Adorno, *Palavras e sinais*, 1995, p. 105).

4 Adorno, *Educação e emancipação*, 3. ed., 2003, p. 153.

5 Adorno, *Educação e emancipação*, 3. ed., 2003, p. 121.

Um projeto de direitos humanos deve acima de tudo ser capaz de *sensibilizar* e *humanizar*, por sua própria metodologia, muito mais que pelo conteúdo daquilo que se aborda através das disciplinas que possam formar o caleidoscópio de referenciais de estudo e que organizam a abordagem de temas os mais variados que convergem para a finalidade última do estudo: o ser humano. Sensibilizar e humanizar importam em desconfirmar a presença da opressão permanentemente transmitida pela própria cultura, esta mesma que constrói um indivíduo consumido pela consciência reificada (*verdinglichtes Bewustsein*). Por isso, Paulo Freire afirma: "Constatar esta preocupação implica, indiscutivelmente, reconhecer a desumanização, não apenas como viabilidade ontológica, mas como realidade histórica. É também, e talvez sobretudo, a partir desta dolorosa constatação que os homens se perguntam sobre a outra viabilidade – a de sua humanização. Ambas, na raiz de sua inclusão, os inscrevem num permanente movimento de busca. Humanização e desumanização, dentro da história, num contexto real, concreto, objetivo, são possibilidades dos homens como seres inconclusos e conscientes de sua inconclusão. Mas, se ambas são possibilidades, só a primeira nos parece ser o que chamamos de vocação dos homens. Vocação negada, mas também afirmada na própria negação. Vocação negada na injustiça, na exploração, na opressão, na violência dos opressores. Mas afirmada no anseio de liberdade, de justiça, de luta dos oprimidos, pela recuperação de sua humanidade roubada"[6].

O modelo de educação que se tem e as vocações que é capaz de despertar estão intrinsecamente associados aos modos pelos quais se pratica poder em sociedade. Ademais, a crise da educação, como reflexão de uma crise política maior, é capaz de ser sentida como um desarranjo social, cujas demonstrações práticas se dão efetivamente através das marcas da própria violência[7]. Por isso, uma educação voltada para a disseminação de uma cultura de direitos humanos tem de ser capaz, acima de tudo, de propugnar a construção de uma sociedade preparada para o exercício da autonomia, condição fundamental para o exercício da cidadania.

Em *Educação – para quê?*, Adorno traduz a ideia de que a tarefa da educação para a democracia é a de conceder capacidade de expansão da autonomia individual. Educação e emancipação estão conceitual e umbilicalmente comprometidas: "A seguir, e assumido o risco, gostaria de apresentar a minha concepção inicial de educação. Evidentemente não a assim chamada modelagem de pessoas, porque não temos o direito de modelar pessoas a partir do

---

6 Freire, *Pedagogia do oprimido*, 1987, p. 30.

7 "Tanto a crise da educação, quanto o crescimento da violência no país – e esta á a hipótese deste texto – têm uma relação específica; ambas as crises retroalimentam-se mutuamente, tornando suas respectivas soluções mais problemáticas" (Barretto, Educação e violência: reflexões preliminares, *Revista Brasileira de Filosofia*, v. 30, fasc. 165, p. 63, jan./mar. 1992).

exterior; mas também não a mera transmissão de conhecimentos, cuja característica de coisa morta já foi mais do que destacada, mas a produção de uma consciência verdadeira. Isso seria inclusive da maior importância política; sua ideia, se é permitido dizer assim, é uma exigência política. Isto é: uma democracia com o dever de não apenas funcionar, mas operar conforme seu conceito, demanda pessoas emancipadas. Uma democracia efetiva só pode ser imaginada enquanto uma sociedade de quem é emancipado"[8].

A educação que prepara para a emancipação deve ser sobretudo uma educação que não simplesmente formula, ao nível abstrato, problemas, mas aquela que conscientiza do passado histórico, tornando-o presente, para a análise da responsabilidade individual ante os destinos coletivos futuros. Por isso, a necessidade de que a educação para os direitos humanos, se emancipatória, vise, acima de tudo, a produção do enraizamento, porque se trata de um modelo compromissório. Com Paulo Freire: "Parecia-nos, deste modo, que, das mais enfáticas preocupações de uma educação para o desenvolvimento e para a democracia, entre nós, haveria de ser a que oferecesse ao educando instrumentos com que resistisse aos poderes do 'desenraizamento', de que a civilização industrial a que nos filiamos está amplamente armada. Mesmo que armada igualmente esteja ela de meios com os quais vem crescentemente ampliando as condições de existência do homem"[9].

A subjetividade fragilizada da sociedade pós-moderna, a subjetividade que se tem, está profundamente ameaçada em sua capacidade de emergir do anonimato, da inconsciência e da reificação de sua condição pelo consumo, e se acovarda crescentemente ante à própria autonomia. Muito longe da autonomia e do esclarecimento, como abandono da menoridade, na leitura de Kant, a subjetividade que se tem vê-se acossada por um forte influxo de heteronomias estrangeiras a si e que determinam como a subjetividade deve ser desde fora. Está-se em uma era da heteronomia e não da autonomia. Ora, a perda da razão emancipatória, ideada pelo Iluminismo, significa um vácuo na construção de parte do ideário moderno que se perdeu, porque cogitado dentro da reflexão kantiana e anestesiado pelas formas e táticas de atuação do poder.

Uma sociedade mecanizada e amplamente colonizada, na esfera do mundo da vida, na leitura de Habermas, pela lógica da razão instrumental, é exatamente o que consente que tudo se desvirtue em ser simplesmente produto; o ser humano é produto, a educação é produto, o raciocínio é produto[10].

---

8 Adorno, *Educação e emancipação*, 3. ed., 2003, p. 142.

9 Freire, *Educação como prática da liberdade*, 2002, p. 97.

10 "As patologias da modernidade, segundo Habermas, resultam da não percepção dessas esferas distintas de racionalidade ou de ingerências indevidas em domínios alheios. Não se trata de uma simples contraposição de racionalidades, muito menos de uma exclusão recíproca. A racionalidade instrumental deve ficar restrita ao âmbito da integração sistêmica. Já a racionalidade comuni-

Ora, a razão instrumental deve existir e persistir, mas manter-se, como racionalidade do cálculo e da decisão tendo em vista fins pragmáticos, restrita à dimensão do agir estratégico, especialmente o econômico. Por isso, a redefinição do cenário de valores que se tem deve vir instrumentado por uma forte concepção de resgate da identidade da vida comum pelo simbólico na esfera pública, pela limitação da colonização sobre ela produzida pela razão instrumental. Daí o papel da emancipação, da construção da autonomia, o que só é possível de ser operada pela educação.

Contra esse cenário de apatia, deve-se recobrar o sentido das práticas educacionais, especialmente quando o tema é o da preparação para uma cultura centrada no convívio plural e na aceitação da diversidade, no respeito à dignidade da pessoa humana e na preocupação com a justiça social, e quando se quer acentuar a luta pela conquista de direitos humanos, mergulhados que estão na maré da indiferença estatal e da ineficácia da legislação.

A busca de autonomia, necessária à cultura democrática, demanda também um forte esforço de recuperação da subjetividade. Historicamente, foi o caso da sociedade alemã pós-holocausto, que demandava também uma forte reflexão por parte da filosofia da educação. Adorno, em *A educação contra a barbárie*, afirma: "Eu começaria dizendo algo terrivelmente simples: que a tentativa de superar a barbárie é decisiva para a sobrevivência da humanidade"[11].

No contexto presente e na realidade brasileira, a construção da subjetividade crítica depende sobretudo de um fortalecimento da autonomia do indivíduo, plenamente tragado pelas exigências da sociedade de controle, da sociedade pós-moderna. No lugar de promover a adaptação, a reação somente pode vir das mentes capazes de veicularem a resistência[12]. Por isso, deve-se repetir o que se lê em *Educação – para quê?*: "Eu diria que hoje o indivíduo só sobrevive enquanto núcleo impulsionador da resistência"[13]. Aqui está o gérmen da mudança, somente possível se fundada numa perspectiva semelhante à incentivada por Michel Foucault, em seus últimos escritos sobre ética, de criação de uma ética da resistência como forma de enfrentamento da microfísica do poder.

---

cativa, que se encontra encarnada nos processos de reprodução simbólica do mundo da vida, deve prevalecer no âmbito da integração social" (Boufleuer, *Pedagogia da ação comunicativa:* uma leitura de Habermas, 3. ed., 2001, p. 16).

11 Adorno, *Educação e emancipação*, 3. ed., 2003, p. 156.

12 Essa reflexão aparece em *Educação – para quê?*, onde se lê: "A educação por meio da família, na medida em que é consciente, por meio da escola, da universidade teria neste momento de conformismo onipresente muito mais a tarefa de fortalecer a resistência do que de fortalecer a adaptação" (Adorno, *Educação e emancipação*, 3. ed., 2003, p. 144).

13 Adorno, *Educação e emancipação*, 3. ed., 2003, p. 154.

3.3. EDUCAÇÃO, CONSCIENTIZAÇÃO E HUMANIZAÇÃO

"A exigência de que Auschwitz não se repita é a primeira de todas para a educação"[14]. Essa frase abre a reflexão do célebre escrito de Adorno intitulado *Educação após Auschwitz*. O que é Auschwitz para nós hoje? Será que a barbárie desapareceu no ventilador da história, ou a poeira foi empurrada para baixo do tapete? Ainda aqui, e mais uma vez, a consciência da história (presente e passada) deve ser trabalhada com afinco nos meios acadêmicos, como modo de fomentar a criação de um enraizamento entre conceitos abstratos, aprendidos em disciplinas isoladas, e tempo histórico-aplicativo.

E, quando se trata de enfrentar a necessidade de formação de uma juventude, que carece observar na história a *realidade* que a cerca, como única forma de reação, deve-se também considerar o quanto a memória não possui um papel pedagógico fundamental, porque formativo para o direcionamento futuro. Paulo Freire, em *Educação como prática da liberdade*, valoriza essa ideia: "É fundamental, contudo, partirmos de que o homem, ser de relações e não só de contatos, não apenas está *no* mundo, mas *com o* mundo. Estar com o mundo resulta de sua abertura à realidade, que o faz ser o ente de relações que é"[15]. A descolorida apatia política, a invisibilidade dos problemas sociais, a indiferença social, a insatisfação sublimada no consumo, a inércia mobilizadora precisam ser superadas através de um movimento pedagógico que aja na contramão desse processo.

Por isso, e por outros motivos mais, Auschwitz não pode ser esquecida[16]. Não se trata de um problema do povo alemão, e sim de um problema da humanidade, especialmente de uma humanidade que está mergulhada na barbárie do tempo presente, aquela apresentada por Zygmunt Bauman: "E o grau de polarização (e, portanto, também da privação relativa) quebrou, nessas três décadas, todos os recordes registrados e lembrados. A quinta parte socialmente mais alta da população mundial era, em 1960, trinta vezes mais rica do que o quinto mais baixo; em 1991, já era sessenta e uma vezes mais rica. Nada aponta para a probabilidade, no futuro previsível, de que essa ampliação da diferença seja reduzida ou detida, quanto mais revertida. O quinto mais alto do mundo desfrutava, em 1991, de 84,7% do produto mundial bruto, 84,2% do comércio global e 85% do investimento interno, contra respectivamente 1,4%, 0,9% e 0,9% que era o quinhão do quinto mais baixo. O quinto mais

---

[14] Adorno, *Educação e emancipação*, 3. ed., 2003, p. 119.

[15] Freire, *Educação como prática da liberdade*, 2002, p. 47.

[16] "A exigência de que Auschwitz não se repita é primordial em educação. Ela precede tanto a qualquer outra, que acredito não deve nem precise justificá-la. Não consigo entender por que se tem tratado tão pouco disso até hoje. Justificá-la seria algo de monstruoso ante a monstruosidade do que ocorreu" (Adorno, *Palavras e sinais*, 1995, p. 104).

elevado consumia 70% da energia mundial, 75% dos metais e 85% da madeira. Por outro lado, o débito dos países economicamente fracos do 'terceiro mundo' estava, em 1970, mais ou menos estável em torno de 200 bilhões de dólares. Desde então, ele cresceu dez vezes e está hoje rapidamente se aproximando da atordoante cifra de 2.000 bilhões de dólares (ver *Programa para o Desenvolvimento*, das Nações Unidas, edição de 1994)"[17].

Os educadores devem perguntar-se: não importa com qual disciplina estejam trabalhando, o que é Auschwitz para um jovem hoje[18]? Será que um jovem de hoje conhece o que foi a realidade dos dias de Auschwitz? Por isso, Auschwitz não pode ser esquecida, e junto dela, *Treblinka*, Ditadura Militar, *Impeachment* do Collor, *Ruanda*, 11 de setembro, Kosovo, Invasão do Iraque etc. A consciência histórica é aquela que aponta que o passado retorna, e que sem consciência do passado se torna impossível agir no presente com vistas à mudança no futuro.

A racionalidade técnica não colabora para a melhoria das condições de análise de nosso tempo. O conhecimento instrutivo e técnico, preparatório para exames simplistas e operatórios (concursos públicos, provas semestrais monodisciplinares...), é alienante, se desacompanhado de uma ampliação crescente da capacidade de leitura da realidade histórico-social. A tradição inscreveu nas práticas nacionais de ensino, do fundamental ao superior, inclusive e principalmente do ensino jurídico, formas de conhecimento que estão completamente descoladas da dinâmica da vida social[19]. O ensino fundado em raciocínios técnico-operativos não consente a formação de habilidades libertadoras, mas, muito pelo contrário, fornece instrumentos para *operar* dentro do contexto de uma sociedade exacerbadamente competitiva, consumista, individualista e capitalista selvagem. Quem vive sob esse modelo de educação não "recebe educação", verdadeiramente, "padece educação". A massificação que castra, anula, empobrece, iguala o desigual cultural e criativamente falando, em verdade, comete o mais terrível dos erros: "E, quando julga que se salva seguindo as prescrições, afoga-se no anonimato nivelador da massificação, sem esperança e sem fé, domesticando e acomodando: já não é *sujeito*. Rebaixa-se a puro *objeto*. Coisifica-se"[20]. Em poucas

[17] Bauman, *O mal-estar da pós-modernidade*, 1998, p. 76.

[18] "O exercício da cidadania democrática torna-se dessa forma problemático, pois, onde o exercício da liberdade é feito sem o concurso da razão, acaba sendo feito através da violência" (Barretto, Educação e violência: reflexões preliminares, *Revista Brasileira de Filosofia*, v. 30, p. 70, fasc. 165, jan./mar. 1992).

[19] "A influência positivista entronizou a técnica como o principal objetivo do processo educacional quaisquer vestígios de análise sobre a natureza moral da educação" (Barretto, Educação e violência: reflexões preliminares, *Revista Brasileira de Filosofia*, v. 30, p. 66, fasc. 165, jan./mar. 1992).

[20] Freire, *Educação como prática da liberdade*, 2002, p. 51-52.

palavras, ela é a linguagem da própria dominação, e não condição para sua libertação[21].

No caso do ensino superior, em especial do ensino jurídico, um bacharel treinado em direito, altamente especializado em direito processual civil, geralmente, é insuficientemente preparado para a análise de quadros de conjuntura social, política e econômica, ou mesmo para pensar a responsabilidade do exercício de sua função dentro do sistema. Nada impede que um bom operador do direito hoje, formado em uma bem conceituada IES brasileira, seja autor de atitudes serenamente guiadas pelos mesmos princípios que levaram Rudolf Hess, Hermann Goering, Joseph Goebbels, Wilhelm Keitel, Himmler e Eichmann a cometerem as atrocidades que cometeram à frente da máquina nazista. A visão de gabinete, a compreensão de mundo autocentrada, a ideia de responsabilidade restrita à dinâmica da responsabilidade do código de ética da categoria, a noção de mundo fixada pela orientação da ordem legal, a ação no cumprimento do "estrito" dever legal... são rumos e nortes do agir do profissional bacharelado pelas escolas de direito que conhecemos. A evitação da barbárie depende claramente do modelo de educação que se possa habilitar através de projetos conscientes de desenvolvimento de habilidades e competências, aliadas a sensibilidades históricas, sociais e políticas. Por isso, as práticas educacionais devem preparar para a autonomia, que, na leitura de Adorno, seria o único elemento que poderia se antepor à Auschwitz[22].

Autonomia é, fundamentalmente, em seu traçado interior, liberdade. Significa a posse de um estado de independência com relação a tudo o que define a personalidade heteronomamente. Isso importa na capacidade de analisar e distinguir, para o que é necessária a crítica, pois somente ela divisa o errado no aparentemente certo, o injusto no aparentemente justo.

3.4. PRÁTICAS PEDAGÓGICAS E AUTONOMIA

Parece ser vital, para o processo pedagógico, nesse contexto de amorfismo, de apatia diante do real, de perda da consciência de *ego* sobre *alter*, de crescimento do individualismo materialista, de indiferença perante tudo e todos, que o colorido do real seja retomado. Por isso, a educação desafiada deve, sobretudo, sensibilizar, agindo de modo a ser mais que *instrutiva* (somatória de informações acumuladas), enfatizando-se o seu aspecto *for-*

21 "A racionalidade técnica hoje é a racionalidade da própria dominação. Ela é o caráter compulsivo da sociedade alienada de si mesma" (Horkheimer e Adorno, *Dialética do esclarecimento*, 1985, p. 114).

22 "A única força verdadeira contra o princípio de Auschwitz seria a autonomia, se me for permitido empregar a expressão kantiana; a força para a reflexão, para a autodeterminação, para o não deixar-se levar" (Adorno, *Palavras e sinais*, 1995, p. 110).

mativo (geradora da autonomia do pensar). O que quer dizer isso senão que pretende tocar o espírito humano, quanto às suas aflições, ambiguidades, torpezas, vilezas, virtudes, capacidades, no jogo da condição humana? E, para isso, o recurso à história, aos fatos, a contextos, a casos, a julgamentos, a episódios morais, a conflitos... parece favorecer a recuperação da memória e da consciência.

O abandono de certas práticas pedagógicas corriqueiras é fundamental como método de recuperação do espaço perdido pela educação para a dinâmica sedutora da sociedade de consumo. Mas o que é que se encontra na educação, por parte dos professores, senão a pressuposição de que o aluno está consciente da importância da disciplina em sua formação (o aluno precisa ser convencido); a erudição vazia do discurso (da qual o aluno se sente simplesmente alijado); o distanciamento da realidade entre ser e dever-ser (o aluno não percebe a conexão entre realidade ideada e realidade vivida); o apelo excessivamente teórico (aluno não constrói a ponte com a prática); o amor pela obscuridade da linguagem técnico-especializada (com a qual o aluno não se identifica).

Por isso, as técnicas pedagógicas devem orientar-se no sentido de uma geral recuperação da capacidade de sentir e de pensar. Isso implica uma prática pedagógica capaz de penetrar através dos sentidos e que, portanto, deve espelhar a capacidade de tocar os sentidos nas dimensões do ver (uso do filme, da imagem, da foto na prática pedagógica), do fazer (tornar o aluno produtor, capaz de reagir na prática pedagógica), do sentir (vivenciar situações em que se imagina o protagonista ou a vítima da história), do falar (interação que aproxima a importância de sua opinião), do ouvir (palavras, músicas, sons, ruídos, efeitos sonoros que repercutem na ênfase de uma informação, de uma análise, de um momento, de uma situação). Esse arcabouço de formas de fomentar a aproximação do sentir e do pensar crítico dá-se pelo fato de penetrar pelos poros, gerando angústia, medo, dúvida, revolta, mobilização, reflexão, interação, opiniões exaltadas, espanto, descoberta, curiosidade, anseios, esperanças... Quando isso está em movimento, a sala de aula foi tornada um laboratório de experiências significativas, do ponto de vista pedagógico. O educando precisa, sobretudo, sentir-se tocado em diversas dimensões e de diversas formas, assim como ter despertados os próprios sentidos à percepção do real, o que permite recuperar a possibilidade de aproximação da prática educativa, numa correção de rumos, em direção à reconquista da subjetividade autônoma.

Para isso, práticas pedagógicas sincréticas podem colaborar acerbamente para a produção de resultados, *humanidades,* ou seja, explorando-se poesia, literatura, pintura, cinema, teatro, aproveitando-se o potencial criativo para tornar a sala de aula um laboratório de ideias. Essa experiência ético-estética reabilita o potencial transformador da educação e, portanto, do ensino jurídico. As técnicas pedagógicas podem aliar: leitura, fichamento, interações grupais, seminários, grupos de estudo, seminários de pesquisa, projetos de responsabilidade social, construção de casos, discussões de pesquisas, interação social, desenvolvimento de inserções comunitárias, leitura de textos, discussões, seminários, filmes, debates plurais, produção do conhecimento orientada, representações, discussões, *cases*, simulações, teatralizações e pesquisa em *websites*.

A educação que se quer, bem como o ensino jurídico de que se carece, deve sensibilizar, tocar, atrair, fomentar, descortinar horizontes, estimular o pensamento. É dessa criatividade que se nutre a autonomia. Por isso, os educadores podem encontrar à sua disposição instrumentos para agir na berlinda de suas atuais e desafiadas práticas pedagógicas. Se tudo fala contra a formação da consciência crítica (a televisão, o consumo, a internet, o individualismo, a estética...), a consciência histórica deve reaparecer como centro das preocupações pedagógicas hodiernas, pois, fundamentalmente, a subjetividade pós-moderna é a de um indivíduo *deslocado*, sem lugar próprio, e, exatamente por isso, incapaz de independência e autonomia.

Uma pedagogia histórica trabalha sobretudo o resgate, e com quais instrumentos senão com aqueles que se tornaram linguagem corrente da sociedade de informação? Cinema, internet, notícias de jornais, imagens, fotojornalismo internacional, literatura animada, imagens, *marketing* instrutivo..., que apropriados pelo discurso pedagógico tornam-se ferramentas de grande valor para o resgate da "consciência situada", já que o enraizar significa o fincar bases, instituir um solo-base, como modo de se evitar o ser-levado-pela-força-da-maré. Por vezes, a enxurrada conduz o indivíduo a valas profundas, as quais abeiram a própria banalidade do mal.

3.5. POR UMA PEDAGOGIA DA AÇÃO COMUNICATIVA

A pedagogia da ação comunicativa, para que seja aceita e praticada num modelo de educação para os direitos humanos, já é reveladora de seu próprio objetivo: conscientizar e humanizar pelos métodos de ensino. Trata-se de opor à tradição da autoridade a tradição do exercício da liberdade pelo diálogo[23].

Somente o exercício da liberdade permite que se construa a liberdade, por isso, a liberdade deve ser valorizada como um requisito fundamental para a criação de uma cultura do exercício democrático do convívio. Preparar para

---

23 "O diálogo – a sociedade dialogal de Habermas –, base da sociedade democrática, terminou substituído pelo *Diktät* autoritário, em sua forma política e pedagógica" (Barretto, Educação e violência: reflexões preliminares, *Revista Brasileira de Filosofia*, v. 30, p. 65, fasc. 165, jan./mar. 1992).

o exercício democrático significa, acima de tudo, preparar para o desenvolvimento de habilidades que giram em torno da capacidade de convívio, de socialização, de responsabilização na relação *ego-alter.* Se as instituições de ensino não estimularem o exercício de uma cultura democrática, ela não nasce espontaneamente, e mesmo tende a acrisolar-se, conforme constatam os estudos de Kohlberg[24].

A ausência do desenvolvimento de habilidades relacionadas ao político e o excesso de adestramento nas especialidades fazem da cultura do ensino um ambiente infenso ao desenvolvimento de qualquer tipo de identidade política de grupo[25]. A identidade política somente pode ser cultivada onde há estímulo à participação, ao diálogo e à formação da consciência sobre questões e problemas comunitários; educar para uma sociedade mais justa significa acima de tudo desafiar para o convívio social, o que implica uma pedagogia crítico-comunicativa[26].

Para isso, carece que se vençam múltiplos empecilhos que gravitam no universo da aura do modelo que se aceita comumente como linguagem comum do ensino transmitido para estudantes, a saber: tradições, valores, cultura, práticas ancestrais, concepções e visões de mundo[27]. A escola é também um

---

24 "Dada la importancia de las actuales experiencias de participación en una comunidad política por qué nos apoyamos en la escuela secundaria para que ésta las provea?, por qué no se las delega a experiencias espontáneas una vez terminada la escuela secundaria? La respuesta es que, a no ser que una persona deje la escuela secundaria en un 4º estádio, con sus intereses y motivaciones correspondientes, es muy improbable que él o ella lleguen más tarde a tener la capacidad y la motivación necesarias como para alcanzar posiciones de participación y responsabilidad pública. Ellos, como nuestros estudiantes evitarán esas situaciones o no las buscarán" (Kohlberg, *La democracia en la escuela secundaria:* educando para una sociedad más justa, 1992, p. 27).

25 "He traducido los argumentos socráticos para la democracia escolar en términos de experiencias participativas para el desarrollo del 4º estadio con orientación hacia los roles de ciudadano, así como también para desarollar alguna aproximación a nuestro estadio 5 de los principios de la democracia constitucional. El obstáculo que debemos enfrentar es que el gobierno burocrático y autoritario de la escuela secundaria, actualmente enseña la alienación e ignorancia acerca de la sociedad democratica" (Kohlberg, *La democracia en la escuela secundaria:* educando para una sociedad más justa, 1992, p. 29).

26 "Nuestra conclusión es que una educación cívica para una participación cívica idealmente debería incluir dos experiencias: una democracia directa en una pequeña escuela de la comunidad fundada en una escuela alternativa, para el desarrollo de los conceptos y las actitudes hacia la comunidad del 4º estadio; y la experiencia de participación en una comunidad más amplia gobernada por la democracia participativa y reglementada por la burocracia, para transferir dichas actitudes a una actitud participativa en una sociedad más grande" (Kohlberg, *La democracia en la escuela secundaria:* educando para una sociedad más justa, 1992, p. 31).

27 "Consequentemente,entendemos por 'pedagogia da ação comunicativa' aquela que, da parte de seus proponentes ou participantes, vem marcada por uma *atitude fundamental voltada ao entendimento.* Com isso, a clarificação conceitual da categoria de ação comunicativa adquire uma importância significativa para a reflexividade crítica da prática educativa, mormente para os professores" (Boufleuer, *Pedagogia da ação comunicativa:* uma leitura de Habermas, 3. ed., 2001, p. 85).

ambiente pleno de regulamentações, regras, procedimentos, burocracias e reproduz a escala de exigências de uma sociedade na formação do indivíduo. A ênfase na abordagem formativa, e não meramente adestradora, implica a identificação de um projeto pedagógico cujas distinções façam com que a instituição se distinga por valorizar aspectos específicos do projeto pedagógico a favor de uma cultura dos direitos humanos para a formação de uma sociedade mais justa a partir da transformação da consciência dos indivíduos sobre sua inserção no grupo.

Essa leitura se constrói sobre a ideia-base do pensamento habermasiano e encontra amparo também nos estudos kohlbergianos, de que se deve abandonar o paradigma da consciência solipsista para buscar na pluralidade da interação de sujeitos a construção linguística da verdade[28]. O agir no mundo, segundo essa consciência do educando formado para pensar em agir sem o outro, apesar do outro, sobre o outro, deve ser substituída por uma consciência de que agir no mundo é sobretudo *interagir* com o outro, a partir da consideração do outro[29]. A condição dialogal da educação é um pressuposto para que o *outro* seja visto já em sala de aula, já nas práticas educativas, já na inserção do estudo aplicado, já nas formas pelas quais as dinâmicas pedagógicas privilegiem a interação e o diálogo voltados para o entendimento[30]. A *razão comunicativa* é pressuposto para uma lógica diversa daquela que se cultiva e se pratica no conjunto das atividades formativas e preparatórias do indivíduo, seja para a vida, seja para o mercado de trabalho, seja para o exercício de uma profissão, seja para a compreensão do mundo.

Como a produção do consenso não é simples, e não é muito menos automática na dialética das relações, exige-se, para sua prática, o reconhecimento da correção, da autenticidade e da veracidade dos discursos em interação[31]. Por isso, só pode ocorrer se incentivada para que indivíduos sejam

---

[28] Cf. Bolzan, *Habermas*: razão e racionalização, 2005, p. 81. Em Kohlberg, a cultura do diálogo parece ser fundamental: "La mejor forma de concebir a la educación moral es como un proceso natural de diálogo entre pares, más que como un proceso de instrucción didáctica o de exposición. La mejor forma de concebir al docente y el currículo es como facilitadores de este diálogo a través de la presentación de desafiantes dilemas o situaciones de exploración de las razones de los estudiantes y de la atención a estas razones y la presentación de un razonamiento de un estadio superior" (Kohlberg, *La democracia en la escuela secundaria:* educando para una sociedad más justa, 1992, p. 56).

[29] Cf. Boufleuer, *Pedagogia da ação comunicativa:* uma leitura de Habermas, 3. ed., 2001, p. 26.

[30] "Torna-se, entretanto, necessário distinguir entre a revolta (o homem revoltado de Albert Camus) e a violência; a primeira é a seiva da cultura e a segunda, a sua morte, principalmente porque nega o instrumento básico da comunicação cultural, que é o diálogo. Vê-se, então, como a porta de entrada da violência na cultura e, em consequência, na educação, foi a negação do diálogo como fonte de conhecimento e entendimento entre os homens" (Barretto, Educação e violência: reflexões preliminares, *Revista Brasileira de Filosofia*, v. 30, p. 68, fasc. 165, jan./mar. 1992).

[31] Cf. Bolzan, *Habermas:* razão e racionalização, 2005, p. 100.

habilitados ao desenvolvimento de habilidades e competências que se afinizem com essa dinâmica da interação humana. Recuperar a consciência do outro, em tempos em que o individualismo se tornou uma marca histórica, é tarefa suficientemente desafiadora para as práticas pedagógicas vigentes.

A pedagogia da ação comunicativa reclama uma aproximação da dinâmica da vida para dentro das salas de aula, a superação da distância entre docente e aluno, o desenvolvimento docente de uma identidade socrática, ou seja, estimuladora do diálogo, a criação de procedimentos e formas de interação que superem a insinceridade do protocolo, a busca da interação criativa com relação ao modelo da intocabilidade da autoridade-docente, entre outros fatores. A cultura do antidiálogo deve ser substituída pela do diálogo: "O antidiálogo que implica numa relação vertical de A sobre B é o oposto a tudo isso. É desamoroso. É acrítico e não gera criticidade, exatamente porque desamoroso. Não é humilde. É desesperançoso. Arrogante. Autossuficiente. No antidiálogo quebra-se aquela relação de 'simpatia' entre seus polos, que caracteriza o diálogo. Por tudo isso, o antidiálogo não comunica. Faz comunicados"[32]. E o diálogo somente pode ser estimulado se o modo perguntador for desenvolvido como mecanismo de instrumentação da metodologia de ensino, ou seja, o modo socrático de desenvolver problemas morais[33].

Para o ensino superior voltado para a cultura dos direitos, para o ensino jurídico, essa questão é especialmente importante, tendo em vista que cultiva modos e métodos, práticas pedagógicas e opções metodológicas que intensificam o modelo solipsista e autodidata. Mas como é possível construir uma visão de sociedade baseada no isolamento atômico dos atores do próprio conhecimento? Ora, como é possível uma metodologia de ensino construir valores na base de conceitualizações abstratas que prescindem de trabalhar sobre evidências extraídas do mundo da vida, num verdadeiro desperdício da experiência[34]? Ainda, como é possível falar em construção da justiça, já que a

---

32 Freire, *Educação como prática da liberdade*, 2002, p. 116.

33 "Pienso que resulta claro que la sicología que se deduce de las prácticas del efecto Blatt es la sicología de Piaget, por su énfasis en que el diálogo entre estudiantes es lo que suscita un conflicto cognitivo y permite superar el egocentrismo del pensamiento a través de la necesidad de argumentos intersubjetivos y a través de la exposición a un estadio próximo superior. Llamo a este neosocrático, no sólo porque los profesores tienen el rol de cuestionador socrático, sino también porque el profesor como Sócrates asume ser un filósofo moral animado por un interés por una forma de bien y de justicia" (Kohlberg, *La democracia en la escuela secundaria:* educando para una sociedad más justa, 1992, p. 57). "Implícita en la fé de Sócrates por el libre diálogo acerca de la justicia, está su fé en la democracia ateniense. Aún cuando la democracia ateniense condenó a Sócrates a la muerte por enseñar la justicia, Sócrates mantuvo su fé en ella y permitió que se ejecutara para el mantenimiento del contrato social" (Kohlberg, *La democracia en la escuela secundaria:* educando para una sociedad más justa, 1992, p. 58).

34 Boufleuer, *Pedagogia da ação comunicativa:* uma leitura de Habermas, 3. ed., 2001, p. 44-45.

justiça é um bem alótrio, segundo Aristóteles, que se dá não de si para si, mas de si para o outro, se a consciência da interação é atrofiada no *modus pedagogicus* do modelo subjetivista[35]?

Está-se acostumado demais a conviver com um modelo subjetivista e que descarta de imediato a presença do outro como incômoda. É nesse estranhamento do outro que se curtem os azedumes sociais que acabam por se tornar o empecilho fundamental para a vida social interativa e produtiva. Trata-se, portanto, de pensar em meios e métodos capazes de valorizar a condição de aceitação da liberdade como forma irrestrita de contato intersubjetivo[36]. Onde se acusa esse modelo de ideal, deve-se dizer que ele se baseia fundamentalmente em práticas concretas, de linguagem e baseadas no quotidiano das interações da vida que pressupõem como consenso de fundo a ideia de mundo da vida[37].

Que ética se pensa estar desenvolvendo quando a interação é desprivilegiada para dar lugar a conceitos abstratos? Que capacidade de solução de litígios se está desenvolvendo quando se propugna a litigância processual como único mecanismo de encaminhamento de controvérsias? Que tipo de cultura é essa em que a educação privilegia os objetivos pessoais e marginaliza o outro na própria interação escolar? Que tipo de relação entre responsabilidade profissional e responsabilidade social, quando se concebe uma forma de aprendizagem que estimula o aluno ao desenvolvimento de parcas formas de interação e de egocentrismo do sucesso profissional como autor-realizador? A reação carece de ser instrumentada, portanto, pontuando-se alguns fatores fundamentais a serem combatidos dentro da lógica de funcionamento do próprio sistema atual de ensino e dentro dessas específicas práticas de cultura. Uma cultura democrática precisa de incentivos para se desenvolver como prática da liberdade assumida

---

35 Baseio esta minha reflexão na preciosa consideração a seguir, de Boufleuer: "Não fica difícil perceber que uma concepção de educação baseada no paradigma da consciência, centrada no sujeito, não consegue oferecer uma solução adequada para as questões relativas à convivência das pessoas, mormente para as que envolvem noções de dever e de justiça. Só o conceito de uma racionalidade comunicativa, centrada na intersubjetividade, pode dar conta das múltiplas dimensões que fazem parte dos processos educativos" (*Pedagogia da ação comunicativa:* uma leitura de Habermas, 3. ed., 2001, p. 33).

36 "A partir da teoria da ação comunicativa, a relação professor-aluno aparece sob o horizonte da autoconstituição da humanidade enquanto humanidade solidária e que implica o reconhecimento mútuo de sujeitos. A liberdade solidária dos comunicantes requer a superação de toda e qualquer forma de opressão que negue o homem" (Boufleuer, *Pedagogia da ação comunicativa:* uma leitura de Habermas, 3. ed., 2001, p. 86).

37 "A idealidade, assim definida, constitui uma exigência da vida coletiva e deve ser entendida como a alternativa que se coloca em oposição à desconfiança total e à mentira ininterrupta. É claro que cada um de nós pode resolver enganar ou manipular outros em determinada situação. Mas é impossível que todos ajam continuamente desse modo. Facilmente podemos imaginar as dificuldades que um único indivíduo enfrentaria a partir do momento em que ninguém mais pudesse acreditar nele. E se ninguém mais pudesse acreditar em ninguém, a vida social simplesmente seria inviável" (Boufleuer, *Pedagogia da ação comunicativa:* uma leitura de Habermas, 3. ed., 2001, p. 53).

no encontro intersubjetivo de alto nível. Uma cultura acadêmica para os direitos humanos implica a formação de uma consciência alargada sobre as questões comunitárias e sociais que cercam o indivíduo em fase de formação[38].

CONCLUSÕES

Qual o método e qual a finalidade da educação e da pesquisa em direitos humanos? Qual seria senão a *humanização*? Por isso, torna-se extremamente conveniente pensar com e através de Heidegger, quando afirma, em sua *Über den Humanismus: Brief an Jean Beaufret*: "Que outra coisa significa isto, a não ser que o homem (*homo*) se torne humano (*humanus*)? Deste modo então, contudo, *humanitas* permanece a preocupação de um tal pensar; pois humanismo é isto: meditar, e cuidar para que o homem seja humano e não desumano, inumano, isto é, situado fora de sua essência"[39].

Uma *cultura democrática* é aquela que é capaz de incentivar que indivíduos que estão em processo de formação educacional sejam incentivados a pensar por si mesmos, o que não se faz sem incentivos claros à autonomia, ao desenvolvimento humano e ao esclarecimento. Uma educação em direitos humanos é, acima de tudo, uma educação crítica, que nos faz ativos socialmente e responsáveis uns pelos outros.

Pensar a si significa também tomar consciência de si, este que parece ser o primeiro passo para se responsabilizar pelo outro, na medida em que *ego* e *alter* são inseparáveis na constituição dos processos sociais. A prática da liberdade se exerce com incentivos claros ao desenvolvimento de habilidades e competências capazes de forjar a consciência crítica, participativa, tolerante, o que não se faz sem a consciência sobre a importância das práticas comunicativas e dialogais. Nas palavras de Häberle: "A educação para o respeito da dignidade humana constitui um destacado objetivo pedagógico do Estado constitucional: dignidade humana para cada um, bem como para o próximo, no sentido dos 'outros' (como tolerância, solidariedade)"[40]. O papel de uma educação pautada por esses critérios é a inclusão, e não a exclusão.

Ademais, a educação para os direitos humanos depende de pesquisa. O desenvolvimento e valorização da pesquisa, com vistas ao desenvolvimento da

---

38 "El objetivo de la educación social es desarrollar una persona con capacidad para realizar una sociedad democrática con la habilidad y la motivación como para hacer una sociedad más justa y más comunitaria de lo que es ahora" (Kohlberg, *La democracia en la escuela secundaria:* educando para una sociedad más justa, 1992, p. 39).

39 Heidegger, *Sobre o humanismo:* carta a Jean Beaufret, 1973, p. 350.

40 Häberle, A dignidade humana como fundamento da comunidade estatal, in SARLET, Ingo Wolfgang (Org.), *Dimensões da dignidade.* Tradução de Ingo Wolfgang Sarlet e Pedro Scherer de Mello Aleixo, 2005, p. 136.

consciência crítica e enraizadora, deve ser capaz de, acima de tudo: *aprofundar* a consciência sobre a importância dos direitos humanos e de sua universalização; *provocar* a abertura criativa de horizontes para a autocompreensão; *incentivar* a reinvenção criativa permanente das próprias técnicas; *habilitar* à criticidade; *desenvolver* o reconhecimento histórico dos problemas sociais; *incentivar* o conhecimento multidisciplinar, interdisciplinar e transdisciplinar sobre a condição humana; *habilitar* a uma compreensão segundo a qual a conquista de direitos depende da luta pelos direitos; *valorizar* a sensibilidade em torno do que é humano; *aprofundar* a conscientização sobre questões de justiça social; *recuperar* a memória e a consciência de si no tempo e no espaço; *habilitar* para a ação e para a interação conjunta e coordenada de esforços; *desenvolver* o indivíduo como um todo, como forma de humanização e de sensibilização; *capacitar* para o diálogo e a interação social construtiva, plural e democrática.

Em poucas palavras, a educação em direitos humanos deve ser capaz de nos ensinar que "... os direitos humanos são os direitos mínimos, essenciais, imprescindíveis, sem os quais perdemos a nossa característica de seres humanos, assim identificados e construídos historicamente. São os direitos que confirmam a nossa humanidade, permitindo afirmar a nossa humana condição no convívio social"[41].

REFERÊNCIAS BIBLIOGRÁFICAS

ADORNO, Theodor W. *Educação e emancipação*. Tradução de Wolfgang Leo Maar. 3. ed. São Paulo: Paz e Terra, 2003.

________. *Palavras e sinais*. Tradução de Maria Helena Ruschel. Petrópolis: Vozes, 1995.

ADORNO, Theodor; HORKHEIMER, Max. *Dialética do esclarecimento*. Tradução de Guido Antonio de Almeida. Rio de Janeiro: Zahar, 1985.

ASSOUN, Paul-Laurent. *A Escola de Frankfurt*. Tradução de Helena Cardoso. São Paulo: Ática, 1991.

BARRETTO, Vicente. Educação e violência: reflexões preliminares. *Revista Brasileira de Filosofia*, v. 30, fasc. 165, p. 63-70, jan./mar. 1992.

BAUMAN, Zygmunt. *O mal-estar da pós-modernidade*. Tradução de Mauro Gama e Cláudia Martinelli Gama. Rio de Janeiro: Zahar, 1998.

---

41 Bittar, A educação em Direitos Humanos em tempos turbulentos, in *Revista E*, São Paulo: Sesc, n. 269, 29-11-2018. Disponível em: <https://www.sescsp.org.br/online/artigo/12746_70+ANOS+DA+DECLARACAO+UNIVERSAL+DOS+DIREITOS+HUMANOS>. Acesso em: 18 dez. 2018.

________. *La globalización:* consecuencias humanas. Tradução de Daniel Zadunaisky. 2. ed. México: Fondo de Cultura Económica, 2001.

________. *Modernidade líquida.* Tradução de Plínio Dentzein. Rio de Janeiro: Zahar, 2001.

BITTAR, Eduardo C. B. *Ética, educação, cidadania e direitos humanos.* São Paulo: Manole, 2004.

________. *O direito na pós-modernidade.* Rio de Janeiro: Forense Universitária, 2005.

________. A educação em Direitos Humanos em tempos turbulentos. *Revista E*, São Paulo: Sesc, n. 269, 29-11-2018. Disponível em: <https://www.sescsp.org.br/online/artigo/12746_70+ANOS+DA+DECLARACAO+UNIVERSAL+DOS+DIREITOS+HUMANOS>. Acesso em: 18 dez. 2018.

BOLZAN, José. *Habermas:* razão e racionalização. Ijuí: Unijuí, 2005.

BOUFLEUER, José Pedro. *Pedagogia da ação comunicativa:* uma leitura de Habermas. 3. ed. Ijuí: Unijuí, 2001.

FREIRE, Paulo. *Educação como prática da liberdade.* 26. ed. São Paulo: Paz e Terra, 2002.

________. *Pedagogia da autonomia:* saberes necessários à prática educativa. 25. ed. São Paulo: Paz e Terra, 1996.

________. *Pedagogia do oprimido.* 35. ed. São Paulo: Paz e Terra, 2003.

FREITAG, Bárbara. *A teoria crítica:* ontem e hoje. São Paulo: Brasiliense, 2004.

________. *Escola, Estado e sociedade.* 7. ed. São Paulo: Centauro, 2005.

HABERMAS, Jürgen. *A inclusão do outro:* estudos de teoria política. Tradução de George Spencer e Paulo Astor Soethe. São Paulo: Loyola, 2002.

________. *Consciência moral e agir comunicativo.* Tradução de Guido A. de Almeida. Rio de Janeiro: Tempo Brasileiro, 1989.

________. *Écrits politiques.* Traduction de Christian Bouchindhomme et Rainer Rochlitz. Paris: CERF, 1990.

HÄBERLE, Peter. A dignidade humana como fundamento da comunidade estatal. In: SARLET, Ingo Wolfgang (Org.). *Dimensões da dignidade.* Tradução de Ingo Wolfgang Sarlet e Pedro Scherer de Mello Aleixo. Porto Alegre: Livraria do Advogado, 2005. p. 89-152.

HEIDEGGER, Martin. *Sobre o humanismo:* carta a Jena Beaufret. São Paulo: Abril, 1973.

KOHLBERG, Lawrence. *La democracia en la escuela secundaria:* educando para una sociedad más justa. Traducción de María Mercedes Oración. Chaco: Universidad Nacional del Nordeste, 1992.

LIPOVETSKY, Gilles. *L'ère du vide:* essais sur l'individualisme contemporain. Paris: Gallimard, 1983.

________. *Os tempos hipermodernos*. Tradução de Mário Villela. São Paulo: Barcarolla, 2004.

LOUREIRO, Isabel (Org.). *Herbert Marcuse:* a grande recusa hoje. Tradução de Isabel Loureiro e Robespierre de Oliveira. Rio de Janeiro: Vozes, 1999.

LYOTARD, Jean-François. *A condição pós-moderna*. Tradução de José Bragança de Miranda. 2. ed. Lisboa: Gradiva, 1989.

MARCUSE, Herbert. *Cultura e sociedade*. Tradução de Wolfgang Leo Maar, Isabel Maria Loureiro e Robespierre de Oliveira. São Paulo: Paz e Terra, 1997.

PETRINI, João Carlos. *Pós-modernidade e família:* um itinerário de compreensão. Bauru: EDUSC, 2003.

PUCCI, Bruno (Org.). *Teoria crítica e educação:* a questão da formação cultural na Escola de Frankfurt. 3. ed. Rio de Janeiro: Vozes/São Paulo: UFSCAR, 2003.

RAGO, Margareth; ORLANDI, Luiz B. Lacerda; VEIGA-NETO, Alfredo (Orgs.). *Imagens de Foucault e Deleuze:* ressonâncias nietzschianas. Rio de Janeiro: DP&A, 2002.

4. FILOSOFIA, SENSIBILIDADE E EDUCAÇÃO EM DIREITOS HUMANOS:

ensaio sobre a resistência contra a insensibilidade do quotidiano*

4.1. SENSIBILIDADE E RUDEZA: MARCHA E CONTRAMARCHA NA VIDA MODERNA

O termo "sensibilidade" (*Sinnlichkeit*), em sua amplitude semântica, revela que largos são os horizontes da dimensão do sensível, do sensitivo, do intuitivo, do perceptivo[1]. Mas, de alguma forma, pode-se explorar o sentido do termo, afirmando-o como o oposto da rudeza. A modernidade consolidada, como modernidade que realiza a razão instrumental, em muitos sentidos e dimensões, exercita rudeza e incute rudeza na dimensão da vida. Essa rudeza que bloqueia os sentidos é a mesma que permite a trivialização do absurdo; ela constrói a dimensão da *insensibilidade do quotidiano*. A dureza e a frieza também se tornam formas de expressão que marcam práticas sociais e determinam muito das próprias práticas do direito.

E isso porque rudeza, frieza e insensibilidade bloqueiam pontes de acesso à *alter*. Se essa linguagem é a linguagem da modernidade vitoriosa, a modernidade instrumental, também é verdade que a sensibilidade é, ato contínuo, expulsa do universo das transações humanas. A rudeza, ao exaurir a sensibilidade, bloqueia a arte e extingue os sentimentos mais sutis pelas coisas e pelas pessoas. Afinal, a

---

* Artigo publicado na *Revista da Faculdade de Direito de São Bernardo do Campo*, SBC, ano 12, n. 14, p. 113-126, 2008.

1 "Essa racionalidade científica, que se faz passar pela única forma de racionalidade, recalca aspectos importantes da razão: a sensualidade, a sensibilidade, a sensação. O termo alemão *Sinnlichkeit* (sensibilidade) conserva os três sentidos. Marcuse chama a atenção para o fato de a palavra ter deslizado do campo sensorial, corporal, para o terreno da estética e da filosofia da arte. Sensação, sensualidade e sensibilidade foram tornadas antagônicas pela civilização repressiva, foram preteridas pela hipertrofia da racionalidade analítica, pragmática e calculadora, vale dizer, matematizante. Malgrado os desenvolvimentos técnicos e científicos, há uma regressão da sociedade, o que se atesta pelas periódicas recaídas na barbárie, no auge da civilização – os fascismos, os nazismos, o totalitarismo" (Matos, *A Escola de Frankfurt:* luzes e sombras do Iluminismo, 2. ed., 2005, p. 56).

velha fórmula do conformismo grita alto: "É assim que as coisas funcionam...", ou, ainda: "O mundo é assim mesmo...". Sufocando tudo que existe pela frente, o maquinismo pulsante do sistema permite somente que a sensibilidade restante seja aquela que representa a dependência pelas mercadorias; estas podem ser amadas, veneradas, adoradas, afinal são os novos ícones da modernidade; se Bacon, no início da modernidade, com seu pensamento, contribui para derrotar os *idola* da sociedade medieval, o pensamento crítico permite que hoje se abram os olhos para a dimensão dos *idola* produzidos pela modernidade.

O capitalismo tardio dos tempos globalizados bloqueia e exaure energias eróticas diversas daquelas que estão voltadas para o produtivismo e para o consumismo, em cujo ciclo deseja ver enredados os indivíduos, pois constrói o modelo de uma sociedade fundada na competição. E a competição depende da forma alienada como agem socialmente os atores sociais, ou seja, agem contra si e contra os outros. Há um darwinismo social enraizado nessa dimensão, e, por isso, exatamente por isso, tudo conspira contra a possibilidade de pensar além das fronteiras do "dado" – de um "dado" que, "naturalizado", nada mais é do que um "construído econômico-social". A metáfora do darwinismo torna a competição previamente determinada; a vitória dos já vitoriosos, e a consagra como exemplo a ser seguido.

Seria a sensibilidade artística capaz de combater com suas poucas armas e instrumentos a artilharia pesada do jogo das estruturas econômicas predominantes? Ou, em verdade, seria a tarefa da arte uma tarefa predominantemente ideológica? Seria, ainda, ela mesma a expressão da alienação, ou seria um produto de reação à alienação? Essas e outras questões se tornam problemáticas quando se trata de compreender o papel da arte à frente do tema da sensibilidade.

A arte é sim e de fato uma ideologia; pertence às estruturas simbólicas de reprodução social. Mas, reconhecendo o desespero contido no fato de que não se consegue alterar a realidade das coisas tão facilmente, isso não implica dizer que a arte representa uma forma de fuga da realidade[2]. O escapismo só aparece onde existe a renúncia de problematizar o mundo. Mas a arte não somente problematiza o mundo como o coloca em suspenso, para, por vezes, subvertê-lo por completo, ainda que o faça numa dimensão puramente estética. Por isso, a ideologia criativa da arte não é mera ideologia como entorpecimento da consciência. E isso porque: "A ideologia nem sempre é mera ideologia, falsa consciência. A consciência e a figuração de verdades que aparecem como abstratas em relação ao processo de produção estabelecido também são funções ideológicas. A arte é uma destas verdades. Como ideolo-

---

2 "Seria inútil negar o elemento de desespero inerente a esta preocupação: a evasão para um mundo de ficção onde as condições existentes só se alteram e se suplantam no mundo da imaginação" (Marcuse, *A dimensão estética*, 2007, p. 13).

gia, opõe-se à sociedade existente. A autonomia da arte contém o imperativo categórico: as coisas têm de mudar. Se a libertação dos seres humanos e da natureza tem de ser possível, então, o nexo social da destruição e da repressão deve ser rompido", como afirma Marcuse[3].

Ao implicar certa recusa de mundo, ao relacionar-se de modo tenso com o mundo é que a arte inaceita a normação social predominante. O esteta rompe com a realidade ao criar esse hiato entre o tempo da arte e o tempo da realidade, e dessa fratura se nutre a significação do instante estético. Por fim, o universo da arte carece de fundar uma outra realidade, paralela a *esta* realidade, à realidade da qual se distancia para ganhar autonomia. Nesse sentido, o mundo da arte convive com o mundo objetivo, reproduzindo-o, mas também renuncia ao mundo objetivo, dele se distanciando. Por isso, a alienação da arte é o princípio de sua própria definição, como forma de aparição autossubsistente. Se a arte fosse uma *mimesis* perfeita e similar da realidade objetiva, não seria arte, mas aquilo mesmo que ela pretende representar em sua linguagem. Assim, ao fundar a realidade estética, a arte renega ao mundo e "... comunica verdades não comunicáveis noutra linguagem; contradiz"[4]. Toda obra de arte é, nesse sentido, transgressora. Ao negar a pesada consistência da determinação das coisas pela realidade, a arte opera uma rebeldia contra a ordem do mundo. E, a partir daí, ensina que é possível algo além do quotidiano[5]. Ademais, com todas as suas características, "... a arte permanece uma força de resistência"[6].

Se a arte desperta a sensibilidade é porque esta conclama a outras coisas, e apela a dimensões psiquicamente mais profundas do que a banalidade mecânica do cotidiano exige do senso humano. Por isso, a valorização da sensibilidade, em suas diversas latitudes, implica um hiato com o tempo presente fundador de uma prática de resistência. A resistência aqui implicada decorre de seu caráter afirmativo, a saber, do esforço de, pelas características do espírito, ser mais, fazer mais, ir além, e, assim, representa uma forma de "... afirmação profunda dos Instintos de Vida na sua luta contra a opressão instintiva e social", no compasso do pensamento marcuseano[7].

Há sensibilidade onde há apreço pelo corpo, pela vida, pela existência. Até mesmo a vida dedicada à ciência está revestida dessa mesma rudeza, na

---

3 Marcuse, *A dimensão estética*, 2007, p. 22.

4 Marcuse, *A dimensão estética*, 2007, p. 19.

5 "A tese que defendo é a seguinte: as qualidades radicais da arte, em particular da literatura, ou seja, a sua acusação da realidade existente e da bela aparência da libertação baseiam-se precisamente nas dimensões em que a arte transcende a sua determinação social e se emancipa a partir do universo real do discurso e do comportamento, preservando, no entanto, a sua presença esmagadora" (Marcuse, *A dimensão estética*, 2007, p. 19-20).

6 Marcuse, *A dimensão estética*, 2007, p. 18.

7 Marcuse, *A dimensão estética*, 2007, p. 20.

medida em que a ciência foi tornada força de produção. A rudeza da vida de ciência é, em parte, exemplo dessa vitória do abstrato (da mente, do conceito, da teoria, da pureza da ideia, da perfeição) contra o concreto (o corpo, as vísceras, as necessidades orgânicas, os músculos, as paixões, os sentimentos, os desejos, as imperfeições). Ora, e o que é o positivismo, como emanação do pensamento tradicional, senão absorção de todas as energias deslocadas para o campo do abstrato? A sensibilidade recusa a pura abstração formal e descarnada das práticas metódicas estreitas e da imposição da forma como fundamento da existência. Onde há sensibilidade, há percepção, há intuição, caminhos vetados pelo racionalismo moderno, que dicotomiza pensamento e sentimento, mente e coração, verdade e paixão, conhecimento e sensibilidade, como constata Eric Fromm[8].

A trilha da sensibilidade autoriza outras formas de entrada no mundo; por isso, ela é, como expressão humana, ampla, e, exatamente por isso, permite o alargamento dos horizontes de compreensão do mundo. A sensibilidade se manifesta, por isso, de diversas formas, como sensibilidade estética, social, natural e psicocorpórea, para ficar num breve retrato de suas alternativas.

Há sensibilidade *estética* através da arte – fruída ou produzida – quando uma outra forma de percepção e *remontagem* do mundo permite abordar o mundo recriando-o à luz de uma percepção refinada de suas sutilezas. Principalmente, quando se trata de uma estética de resistência e de crítica social, ali borbulham manifestações diversas daquelas que foram tornadas consenso visual, auditivo, sinestésico.

Assim, a obra de arte afirma a sensibilidade ao despertar, em sua aura, os aspectos de representação do mundo e de transgressão da uniformidade de compreensão do mundo. A obra de arte provoca cisões e rupturas, e sua vanguarda é capaz de estar na forma ou no conteúdo[9]. A obra de arte que desperta para a sensibilidade efetivamente conforma a realidade, para fazê-la ganhar um outro sentido. Mas, ao exercer o seu papel revolucionário, a obra de arte não carece de obedecer a cartilhas revolucionárias; a revolução está, dialeticamente, em abolir, quando necessário, até mesmo a pretensão revolucionária. Nessa medida, não há que se exigir que a arte tenha mais valor por

---

8 A crítica é desenvolvida por Eric Fromm: "Además de los rasgos patológicos arraigados en la disposición pasiva, existen otros que son importantes para comprender la patología actual de la normalidad. Me refiero a la creciente separación de la función cerebrointelectual de la experiencia afectivo-emocional; a la escisión entre el pensamiento y el sentimiento, entre la mente y el corazón, entre la verdad y la pasión" (*La revolución de la esperanza*, 2003, p. 49).

9 "A arte pode ser revolucionária em muitos sentidos. Num sentido estrito, a arte pode ser revolucionária se apresenta uma mudança radical no estilo e na técnica. Tal mudança pode ser empreendida por uma verdadeira vanguarda, antecipando ou refletindo mudanças substanciais na sociedade em geral" (Marcuse, *A dimensão estética*, 2007, p. 10).

ser engajada ou desengajada. Ela também não tem maior ou menor valor se é produzida retratando consciência de classe ou não. Seguindo Marcuse, é possível afirmar que o caráter "... progressista da arte, a sua contribuição para a luta pela libertação, não se pode medir a partir das origens do artista nem pelo horizonte ideológico da sua classe"[10].

A arte em si é uma subversão do princípio de realidade, e, por isso, é libertadora. Seu sentido se torna ainda mais profundo, e isso é certo, quanto mais a obra for capaz de protestar contra a ausência de liberdade, contra a reificação da existência[11]. É na transcendência estética provocada pela arte que se esconde o seu perigo para o sistema da insensibilidade e da ignorância, estes que são os dois canais fundamentais para a indiferença e para a estruturação da própria barbárie. A barbárie, para se realizar, não demanda monstros, mas equipamentos conceituais e estratégias de articulação de poder que anestesiem as formas de reação pela criação de uma suficiente atmosfera de indiferença. Nestas, Marcuse quer ver os traços das obras revolucionárias, pois "... uma obra de arte pode denominar-se revolucionária se, em virtude da configuração estética, apresentar a ausência de liberdade do existente e as forças que se rebelam contra isso no destino exemplar do indivíduo, romper a realidade mistificada (e reificada) e der a ver o horizonte de uma transformação (libertação)"[12].

4.2. SENSIBILIDADE, ARTE E EMANCIPAÇÃO

A obra de arte é uma forma de recusa do real, desse real petrificado pela sociedade produtivista, para a qual os espaços do interlúdio humano, da arte e da interação estão mortos. No ócio implicado na atitude de produzir arte está a própria inaceitação da conformação da subjetividade em peça da engrenagem produtiva e, por isso, em instrumento de manejo do sistema de produção, para o qual as individualidades aparecem como desprezíveis pelo que pensam, sentem, imaginam, agem, sonham e sofrem. A prática artística, como prática de sensibilidade, é, por isso, uma forma de resgate dessa dimensão do mundo adormecido pelo êxtase mecânico e produtivista. A prática artística, como prática de

---

[10] Marcuse, *A dimensão estética*, 2007, p. 26. "A função crítica da arte, a sua contribuição para a luta pela libertação, reside na forma estética. Uma obra de arte é autêntica ou verdadeira não pelo seu conteúdo (i.e., a apresentação correta das relações sociais), não pela pureza da sua forma, mas pela forma tornada conteúdo" (*A dimensão estética*, 2007, p. 18).

[11] "A arte protesta contra estas relações na medida em que as transcende. Nesta transcendência, rompe com a consciência dominante, revoluciona a experiência" (Marcuse, *A dimensão estética*, 2007, p. 9).

[12] Marcuse, *A dimensão estética*, 2007, p. 10. Ainda: "Neste sentido, toda a verdadeira obra de arte seria revolucionária, na medida em que subverta as formas dominantes da percepção e da compreensão, apresente uma acusação à realidade existente e deixe aparecer a imagem da libertação" (Marcuse, *A dimensão estética*, 2007, p. 10).

sensibilidade, configura-se como expressão inconformada e inquieta da subjetividade, e, nesse sentido, o descompasso com a realidade é drenado para dentro do universo onírico e imagético, assumindo a forma de criação. Por isso, a obra de arte que se corporifica no ato de criação assume a feição de um sentido que se distancia e destrói a "... objetividade reificada das relações sociais estabelecidas e abre uma nova dimensão da experiência: *o renascimento da subjetividade rebelde*"[13]. Nessa perspectiva, a emancipação é absoluta[14].

A obra de arte, como linguagem estética, é também canal de evasão erótica e, por isso, expressão genuína da sensibilidade humana. A metáfora do "dar asas à imaginação" fala muito do poder sedutor contido na força semiótica das diversas linguagens operadas pelas muitas manifestações artísticas. Por isso, costuma-se dizer que a arte fala do indizível. Por isso, também, não é possível traduzir uma obra de arte, apesar de ser sempre possível conferir-lhe sentido, ou seja, interpretá-la. Essa linguagem, que criptografa mensagens, é, em parte, o inconsciente artístico revelando, em parte, camadas da dimensão da realidade social fotografada, e, em parte, instinto, imagético feito forma, seja pelo pincel, seja pelo cinzel, seja pela pena do criador. Por isso, a obra de arte comunica, mas a sua didática pode ser avessa à imediatidade dos sentidos, porque a compreensão está submetida a uma outra instância de forças. A obra de arte retira de sua própria linguagem sua unicidade. Nesse sentido, e com Adorno, de *Teoria estética*, pode-se dizer que as obras têm vida: "As obras são vivas enquanto falam de uma maneira que é recusada aos objetos naturais e aos sujeitos que as produzem. Falam em virtude da comunicação nelas de todo o particular"[15]. Em verdade, os signos têm força; sua força é a da significação, e, também, a da provocação, a da permanência e a da singularidade aurática.

Se essa força é insuficiente para a transformação completa da sociedade, talvez seja porque essa transformação nos seja de alguma forma negada. Senão, como após as vanguardas de Hieronymus Bosch, de *O jardim das delícias*, de Velázquez, de *Las meninas*, de Picasso, de *Guernica*, de Pollock, de *Um*, de Goya, de *Três de maio de 1808*, ou de Proust, de Baudelaire e de Sartre, de *A náusea*, o mundo ainda resiste ao terrorismo transformador da arte? Mas, ainda assim, os signos da arte têm a força necessária e suficiente para uma revolução pela cultura, essa que remexe os paradigmas profundos inconscientizados como formas de sedimentação da relação homem-natureza e homem-homem[16]. Por isso, o

---

13 Marcuse, *A dimensão estética*, 2007, p. 18.

14 "Neste sentido, toda a arte é *l'art pour l'art* apenas na medida em que a forma estética revela dimensões da realidade interditas e reprimidas: aspectos da emancipação" (Marcuse, *A dimensão estética*, 2007, p. 26).

15 Adorno, *Teoria estética*, 2006, p. 15.

16 "É verdade que a forma estética desvia a arte da imediatidade da luta de classes da imediatidade pura e simples. A forma estética constitui a autonomia da arte relativamente ao dado. No entanto,

valor da criação estética não se mede por sua impotência total-transformadora; seu valor se mede pela sua capacidade de manter acesa, ainda que pouco cintilante, a chama da esperança e da luta pela liberdade.

Enfim, a estética luta contra a anestesia, como afirma Lyotard: "Uma estética do pós-Auschwitz e no mundo tecnocientífico. Por que uma estética? – perguntamo-nos. Inclinação singular para as artes, para a música? É que a questão do desastre é a do insensível, como disse: da anestesia"[17]. No mesmo compasso, pode-se ler em Marcuse: "Os Auschwitz e My Lai de todos os tempos, a tortura, a fome a morte – poderá supor-se que todo este mundo não passe de mera ilusão e amarga decepção? Persistem antes como a realidade amarga e inimaginável. A arte não pode representar este sofrimento sem o sujeitar à forma estética e assim à catarse mitigadora, à fruição. A arte está inexoravelmente infestada com esta culpa. No entanto, isto não liberta a arte da necessidade de evocar repetidamente o que pode sobreviver mesmo em Auschwitz e que talvez um dia se torne impossível. Se mesmo esta memória houvesse de ser silenciada, então o fim da arte teria realmente chegado. A autêntica arte preserva esta recordação apesar de e contra Auschwitz; esta recordação é o solo onde a arte tem desde sempre a sua origem: na necessidade de a imaginação deixar aparecer o outro (possível) nesta realidade"[18].

Então, a arte desperta a sensibilidade. Mas a arte pressupõe a sensibilidade. No entanto, a sensibilidade não é somente artística. Há também, como se viu, outras formas de demonstrações da sensibilidade. Diz-se que há sensibilidade *social* quando a preocupação e o interesse de *ego* por *alter* vão além da forma reificada de exercício das relações de interação social. A sensibilidade social ganha a forma de solidariedade, que incrementa a vida social, na medida em que nossas ações e nossos pensamentos se voltam para considerar a dimensão desse outro perdido, ou ocultado, da sociedade capitalista, o excluído, o desprovido, o idoso, o desempregado, a minoria oprimida; é necessário sensibilidade para ir além do véu de ignorância, que obscurece os olhares para lançá-los no torvelinho das mercadorias fetichizadas, imposto pelas ideologias de uma sociedade imediatista, para que seja possível alcançar a dimensão desse outro. Ademais, fala-se ainda de uma sensibilidade *natural*, quando a contemplação da natureza permite ver no mundo objetivo aquilo que a razão instrumental não é capaz de mimetizar, ademais de permitir enxergar que é necessário respeitar a velhice do mundo para que o autoconhecimento humano seja possível, e, ao lado desta, da sensibilidade *psicocorpórea*, como autopercepção biológica de si e do valor da vida, forma de manifestação

---

esta dissociação não produz uma 'falsa consciência' ou mera ilusão, mas antes uma contraconsciência: a negação da atitude realístico-conformista" (Marcuse, *A dimensão estética*, 2007, p. 19).

[17] Lyotard, *Heidegger e os judeus*, 1999, p. 75.

[18] Marcuse, *A dimensão estética*, 2007, p. 54.

daquilo que Foucault chama de cuidado de si, como ética[19], e que expressa uma forma de autoconhecimento e autopercepção da intrincada relação da vida em suas diversas dimensões de corpo e espírito[20]. Somadas, essas sensibilidades, quando recuperadas, são emancipatórias.

No entanto, a opor-se à sensibilidade, reaparece a rudeza, em sua forma intacta. Aquele que retorna do mundo governado pela arte somente encontra ainda mais claros aos seus olhos os vestígios deixados pela impotência do indivíduo diante da capacidade de transformar a realidade. A transposição da realidade para a dimensão estética é subversiva, em forma de sensível ascensão; mas a passagem da dimensão estética à realidade é quase sempre sentida como um tombo. Num mundo globalizado, isso significa que a aceleração do tempo, que a subversão das tradições, que a homogeneização dos produtos, que a lógica do consumo desenfreado e inconsequente, que a estandardização dos costumes novamente impingem formas pelas quais a dominação escorre para dentro da história, como que a revelar a perpetuação de uma forma de tradução do esgotamento das forças transformadoras.

Diante da vacilação que representa a renúncia, ante a hostilidade do mundo, prefiro a posição de quem resiste pela sensibilidade. A pretexto de combater a rudeza do sistema, há os que se tornam igualmente rudes, ou ainda piores que os mais rudes dos detentores do poder. A resistência acaba por mimetizar a técnica do poder, e, nisso, equivale a suas formas de expressão. Utiliza-se da rudeza para combater a rudeza, e o resultado é a multiplicação da rudeza. Prefiro a ideia de que, para combatê-la, caminhemos pelo exercício das *sensibilidades*. É preferível combater a rudeza com o seu oposto, com a sensibilidade.

O poder não quer a sensibilidade, por isso, temos de querê-la[21]. Ela é a forma mais elaborada e sutil de percepção do mundo. A sensibilidade participa da vida do indivíduo, e evitar que o indivíduo seja absorvido pela ideia de totalidade social ou pela objetificação das interações sociais é uma tarefa de

---

19 Foucault, A ética do cuidado de si como prática da liberdade, in Ética, sexualidade, política: ditos e escritos, v. 5, p. 271, 2004.

20 O papel da arte nesse campo é também restaurador: "O ego e o id, os objetivos e emoções instintivos, a racionalidade e a imaginação são removidos da sua socialização por uma sociedade repressiva e lutam pela autonomia – embora num mundo fictício. Mas o encontro com o mundo fictício reestrutura a consciência e torna sensível uma experiência contrassocietal. A sublimação estética liberta e valida assim os sonhos de felicidade e tristeza da infância e da idade adulta" (Marcuse, *A dimensão estética*, 2007, p. 46).

21 "Perverso como toda esfinge, o poder não pode ser debilitado pelo amor. Ao contrário, ele mata toda energia contida na prática do amor.

"Na virada do milênio, estando nossa espécie ameaçada de extermínio, só nos resta apostar na construção de uma sociedade do sentimento que venha substituir a impiedosa sociedade do poder em que estamos vivendo. Encontraríamos, assim, numa era criadora, formada pela alquimia dos homens que se procurariam e sem a compulsão de se defenderem uns contra os outros" (Warat, *Territórios desconhecidos:* a procura surrealista pelos lugares do abandono do sentido e da reconstrução da subjetividade, 2004, v. 1, p. 301).

todo importante. Onde o indivíduo é soterrado, seja em formas capitalistas, seja em formas socialistas, de seu desaparecimento nutre-se uma retomada do princípio de Auschwitz. Por isso, se o centro da sensibilidade é o indivíduo, o indivíduo deve ser retomado como o foco da autonomia, da consciência crítica e do exercício da emancipação consciente. Os próprios erros do marxismo ortodoxo devem ser desfeitos, na medida em que mimetizaram traços da modernidade hostil. É nessa linha de reconsideração que avança a compreensão da função da estética em Marcuse[22].

Mas, por que nutrir a sensibilidade num mundo despido dela? Ora, exatamente pelo fato de fomentar a fantasia, o autoconhecimento, a autopercepção, o aguçamento dos sentidos na vontade de vida, na vontade de mundo, e, por isso, assumir a perspectiva de uma prática erótica[23] no sentido marcuseano. O princípio de realidade tende a negar sentido a essa prática. Ademais, a sociedade repressiva não fala "dessas coisas", ou "essas coisas" são expulsas para o limbo do que pode ser considerado o "improdutivo social", ou o "contracultural". Ora, "essas coisas" foram tornadas desinteressantes; "estas coisas abstratas e irrelevantes", como o sentimento, a sensação, o afeto, a dor, a angústia, foram recalcadas a instâncias profundas da civilização, pois, quando sua utilidade não é contrária ao produtivismo societal[24], são, no mínimo, relegadas ao fosso do esquecimento ético e do desprezo das linguagens oficiais[25]. Por isso, dormente, mas não desaparecido, mora no interior da civilização o gérmen multiplicador e perpetuador, como denunciara Freud em *O mal-estar na civilização*, do princípio de morte, que sorrateiramente sobe à superfície apesar de hasteadas estarem as bandeiras ideológicas da paz, do direito e da ordem social. O poder sugestivo da obra de arte deposita-se exatamente na sua capacidade de sublimação, seja do artista, seja do observador capturado pelo juízo de gosto. Assim, em poucas palavras, pode-se afirmar que o belo é uma das manifestações do princípio de vida[26], que deve contras-

---

22 "Este desenvolvimento foi intensificado pela interpretação da subjetividade como uma noção 'burguesa' " (Marcuse, *A dimensão estética*, 2007, p. 15).

23 "A porta da mulher foi praticamente silenciada ou não foi ouvida. Ela se expressa pela receptividade, pela relação e pela sensibilidade e culmina com o tema do cuidado. O instrumento de construção é o *páthos* ou o Eros, o afeto" (Boff, Justiça e cuidado: opostos ou complementares?, in PEREIRA, Tania da Silva; OLIVEIRA, Guilherme de (Orgs.), *O cuidado como valor jurídico*, 2008, p. 2).

24 "É muito difícil relegar o amor e o ódio, a alegria e a tristeza, a esperança e o desespero para o domínio da psicologia, removendo assim estes sentimentos da preocupação da práxis radical" (Marcuse, *A dimensão estética*, 2007, p. 16).

25 "A obra de arte só pode obter relevância política como obra autônoma. A forma estética é essencial à sua função social. As qualidades da forma negam as da sociedade repressiva – as qualidades da sua vida, do seu trabalho, o seu amor" (Marcuse, *A dimensão estética*, 2007, p. 52).

26 "Como pertencente ao domínio do Eros, o Belo representa o princípio do prazer. Assim, revolta-se contra o predominante princípio de realidade. Na obra de arte, o Belo fala a linguagem libertadora,

tar com o princípio de morte, ao modo de uma força que modera seus efeitos sobre a existência humana. Ao final, como tentativa de traduzir o sublime, e de transgredir a ordem concreta, simplesmente, produz sublimação.

A arte, nesse sentido, ajuda a preencher de alma a dimensão dessa urbanidade esvaziada de natureza e corroída de cobiça burguesa e desigualdade proletária, e, com isso, colabora para conferir uma capacidade de ruptura no olhar que se deita sobre um cotidiano sombriamente frio, rotineiro, e que segue os compassos da sociedade do trabalho. Ao recompor a realidade em outros termos, a obra de arte é negação da realidade seca, dura, palpável, concreta e cega. Ao se fazer arte sente-se que se viola algo; viola-se a aceitação do mundo como ele é e viola-se a proibição de sonhar.

Assim, a arte é libertadora da condição reificada do enjaulado homem moderno. A arte produz emancipação, a emancipação da sensibilidade, como afirma Marcuse: "A arte empenha-se na percepção do mundo que aliena os indivíduos da sua existência e atuação funcionais na sociedade – está comprometida numa emancipação da sensibilidade, da imaginação e da razão em todas as esferas da subjetividade e da objetividade"[27].

4.3. CRÍTICA, SENSIBILIDADE E EDUCAÇÃO EM DIREITOS HUMANOS

A filosofia crítica e social deve cultivar a atitude que fomenta a resistência contra a insensibilidade do cotidiano e, nesse sentido, significar uma força de resistência contra os imperativos que decorrem dos condicionamentos sociais. Isso quer dizer que a teoria crítica não se confunde com mero materialismo vulgar, como adverte Marcuse[28].

A postura, pois, do pensamento que recusa inclinar-se às conjunturas e que resiste envolve, necessariamente, a consciência de que os diversos canais da percepção devem estar desobstruídos para a formação do caráter humano. Certamente, pensar a sensibilidade é diferente de percebê-la e de senti-la. Certamente, pensar a sensibilidade é diferente de praticá-la. Mas o que não se pode esquecer é que a filosofia em si mesma já se revela como uma demons-

---

invoca as imagens libertadoras da sujeição da morte e da destruição, invoca a vontade de viver. Este é o elemento emancipatório na afirmação estética" (Marcuse, *A dimensão estética*, 2007, p. 59).

[27] Marcuse, *A dimensão estética*, 2007, p. 19.

[28] "O esquema implica uma noção normativa da base material como a verdadeira realidade e uma desvalorização política de forças não materiais, particularmente da consciência individual, do subconsciente e da sua função social. Esta função tanto pode ser regressiva como emancipatória. Em ambos os casos, pode tornar-se uma força social. Se o materialismo histórico não dá conta do papel da subjetividade, adquire a aparência do materialismo vulgar" (Marcuse, *A dimensão estética*, 2007, p. 15).

tração de sensibilidade, quando o pensar é bloqueado para uma grande maioria. Isso significa que, mais que privilégio, a filosofia deve ser compreendida como um exercício de reflexão que envolve uma forma de expressão do inconformismo com a ordem das coisas.

Nessa medida, não se trata de abandonar a filosofia para fazer arte, cedendo à tentação de pensar dicotomicamente filosofia *ou* arte como trincheiras separadas, mas de propor esse casamento entre filosofia e arte, entre arte e psicanálise, entre psicanálise e filosofia, entre filosofia e direito, e de transportar a filosofia para *dentro* da arte, de fazê-la escorrer por meio dos signos artísticos de representação da realidade e da fantasia.

Se a filosofia pode incentivar algo, ela deve ser capaz de incentivar a atitude de cultivo da dimensão das *sensibilidades*, pois isso significa tornar possível a convergência entre vontade, desejo, simbolismo e razão, uma vez que, unidas, essas fontes de expressão do humano se tornam elementos que, em sua coesão, dispõem-se a contribuir para a transformação do mundo e, nesse sentido, preservam sua importância como formas de representação de ideais emancipatórios.

Nessa medida, não seria a arte um instrumento de conexão com a dimensão do princípio de vida, e de recusa do princípio de morte, uma forma de preparar, formar e disseminar um modo de se pensar e de se praticar na dimensão dos direitos humanos? Não seria esse um instrumento vigoroso para a reconquista do espaço perdido na dimensão do humano? Não seria esta uma das muitas linhas possíveis de liberação do *éros* reprimido na civilização? Não seria o instrumento do despertamento da sensibilidade de fundamental importância para o desenvolvimento de uma cultura democrática, pluralista e voltada para a intercompreensão sócio-humana?

Dessa forma, a dimensão da sensibilidade parece participar de um grande concerto de esforços no sentido de promover a educação em direitos humanos, esta que não pode prescindir de encontrar no estudo da arte, na prática da arte e no entendimento da arte algumas formas de recuperar a subjetividade perdida e soterrada em meio aos escombros daquilo que resta de crença na modernidade.

Uma vez que a educação em direitos humanos pretende, pela sua própria prática, emancipar, o canal do qual se vale, pedagogicamente, não pode estar dissociado da forma como institui, vocaliza e mediatiza métodos e conceitos educacionais pelos quais dá conta do problema da formação humana. Se a educação tem a capacidade de participar do processo de determinação do caráter, de construção da personalidade, promovendo a passagem para a socialização, a arte é uma forma de autocompreensão humana de fundamental importância para a evasão simbólica humana, assim como prática de constituição do sujeito pela experiência do sentir; não seria essa uma prática que, articulada a outros saberes, metodologias e conteúdos pedagógicos, participaria da formação em direitos humanos, respondendo à vocação de um projeto nacional por educação em direitos humanos? E isso porque a educação em direitos humanos deve preparar para a tolerância entre diferentes e para a solidariedade entre desiguais, realizando a necessidade de constituição de sujeitos preparados para a cidadania e para a parceria social[29]. A educação *em* direitos humanos e *para* os direitos humanos procura estimular todas as formas pelas quais se possa chegar a conceber o resgate do sujeito, e a sensibilidade não é um aspecto irrelevante dessa dinâmica.

4.4. EDUCAÇÃO EM DIREITOS HUMANOS E SENSIBILIZAÇÃO PELAS ARTES: O EXEMPLO DA LITERATURA

Um dos grandes desafios da educação em direitos humanos é o de gerar sensibilização. Não por outro motivo, é de decisiva importância a tarefa de uma pedagogia da sensibilidade no campo da educação em direitos humanos[30]. Em que pesa o resgate da sensibilidade para a formação humana e humanista? Qual a tarefa da educação em direitos humanos nesse setor? Seria a sensibilidade artística capaz de combater com suas poucas armas e instrumentos a artilharia pesada do jogo das estruturas econômicas predominantes? Ou, em verdade, seria a tarefa da arte uma tarefa predominantemente ideológica? Seria, ainda, ela mesma, a expressão da alienação, ou seria um produto de reação à alienação? Essas e outras questões se tornam problemáticas quando se trata de compreender o papel da arte frente ao tema da sensibilidade. E isto para compreendê-la como um elemento de fundamental importância para a tarefa da educação que forma para o espírito de solidariedade, para o exercício da liberdade com responsabilidade, para a identidade social não preconceituosa, para a não violência, para o espírito social construtivo e para a participação ativa e crítica na vida democrática.

Uma vez que a educação em direitos humanos pretende, pela sua própria prática, emancipar, o canal do qual se vale, pedagogicamente, não pode estar dissociado da forma como institui, vocaliza e mediatiza métodos e conceitos educacionais pelos quais dá conta do problema da formação humana. Se a educação tem a capacidade de participar do processo de construção da personalidade, promovendo a passagem para a socialização, a arte é uma forma de autocompreensão humana de fundamental importância para

---

29 Silveira, Nader e Dias, *Subsídios para a elaboração das diretrizes gerais da educação em direitos humanos*, 2007, p. 7.

30 A esse respeito, consulte-se: Bittar, Art, Human Rights Activism and a Pedagogy of Sensibility: the São Paulo Human Rights Short Films Festival – Entretodos, *Human Rights Education Review*, Oslo, Norway, vol. 3, n. 1, p. 69-90.

a evasão simbólica humana, assim como prática de constituição do sujeito pela experiência do sentir; não seria esta uma prática que, articulada a outros saberes, metodologias e conteúdos pedagógicos, participaria da formação em direitos humanos, respondendo à vocação de um projeto nacional por educação em direitos humanos? E isso porque a educação em direitos humanos deve preparar para a tolerância entre diferentes e para a solidariedade entre desiguais, realizando a necessidade de constituição de sujeitos preparados para a cidadania e para a parceria social[31]. A arte, através do arrebatamento, da democracia de sua linguagem, tem um grande potencial a jogar a favor de práticas emancipatórias; daí seu relevo no âmbito da formação humana, daí ser um equipamento indispensável para a tarefa a ser desempenhada, ainda que complexamente, pela educação em direitos humanos. A educação *em* direitos humanos e *para* os direitos humanos procura estimular todas as formas pelas quais se possa chegar a conceber o resgate do sujeito, e a sensibilidade não é um aspecto irrelevante desta dinâmica.

Não é somente o aparato cognitivo e o acesso ao conceito que definem a boa apreensão e percepção de uma realidade. Se a educação em direitos humanos pretende, como de fato assim se apresenta, realizar cidadania, empoderar em direitos e educar no contexto histórico, deve fazê-lo por meio de inúmeras linguagens, que afetam as percepções dos educandos. Pensando a educação em direitos humanos no ambiente escolar, deve-se ter presente que, se uma sala de aula é um ambiente complexo, do qual participam educandos com vocações, formações, percepções e experiências as mais diversas, inclusive dotados de formas de percepção da realidade as mais diversas, das sinestésicas às visuais e auditivas, fica claro que a diversidade dos canais de aprendizado/ensino deve ser explorada com habilidade no ambiente de formação intraescolar. Por isso, quando se trata de colocar a educação na realidade, é de grande utilidade o conceito científico, sem dúvida, mas, também, a experiência estética, a aproximação concreta com o objeto estudado, a audiência de um caso de júri em julgamento, a exposição de um filme, a leitura de um fato de jornal, como a leitura de uma obra de literatura. As artes, por isso, têm seu lugar, ao falar da realidade, ao seu modo, e com sua linguagem, que é, por natureza, diferente da linguagem das ciências.

Pode-se, por exemplo, em sala de aula, falar durante horas a fio, discutindo a noção de "golpe de Estado", diferenciando-a de "revolução". Pode-se tratar do tema do "autoritarismo na política" e contextualizar historicamente "os totalitarismos do século XX". O auditório pode se manter insensível a tudo isso, e até se preparar para os exames e as provas com segurança de bons resultados. No entanto, a certeza de que os educandos levarão para casa naquele dia

---

31 Silveira, Nader e Dias, *Subsídios para a elaboração das diretrizes gerais da educação em direitos humanos*, 2007, p. 7.

uma outra visão sobre a ditadura brasileira de 1964-1985 vem da percepção da mudança de seus olhares, após a exposição de um breve *filmete*, ou curta--metragem, em sala de aula, sobre as perseguições, a censura, as torturas e a repressão ao movimento estudantil, sobre as mortes causadas por perseguições violentas e os atentados irreparáveis a vidas humanas provocados pela repressão política generalizada no período. Independente dos resultados nos exames, sabe-se muito bem que as pessoas que viram aquele *filmete, ou curta-metragem*, não se esquecerão do que é a vida sob uma ditadura. Isso porque a estética contida na imagem traduz com mais vivacidade e presença o potencial de sensibilizar, tocar e aguçar os sentidos, do que as frias e, por vezes, monótonas palavras do discurso oral docente. Por isso, *reafirma-se* aqui a importância de a educação em direitos humanos ser capaz também de produzir material didático condizente com esta outra lógica de ensinar[32]. Para ensinar liberdade, solidariedade, equidade, diversidade, igualdade, respeito, é necessário, do ponto de vista metodológico, algo mais do que simplesmente falar[33].

Pode-se mencionar o poder da "imagem crítica", numa sociedade que se tornou totalmente dependente da "imagem ideológica e mercadológica". Mas também se pode fazer este exercício de compreensão, através das artes literárias. Na definição apresentada por Antônio Cândido, exatamente por sua extensão, no ensaio O direito à literatura, pode-se qualificá-la da seguinte forma: "Chamarei de literatura, da maneira mais ampla possível, todas as criações de toque poético, ficcional ou dramático em todos os níveis de uma sociedade, em todos os tipos de cultura, desde o que chamamos folclore, lenda, chiste, até as formas mais complexas e difíceis da produção escrita das grandes civilizações"[34]. Ora, em sua abrangência, a definição das artes literárias permite abarcar uma amplitude muito grande de práticas culturais, e, exatamente por isso, resgatar práticas significantes que, por sua localidade e regionalidade, foram se tornando artes marginais e perdidas, geralmente abafadas pela hegemonia dos produtos da globalização. Essas artes, como a literatura de cordel, vinda da tradição medieval luso-espanhola, que, no Brasil, tem maior expressão atual nos estados de Pernambuco, da Paraíba, do Rio Grande do Norte e do Ceará, são importantes veículos que falam a linguagem daqueles que estão inseridos em redes específi-

---

[32] Há uma experiência concreta que segue esta linha de trabalho, desenvolvendo material didático cinematográfico para professores, de todos os níveis de ensino, em temas de educação em direitos humanos. A experiência de sucesso foi gestada por projetos específicos, financiados pela Fundação Ford, e desenvolvidos em parceria com a *PaleoTV*, pela Associação Nacional de Direitos Humanos (ANDHEP, andhep@gmail.com), para produzir cinco vídeos que têm tido grande utilidade na didática da educação em direitos humanos. São eles: "Direitos Humanos", Vídeo 1; "Discriminação, minorias e racismo", Vídeo 2; "Educação e Cultura dos Direitos Humanos", Vídeo 3; "Direitos Humanos e Povos Indígenas", Vídeo 4; e "Direitos humanos, cidades e desenvolvimento", Vídeo 5.

[33] *Vide* Introdução, in *Plano Nacional de Educação em Direitos Humanos*, p. 23.

[34] Cândido, O direito à literatura, in *Vários escritos*, 2004, p. 174.

cas de socialização. Ora, esse resgate não contém um potencial de significação enraizador de práticas de autoconsciência, e não podem falar a linguagem de traduzir concepções de direitos humanos?

Visitada essa questão, pode-se sim afirmar que as artes devem estar a serviço das práticas pedagógicas que fortalecem a expansão da cultura dos direitos humanos, pois são portais favoráveis à elocução de condições de representação da humanidade de cada homem, perante si mesmo. Simplesmente, ao dar linguagem, ao tornar possível o culto do espírito, ao conscientizar e ilustrar sentimentos e vivências que são comuns a todos, ao dar nome à dor, ao batizar a realidade, e ao multiplicar o vocabulário do leitor, a literatura cumpre uma importante tarefa de humanização. Não se pode desprezar o potencial transformador, para a consciência e para a socialização empoderadora de direitos, do ato de "dar linguagem", e, por isso, libertar da condição de oprimido quem está alojado no ambiente da solidão espiritual e da ignorância. Não por outro motivo, Antônio Cândido considera a literatura "... fator indispensável de humanização, e, sendo assim, confirma o homem na sua humanidade, inclusive porque atua em grande parte no subconsciente e no inconsciente"[35]. As artes em geral, mais especificamente as artes literárias, têm esse potencial de humanização, assim entendido "... o processo que confirma no homem aqueles traços que reputamos essenciais, como o exercício da reflexão, a aquisição do saber, a boa disposição para com o próximo, o afinamento das emoções, a capacidade de penetrar nos problemas da vida, o senso da beleza, a percepção da complexidade do mundo e dos seres, o cultivo do humor. A literatura desenvolve em nós a quota de humanidade na medida em que nos torna mais compreensivos e abertos para a natureza, a sociedade e o semelhante"[36].

Como seres de palavra que somos, carecemos delas, como os pássaros carecem do ar para voar. Por isso, mutilar as asas de um pássaro é cercear-lhe de um potencial de liberdade que está contido em sua própria condição de animal dos ares. Na mesma medida, para seres de palavra, "negar a fruição da literatura é mutilar a nossa humanidade"[37], e, por isso, retirar-nos parte de nossa liberdade. Se a luta pelos direitos humanos é uma luta pela liberdade humana, fica claro que "a luta pelos direitos humanos abrange a luta por um estado de coisas em que todos possam ter acesso aos diferentes níveis da cultura... Uma sociedade justa pressupõe o respeito dos direitos humanos, e a fruição da arte e da literatura em todas as modalidades e em todos os níveis é um direito inalienável"[38]. Seja tomada como método, para transmitir conteú-

---

[35] Cândido, O direito à literatura, in *Vários escritos*, 2004, p. 175.

[36] Cândido, O direito à literatura, in *Vários escritos*, 2004, p. 180.

[37] Cândido, O direito à literatura, in *Vários escritos*, 2004, p. 186.

[38] Cândido, O direito à literatura, in *Vários escritos*, 2004, p. 191.

dos, seja tomada como um fim em si mesma, como prática de humanização, o exemplo das artes literárias é de evidente relevo para a discussão da presença da linguagem das artes no mundo da educação e das práticas educativas que tenham foco em direitos humanos.

É evidente que a tarefa de risco contida na educação em geral, e o próprio desafio que é, para o educador em direitos humanos, lidar com a complexidade da tarefa formadora que tem diante de si, não implica um contrato de resultados. A arte não leva diretamente à órbita da humanização, numa sequência lógica-consequencial. Ela abre a perspectiva para que se torne possível a cada educando compreender melhor seu mundo interior, a condição humana e a alteridade do outro homem, para pensar com Emmanuel Lévinas. Por isso, a educação culta não chega a formar um *seguro social* de que barbaridades não mais se reproduzirão na vida social. Como adverte Jaime Guinzburg, "se não há incompatibilidade entre apreciar Beethoven e exercitar a violência, como indicam os protagonistas de *O elefante* e *Laranja mecânica,* é possível supor que não há incompatibilidade, de modo mais amplo e genérico, entre a formação culta e a disposição para a destruição"[39].

A tarefa do educador em direitos humanos é a de sensibilizar a provocar, utilizando-se de imagens e artifícios artísticos, para oportunizar o debate sobre questões sociais, problemas históricos, sentimentos, valores, premissas de comportamentos etc. No entanto, o educador, solitariamente, não pode prevenir a barbárie. Essa tarefa é uma tarefa de corresponsabilidade social de inúmeros agentes; no que tange ao seu âmbito de atuação, certamente, o educador em direitos humanos pode ser o gestor de inúmeras pequenas revoluções que se processam de modo calado, na intimidade de cada educando, transformando ambientes, famílias e regiões. Por isso, não se pode desacreditar do potencial das artes, a pretexto de se exercer pensamento crítico. O verdadeiro pensamento crítico é, genuinamente, sensível à dimensão da alteridade, porque engajado com a dimensão da intersubjetividade e disposto a pensar processos de socialização que possam guindar a humanidade em direção a processos de maior acúmulo de desenvolvimento moral. Na leitura de Eduardo Brito, pode-se dizer: "Não sei se a literatura torna de fato melhores os homens que leram muito e bons livros. Afinal quais livros leram Adolf Hitler, Josef Stálin ou Slodoban Milosevic? E quais leu George W. Bush? Sei que no círculo em que convivo, a literatura faz alguma diferença na forma de interpretar o mundo, sei que no mundo que me cerca a literatura me é um meio de chegar lá onde meu limite físico não consegue me levar"[40].

---

39 Guinzburg, Literatura e direitos humanos, in Eduardo C. B. Bittar (Org.), *Educação e metodologia para os direitos humanos*, 2008, p. 351.

40 Brito, Reflexões sobre a literatura e os direitos humanos, in Eduardo C. B. Bittar (Org.), *Educação e metodologia para os direitos humanos*, 2008, p. 381.

Dessa forma, a dimensão da sensibilidade parece participar de um grande concerto de esforços no sentido de promover a educação em direitos humanos, esta que não pode prescindir de encontrar no estudo das artes, na prática das artes e no entendimento das artes algumas formas de recuperar a subjetividade perdida e soterrada em meio aos escombros daquilo que resta de crença na modernidade que nos foi legada.

CONCLUSÕES

Neste capítulo, tratou-se de trazer à tona a questão da sensibilidade e sua importância para o cultivo do humano. A recuperação da arte é vista como uma prática de emancipação, na medida em que representa uma forma de transformação cultural da sociedade. A questão dos direitos humanos é atravessada por essa problemática, e, por isso, torna-se o fulcro dessas reflexões.

A estética está presente na identidade do humano desde sempre. As primeiras pinturas rupestres são um sinal de linguagem que indica que a capacidade humana de reproduzir e criar distingue a humanidade. Por isso, não se trata de um traço de somenos importância na definição do que seja o humano. Na medida em que o direito regula a interação humana e em que o direito produz intervenções sobre a vida humana em sociedade, não pode o projeto de se pensar o direito estar alijado de uma compreensão de que tipo de sentido possui a estética e de que tipo de relação se pode nutrir, especialmente quando se trata de pensar como o direito pode articular-se com a arte para a humanização das relações sociais.

Ainda mais, trata-se de pensar o sentido e a importância da arte para a formação humana, elemento este que não pode desaparecer da dinâmica da formação de todo aquele que exerce um papel socialmente relevante, especialmente quando se trata da regulação da vida social, tarefa que todo operador do direito realiza de um modo ou de outro.

Neste ponto, vale acrescentar a importância da associação entre arte e educação, entre arte e promoção da cidadania, o que se pode fazer pela mobilização do campo das sensibilidades em favor do aprofundamento do conhecimento de nossa humanidade, de suas mazelas, de seus problemas, de suas questões, de seus conflitos, algo que colabora para nos tornar mais próximos de nós mesmos, e, nesse sentido, nos humanizarmos pelos caminhos das linguagens artísticas. Nesse ponto, é inegável que a linguagem das artes é enormemente potente para transmitir conhecimentos, conteúdos e fixar condições sensíveis de percepção da importância que os direitos humanos possuem na construção de elos de cidadania e convívio social democrático, solidário, plural, tolerante e diverso.

Se a filosofia pode incentivar algo, ela deve ser capaz de incentivar a atitude de cultivo da dimensão das *sensibilidades*, pois isso significa tornar possível a convergência entre vontade, assim assinalada por Schopenhauer, desejo, simbolismo e razão, uma vez que, unidas, essas fontes de expressão do humano se tornam elementos que, em sua coesão, dispõem-se a contribuir para a transformação do mundo e, nesse sentido, preservam sua importância como formas de representação de ideais emancipatórios. Quando a filosofia estimula a que a arte expresse e dinamize a liberdade, também permite que a liberdade se aproxime do direito e, por isso, que o direito realize, de modo mais satisfatório, a sua própria tarefa social.

REFERÊNCIAS BIBLIOGRÁFICAS

ADORNO, Theodor W. *Minima moralia*. Tradução de Artur Morão. Lisboa: Edições 70, 2001.

________. *Teoria estética*. Tradução de Artur Morão. Lisboa: Edições 70, 2006.

________; HORKHEIMER, Max. *Dialética do esclarecimento*. Tradução de Guido Antonio de Almeida. Rio de Janeiro: Zahar, 1985.

ALTHUSSER, Louis. *Freud e Lacan. Marx e Freud*. Tradução de Walter José Evangelista. 4. ed. Rio de Janeiro: Graal, 2000.

BITTAR, Eduardo C. B. Educação e metodologia para os direitos humanos: cultura democrática, autonomia e ensino jurídico. In: SILVEIRA, Rosa Maria Godoy Silveira et al. (Orgs.). *Educação em direitos humanos:* fundamentos teórico-metodológicos. João Pessoa: Editora da UFPB, 2007. p. 313-334.

________. Art, Human Rights Activism and a Pedagogy of Sensibility: the São Paulo Human Rights Short Films Festival – Entretodos. *Human Rights Education Review*, Oslo, Norway, vol. 3, n. 1, p. 69-90. Disponível em: <https://humanrer.org/index.php/human/article/view/3743>. Acesso em: 29 out. 2020.

BOFF, Leonardo. Justiça e cuidado: opostos ou complementares? In: PEREIRA, Tania da Silva; OLIVEIRA, Guilherme de (Orgs.). *O cuidado como valor jurídico*. Rio de Janeiro: Forense Universitária, 2008. p. 1-12.

BRITO, Eduardo Manoel de. Reflexões sobre a literatura e os direitos humanos. In: BITTAR, Eduardo C. B. (Org.). *Educação e metodologia para os direitos humanos*. São Paulo: Quartier Latin, 2008.

BRUYERON, Roger. *La sensibilité*. Paris: Armand Colin, 2004.

CÂNDIDO, ANTÔNIO. O direito à literatura. In: *Vários escritos*. 4. ed. São Paulo/Rio de Janeiro: Duas Cidades/Ouro sobre Azul, 2004.

DEWEY, John. *Arte como experiência*. Tradução de Vera Ribeiro. São Paulo: Martins Fontes, 2010.

DIETRICH, Ana Maria; MACHADO, Rodrigo (org.). *Artes, diversidades e afins*. Santo André: UFABC, 2017.

DORIA, Francisco Antonio. *Marcuse*. 3. ed. Rio de Janeiro: Paz e Terra, 1983.

DOUZINAS, Costa. Prosopon and antiprosopon: prolegomena for a legal iconology. In: DOUZINAS, Costa; NEAD, Lynda (ed.). *Law and the image*: the authority of art and the aesthetics of law. Chicago: The Universtiy of Chicago Press, 1999.

________; NEAD, Lynda. Introduction. In: DOUZINAS, Costa; NEAD, Lynda (ed.). *Law and the image*: the authority of art and the aesthetics of law. Chicago: The Universtiy of Chicago Press, 1999.

ECO, Umberto. *O signo*. Tradução de Maria de Fátima Marinho. 4. ed. Lisboa: Editorial Presença, 1990.

________. *Semiótica e filosofia da linguagem*. Tradução de Mariarosaria Fabris e José Luiz Fiorin. São Paulo: Ática, 1991.

________. *Opera aperta:* forma e indeterminazione nelle poetiche contemporanee. Milano: Bompiani, 1993.

________ (org.). *História da feiúra*. Tradução de Eliana Aguiar. Rio de Janeiro: Record, 2007.

________. *A definição da arte*. Tradução de Adriana Aguiar. São Paulo: Record, 2016.

EDELMAN, Bernard. *O direito captado pela fotografia*. Tradução de Soveral Martins e Pires de Carvalho. Coimbra: Centelha, 1976.

ENTRETODOS. 6º *Festival de Curtas-Metragens em Direitos Humanos*. DVD. São Paulo: FESPSP; Prefeitura de São Paulo; Estate; 2013.

________. 7º *Festival de Curtas-Metragens em Direitos Humanos*. DVD. São Paulo: FESPSP; Prefeitura de São Paulo; Estate; SPCine, 2014.

________. 8º *Festival de Curtas-Metragens em Direitos Humanos*. DVD 1. São Paulo: FESPSP; Prefeitura de São Paulo; Estate; SPCine, 2015.

________. 8º *Festival de Curtas-Metragens em Direitos Humanos*. DVD 2. São Paulo: FESPSP; Prefeitura de São Paulo; Estate; SPCine, 2015.

________. 8º *Festival de Curtas-Metragens em Direitos Humanos*. DVD 3. São Paulo: FESPSP; Prefeitura de São Paulo; Estate; SPCine, 2015.

________. 8º *Festival de Curtas-Metragens em Direitos Humanos*. DVD 4. São Paulo: FESPSP; Prefeitura de São Paulo; Estate; SPCine, 2015.

________. 8º *Festival de Curtas-Metragens em Direitos Humanos*. DVD 5. São Paulo: FESPSP; Prefeitura de São Paulo; Estate; SPCine, 2015.

________. 8º *Festival de Curtas-Metragens em Direitos Humanos*. DVD 6. São Paulo: FESPSP; Prefeitura de São Paulo; Estate; SPCine, 2015.

FARALLI, Carla; GIGLIOTTI, Valerio; HERITIER, Paolo; MITTICA, Maria Paola. *Il Diritto tra testo e immagine*. Milano: Mimesis, 2014.

FOUCAULT, Michel. A ética do cuidado de si como prática da liberdade. In: *Ética, sexualidade, política:* ditos e escritos (V). Tradução de Elisa Monteiro e Inês Autran Dourado Barbosa. Rio de Janeiro: Forense Universitária, 2004.

FREUD, Sigmund. Além do princípio de prazer. In: *Obras completas*. Rio de Janeiro: Imago, 1999. v. 18, p. 17-75.

________. *O mal-estar na civilização*. Tradução de José Octávio de Aguiar Abreu. Rio de Janeiro: Imago, 1997.

FROMM, Eric. *A arte de amar*. Tradução de Eduardo Brandão. São Paulo: Martins Fontes, 2006.

________. *La revolución de la esperanza*. Tradução de Daniel Jiménez Catillejo. México: Fondo de Cultura Económica, 2003.

GIOVANNETTI, Marcio de Freitas. O sujeito e a lei. In: GROENINGA, Giselle; PEREIRA, Rodrigo da Cunha (Coords.). *Direito de família e psicanálise:* rumo a uma nova epistemologia. Rio de Janeiro: Imago, 2003. p. 43-53.

GROENINGA, Giselle; PEREIRA, Rodrigo da Cunha. *Direito de família e psicanálise:* rumo a uma nova epistemologia. Rio de Janeiro: Imago, 2003.

GUINZBURG, Jaime. Literatura e direitos humanos. In: BITTAR, Eduardo C. B. (Org.). *Educação e metodologia para os direitos humanos*. São Paulo: Quartier Latin, 2008.

HABERMAS, Jürgen. *A inclusão do outro:* estudos de teoria política. Tradução de George Spencer e Paulo Astor Soethe. São Paulo: Loyola, 2002.

LYOTARD, Jean-François. *Heidegger e os judeus*. Tradução de Jorge Seixas e Souza. Lisboa: Instituto Piaget, 1999.

MARCUSE, Herbert. *Eros e civilização:* uma interpretação filosófica do pensamento de Freud. Tradução de Álvaro Cabral. 8. ed. Rio de Janeiro: LTC, 1999.

________. *A dimensão estética*. Tradução de Maria Elisabete Costa. Lisboa: Edições 70, 2007.

MATOS, Olgária C. F. *A Escola de Frankfurt:* luzes e sombras do Iluminismo. 2. ed. São Paulo: Moderna, 2005.

PLANO NACIONAL DE EDUCAÇÃO EM DIREITOS HUMANOS. Secretaria Especial dos Direitos Humanos; Ministério da Educação; Ministério da Justiça; UNESCO. Brasília: Comitê Nacional de Educação em Direitos Humanos, 2007.

PRADO, Lídia Reis de Almeida. *O juiz e a emoção:* aspecto da lógica da decisão judicial. 2. ed. Campinas: Millenium, 2003.

SILVEIRA, Rosa Maria Godoy; NADER; Alexandre Antonio Gili; DIAS, Adelaide Alves. *Subsídios para a elaboração das diretrizes gerais da educação em direitos humanos*. João Pessoa: Editora Universitária, 2007.

WARAT, Luis Alberto. *Territórios desconhecidos:* a procura surrealista pelos lugares do abandono do sentido e da reconstrução da subjetividade. Florianópolis: Fundação Boiteux, 2004. v. 1.

5. FAMÍLIA, SOCIEDADE E EDUCAÇÃO: ensaio sobre individualismo, amor líquido e cultura pós-moderna*

5.1. O TEMA DA FAMÍLIA NO QUADRO DO INDIVIDUALISMO

A ideia de família sofre reajustes históricos. Na medida em que isso cria constrangimentos práticos, cujas alterações estruturais trazem consequências sociais quantificáveis, o próprio direito de família se vê constrangido a pensar e a entender a origem dessas alterações, até mesmo com vistas à produção de algum tipo de diagnóstico na temática.

Essas consequências se sentem e se metrificam por uma série de investigações empíricas contemporâneas, e o estudo da sintomatologia social parece ser suficientemente retórico para apontar no sentido da necessidade do aprofundamento das investigações e pesquisas em torno do problema da família contemporânea e seu sentido.

E, nesse sentido, as perguntas seguintes colaboram para o processo de ajustamento da reflexão a respeito de seus pontos problemáticos: como unidade de definição da interrelação entre sociedade, cultura e personalidade, lugar de revezamento entre ócio e trabalho, prazer e dor, conservação da intimidade erótica e de exposição pública, não estaria a família sendo afetada pela mudança do modo de produção? As alterações do modo de produção estão afetando a estrutura da família e causando-lhe que tipo de desgastes? Como unidade protoformadora da personalidade e da sociedade, nessas condições, não estaria a família ameaçada? Sua ameaça não representa também uma ameaça para o indivíduo, tanto do ponto de vista psíquico, como do ponto de vista social?

A *enquête* contida nessa investigação tem o fim de investigar e trazer algumas luzes ao enfrentamento dessas questões.

---

* Artigo publicado na *Revista Brasileira de Direito das Famílias e Sucessões*, Porto Alegre, Magister, Belo Horizonte: IBDFAM, v. 1, out./nov. 2007, p. 7-25.

5.2. INDIVIDUALISMO, CONSUMISMO E ESTETISMO: A SOCIEDADE DA SENSAÇÃO

A sociedade contemporânea vivencia uma experiência de sobressalente ênfase cultural no indivíduo. Na emergência do indivíduo, a propaganda e o consumismo são duas determinantes fundamentais a delimitar a profunda estetização da experiência[1]. Se há múltiplas opções de vida, e as regras tradicionais de controle social e moral do comportamento já não servem mais, somente sobra um leque diversificado de alternativas de autoafirmação, o que permite aos indivíduos *serem* aquilo que vestem ou aquilo que os lugares que frequentam significam.

A criação de diversos *modos* de entrada no mercado é mais do que a revelação da benesse do mercado para com a diversidade, e mais um modo de multiplicação das práticas do próprio mercado no sentido de sua reinvenção permanente. A reificação alcança nuanças muito específicas, a ponto de condicionar a identidade de indivíduos, grupos e comunidades. O autorreconhecimento do indivíduo por ele mesmo parte de sua disposição para consumir este ou aquele insumo da indústria cultural. A seleção de fatias de mercado, seja *emo*, seja *cult*, seja *descolado*, seja *neo-hippie*, não importa a escolha, trata-se sempre de uma escolha *no* mercado, ao que foi reduzido o exercício da liberdade. A liberdade é a liberdade de escolha no interior da lógica do mercado. A sociedade pós-moderna é a sociedade da sensação, ou seja, a sociedade em que o estético se torna ontológico, na versão de Türke[2].

Nesse momento, se existem dois modos de vida, o modo ser e o modo ter, o nosso momento é de prevalência do modo ter, para seguir as lições de Erich Fromm a respeito do tema. Assim, até mesmo *ser* e *ter* se confundem. Isso porque a reificação dos valores torna possível que o *ser* de nosso tempo se esgote no modo *ter*, e considerar que se pode *ter* o *ser*. Nossa época dessa forma paradoxal é a do *ser* o *ter* e *ter* o *ser*. Dupla possessividade produz louvor a um duplo materialismo, o que subverte os valores para antepor a eles as coisas e o que faz com que os valores se alojem no interior das coisas mesmas. O indivíduo se coisifica no que tem, e espiritualiza as coisas que possui. Isso

---

1 O registro da identidade dessa época é: "Le moment post-moderne est bien davantage qu'une mode, il révèle le procès de l'indifférence pure en ce que tous les goûts, tous les comportements peuvent cohabiter sans s'exclure, tout peut être choisi à loisir, le plus opérationnel comme le plus ésotérique, le nouveau comme l'ancien, la vie simple-écologiste comme la vie hypersophistiquée, dans um temps dévitalisé sans repère stable, sans coordonnée majeure" (Lipovetsky, *L'ère du vide:* essais sur l'individualisme contemporain, 1983, p. 58).

2 "Dessa forma, o bem e o mal se transformam em categorias estéticas; e o estético se transforma no ontológico, ou seja, na possibilidade de ser ou não ser" (Türke, Sociedade da sensação: a estetização da luta pela existência, in ZUIN, Antonio A. S.; PUCCI, Bruno; RAMOS DE OLIVEIRA, Newton, *Ensaios frankfurtianos,* 2004, p. 64).

significa a objetificação da vida[3]. Estamos numa sociedade focada nas coisas e não nas pessoas, de modo que o que se tem é um modelo prevalecente responsável por produzir uma sociedade doente[4]. A sociedade assim fundada é aquela que foi assenhoreada pela dinâmica do capital[5]. A sociedade assim definida nada mais é do que uma sociedade que exibe o seu caráter anal de forma sistêmica e neurótica[6].

Alter e *ego*, inflados de si mesmos, não constroem pontes de equivalência relacional, determinando condições pelas quais o que vige é uma ideia de liberdade em que "cada um é cada um, e ponto". A solidão do indivíduo na condição desse "cada um" de ambos os polos torna-se uma consequência óbvia da inviabilidade do entendimento. Os esforços de tolerância são somente os substitutivos para a decrepitude dos esforços por entendimento.

Há a imagem ideológica de que a liberdade aumentou e que o indivíduo é de fato mais livre do que ontem; no entanto, essa ideia de liberdade é a de uma liberdade de consumo, da autoafirmação da identidade pelo consumo. Apesar da impressão de aumento de liberdade, o homem pós-moderno vive o paradoxo do aumento da dependência do mercado e da fragilidade pessoal. O que se tem aqui é uma subjetividade ameaçada de sossobrar sob as forças do mercado, distante, portanto, da capacidade de emancipação.

O indivíduo pós-moderno não é livre, senão em imagens evocadas por *outdoors* e propagandas televisivas; ele é controlado, monitorado, determinado e insculpido pelos fluxos e refluxos do mercado. Sua essência está fora de si; sua essência não é autoconsciência, mas heteroconsciência[7]. Se o mercado se incrementa a todo tempo, se estar no mercado significa enfrentar a concorrên-

3 "O modo ter de existência não se estabelece por um processo vivo e criativo entre o sujeito e o objeto; ele transforma em *coisas* tanto o sujeito como o objeto. A relação é de inércia, e não de vida" (Fromm, *Ter ou ser?*, 4. ed., 1987, p. 88).

4 "Até este ponto, o argumento em questão tem sido de que os traços de caráter engendrados por nosso sistema socioeconômico, isto é, por nosso modo de vida, são patogênicos e de fato produzem uma pessoa doente, e, por conseguinte, uma sociedade doente" (Fromm, *Ter ou ser?*, 4. ed., 1987, p. 29).

5 "A natureza do modo ter de existência decorre da natureza da propriedade privada" (Fromm, *Ter ou ser?*, 4. ed., 1987, p. 87).

6 "O que importa é o parecer de Freud segundo o qual a tendência predominante à posse ocorre no período anterior à obtenção de plena maturidade e é patológica se se tornar permanente. Em outras palavras, para Freud, uma pessoa que se ocupe exclusivamente em adquirir e possuir é uma pessoa neurótica, mentalmente doente; segue-se disto que uma sociedade em que a maioria de seus membros exibe o caráter anal é uma sociedade doente" (Fromm, *Ter ou ser?*, 4. ed., 1987, p. 93).

7 "Consumir apresenta qualidades ambíguas: alivia a ansiedade, porque o que se tem não pode ser tirado; mas exige que se consuma cada vez mais, porque o consumo anterior logo perde a sua característica de satisfazer. Os consumidores modernos podem identificar-se pela fórmula: eu sou = *o que tenho e o que consumo*" (Fromm, *Ter ou ser?*, 4. ed., 1987, p. 42).

cia infinitamente crescente dos competidores, o mercado só pode ser visto como o lugar de permanente projeção do *novo*. Não importa o que seja e do que se trate, o sucesso do *novo* está em sua aprovação e consolidação como um *novo* aceito, ou seja, o próprio ato de consumo se torna uma forma de mensuração da plausibilidade da *novidade*.

Onde tudo é sempre *novo* e as pressões estão no sentido de forçar o *novo*, o indivíduo que está sempre "antenado" no *novo*, se torna ele mesmo uma *novidade* permanente, que exige do sujeito mais do que a capacidade de comprar, a flexibilidade de adaptar-se à dinâmica dos tempos (leia-se do *timing* do mercado).

Diante de uma oferta sempre gigantesca e inventiva, a multiplicidade de escolhas é uma consequência óbvia. Em verdade, a questão das comunidades parece ser a resposta social à geração sempre inquietante das insuficiências do antigo geradas pelo mercado. O motor que acelera o mercado também acelera as formas de desarranjo dos laços sociais, gera o envelhecimento do que fica, aumentando a sensação de perda de referenciais para a ação dos indivíduos. A ansiedade pelo que se terá já está disseminada no imaginário coletivo, antes mesmo da coleção de inverno chegar[8]!

Ademais, quanto maior a sensação de liberdade e de afrouxamento dos laços sociais, maior a sensação de mal-estar na pós-modernidade, ou seja, de insegurança, de indeterminação, especialmente considerada a fragilidade na qual está posta a condição de exercício da liberdade. No entanto, em determinado momento, torna-se insuportável que nada fique e que tudo passe. O indivíduo entra em crise, pois não se vê. A pergunta que acaba sendo feita, geralmente no divã, é onde é que eu fui parar?

O mundo da aparência, da moda, das tendências, do imediatismo, do progresso material, da superafetação das coisas é o mundo do eterno ciclo do consumismo, da redundância que se repete *ad perpetuum*. É o mundo da infantilização, do querer e do gostar, do não querer e do não gostar. Erich Fromm vai mais adiante e afirma: "A atitude inerente ao consumismo é a de engolir o mundo todo. O consumidor é a eterna criança de peito berrando pela mamadeira"[9]. O mundo da aparência é este que conduz massas inteiras a um processo de idiotização – utiliza-se do termo para designar esse ato de autocentramento egoico, no sentido grego, sem deixar de carregar consigo o peso retórico que equivale a um xingamento.

---

8 "A necessidade da comunidade estética gerada pela ocupação com a identidade é o campo preferencial que alimenta a indústria do entretenimento: a amplitude da necessidade explica em boa medida o sucesso impressionante e contínuo dessa indústria" (Bauman, *Comunidade*: a busca por segurança no mundo atual, 2003, p. 63).

9 Fromm, *Ter ou ser?*, 4. ed., 1987, p. 45.

5.3. FAMÍLIA, ECONOMIA E SOCIEDADE: O PESO DO SOCIAL SOBRE O AFETIVO

Afinal, o que se tem acima serve como um retrato, que se constrói no sentido da formação de uma consciência histórica de nosso tempo. No entanto, a investigação sobre as origens desse fenômeno é um outro passo além da preliminar, e necessária, e nem sempre visível constatação sobre o tempo presente. Cabe, portanto, agora, perguntar como se processa no fluxo dos acontecimentos essa mudança em direção a esse *estado de coisas*, especialmente no que tange à questão da família. Essa investigação se faz pelo caminho de compreensão que enxerga a família não como um núcleo isolado da vida social, mas como um núcleo em interação dialética com a vida social. E, do ponto de vista social, há sensíveis mudanças no mundo do trabalho que não foram ainda devidamente categorizadas para dentro das reflexões do âmbito da família contemporânea e seus problemas, do ponto de vista sociofilosófico.

A família certamente não surgiu na era burguesa. A história desse processo de formação e institucionalização remonta a um mais prolongado estudo das etapas de consolidação da própria vida sedentária humana[10]. Nesse sentido, esse percurso não interessa ao interior dessa investigação, na medida em que o que se quer estudar é a problemática condição da família na passagem da modernidade à pós-modernidade, ou com Zygmunt Bauman, da modernidade sólida à modernidade líquida. Por isso, o que importa dizer é que a marca da modernidade é o crescente processo de privatização das funções da família, na medida em que ela vai vivenciando a desocupação do público de seu interior e deixando para a vida pública um número maior de atividades[11].

Para além do fato de ser uma instituição natural, a família é também uma construção social, pois seus papéis variam conforme conjunturas e pressões específicas da sociedade. Ainda, para além da investigação sobre se a ideia de família surgiu ou não na era burguesa, ou ainda se a família é ou não algo que responde à natureza humana, pode-se dizer que *certa concepção de família* emergiu do contexto burguês, esta ideia de família expressando a identidade de um tempo cuja significação aparece ao lado de todo um outro aparato de conceitos formador da identidade do mundo moderno. De um lado, o Estado nacional unificado; de outro, a sociedade civil, composta pela família, pelas

---

10 Marx possui suas hipóteses para esse estudo. *V.* Marx, *A origem da família, da propriedade privada e do Estado*, p. 21-25.

11 "À primeira vista, a evolução da família é simples: ela perdeu suas funções públicas e passou a ter funções privadas. Uma parte das tarefas antes confiadas a ela foi gradualmente assumida por instâncias coletivas; com essa socialização de certas funções, restou-lhe apenas a realização da vida privada. Nesse sentido, podemos falar de uma 'privatização' da família" (Prost, A família e o indivíduo, in *História da vida privada*, 1992, v. 5, p. 61).

empresas e pelo indivíduo[12]. Por definição, nesse contexto, a família está em oposição ao espaço do público, e compartilha espaço com a personalidade do indivíduo e com a produtividade interessada dos agentes econômicos. Por isso, a família, nesse seu entorno, haverá de representar algo socialmente, de modo que, na era burguesa, se projeta no casamento e no sentimento do núcleo familiar uma ideia instrumental, a de que ambos servem como suportes ou acessórios das relações sociais de poder, especialmente do poder econômico. No texto *O futuro do matrimônio* (*Die Zukunft der Ehe*), de 1966, é Horkheimer quem afirma: "Con el progreso de la ilustración el matrimonio se convierte cada vez más claramente en un instrumento"[13]. Assim como as estratégias sociais estão vertidas para a afirmação dos intentos acumulativos, a burocratização estatal se processa como forma de afirmação da legitimidade independente do Estado, também se planifica na família o ideal de garantia das condições subestruturais do método de produção[14]. A família é o estrado sobre o qual dormem os interesses hegemônicos da classe burguesa[15].

Mas a consciência burguesa de mundo gera uma modificação na interpretação do sentido de mundo desempenhado pelas coisas, donde se podem extrair os efeitos do que se processa no interior da modernidade, a partir da própria constatação de Marx: "A burguesia rasgou o véu do sentimentalismo que envolvia as relações de família e reduziu-as a simples relações monetárias"[16]. Ora, como tudo que é acessório, diz o jargão, segue o principal, então, a família segue hoje os rumos desenfreados da mudança que se processa no interior do capital. Do moderno-pesado ao moderno-leve, o que se tem são transformações do sistema de produção, dos mecanismos de produção e das relações de produção. O sistema do capital se globalizou, e a globalização exige um indivíduo sempre pronto para relações de trabalho cada vez mais "conectadas" e informais; exige, portanto, um ser ubíquo, que vive entre Londres e Tóquio, que não possui apelo nacionalista e que vive permanentemente em trânsito.

---

12 "La familia reducida es sólo un momento de la generalización de la *Lonely Crowd*, de la soledad en el todo nacionalizado" (Horkheimer, *Sociedad, razón y libertad*, 2005, p. 100).

13 Horkheimer, *Sociedad, razón y libertad*, 2005, p. 103.

14 "Al igual que otros momentos o elementos constitutivos de la sociedad, la relación entre los sexos es determinada y planificada de modo creciente con vistas a su utilidad para el estado de cosas existente" (Horkheimer, *Sociedad, razón y libertad*, 2005, p. 103).

15 "En cuanto actividad consciente, esta función de la familia fue especialmente realizada en la época de la Reforma y del absolutismo. Acostumbrar al individuo a no desesperar en aquel duro mundo de la nueva disciplina de trabajo en constante expansión, a estar a la altura de las circunstancias, exigía que la fría desconsideración hacia si mismo y hacia otros se convirtiera en algo natural en él" (Horkheimer, Autoridad y familia, in *Autoridad y familia y otros escritos*, 2001, p. 207). Do ponto de vista da historiografia: "Mas, nessa sociedade em que os valores domésticos ocupam um lugar central, é essencial que o casamento se consume. Quando a família é a célula básica da sociedade, a união conjugal deve se tornar pública" (Prost, A família e o indivíduo, in *História da vida privada*, 1992, v. 5, p. 77).

16 Marx e Engels, *Manifesto do partido comunista*, 1956, p. 28.

Jean-François Lyotard já adiantava, em seu livro *Condição pós-moderna*: "Esta orientação corresponde à evolução das interações sociais, onde o contrato temporário suplanta de fato a instituição permanente em matérias profissionais, afetivas, sexuais, culturais, internacionais, assim como os assuntos políticos"[17]. A exigência de produção desse indivíduo-leve e disponível para o mercado responde às necessidades produtivas hodiernas, na medida em que a personalidade se molda no entorno das pressões e exigências do mundo do trabalho, de modo que o efeito reverso é que acaba tornando pesada a forma sólida da família do início da modernidade produtivista, e, por isso, um suplemento desnecessário e redundante para o modo de produção atual.

Nesse sentido, o que se percebe é que uma série de transformações da vida moderna, como a urbanização, a aceleração das exigências de qualificação para o trabalho, o aumento da competitividade nas relações de trabalho, a pauperização da remuneração do trabalho, a informatização e o distanciamento das relações entre trabalhador e empresa..., trouxe novos desafios à sociedade que não passariam distante de afetar diretamente a identidade da família. Os laços se afrouxam e sua *éthos* interior se degrada[18]. A casa perde a força centrípeta que possui de drenar o olhar para dentro, e os olhares são cada vez mais direcionados ao exterior, donde a autoidentidade de seus membros se tornar cada vez menos aderente e cada vez mais escorregadia.

As pressões por unidade cedem em direção a pressões por realização individual; o indivíduo se destaca para deixar de ser *parte de um coletivo em pequena escala,* pois a individualidade compete com essa característica. "O individualismo, que em seu sentido positivo significa libertação das cadeias sociais, significa, no sentido negativo, autopropriedade, o direito – e o dever – de investir a própria energia no sucesso da própria pessoa"[19]. Há um decréscimo de cooperativismo e solidarismo sociais, que, em primeira instância, são sentidos no interior da própria família. Afinal, a moral moderna (sólida ou tradicional) foi convertida na moral pós-moderna (líquida ou individualizante), esta última capaz de estimular no máximo provisórias "comunidades".

Quando a sociedade se liquidifica, isto quer dizer que a sociedade tem no novo método de produção uma nova alternativa de ação econômica estratégica. Por isso, torna-se irrelevante, ou mesmo um obstáculo, em determinados momentos, a formação do núcleo familiar. Se a família teve sentido num

---

[17] Lyotard, *Condição pós-moderna*, 1989, p. 131.

[18] "Las transformaciones del último siglo, sobre todo el paso de la familia extensa a la reducida al matrimonio y a los hijos, son discutidas hoy por doquier. Los abuelos, los tíos y las tías, los primos y primas, incluso los hijos e hijas adultos, que en otro tiempo mantenían una estrecha vinculación en las propias ciudades, apenas si guardan hoy una laxa relación" (Horkheimer, *Sociedad, razón y libertad*, 2005, p. 100).

[19] Fromm, *Ter ou ser?*, 4. ed., 1987, p. 83.

determinado momento do processo produtivo capitalista, agora ela se torna redundante. Com isto, as próprias categorias que dão suporte ao processo de formação da identidade do núcleo do lar são alteradas, daí não excluídas as ideias de amor, cortejo, galanteio, pureza, nome de família como sobrenome do homem, sacralidade do ritual de passagem, casamento[20].

Todas estas ideias, acessórias, acompanhavam com ideologia a formação do próprio núcleo familiar, e *significavam* enquanto forma de dar estruturação à formação do núcleo familiar burguês. Todos esses elementos passam, portanto, por uma *dessignificação*. Essa *dessignificação* é somente um indício de um processo de mutação, talvez primeiro e ainda letárgico, e mesmo da própria desaparição destas categorias, para vaticinar com Horkheimer[21].

Ainda, o capitalismo hoje não carece mais de voltar-se para a *casa* (a mulher da mídia americana, feliz com um eletrodoméstico novo), como objeto predileto de ataque da especulação comercial, pois este não é mais o foco, nem de atenção, nem de rentabilidade. A esfera da casa, da família é a esfera da necessidade, da sobrevivência, enfim, do indispensável para viver. Não é mais para responder a essas necessidades que se destinam os esforços da mídia e da propaganda, mas sim para atender à necessidade de tornar obrigatório o que é supérfluo, quando o foco não é mais a família e sim o indivíduo-consumista (a mulher autônoma, da academia, esteticamente impecável, profissionalmente exemplar). Há uma mudança de imagens na propaganda voltada para a mulher moderna, mas a manutenção de uma mesma lógica dissolutória, na medida da conveniência de mercado. Assim como a *mulher-feliz-consumidora-de-eletrodomésticos* dos anos 50, consumidora de produtos para o lar (a técnica voltada para o lar-sede-do-consumo), que pressupunha a coerência de ser si mesma e ser para a família, o ideal que exsurge em nosso tempo é o da *mulher-feliz-super-malhada-com-tempo-para-si*, consumidora de produtos para si (estética, lazer, viagem, moda, academia – o indivíduo-sede-do-consumo), que desvincula o ser si mesma do ser do grupo família.

A coerência da família é somente acessória da coerência interna do próprio mercado. Por isso, a família acompanha o fluxo do mercado, de um

20 "Exactamente lo mismo sucede con lo que se llama amor. Cuando el matrimonio burgués aún estaba relativamente intacto en las capas sociales en las que tenía vigencia y significado — y con vistas a los herederos del propio linaje — presuponía en la muchacha la pureza, en el hombre joven, la solicitud y el cortejo. Lo inicialmente negado o, en cualquier caso, dificultado, se convertia precisamente por eso, sobre todo mediante la correspondiente educación, en algo anhelado, valioso, pleno" (Horkheimer, *Sociedad, razón y libertad*, 2005, p. 107).

21 "Con ello he indicado ya mi representación del futuro del matrimonio. Por mucho que sus formas burguesas pueda perdurar aún, la conciencia de una unión que es, en cada caso, única, el significado del apellido, la voluntad de configurar la vida de acuerdo con cuanto viene a él unido y concuerda con él y, si es posible, de prolongar-lo a través de los hijos, está en trance de desaparición" (Horkheimer, *Sociedad, razón y libertad*, 2005, p. 108).

mercado que se desloca para o abstrato do espaço de circulação intensa da economia globalizada, acarretando uma mudança de função para a família. Com Antoine Prost, pode-se concluir: "A mudança de funções acarreta uma mudança de natureza: na verdade, a família deixa de ser uma instituição forte; sua privatização é uma *desinstitucionalização*. Nossa sociedade se encaminha para famílias informais"[22].

5.4. A INDIVIDUALIZAÇÃO DO DOMÉSTICO

Para que se possa dar continuidade a essa investigação, cumpre ressaltar que não é possível considerar a história da família na modernidade como um monobloco. Isso já se percebe pelo percurso anterior. Ao longo do século XX, especialmente, as fases da família podem ser sintetizadas em quatro períodos: a da família que possui correspondência no *casamento-imposição* (dever pelo dever)[23], no *casamento-amor* (dever e romantismo) e, em seguida, no *casamento-opção* (abaixo o dever) e, afinal, no *amor-sem-casamento* (prazer em rotação), ou seja, no *amor líquido*[24]. O que se constata é o aumento de elasticidade na concepção de casamento, ao mesmo tempo em que deixa de ser uma tarefa indispensável socialmente para se tornar um complemento adicional da vida profissional do indivíduo, o que certamente compromete a ideia que se havia firmado de família anteriormente, como sustentáculo do processo produtivo. De *sustentáculo* ela passa a *obstáculo*.

A efemeridade toma conta do ambiente para trocar os sinais com a realidade duradoura, estável, centralizada, e, em um termo, pesada, da família[25]. Quando o transitório ocupa o espaço do que é revestido de algum incondicionamento, e nesse caso estava a ideia de uma união perpétua, o resultado é uma desestruturação em escala dos valores que davam suporte e sustentação à união matrimonial[26].

---

22 Prost, A família e o indivíduo, in *História da vida privada*, 1992, v. 5, p. 61.

23 "La obstinación el niño debe ser quebrada y el deseo originario de libre desarrollo de sus impulsos y capacidades tiene que ser sustituido por la compulsión interna a un incondicional cumplimiento del deber. La subordinación bajo el imperativo categórico del deber ha sido desde un principio un objetivo consciente de la familia burguesa" (Horkheimer, Autoridad y familia, in *Autoridad y familia y otros escritos*, 2001, p. 208).

24 Cf. Prost, A família e o indivíduo, *in História da vida privada*, vol. 5, 1992, p. 89-91.

25 "No conozco ninguna investigación empírica acerca de la influencia de este progreso sobre la relación humana incondicional; mi hipótesis es que la nueva liberalidad, como el colectivismo, por otra parte, no le resulta favorable. En ambos casos se anuncia lo mismo, desencantamiento de lo efímero, único, irrepetible" (Horkheimer, *Sociedad, razón y libertad*, 2005, p. 109).

26 "El momento de lo absoluto desaparece del arte enteramente libre como del matrimonio libre. Los cuadros abstractos pertenecen a la instalación funcional, los matrimonios sin prejuicios a la existencia adaptada. El retorno es imposible. La fidelidad indisoluble entre dos seres humanos como felicidad y sentido de sus vidas pasa a convertirse con cada percepción más amplia de lo

No lugar das relações estáveis, o mundo do amor líquido forma um mercado das "conexões rápidas" (acentue-se, no novo vocabulário, "conexões", e não "relações"), úteis e disponíveis. Nesse mercado da afetividade volátil, *alter* aparece como um *outro-mercadoria*, que é consumido e de quem se dispõe transitoriamente como objeto, até quando outro produto mais útil aparece em sua substituição. O ritmo da afetividade vem marcado pelo *timing* de mercado, pelo tempo dos produtos que se sucateiam e se tornam obsoletos[27]. O amor líquido é a demonstração exemplar da capacidade dissolutória do capital, que desarranja instituições basilares como a família. A volatilidade do capital contemporâneo imprime ao amor uma feição liquefeita.

Quanto maior a instrumentalização da vida social pelas determinantes do mercado, maiores as consequências para a vida do indivíduo, e ainda maiores os efeitos sobre a dinâmica da individualização. "Cuanto más regulada esté la sociedad, tanto más instrumentales son las relaciones humanas, tanto mas carente de sentido la entrega al individuo singular"[28]. Habermas avança no sentido de dizer que sociedade, cultura e personalidade são colonizadas pelo poder econômico, quando se tem a reificação da esfera do mundo da vida[29].

Além da mudança produtiva, outros processos colaboraram para a formação desse quadro que hoje afeta a estrutura da família que se conhece, gerando a sensação de crise e a necessidade de busca de nova identidade. Ao lado das questões ligadas ao mundo do trabalho, e interconectadas a elas, pois não há cultura fora da história e dos reflexos econômicos, no pós-guerra se conhece uma profunda mudança de costumes, gerando uma reavaliação imensa de valores e arquétipos socioculturais. Nesse contexto, especialmente de Maio de 68 e de WoodStock, têm lugar uma das maiores revoluções culturais dos tempos modernos[30]: movimento estudantil, rebeldia juvenil, revolução estética, quebra de padrões, freudianização do debate político, ascensão do

---

condicionado de la persona y de cuanto a ella corresponde, en mero delirio, no menos que la eternización del paisaje y del pequeño campesino en el óleo. El futuro que puede corresponderles tanto a los valores estéticos como al matrimonio es comprado al precio de una reducción de su importancia y significado" (Horkheimer, *Sociedad, razón y libertad*, 2005, p. 110).

27 Bauman, *Amor líquido*: sobre a fragilidade dos laços humanos, 2004.

28 Horkheimer, *Sociedad, razón y libertad*, 2005, p. 106.

29 A respeito, v. Habermas, *Consciência moral e agir comunicativo*, 1989.

30 É o mundo dos jogos de linguagem com seus determinismos locais: "Assim, a sociedade que se avizinha revela menos de uma antropologia newtoniana (como o estruturalismo e a teoria dos sistemas) e mais de uma pragmática das partículas de linguagem. Há muitos jogos de linguagem diferentes: é a heterogeneidade dos elementos. Eles permitem a instituição apenas por sectores: é o determinismo local" (Lyotard, *Condição pós-moderna*, 1989, p. 12).

feminismo, eclosão de revoltas[31]. Muitos desdobramentos serão constatados ecoando positivamente muitas décadas depois destes eventos, mas algumas são mais perceptíveis: liberalização sexual, equiparação de direitos da mulher aos do homem, quebra do autoritarismo familiar[32]. No entanto, o que se há de verificar é que essa conta não se paga sem um saldo negativo.

Se, no início do século XX, a vida familiar implica convívio, em estar junto, em comprimir-se num mesmo espaço (*une pièce pour tous*), após jornadas extenuantes de trabalho, a ideia de privacidade era uma ideia escassa para a grande maioria da população[33]. A família como suporte da vida do trabalho é sustentáculo. A ideia de dever está a presidir os rumos da domesticação dos instintos no nível do privado, desde a mais tenra idade; nesse ambiente, o lugar do prazer e da intimidade é uma exceção controlada[34]. Sua interna distribuição de deveres implica uma ética rigorosa e também capaz de antecipar as duras condições de sobrevivência por ocasião da entrada dos filhos no mundo do trabalho. O *éthos* familiar está condicionado, em todas as escalas, conscientes e inconscientes, à lógica do trabalho. Por isso, o marido é o chefe, a mulher e os filhos os subalternos, ao menos do ponto de vista dos papéis sociais formais[35]. A hierarquia e a disciplina fabris são transportadas do ambiente do trabalho e da esteira de produção para dentro da organização e disciplinação das relações familiares.

As alterações produtivas, com a entrada de uma era do trabalho na sociedade de serviços e, em seguida, da informação, a abastança do pós-guerra, a

---

31 "Os costumes, no entanto, se modificam. O feminismo encontra uma nova repercussão, amplificada pelos acontecimentos de 1968" (Prost, A família e o indivíduo, in *História da vida privada*, 1992, v. 5, p. 91).

32 "La equiparación de la mujer al hombre, su actividad profesional, la emancipación mucho más rápida de los hijos, traen ya consigo una transformación de la atmosfera del hogar. En América no es raro que el padre sienta que se ha quedado ya retrasado frente al hijo. Como la existencia sin más, el matrimonio tiende a convertirse en algo cada vez más racional, más funcional y más sobrio" (Horkheimer, *Sociedad, razón y libertad*, 2005, p. 109).

33 Toma-se o caso da França como exemplo, mas a afirmação pode ser generalizada: "No começo do século, portanto, a vida privada da imensa maioria dos franceses se confundia, devido ao espaço, com a de seus familiares" (Prost, A família e o indivíduo, in *História da vida privada*, 1992, v. 5, p. 73).

34 "A la luz de la conciencia cultural, el placer ha sido confinado en el triste refugio del zote pequeño burgués y en la prostitución" (Horkheimer, Egoísmo y movimiento liberador, in *Autoridad y familia y otros escritos*, 2001, p. 78).

35 "A família exercia um controle bastante rigoroso sobre seus próprios membros. O marido era o chefe da família; a mulher casada precisava ter sua autorização por escrito para abrir conta no banco ou para administrar seus próprios bens" (Prost, A família e o indivíduo, in *História da vida privada*, 1992, v. 5, p. 77). "Se é possível discutir a divisão dos poderes entre o marido e a mulher na sociedade pré-1950, o poder dos pais sobre os filhos é inquestionável: os filhos não tinham qualquer direito a uma vida privada" (Prost, A família e o indivíduo, in *História da vida privada*, 1992, v. 5, p. 78).

revolução dos costumes trazem consigo modificações que vão ser percebidas no interior do núcleo familiar. Ao longo do século XX, o que se constata pela historiografia é que, de fato, não somente os ambientes domésticos se alargam, mas também que a esfera do indivíduo se alarga em seu interior e para fora dele[36].

Com a crescente individuação da vida contemporânea, o lar perde um tanto de sua significação. Com isso, os pais, indivíduos sobrecarregados por jornadas de trabalho informalizadas e tornadas flexíveis, mas que ocupam mais tempo que a jornada de trabalho regulamentada, e superocupados com questões ligadas à afirmação de sua própria egocentria, descarregam sobre instituições sociais algumas tarefas antes consideradas privadas[37]. Nesse sentido, há uma publicização da relação de formação do indivíduo, no sentido de uma delegação de responsabilidade à escola-total, à escola em cujo contrato devem estar embutidas as responsabilidades por alimentar, suprir afetivamente, moldar o caráter, preparar para o vestibular, domesticar a fúria infantil, curar os desvios psíquicos etc.[38]. É claro que nessas condições somente há transferência de responsabilidades, num perverso processo de diluição da responsabilidade formativa. Em *Mudança estrutural da esfera pública* (*Strukturwandel der Öffentlichkeit:* Untersüchengen zu einer Kategorie der bürgerlichen Gesellschaft), de 1962, Habermas traça o percurso dessa problemática com clareza: "Proporcionalmente à perda de suas tarefas econômicas, a família perdeu complementarmente também a força para a interiorização pessoal. Diagnosticada por Schelsky, essa tendência à retificação das relações intrafamiliares corresponde a uma evolução em cujo transcurso a família é cada vez menos solicitada como agência primordial da sociedade. O muito citado desmantelamento da autoridade paterna, uma tendência, observável em todos os países industrializados avançados, no sentido de contrabalançar a estrutura de autoridade intrínseca

---

36 "A diversificação e a ampliação da vida privada na segunda metade do século XX não se limitam ao âmbito doméstico. A conquista do espaço da vida privada não é apenas a do espaço familiar: é também a conquista dos meios de sair dele" (Prost, A família e o indivíduo, in *História da vida privada*, 1992, v. 5, p. 76).

37 "Lo que si me parece seguro es que la autoridad de los padres sobre los hijos, sobre todo la del padre, disminuirá rapidamente. Su experiencia profesional y vital pierde en importancia, los hijos se convierten más rapidamente en adultos, el control de los jóvenes por los padres resulta cada vez más difícil. La educación pasa cada vez más a manos no solo de la escuela, que ya de por si cumple tareas que son de orden profesional más bien que formativas en sentido genuíno, sino de los médios de comunicación de masas, de la televisión, de la radio y del cine. Para los padres se ha convertido en una tarea irrealizable. En la medida en que el marido y la esposa tienen una profesión, los anos en lo que esta ha de ocuparse de su descendencia se convierten en una interrupción de su carrera" (Horkheimer, *Sociedad, razón y libertad*, 2005, p. 110-111).

38 "Os pais descarregavam sobre a escola a tarefa de ensinar aos filhos as regras da vida em sociedade; cabe-lhes ainda alimentá-los, vesti-los e principalmente amá-los, mas sob o controle do poder público que julga em última instância se estão se desincumbindo bem da tarefa" (Prost, A família e o indivíduo, in *História da vida privada*, 1992, v. 5, p. 87).

à família, pertence ao mesmo contexto. Agora, os membros individuais da família passam a ser socializados em maior escala por instâncias extrafamiliais, pela sociedade de modo imediato; basta lembrar aqui aquelas funções explicitamente pedagógicas que a família burguesa teve de entregar formalmente à escola, informalmente a forças anônimas fora do lar. A família, que é cada vez mais excluída do contexto imediato da reprodução da sociedade, só na aparência é que mantém com isso um espaço intrínseco de privacidade intensiva: na verdade, tendo perdido as suas tarefas econômicas, ela também perde as suas funções de proteção; exatamente à pretensão econômica da família patriarcal *stricto sensu* correspondia, de fora, a força institucional para a formação de um domínio da interioridade que, hoje, abandonado a si mesmo, sob o ataque de instâncias extrafamiliares, começou a se dissolver numa esfera da privacidade aparente, a se reduzir imediatamente ao indivíduo"[39].

Os filhos acostumados a encontrar no privado *esse* vazio e no público *esse* aconchego fazem do lar uma rota de passagem, um lugar de encontros de individualidades. Vale a pena acompanhar a leitura de Antoine Prost, quando afirma: "Assim, a família perde gradualmente as funções que a caracterizavam como uma microssociedade. A socialização dos filhos abandonou em larga medida a esfera doméstica. A família, portanto, deixa de ser instituição para se tornar um simples ponto de encontro das vidas privadas"[40]. Não de estranhar, portanto, em continuação, sustenta o historiador, que "... a afirmação da vida privada de cada indivíduo corrói internamente a instituição familiar"[41]. Em síntese: "A relação do indivíduo com a família se inverteu. Hoje, exceto na maternidade, a família não é senão a reunião dos indivíduos que a compõem nesse momento; cada indivíduo tem sua própria vida privada e espera que esta seja favorecida por uma família de tipo informal"[42].

5.5. AUTORIDADE, FAMÍLIA E EDUCAÇÃO: O COMPROMETIMENTO DA FORMAÇÃO INDIVIDUAL

Não há dúvida de que a família tem um papel preponderante na formação e no amoldamento da personalidade e da *psyché* humanas, agindo tanto

---

[39] Habermas, *Mudança estrutural da esfera pública:* investigação quanto a uma categoria da sociedade burguesa, 1984, p. 186.

[40] Prost, A família e o indivíduo, in *História da vida privada*, 1992, v. 5, p. 87.

[41] Prost, A família e o indivíduo, in *História da vida privada*, 1992, v. 5, p. 92. "Além do casamento, a própria família é abalada. O lar formado por um casal e filhos já não é a norma exclusiva: as famílias com apenas um genitor são cada vez mais frequentes" (Prost, A família e o indivíduo, in *História da vida privada*, 1992, v. 5, p. 94).

[42] Prost, A família e o indivíduo, in *História da vida privada*, 1992, v. 5, p. 94.

por mecanismos conscientes como por mecanismos inconscientes[43]. A afetação da família pela individualização, paradoxalmente, não significa *simplesmente* um passo adiante, na medida em que os resultados mais danosos parecem produzir-se especialmente na dimensão do indivíduo.

A reflexão sobre a perda da autonomia na formação do indivíduo começa, portanto, com um estudo da heterologia, ou seja, com um estudo das formas pelas quais socialmente se constroem imagens que se superpõem à força de autoconstituição do indivíduo autônomo. O enfraquecimento do caráter e da autonomia se dá em função da desproporção das respostas entre as perguntas sobre o ser e o ter dadas por nossa sociedade.

Mais ainda, a família burguesa do pós-guerra cuida, na formação do caráter, de impedir que uma consciência das contradições sociais reais chegue aos olhos dos filhos, os quais, de dentro de uma redoma, enxergam o mundo apenas da ótica protecionista de seus pais; as diferenças sociais e as clivagens classiais não pertencem ao universo de formação das novas classes burguesas. A consciência de mundo já aparece, aos olhos do jovem, imediatamente como consciência reificada[44]. O que se experimenta, portanto, ao longo do século XX é um processo de substituição da ética familiar autoritária[45], numa passagem que vai em direção à falta completa de paradigmas. Desta última, passa-se ao pluralismo dos modelos de família e ao respeito à diversidade das formas de famílias.

No entanto, é notório que há progressos substanciais nas grandes conquistas referidas à emancipação dos filhos e das mulheres, e isso é inegável. Juntamente com Erich Fromm se pode dizer: "Embora a revolução política do século XX, a revolução russa, tenha fracassado, as revoluções vitoriosas de nosso século, embora ainda estejam nas primeiras fases, são as das mulheres, dos filhos e a sexual"[46]. Ainda nessa linha, pode-se dizer que o maior ganho está na busca de genuinidade e correspondência entre o sentimento verdadeiro e a prática verdadeira, tendo-se deixado para trás, em grande parte, a hipocrisia que marcava a vida pequeno-burguesa, especialmente ante o contraste

---

[43] No texto de 1936: "La familia tiene un significado sobresaliente entre la relaciones que influyen decisivamente en el moldeamiento psíquico de la mayor parte de todos los individuos, tanto mediante mecanismos conscientes como inconscientes" (Horkheimer, Autoridad y familia, in *Autoridad y familia y otros escritos*, 2001, p. 207).

[44] "Las ideologías del rendimiento y del mérito, de la armonía y la justicia, encuentran también un lugar en esa imagen del mundo, porque la contradicción no entra en la conciencia a causa de la cosificación de las diferencias sociales" (Horkheimer, Autoridad y familia, in *Autoridad y familia y otros escritos*, 2001, p. 215-216).

[45] "La familia, como una de las instancias educativas más importantes, se preocupa de la reproducción de los caracteres humanos, como exige la vida social y les confiere en gran parte la aptitud indispensable para el comportamiento específicamente autoritário, del que depende ampliamente la existencia del orden burgués" (Horkheimer, Autoridad y familia, in *Autoridad y familia y otros escritos*, 2001, p. 207).

[46] Fromm, *Ter ou ser?*, 4. ed., 1987, p. 87.

entre a rigidez autoritária e a espontaneidade requerida, o prazer e o dever, a severidade e a descontração, a reprodução e a luxúria[47]. Mas essas lutas ainda não se plenificaram em conquistas acabadas, tendo em vista que os efeitos colaterais do processo têm sido igualmente danosos, do ponto de vista intersubjetivo e intrassubjetivo.

O resultado da crise da família é o enfraquecimento da capacidade de autonomia do indivíduo; a noção de felicidade é uma confusa concepção a orientar a *vontade* assoberbada da vida privada hodierna. É numa era em que se busca obstinadamente a felicidade por si mesma que se vê a felicidade comprometida e ameaçada[48]. Por isso, com a formação debilitada, com o amadurecimento retardado para os desafios da vida e da profissão, com o amparo psicoafetivo incompleto, com a dependência financeira permanente dos pais, cada vez menos os indivíduos se sentem capazes de exercer a *autonomia*, ou seja, a *capacidade de se dar normas* e, nesse sentido, de estar na posse e no exercício de si mesmos.

Nesse sentido, como o indivíduo tem o seu decreto de nascimento no interior da família, e como nível de socialização primordial, o enfraquecimento das instituições ligadas à identidade familiar trazem como consequência a própria desestruturação do *indivíduo-ele-mesmo*, pois a sensação de desnorte é acompanhada pela dúplice perspectiva: de um lado, as pressões por uma abertura de alternativas e possibilidades de escolha; de outro lado, o decréscimo da capacidade de exercer com autonomia e responsabilidade escolhas, uma vez que a orientação primordial parte da identidade do próprio núcleo familiar. O prejuízo social é incomensurável, na medida em que os efeitos em cascata são sucessivos e ininterruptos.

Em tese, a escola teria uma grande tarefa a enfrentar, mas ela própria deixou de cumprir esse papel, na medida em que reificada foi a sua estrutura, de instituição preservadora da cultura, a relação de consumo mediada pela lógica do lucro. Aulas que são a repetição de fórmulas massificadas de reprodução de informações se tornam o jargão comum do universo banalizado do saber. Num jogo de empurra-empurra, o dever de formação torna-se algo tão minguado, que recebe um tratamento de irresponsabilidade, na sociedade da liquefação das instituições: o casal acredita que a babá está criando, a babá

---

[47] "No entanto, foi banida a rigidez da antiga adoração aos pais e outras autoridades, e parece certo que a velha reverência para com a autoridade não voltará" (Fromm, *Ter ou ser?*, 4. ed., 1987, p. 187).

[48] "Se confunde la felicidad con quedar a salvo de los golpes del destino y de los conflictos de conciencia, lo que significa la libertad relativa respecto de los dolores y los miedos externos e internos, un estado neutral y a menudo sombrío, en el que el alma parece vacilar entre la actividad y la apatía" (Horkheimer, Egoísmo y movimiento liberador, in *Autoridad y familia y otros escritos*, 2001, p. 78).

acredita que a escola está criando, e a escola acredita que a família está criando. Uma formação que recebe parcelas de irresponsabilidades graduais, que se somam ao longo da história do indivíduo, culminando com carências psicoafetivas, intelectuais e morais incontornáveis na idade adulta.

É pela perda de referências que se experimenta crescentemente mais a eleição de símbolos, heróis e ícones, onde outras gerações encontrariam apenas as evidências do exibicionismo e da ignorância. Quando massas inteiras são tomadas pelos ícones mercadurizados (indivíduos que são, no fundo, utensílios do mercado) e gravam sobre eles depósitos crescentes de autoprojeção, constrói-se um imaginário social fundado na inconsistência de suas personalidades individuais[49]. O frenesi dos fãs do *rock*, a espetacularização da política, o enfraquecimento do sistema educacional e o descolamento da família são os caminhos convergentes que conduziram a esse processo de enfraquecimento da autonomia de entronização da irresponsabilidade para o centro da vida política nacional. É novamente em *O futuro do matrimônio*, de 1966, que Horkheimer se pronuncia, com inigualável sensibilidade, a respeito do tema: "En las postrimerías del periodo burgués y de su injusticia específica, con la victoria de la época técnica de él resultante, el aura de la persona se apaga. Mediante la presentación no elegida y la conversión activa en imágenes públicas de las estrellas cinematográficas, de los líderes manchados de sangre, de las princesas en busca de marido, mediante la laboriosa personificación en los medios de comunicación de masas, a los que, obviamente, ya no queda otra cosa a mano, viene, por así decirlo, a confirmarse *el final de la persona en sentido genuino*"[50].

O ser do nosso tempo converteu-se na negação de sua própria natureza; a perda da autonomia é o fruto dessa superficialização que se entrega como presa fácil à dimensão de uma exterioridade estéril que se destaca do egoísmo individual e social predominantes. Com todas as letras, essas palavras que servem para descrever o estado atual de coisas serviam para Horkheimer proceder a uma antropologia da época burguesa, em seu texto de 1936, *Egoísmo e movimento liberador:* para uma antropologia da época burguesa (*Egoismus und Freiheitsbewegung*): "En la época actual, el egoísmo se ha vuelto de hecho destructivo, tanto el desatado y desviado egoísmo de las masas como el envejecido principio egoísta de la economía, que muestra sólo su lado brutal"[51].

---

49 "... el esfuerzo por crear ídolos, sea en forma de personalidades, cosas o conceptos, a la necesidad de reconciliar de forma duradera a las masas con las tendencias de determinados grupos de la sociedad" (Horkheimer, Egoísmo y movimiento liberador, in *Autoridad y familia y otros escritos*, 2001, p. 84).

50 Horkheimer, *Sociedad, razón y libertad*, 2005, p. 106.

51 Horkheimer, Egoísmo y movimiento liberador, in *Autoridad y familia y otros escritos*, 2001, p. 146.

A autonomia não se constrói fora do âmbito do autoconhecimento, que implica a possibilidade de o indivíduo acessar a si mesmo a partir das configurações do mundo do ser. O constante processo de aprimoramento interno do indivíduo é substituído pelo imperativo de sua renovação para a enxurrada de produtos do mercado. Trata-se de um quadro politicamente perigoso, pois para toda uma geração o gozo se tornou um fim em si mesmo. Hoje, a extensão dos modos de dominação independe da consciência de que se trata de uma questão de ideologia burguesa, pois esta não é mais necessária para sustentar a dominação, que é sistêmica e plenificada. Uma vez inconscientizada, são massas inteiras que se encontram aprisionadas ao padrão, pois são múltiplos os fatores de alienação dispersos pela vida social (TV, consumo, especialização da política, tecnificação da educação, hedonismo). Dessa forma, são os próprios indivíduos oprimidos que rejeitam a autonomia. Novamente, é no texto de Horkheimer, de 1936, *Egoísmo e movimento liberador:* para uma antropologia da época burguesa (*Egoisumus und Freiheitsbewegung*), que se haverá de encontrar a seguinte enunciação: "Por todos los medios, tanto del convencimiento cuanto de la fuerza, les fueron inculcados la autodisciplina y el espíritu de conciliación entre ellos y frente a los dominadores. Los individuos fueron domesticados"[52].

CONCLUSÕES

Trabalhando ainda na linha do rastreamento das consequências do processo de transição paradigmática, a discussão trazida por este artigo envidou esforços no sentido de demonstrar que as mudanças no mundo do trabalho trouxeram consequências muito específicas para o universo da família.

Nesse sentido, como o indivíduo tem o seu decreto de nascimento no interior da família, e como nível de socialização primordial, o enfraquecimento das instituições ligadas à identidade familiar trazem como consequência a própria desestruturação do *indivíduo-ele-mesmo*, pois a *sensação de desnorte* é acompanhada pela dúplice perspectiva: de um lado, as pressões por uma abertura de alternativas e possibilidades de escolha; de outro lado, o decréscimo da capacidade de exercer com autonomia e responsabilidade escolhas, uma vez que a orientação primordial parte da identidade do próprio núcleo familiar.

Se a família implica responsabilidade, renúncia, abdicação e esforço, é evidente que essa ideia está na contramão da história do presente, que se escreve em fórmulas hedonistas de falsa autorrealização. O prejuízo social é incomensurável, na medida em que os efeitos em cascata são sucessivos e ininterruptos.

---

52 Horkheimer, Egoísmo y movimiento liberador, in *Autoridad y família y otros escritos*, 2001, p. 76.

Ao mesmo tempo, percebe-se, ao longo da investigação, que as categorias burguesas construíram conceitos que estruturaram a formação histórica de certa identidade de família, que agora, sob novos contextos produtivos e novas exigências do capital, tornaram-se óbices ao individualismo contemporâneo, e, exatamente por isso, caminha-se no sentido da desagregação daquela, de modo que a conclusão não pode ser outra senão a de que o que importa não é o indivíduo e sua condição, especialmente seu bem-estar moral e psicológico; o que importa é o fim estratégico almejado, que a tudo instrumentaliza, inclusive a família.

A acomodação de todas essas transformações ainda não se consolidou, de modo que tudo indica que se vive ainda a *transição paradigmática*, mas que não existe ainda nenhum tipo de consolidação que registre a formação de uma *nova identidade familiar*, ao menos em tese, substitutiva da concepção anterior. Ainda nos encontramos em suspenso no ar; daí a sensação de indeterminação. Está-se na berlinda do tempo.

Ainda que a legislação crie designações, termos e vocabulários que introduzam novos registros na relação homem-mulher – ou, nas relações entre casais homoafetivos –, bem como na relação pais-filho(a)s, no interior do núcleo familiar, a questão é bem mais complexa, pois toca a uma análise sociológica muito mais apurada. Tudo isso dá a entender o quanto a desestruturação dos arquétipos que orientavam a vida familiar tem repercussões na esfera da formação do indivíduo e determina sua inserção na socialização.

Talvez o excesso de renúncias no interior de um sistema opressivo[53], que, uma vez ruído, deu lugar ao seu oposto total, quando se vive de uma desmedida arbitrariedade no mundo do amor líquido. De qualquer forma, ainda que não se esteja na posse das condições de predizer o futuro, pressente-se desde já que o estado de coisas em que se vive não pode ter-se tornado definitivo, na medida em que contrasta em muito com a dinâmica normativa das concepções de vida possíveis.

Talvez estejamos ainda processando uma grande transformação e não estejamos ainda revestidos das condições para enxergar além do presente os bons frutos desse processo. Mas, antes que tenhamos essa lucidez, vale constatar, muitos prejuízos já se terão processado, destes que não retornam mais, destes que não se consertam mais.

[53] "La nueva evolución evita cosas mucho más graves, a que daba lugar el sólido matrimonio burgués de otrora, la tirania de los maridos sobre mujer e hijos, la infelicidad, cuando la relación matrimonial, sentida como central, consistia en una cadena de renuncias" (Max Horkheimer. *Sociedad, razón y libertad*, Tradución e introducción de Jacobo Muñoz Veiga, Madrid: Trotta, 2005. p. 111).

REFERÊNCIAS BIBLIOGRÁFICAS

BAUMAN, Zygmunt. *Amor líquido:* sobre a fragilidade dos laços humanos. Tradução de Carlos Alberto Medeiros. Rio de Janeiro: Zahar, 2004.

________. *Em busca da política.* Tradução de Marcus Penchel. Rio de Janeiro: Zahar, 2000.

________. *O mal-estar da pós-modernidade.* Tradução de Mauro Gama e Cláudia Martinelli Gama. Rio de Janeiro: Zahar, 1998.

________. *Modernidade líquida.* Tradução de Plínio Dentzein. Rio de Janeiro: Zahar, 2001.

________. *Modernidade e ambivalência.* Tradução de Marcus Penchet. Rio de Janeiro: Zahar, 1999.

________. *Comunidade*: a busca por segurança no mundo atual. Tradução de Plínio Dentzien. Rio de Janeiro: Zahar, 2003.

BITTAR, Eduardo C. B. *O direito na pós-modernidade.* Rio de Janeiro: Forense Universitária, 2005.

FROMM, Erich. *Ter ou ser?* Tradução de Nathanael C. Caixeiro. 4. ed. São Paulo: LTC, 1987.

HABERMAS, Jürgen. *Consciência moral e agir comunicativo.* Tradução de Guido A. de Almeida. Rio de Janeiro: Tempo Brasileiro, 1989.

________. *Mudança estrutural da esfera pública*: investigação quanto a uma categoria da sociedade burguesa. Tradução de Flávio R. Kotle. Rio de Janeiro: Tempo Brasileiro, 1984.

HORKHEIMER, Max. *Sociedad, razón y libertad.* Traducción e introducción de Jacobo Muñoz Veiga. Madrid: Trotta, 2005.

________. *Autoridad y familia y otros escritos.* Traducción de Román G. Cuartango. Barcelona: Paidós, 2001.

________. *Crítica de la razón instrumental.* Traducción de Jacobo Muñoz. Madrid: Trotta, 2002.

________; ADORNO, Theodor W. *Dialética do esclarecimento*: fragmentos filosóficos. Tradução de Guido Antonio de Almeida. Rio de Janeiro: Zahar, 1985.

LYOTARD, Jean-François. *A condição pós-moderna.* Tradução de José Bragança de Miranda. 2. ed. Lisboa: Gradiva, 1989.

MARCUSE, Herbert. *Eros e civilização*: uma interpretação filosófica do pensamento de Freud. Tradução de Álvaro Cabral. 8. ed. Rio de Janeiro: LTC, 1999.

MARX, Karl. A origem da família, da propriedade privada e do Estado. In: *Obras escolhidas.* Rio de Janeiro: Vitória, s. d. p. 7-143.

________; ENGELS, Friedrich. *A ideologia alemã.* Tradução de Luis Cláudio de Castro e Souza. São Paulo: Martins Fontes, 2001.

________. Manifesto do partido comunista. In: *Obras escolhidas*. Rio de Janeiro: Vitória, 1956. v. 1.

PROST, Antoine. A família e o indivíduo. In: PROST, Antoine; VINCENT, Gérard (Orgs.). *História da vida privada*. São Paulo: Companhia das Letras, 1992. v. 5, p. 61-114.

TÜRKE, Christoph. Sociedade da sensação: a estetização da luta pela existência. In: ZUIN, Antonio A. S.; PUCCI, Bruno; RAMOS DE OLIVEIRA, Newton. *Ensaios frankfurtianos*. São Paulo: Cortez, 2004. p. 61-74.

6. RAZÃO E AFETO, JUSTIÇA E DIREITOS HUMANOS: ensaio sobre transformação e mudança social pelo afeto*

6.1. MODERNIDADE E RACIONALISMO: PARA UMA CRÍTICA DA RAZÃO INSTRUMENTAL

A racionalidade que emerge da modernidade não esgota a noção de razão e não realiza plenamente a ideia de razão. A racionalidade que emerge da modernidade é um *minus* com relação à própria ideia, em potencial, da razão. Por isso, entre outras coisas, o que se constata é que a ideia de razão que emerge da modernidade forma uma relação de exclusão com a ideia da emoção. O conflito entre razão e *éros* é um claro produto da modernidade, seguindo uma tradição que já está instalada na dimensão da tradição ocidental, que dicotomiza alma e corpo, que diferencia o "alto" do "baixo", o céu do inferno, dentro da tradição platônico-agostiniana, e do monoteísmo logocêntrico judaico-cristão[1], permitindo que cisões e fraturas vertiginosas e inconciliáveis existam também entre pensamento e sentimento, entre mente e coração e entre verdade e paixão[2].

E isso porque a razão que emerge da modernidade é a razão instrumental (*Instrumentellen Vernunft*)[3], uma forma de razão que dilacera a existência huma-

---

* Texto publicado na obra coletiva *Educação e metodologia para os direitos humanos* (Bittar, coord.), São Paulo, Quartier Latin, 2008, p. 57-90.

Este artigo foi publicado sob o título "Razão e afeto, justiça e direitos humanos: dois paralelos cruzados para a mudança paradigmática. Reflexões frankfurtianas e a revolução pelo afeto", como capítulo do livro *Educação e metodologia para os direitos humanos* (Eduardo C. B. Bittar, coord.), São Paulo, Quartier Latin, 2008, p. 57-90.

1 A respeito, v. verbete Lógos, in Peters, *Termos filosóficos gregos*: um léxico histórico, 2. ed. 1983, p. 137.

2 A crítica é desenvolvida por Eric Fromm: "Además de los rasgos patológicos arraigados en la disposición pasiva, existen otros que son importantes para comprender la patología actual de la normalidad. Me refiero a la creciente separación de la función cerebrointelectual de la experiencia afectivo-emocional; a la escisión entre el pensamiento y el sentimiento, entre la mente y el corazón, entre la verdad y la pasión" (Fromm, *La revolución de la esperanza*, 2003, p. 49).

3 Sobre o conceito, v. Horkheimer e Adorno, *Dialética do esclarecimento*, 1985.

na em sua plenitude, reduzindo-a a um de seus aspectos. Essa forma assumida pela razão moderna, como razão técnica, de cujo aproveitamento a esteira de produção retira seus benefícios produtivos, revela potência, dominação, desmistificação, e age ao modo de algo que rompe o véu da ignorância, que desvirgina o mundo, o mistério, a natureza, e, exatamente por isso, se converte em razão instrumental. O império do moderno produz o eu-máquina, aquele que opera, que se está chafurdando na dimensão de uma práxis de fazeres, que distancia o ego da percepção de si e da percepção do outro. Onde há utilidade, há verdade, e, onde há trabalho produtivo, há compensação econômica. "A racionalidade técnica hoje é a racionalidade da própria dominação. Ela é o caráter compulsivo da sociedade alienada de si mesma", afirmam Horkheimer e Adorno[4]. Essa forma de razão produz a instrumentalização da natureza, do outro, do corpo, do espírito, da coexistência, da família, dos sentimentos, de tudo. "... Tudo, seja espiritual, seja material, torna-se objeto de troca e de consumo..."[5]. Pressa, ansiedade, fim, metas, resultados, objetivos, tudo em nome do trabalho, mas o trabalho é penoso. Cegado pelo pragmatismo de efeitos produtivos, o homem se esgota em trabalho. O homem não é somente trabalho, mas foi reduzido à dimensão do trabalho, e, por isso, tornou-se unidimensional. Por isso, a constatação da insuficiência do discurso moderno deve ser a base para o desenvolvimento de uma crítica que recupera o lugar do afeto como categoria epistemicamente valiosa e socialmente relevante[6].

A relação humana com o dinheiro e com a conquista, com a natureza e com o caráter empreendedor-destruidor, revelando a anatomia da destrutividade humana, relega também, nas relações de interação social, o outro não produtivo ao esquecimento, o que reforça o caráter fálico, concorrencial, darwinista da corrida pela sobrevivência e pelo descuido como um traço dessa cultura. A mercadurização do homem e a massificação atomizante são fatores que muito mais do que proporcionarem igualdade convertem cada indivíduo em uma partícula despregada da totalidade, e, por isso, carente, como em um deserto, de si mesma e dos outros[7]. Os laços humanos da sociedade de consumo são

---

4 Horkheimer e Adorno, *Dialética do esclarecimento*, 1985, p. 114.

5 Fromm, *A arte de amar*, 2006, p. 108.

6 Daí, como afirma Eric Fromm, a necessidade da crítica pelas ausências e pelas causas dessas ausências: "... Analisar a natureza do amor é descobrir sua ausência geral hoje e criticar as condições sociais responsáveis por essa ausência. Ter fé na possibilidade do amor, como fenômeno social e não apenas excepcional e individual, é uma fé racional baseada na compreensão da natureza verdadeira do homem..." (Fromm, *A arte de amar*, 2006, p. 165).

7 As advertências sobre as consequências para a sociedade contemporânea são dadas por Eric Fromm: "... Do mesmo modo que a moderna produção em massa requer a padronização das mercadorias, o processo social também requer a padronização do homem, e sua padronização é chamada de 'igualdade'..."; e, ainda, mais adiante: "... A incidência do alcoolismo, do consumo de drogas, do sexualismo compulsivo e do suicídio na sociedade ocidental contemporânea é um sintoma dessa falência relativa da conformidade tipo rebanho..." (Fromm, *A arte de amar*, 2006, p. 20).

definidos por sua volatilidade e indiferença. Em *Minima moralia* é Adorno quem nota e distingue: "Que em vez de levantar o chapéu se saúdem com um olá de habitual indiferença, que em vez de cartas se enviem *inter office comunications* sem cabeçalho e sem assinatura, são outros tantos sintomas de uma enfermidade do contato. A alienação manifesta-se nos homens justamente no desaparecimento das distâncias"[8]. Esse descuido é a base de tantas injustiças, assim como de hiperbólicos efeitos negativos quando se trata de pensar o desenvolvimento de uma cultura de interação social centrada na dignidade da pessoa humana. Como aponta conclusivamente Eric Fromm, o homem moderno, ao se alienar do outro, também se alienou de si mesmo[9]. Desde que se viu e se enxergou no espelho cartesiano, e disse *Cogito, ergo sum!*, desenvolveu uma onipotência narcísica, que é a marca da razão ocidental moderna[10].

Essa expressão do *cogito* acima de tudo começa pela negação dos sentidos e dos sentimentos para resultar na expressão de uma fetichização do lugar da razão. Depois de esculpida essa sua forma histórica de razão, a razão moderna, encantada na idolatria de sua própria face, não entrevê outras formas de racionalidade. Tudo o que se antepõe a essa forma de racionalidade parece despido de seriedade, sem força científica, sem capacidade de comprovar suas próprias teses. Diante dela, tudo cede como sendo irracionalidade, e os lugares do afeto, da crença, do mito, da lenda, da magia, da fantasia desaparecem. As dimensões da sensualidade, da sensibilidade estética, e da sensação, ou seja, aquilo que está contido no significado do termo *Sinnlichkeit*, são anestesiadas pela hipertrofia da razão ocidental moderna e cartesiana, exacerbada pelo positivismo novecentista[11]. A valorização da sensibilidade tem que ver com a valorização, entre outros aspectos, da arte, da criação estética, do horizonte da esperança criadora, da

---

8 Adorno, *Minima moralia*, 2001, § 20, p. 36.

9 "Qual o resultado? O homem moderno alienou-se de si mesmo, de seus semelhantes e da natureza. Ele foi transformado numa mercadoria, experimenta suas forças vitais como um investimento que precisa lhe proporcionar o maior lucro capaz de ser obtido nas condições de mercado existentes. As relações humanas são essencialmente as relações entre robôs alienados, cada um dos quais baseia sua segurança em ficar junto do rebanho, e não ser diferente dele em pensamento, sentimentos e atos..." (Fromm, *A arte de amar*, 2006, p. 106).

10 "A primeira determinação do humano não é, pois, o cartesiano penso, logo existo mas o sinto, logo existo da visão originária" (Boff, Justiça e cuidado: opostos ou complementares?, in PEREIRA, Tania da Silva; OLIVEIRA, Guilherme de (Orgs.), *O cuidado como valor jurídico*, 2008, p. 9.

11 "Essa racionalidade científica, que se faz passar pela única forma de racionalidade, recalca aspectos importantes da razão: a sensualidade, a sensibilidade, a sensação. O termo alemão *Sinnlichkeit* (sensibilidade) conserva os três sentidos. Marcuse chama a atenção para o fato de a palavra ter deslizado do campo sensorial, corporal, para o terreno da estética e da filosofia da arte. Sensação, sensualidade e sensibilidade foram tornadas antagônicas pela civilização repressiva, foram preteridas pela hipertrofia da racionalidade analítica, pragmática e calculadora, vale dizer, matematizante. Malgrado os desenvolvimentos técnicos e científicos, há uma regressão da sociedade, o que se atesta pelas periódicas recaídas na barbárie, no auge da civilização – os fascismos, os nazismos, o totalitarismo" (Matos, *A Escola de Frankfurt:* luzes e sombras do iluminismo, 2. ed., 2005, p. 56).

utopia da recriação da realidade, da valorização da fantasia e do onírico, todas estas consideradas dimensões perdidas, soterradas e recalcadas da sociedade do capitalismo tardio, consumista, produtivista e repressora[12].

Por isso, expandir os horizontes do conhecimento, guiando-se pela consciência crítica, na esteira do pensamento frankfurtiano, significa perceber que a aventura da descoberta freudiana do inconsciente, que fez com que o eu não seja mais senhor em sua própria casa[13], e os caminhos hodiernos da discussão psicanalítica abrem campo para a contestação daquilo que se assume como sendo evidência inequívoca, mas que não alcança a capacidade de traduzir toda a complexidade e a profundidade das questões ligadas à *psyché* humana[14].

6.2. RACIONALIDADE E CIENTIFICISMO: PARA UMA CRÍTICA DA RAZÃO ACADÊMICA

Razão e emoção, uma vez vistas como energias dissonantes, como forças antagônicas, dispõem-se como líquidos imiscíveis, e, com isso, não se mistu-

---

12 Sobre a dimensão da linguagem artística, como expressão da fantasia, a partir do pensamento de Marcuse, leia-se: "Nesta citação se encontram todas as características essenciais da arte. Primeiro, o retorno do reprimido e a fantasia. A arte, como fantasia, é o desenvolvimento de imagens ao longo de linhas de máxima satisfação possível. Não se compreende um poema onde o poeta prefira um verso que ele julga mais feio a um verso mais bonito: para o poeta que acaba de compô-lo, o poema é a obra perfeita, ou seja, aquilo que lhe dará mais prazer dentro do universo naquele instante. É inadmissível um quadro que o artista faça contra suas convicções e que ainda assim vá apresentar como uma obra autêntica. Na fantasia totalmente gratificante se acha a raiz da liberdade artística. Mas a arte também é alienação. A arte é alienação por se ver – desde que a fantasia é sua essência – excluída do mundo. Num mundo onde o princípio da realidade impôs o rompimento entre razão e emoção, entre (como Marcuse vai citar insistentemente na *Ideologia da sociedade industrial*) *logos* e *eros*, a arte como apogeu da fantasia não pertence ao mundo. Se as formas de arte se desenvolveram sempre no sentido da inutilidade ou da não participação no mundo e nas coisas, tal fato não se devia a uma alienação individual dos artistas, mas sim a uma alienação social que a sociedade impunha à arte" (Doria, *Marcuse*, 1983, p. 196-197).

13 "Mas o que interessa diretamente ao Direito não é a clínica psicanalítica ou a sua terapêutica. A importância desse outro campo do conhecimento para o Direito é que ele introduziu um discurso que revolucionou o pensamento ocidental, e no campo jurídico, como disse Legendre, lesou a majestade. Assim se iniciou uma nova revolução copernicana que trouxe a peste ao renegar fundamentalmente as bases do cogito cartesiano: 'O eu não é mais senhor em sua própria casa' (Freud)" (Pereira, *Princípios fundamentais norteadores do direito de família*, 2006, p. 52).

14 "Essa experimentação, se vamos ao fundo das coisas, é aquela a que Freud submeteu, no seu domínio, uma certa imagem tradicional, jurídica, moral, filosófica, ou seja, definitivamente ideológica do homem, do sujeito humano. Não foi em vão que Freud, por vezes, comparou a repercussão crítica de sua descoberta com a subversão da revolução copernicana" (Althusser, *Freud e Lacan. Marx e Freud*, 2000, p. 70). A respeito, também: "... A noção de *inconsciente*, formulada por Freud, revelou que a razão é menos poderosa do que se supunha, pois a consciência é, em grande parte, dirigida e controlada por forças profundas e desconhecidas. Essa noção pôs em dúvida a crença dos racionalistas e empiristas, segundo a qual a verdade habita a consciência" (Prado, *O juiz e a emoção*, p. 27).

rando, dão lugar a um vazio emocional muito grande no âmbito acadêmico. O afeto não tem lugar na dimensão da reflexão acadêmica, e esse deslocamento é fruto de uma política específica, moderna e positivista, de recalcamento de toda esfera do sensível (*Sinnlichkeit*).

Eric Fromm, ao tematizar a questão, é capaz de dizer o que segue: "... Falar do amor na cultura ocidental contemporânea é indagar se a estrutura social da civilização ocidental e o espírito que dela resulta propiciam o desenvolvimento do amor. Levantar tal questão é respondê-la negativamente..."[15]. Por isso, aspectos relevantes da reflexão, inclusive como paixão pela investigação e pela descoberta, uma vez estereotipada em seu formato moderno como razão calculadora, são recalcados. A pretensa objetividade e neutralidade epistêmicas foram dois fatores determinantes para a diretiva do recalcamento do afeto na esfera das ciências humanas e sociais[16]. Não somente as práticas de sensibilidade são malvistas, como são repudiadas por grande parte dos acadêmicos. A razão deve permanecer nessa condição estéril, inexpugnável, impassível de ser contaminada pelo sentimento, afinal a prática científica deve ser neutra e imparcial. A pretensão de neutralidade que esvazia o âmbito da dimensão interativa, espontânea e natural humana faz da academia um ambiente impregnado pelo racionalismo.

A razão é de fundamental importância, mas o racionalismo é o culto à razão, ou seja, uma deformação da interpretação do valor da razão. Uma vez hiperafetada, a razão não deixa espaço para outras dimensões, e, exatamente enquanto pensada como forma cartesiana de esterilização do objeto de pesquisa, envolve a deformação da realidade para que esta caiba dentro das dimensões do racional.

Dessa forma interpretada, a razão não deixa espaço para a dimensão do afeto, por isso, a tematização do amor raramente ganha espaço no âmbito acadêmico. Nas práticas acadêmicas, aprende-se uma racionalidade cartesiana, que, na crítica frankfurtiana, é insípida, inodora, incolor, insensível. A assepsia positivista contamina a mentalidade acadêmica. O império do rigoroso, do sério, do racional... significa o desrespeito pelo tempo, pelo mundano, pelo fenomênico... Com isso, expulsam-se o orgânico, a fantasia, o sentimental, o sonho, o afetivo, o erótico, a imperfeição, tudo em nome do universal, do conceito puro, do sistema perfeito, da ideia plena. Afinal, como afirmam

---

15 Fromm, *A arte de amar*, 2006, p. 103.

16 "La división entre pensamiento y afecto conduce a una enfermedad, a una esquizofrenia crónica poco profunda, que el nuevo hombre de la era tecnetrónica comienza a padecer. En las ciencias sociales se ha puesto de moda pensar acerca de los problemas humanos sin referirse en absoluto a los sentimientos vinculados a estos problemas. Se supone que la objetividad científica exige que se elimine de los pensamientos y las teorías respecto del hombre toda relación emotiva con él" (Fromm, *La revolución de la esperanza*, 2003, p. 50).

Adorno e Horkheimer, "O eu, que, após o extermínio metódico de todos os vestígios naturais como algo de mitológico, não queria mais ser nem corpo, nem sangue, nem alma e nem mesmo um eu natural, constituiu, sublimado num sujeito transcendental ou lógico, o ponto de referência da razão, a instância legisladora da ação"[17].

Afinal, rigor, cientificidade, lógica, epistemologia e método são termos suficientemente estéreis para já significarem a falta de porosidade a tudo o que pode ser visto como "pueril", "sentimental", "incabível" ou "deslocado" dessas práticas de racionalismo. Para o racionalismo, não se pode crer naquilo que a ciência moderna não tenha comprovado, e, por isso, a fonte de todo saber é sempre fundada na plataforma de pesquisa do próprio racionalismo. Alimentando-se de si mesmo, e negando valor a toda prática de sabedoria que divirja de seus cânones, a ciência moderna, racionalista e ocidental define-se a si mesma, e se autoarroga a condição de saber único, negando, por exemplo, valor a práticas de sabedorias ancestrais, por exemplo, as orientais, que não se coadunam com os cânones e moldes por ela impostos.

Quando se trata, então, de ciência do direito, já empolada pelo vocabulário específico, pelo caráter ostentatório dos cargos de poder, das honrarias honoríficas da profissão, a academia se converte em uma luxuosa expressão do poder do ego. Divorciadas das mais genuínas e espontâneas formas de socialização, as práticas acadêmicas do direito estão cercadas por essa aura de inviolabilidade, que é a própria aura do poder. A ideia de razão predominante nesse espaço não somente revela seu caráter de instrumentalidade como também, e sobretudo, está inscrita dentro de uma tradição falocêntrica. Os rituais, as formas, os gestos, a linguagem implícita, tudo fala a favor de um claro dissenso no que tange às intenções e às ações; não somente em seu âmbito prevalecem as práticas do agir estratégico, como também o divórcio com a necessária sensibilidade sobre o social cresce ao longo dos anos de maturação no curso de direito.

Como ciência, o direito, ao se imunizar da contaminação das aflições do injusto, o alimento fundamental de toda necessária demanda por justiça, converte-se em um conjunto de fórmulas conceituais que, divorciadas da realidade sensorial, projetam-se como conhecimento na dimensão de uma mente que não possui corpo e não se relaciona a corpos humanos de indivíduos vivos de cujas necessidades reais deveria alimentar-se a legitimidade do próprio sistema jurídico. Por isso, o conhecimento do direito se torna frio e estéril, formal e formular, abstrato e conceitual, no lugar de humano e sensível, dialógico e reflexivo, socialmente vocacionado. As pessoas passam a ser referidas nesse discurso como "partes", ou como "sujeitos de direito", e a perda de significação da totalidade

---

[17] Horkheimer, Adorno, *Dialética do esclarecimento*, 1985, p. 41.

da experiência permite uma simplificação notória ao discurso científico, que junto consigo carrega também a esterilização da sensibilidade com as questões humanas. O próprio discurso é, portanto, a sede desse tipo de inconscientização da anestesia da sensibilidade humana em torno de questões humanas. Assim, ao longo da formação jurídica, não somente o corpo se divide em alma e mente, como também o direito se divide da sociedade, como a denunciar a perda do próprio espírito da ação *pro sociate* inerente ao exercício do direito. Essas dicotomias são, portanto, reveladoras da presença majoritária de uma cultura centrada na masculinidade e na frieza calculista da razão.

Na mesma medida, os homens de ciência, na área do direito, demonstram-se socialmente como inacessíveis, e a eles se deve render um culto assemelhado a um culto aos deuses. Sua distância com relação ao mundo, bem como sua forma de apresentar-se em sala de aula são testemunhos desse frenesi da idolatria, muito típico da cultura bacharelesca, instalada no âmbito da cultura jurídica nacional desde os primórdios do ensino jurídico no País. Pode-se mesmo dizer que existe, no exercício profissional da área do direito, uma clara projeção dessa imagem estereotipada da seriedade, do racionalismo, do linear-vertical, do fixo, do rigoroso, do discursivo-empolado, do masculino. A *inflação de persona* é algo comum no âmbito do direito, aí entendido o fenômeno que torna o indivíduo um permanente exercente da *persona* social do cargo ou da função, envolvendo nisso as figuras profissionais mais típicas, como o advogado, o juiz, o promotor de justiça[18].

Será realmente possível praticar e aprender justiça onde somente se pratica racionalismo, instrumentalismo e conceitualismo? Será realmente possível viver os dilemas da sociedade pós-moderna e apreender sua complexidade na base de reflexões calcadas em conceitos puros e abstratos e que se mantêm intactos desde o século XIX? Será realmente possível despertar para a dimensão do humano, quando o próprio discurso impede a aparição da figura do humano? Afinal, se a prática do conhecimento é prática de interação, como fazer e aprender direito sem considerar o aspecto problemático da condição humana e sem se abrir para reconhecer no outro um ser de interação e sem reconhecer que fora do universal também há vida[19]? A mudança de

[18] "... Esse fenômeno chama-se *inflação da persona*, que ocorre quando os magistrados de tal forma se identificam com as roupas talares, que não mais conseguem desvesti-las nas relações familiares ou sociais. A inflação da *persona* causa fragilidade ou rigidez da psique" (Prado, *O juiz e a emoção*, 2003, p. 45).

[19] "Conceber a estética como epistemologia (vista como estilística da existência) implica, para o sujeito, o reconhecimento de sua feminilidade ao tornar possível um discurso singular de alteridade (com o outro) sobre o mundo e a perda definitiva da crença em enunciados universais, para poder descobrir com o outro diferentes modalidades eróticas, dialógicas, que lhe permitam experiências de criação" (Warat, *Territórios desconhecidos:* a procura surrealista pelos lugares do abandono do sentido e da reconstrução da subjetividade, 2004, v. 1, p. 24).

paradigmas é definitivamente importante no âmbito das práticas científicas do direito, como vem desenvolvendo e problematizando a literatura reflexiva da área[20].

6.3. O LUGAR DO AFETO COMO LUGAR DA RAZÃO: *EROS*, RAZÃO E BIOFILIA

As mudanças de paradigma se fazem sentir com maior clareza desde o final do século XX, quando diversas iniciativas no interior das discussões sociológica e filosófica do discurso pós-moderno se nutrem de condições para uma grande mudança paradigmática, que tem abalado traços ancestrais da cultura ocidental, não deixando de ser relevante *pensar* e *repensar* a significação de maio de 68[21] como marco histórico identificador do processo de lutas emancipatórias contemporâneas[22]. Pode parecer sintomático que, do ponto de vista histórico, sob o signo da pós-modernidade, tenha sido necessário abalar o conjunto de milenares e sólidas crenças ligadas à *vontade de verdade* que alimentaram o sonho megalomaníaco de conhecimento que devassa a natureza das coisas. Essa razão que irá se solidificando historicamente como instrumental encontra seu ponto de epílogo na demonstração da falibilidade de suas garantias e certezas, bem como de suas promessas e mentiras. A percepção de que não é possível tudo perscrutar, tudo saber, tudo explicar é, pois, algo muito recente. Enquanto a tradição de especulação sobre a verdade possui 2.500 anos, a ideia de verdade somente cede no final do século XX, como crença mitológica a orientar os passos da ciência. Nesse cenário despontam Wittgenstein, Popper, Habermas, Lyotard, Foucault, Derrida.

A busca frenética por um saber controlador, por um saber que devassa para compreender, mas que ao devassar desnatura a existência, converte o animado em inanimado, expressa a insegurança humana diante do medo da

---

20 "Transcender-se-ia, desta forma, o discurso da racionalidade cartesiana, que é sempre um discurso de fantasmas, isto é, discursos de amor para um outro impossível" (Warat, *Territórios desconhecidos:* a procura surrealista pelos lugares do abandono do sentido e da reconstrução da subjetividade, 2004, v. 1, p. 306).

21 O protagonismo teórico e prático de Marcuse nesse contexto é de notória importância. Em sua narrativa: "A primeira grande explosão dessa consciência em transformação foi o movimento estudantil de maio de 68" (Marcuse, *A grande recusa hoje*, 1999, p. 17).

22 "... No fim do século XX, parece haver sinais de que a repressão do arquétipo da *anima* esteja, de modo muito gradual, cedendo lugar para *um homem que, devagar e timidamente, ensaia os primeiros passos em direção aos atributos psicológicos tidos, durante séculos, como exclusivos das mulheres, mostrando-se, pouco a pouco, mais aberto ao sentimento* e mais apto para os relacionamentos, sejam ou não com o sexo oposto (tal fato é muito importante, pois para James Hillman – que tão bem estudou o arquétipo da *anima* –, esse arquétipo é a personificação da inconsciência da cultura ocidental, podendo ser a imagem pela qual seremos liberados)" (Prado, *O juiz e a emoção*, 2003, p. 60).

natureza, do isolamento, da distância da origem das coisas. Como tudo está envolvido em mistério, no mistério da própria condição humana, a razão aparece com a pretensão de superar o mito e dissipar o mistério. Não que essa aventura não tenha sido de fundamental importância para a humanidade, mas também se deve perceber o limite disso quando o excesso de razão devolve o homem ao mundo do mitológico e do irracional, tese esta que orienta a reflexão contida na *Dialética do esclarecimento* de Horkheimer e Adorno[23]. Tudo isso se dá ao modo de uma compensação pela fragilidade da condição humana, pelo fato de o homem estar envolvido pelo mistério, e, exatamente por isso, pelo medo. Mas o que se percebe é que nunca seremos capazes de devassar tudo e dissipar completamente o mistério, de modo que o conhecimento que toma a forma de amor, na visão de Eric Fromm[24], aparece como um substitutivo da forma pela qual se tem expressado o racionalismo ocidental.

As certezas modernas se abalam, as verdades científicas se relativizam, as instituições na base do poder se desmancham; o controle sobre a natureza sai de rumo, ameaçando a sobrevivência da própria condição planetária do homem. Por isso, recorda-se de Sócrates, depois de uma aventura histórico-filosófica de 25 séculos, para afirmar que só é possível saber que nada se sabe. A retomada do lema délfico parece ter um outro sentido, quando o "conhece-te a ti mesmo" for interpretado como a mais elementar das expressões da arte de amar a si e, portanto, de amar ao outro[25].

Esse deve ser o pontapé inicial para um conjunto de ações, reflexões e iniciativas que identificam na "transitividade" de nossa condição hodierna a privilegiada situação de quem assiste a uma passagem da história da razão à história do afeto. A razão é capaz de equipar materialmente o mundo, mas somente o afeto é capaz de incentivar a *lógica biofílica* da continuidade da existência. Em tempos sombrios, com a ameaça de uma extinção global da vida, somente se torna possível pensar os desafios da existência e sua superação pela ampla projeção do afeto e da valorização da vida.

---

[23] "A essência do esclarecimento é a alternativa que torna inevitável a dominação. Os homens sempre tiveram de escolher entre submeter-se à natureza ou submeter a natureza ao eu. Com a difusão da economia mercantil burguesa, o horizonte sombrio do mito é aclarado pelo sol da razão calculadora, sob cujos raios gelados amadurece a sementeira da nova barbárie. Forçado pela dominação, o trabalho humano tendeu sempre a se afastar do mito, voltando a cair sob o seu influxo, levado pela mesma dominação" (Horkheimer e Adorno, *Dialética do esclarecimento*, 1985, p. 43).

[24] "... Ela se baseia em nossa consciência das limitações fundamentais, e não acidentais, do nosso conhecimento. Ela é a consciência de que nunca 'captaremos' o segredo do homem e do universo, mas de que podemos conhecer, entretanto, no ato de amar..." (Fromm, *A arte de amar*, 2006, p. 40).

[25] "... O anseio de nos conhecer e de conhecer o outro foi expresso no lema délfico de 'conhece-te a ti mesmo'..." (Fromm, *A arte de amar*, 2006, p. 39).

Por isso, a reflexão filosófica contemporânea deve ser sensível à questão de que a razão não se substitui pelo afeto, mas incorpora o afeto como um modo de praticar uma ética do cuidado. O afeto não exclui a reflexão nem a reflexão exclui o afeto; como instâncias complementares, ambas sobrevivem lado a lado após os longos percursos modernos de expurgos em que *lógos* soterra *éros*. Para isso, foram necessárias experiências que demonstraram o desenfreado caráter logomaníaco da razão, que aporta na barbárie. Onde o equilíbrio prepondera, essas instâncias estão em relação de complementaridade; onde o desequilíbrio prepondera, elas litigam e, ao litigarem, anulam-se como forças capazes de afirmar a vida. Portanto, a filosofia que extrai da biofilia o seu fundamento deve necessariamente alinhar-se na perspectiva da disseminação de uma identidade humana capaz de transpirar responsabilidade e afeto no trato entre *ego* e *alter*.

O afeto intuitivo não é desorientado e irracional como uma besta, mas sim um auxiliar importante na condução das trilhas a serem assumidas pelas deliberações e escolhas éticas individuais. Mais ainda, o afeto não é algo da esfera privada, imagem que vem retida pelas campanhas publicitárias e pela forma burguesa de arranjo das relações entre família e sociedade, na medida em que essa imagem do afeto como amor romântico é estereotipada e, invariavelmente, expressa simplesmente uma forma de egoísmo a dois, como afirma Eric Fromm[26]. Normalmente, costuma-se dicotomizar e afirmar, ao modo positivista, que o pensamento lógico e racional é antagônico ao pensamento afetivo; pelo contrário, as emoções ajudam o pensamento a conduzir a vida, na medida em que as emoções fazem parte da vida psíquica e emotiva e são parte da constituição do indivíduo[27]. A razão, nesse sentido, somente é completa se assumida e interpretada como sendo uma combinação "... del pensamiento racional y el sentimiento. Si separamos las dos funciones, el pensamiento se deteriora volviéndose una actividad intelectual esquizoide y el sentimiento se disuelve en pasiones neuróticas que dañan a la vida", como

---

26 "... Ela é uma *atitude*, uma *orientação* de *caráter* que determina como alguém se relaciona com o mundo como um todo, e não como um 'objeto' de amor. Se uma pessoa ama apenas outra pessoa e é indiferente ao resto dos homens, seu amor não é amor, mas uma relação simbiótica ou um egoísmo ampliado..." (Fromm, *A arte de amar*, 2006, p. 57).

27 "El pensamiento lógico no es racional si es puramente lógico y no lo guía el interés por la vida y el estudio del proceso total del vivir en toda su concreción y con todas sus contradicciones. Por otra parte, no sólo el pensamiento sino también la emoción puede ser racional (...). La racionalidad respecto de la vida emocional significa que las emociones afirman y ayudan a la estructura psíquica de la persona a mantener un equilibrio armónico a la vez que favorecen su desarrollo. Así, por ejemplo, el amor irracional es aquel que incrementa la dependencia del individuo y, por tanto, su angustia y hostilidad. El amor racional, en cambio, es un amor que relaciona íntimamente a una persona con otra y al mismo tiempo preserva su independencia e integridad" (Fromm, *La revolución de la esperanza*, 2003, p. 49).

afirma Eric Fromm[28]. Nesse sentido, a razão, por vezes, conduz a sensibilidade; às vezes é conduzida pela sensibilidade, o que permite afirmar que se trata de instâncias coparticipantes da constituição das existências subjetiva e intersubjetiva. Do exposto, o que se percebe é que a razão não se esgota em operações de lógica formal, mas pratica uma lógica da sensibilidade, pois esta funciona como protológica do pensamento, como afirma Bruyeron[29].

A filosofia que assim se pensa a si mesma se define como princípio do pensamento que reage a toda forma de expressão da necrofilia. Pode-se seguir o pensamento de Eric Fromm, que, em *Anatomia da destrutividade humana*, afirma: "A biofilia é o amor apaixonado pela vida e por tudo aquilo que é vivo; é a sede de um crescimento complementar, numa pessoa, planta, ideia ou grupo social. A pessoa biófila prefere construir a guardar. Quer ser mais, em vez de ter mais. É capaz de admirar, e prefere ver algo novo a encontrar comprovação do que é antigo. Ama a aventura de viver mais do que a certeza. Vê antes o todo que apenas as partes; as estruturas ao invés de os somatórios e totais. Deseja moldar e influenciar pelo amor, pela razão e pelo exemplo; não pela força, pelo desmembramento das coisas, pela forma burocrática de administrar as pessoas, como se elas fossem coisas. Uma vez que goza a vida e todas as manifestações, não é um consumidor apaixonado de excitações recentemente empacotadoras. A ética biófila tem seu próprio princípio quanto ao bem e ao mal. Bem é tudo aquilo que serve à vida; mal é tudo o que serve à morte. O bem é a reverência pela vida, tudo o que engrandece a vida, o crescimento, o desdobramento. O mal é tudo o que sufoca a vida, que a restringe, que a corta em pedaços"[30].

6.4. RAZÃO E AFETO, DIREITO E JUSTIÇA

A história do ocidente confunde-se com uma história em cuja narrativa se encontra necessariamente a de uma civilização marcada pelo predomínio do racional e do masculino. A aridez da cultura em que predomina o mascu-

---

[28] Fromm, *La revolución de la esperanza*, 2003, p. 49.

[29] "Rationalité en un sens sans doute très large: la sensibilité, nous le verrons, oriente, ordonne, construit et, en ce sens, elle prepare les opérations logiques futures, elle est une protologique, idée que nous emprunterons aux psychologues qui révolutionent aujourd'hui notre compréhension de l'enfant, de la formation de la sensibilité et de son intelligence. Il's agit donc d'une logique de la sensation, mais d'une protologique de la sensibilité qui a ses raisons dans la vie elle-même, dans la capacité qui a l'être vivant à se donner son milieu et pas seulement à le subir" (Bruyeron, *La sensibilité*, 2004, p. 5-6).

[30] Fromm, *Anatomia da destrutividade humana*, 2. ed., 1987, p. 486-487. Ainda, em outro texto, a mesma preocupação: "Cada acto de amor, de consciencia y de compasión es resurrección; cada acto de pereza, de avidez u de egoísmo es muerte" (Fromm, *La revolución de la esperanza*, 2003, p. 28).

lino decorre de seu caráter abstrato e dogmático, características próprias do racionalismo[31]. Trata-se de uma civilização que vem determinada por fortes contingentes de práticas paradigmaticamente fixadas sobre a ética fálica. Esse falocentrismo civilizacional também constrói a imagem de uma sociedade carente do direito como regulador de comportamentos, de onde o direito aparece necessariamente como sendo a esfera do pai, da ordem, da convenção, do vertical, da lei imperativa, do controle. O falo, como símbolo[32], é a insígnia do pai-inseminador e a insígnia da potência e do poder, e, por isso, a insígnia do direito e da lei, como afirma Althusser[33].

Se o pai-fundador (*En arché os Lógos*) é o Deus Bíblico, Onipresente e Onisciente, e o arquétipo masculino assume a forma do culto ao Senhor de toda a ira, do Antigo Testamento, signo de poder espermático e de fundação de toda a ordem do existente, por sua vez, a justiça já se encarna como sendo revelação do arquétipo do feminino. Está na base, portanto, da cultura dos usos e costumes, da cidade ordenada pelo patriarcado grego, da *polis*, ou romano, da *civitas*, a ideia de que a convenção é um ato que é fruto do poder do pai (*imago Dei*) e, portanto, fato gerador da própria história[34]. As convenções são, por isso, expressão da masculinização do espaço público. Tanto é verdade que se costuma apresentar o caráter inflexível do direito, que se revela castrador, através do célebre brocardo: *dura lex, sed lex* (Ulpiano, *Digesto*, 40, 9, 12, 1).

Entre os antigos gregos, não há um deus da justiça, mas diversas formas divinas femininas de se reportar à justiça, desde uma concepção mais primi-

---

31 "... O malogro em integrar o mundo do feminino em uma civilização patriarcal levou à masculinização da cultura, com uma predominante rigidez de atitudes mentais, em geral dogmáticas e abstratas, redundando numa sociedade excessivamente racionalista e árida, porque distanciada do sentido e do instinto" (Prado, *O juiz e a emoção*, 2003, p. XXVIX).

32 "Símbolo do poder gerador, fonte e canal do sêmen, enquanto princípio ativo. (...) Sua representação não é obrigatoriamente esotérica nem erótica: ela significa simplesmente a potência geradora que, sob essa forma, é venerada em diversas religiões" (Chevalier e Gheerbrant, *Dicionário de símbolos*, 2005, p. 418).

33 "Que, neste último drama, tudo se desenrole na matéria de uma linguagem previamente formada, que, no complexo de Édipo, centra-se inteiramente e se ordena em torno do significante *falo*: insígnia do Pai, insígnia do direito, insígnia da Lei, imagem fantasmática de todo Direito – eis o que pode parecer espantoso ou arbitrário –, mas todos os psicanalistas o atestam como um fato de experiência."

"A última etapa de Édipo, a 'castração', pode dar uma ideia disso. Quando o menino vive e resolve a situação trágica e benéfica da castração, ele aceita não ter o mesmo Direito (falo) que seu pai, e, particularmente, não ter o Direito do pai sobre sua mãe, que se revela então dotada do estatuto intolerável do duplo papel, mãe para o menino, mulher para o pai; mas, assumindo o fato de não ter o mesmo direito que seu pai, ele ganha, com isso, a segurança de vir a ter um dia, mais tarde, quando se tiver tornado adulto, o direito que agora lhe é recusado, por falta de meios" (Althusser, *Freud e Lacan. Marx e Freud*, 2000, p. 67-68).

34 A respeito, v. Giovannetti, O sujeito e a lei, in Groeninga, Giselle; Pereira, Rodrigo da Cunha (Coords.), *Direito de família e psicanálise:* rumo a uma nova epistemologia, 2003, p. 43-53.

tiva e hierárquica, distante e divina, como *thémis*, até os termos *diké* e *dikaiosýne*. O termo *diké*[35], apesar de surgido provavelmente na mesma época do termo *thémis*, assume, com as modificações da civilização grega, uma carga de significação específica, revelando seu sentido como igualdade, como cumprimento da justiça, como bom julgamento, assumindo uma conotação social de grande relevo por ocasião do surgimento dos primeiros movimentos sociais em oposição às injustiças que sulcavam abruptas diferenças entre os grupos sociais, as classes dominantes e as classes campesinas. Nesse sentido, ampla contribuição foi dada pelo poeta do povo, Hesíodo[36], responsável pela exaltação do trabalho, do esforço e dos valores populares ligados ao modo campesino de vida.

Perceba-se que o processo de transformação da ideia de justiça entre os gregos corresponde a um movimento de passagem, contínua e lenta, entre os vocábulos *thémis, diké* e *dikaosýne*. Se a justiça estava depositada sobre a autoridade de *thémis*, atribuída pelas próprias mãos de Zeus aos dirigentes e governantes, como investidura divina e sagrada, significando o bom conselho ungido sobre o que é humano, com sua passagem para *diké*, constrói-se um novo baluarte da realização material de um maior igualitarismo, na medida em que não somente *diké* assume um sentido de justiça mais próximo e igualitário, como poder humano de decisão sobre as coisas humanas, como também se dessacraliza e destrona, como desafio, a autoridade de *thémis*.

Assim é que para uma nova ordem política, econômica, cultural e social, *diké* revelou-se a melhor concepção para revestir os anseios e ideais populares. Tornou-se, ademais, princípio-motor para a reivindicação de modificações na estrutura político-administrativa da cidade (*polis*). Tal significado encontrou fundamentos na própria conceituação mitológica do termo, que representa a

---

[35] A respeito das diferenças semânticas entre os termos *thémis* e *diké*: "The one, *thémis*, is specialized to man, the social conscience, the other is the way of the whole is the way of the whole world of nature, of the universe of all live things. The word *diké* has in it more life-blood, more of living and doing; the word *thémis* has more of permission to do, human sanction stradowed always by *tabu*; *fas* is unthinkable without *nefas*" (Harrison, *Themis: a study of the social origins of greek religion*, 1989, p. 516).

[36] A respeito das diferenças conceituais entre a *Dike* homérica e a hesiódica: "O *Dike* de Hesíodo contém uma elevada concepção moral do comportamento correto; mas falta-lhe algo no sentido da obrigação recíproca consciente entre as diferentes classes e indivíduos, característica da visão de Homero. Nesse contexto, a ética da justiça de Hesíodo é, paradoxalmente, mais aristocrática do que a de Homero. Seu conceito de *dike* não é um apelo à genuína colaboração harmoniosa entre os diversos setores da comunidade; não desafia o direito do proprietário de terras de usufruir o monopólio do poder; de fato, aceita como fato natural que a *pólis* (a palavra começa a ser usada por Hesíodo no sentido clássico) prospere ou sofra como resultado direto dos atos da aristocracia. A esperança de melhorias positivas se baseia somente na possibilidade de que os senhores vejam a luz oriunda de *Diké* e pautem seu comportamento por essa luz de justiça, em suas relações com os membros da comunidade subordinada" (Morrall, *Aristóteles*, 1985, p. 11).

deusa responsável pelo embate contra as forças de Éris (discórdia), Bia (violência) e Hybris (imoderação), na implantação da ordem sobre a Terra[37].

Nessa tradição mítica da personificação, há, portanto, uma derivação no relacionamento entre *Thémis* e *Diké*, pois *Diké* é uma deusa ligada à verdade (*alétheia*) e à luz[38], filha de *Thémis*, agindo em oposição a outras forças, que agem com propósitos contrários [a injustiça (*adikía*), a desconfiança e a infidelidade (*pseudés*) e a sedução mentirosa (*apâte*)]. Nessa medida, *Diké* revela aos homens o que é em essência (e o que estaria escondido na dimensão do Hades), especialmente quando atua sobre as relações humanas, fazendo com que emerja o que é porque é, e não o embuste, o falso, o mentiroso, a imagem parca e translúcida da verdade.

Portanto, desde sua origem mitológica, é legendária a tradição que faz ver na justiça a dimensão do arquétipo feminino[39]. Como se pode extrair de um conjunto de evidências simbólicas e etimológicas, a justiça sempre foi associada a uma deusa feminina. Essa evidência não pode ser assumida como desprezível, pois em meio a tantas divindades masculinas, inclusive diante da potência unificadora de Zeus, a justiça foi dita *Diké* quando se pretendeu libertar os homens do jugo dos próprios deuses. Evocada na forma de uma balança, a *Iustitia* se consagra historicamente como a virtude da isonomia, da imparcialidade, da ponderação, da piedade pelo humano, bem como pela capacidade de sopesamento nos julgamentos[40]. O agir prudente é aqui sinô-

---

[37] Coelho, *Introdução histórica ao direito*, 1977, p. 33.

[38] Referindo-se ao termo *alétheia*: "é uma palavra que se relaciona com três forças positivas: a justiça (*diké*), a confiança e fidelidade (*pístis*) e a doce ou suave persuasão (*peithó*). Personificadas, são três deusas ligadas à verdade e à luz; em oposição a elas, no campo do esquecimento/erro/engano/mentira, que é o mundo escuro da *Léthe*, estão três outras forças: a injustiça (*adikía*), a desconfiança e a infidelidade (*pseudés*) e a sedução mentirosa (*apáte*)" (Chaui, *Introdução à história da filosofia*, 1994, p. 38).

[39] "... A noção de arquétipo permite-nos compreender porque, em locais e tempos diferentes, surgem temas idênticos nos sonhos, nos delírios, nos mitos, nos contos de fadas, nos dogmas e rituais das religiões, nas artes, enfim nas produções do inconsciente de um modo geral. Os filósofos do Direito há muito afirmam que a Justiça, desde tempos imemoriais, aparece nas simbolizações da humanidade. Pode-se, assim, afirmar que a Justiça é um arquétipo..." (Prado, *O juiz e a emoção*, 2003, p. 32).

[40] Matriarcado e patriarcado diferem de sentido, portanto: "... Para ele, o dinamismo matriarcal – o mais básico da psique, que se relaciona com fertilidade, a sobrevivência e a propagação da espécie – é regido pelo princípio da abundância, da sensualidade, da magia, da afetividade, da intuição, do imaginético, do lúdico, do sentimento, da proximidade com o inconsciente. Também se expressa na personalidade, pela expressividade exuberante das emoções, pelo preparo dos alimentos, pela dança, pelo canto. É representado, geralmente, pelas deusas da fertilidade. O padrão de consciência desse dinamismo é a grande proximidade da relação Eu-Outro".

"Quanto ao dinamismo patriarcal, é regido pelo princípio da ordem, da racionalidade, do dever, do desafio das tarefas, do senso prático, dividindo o mundo em polaridades: bem e mal, certo e errado, justo e injusto, bonito e feio etc. Seus deuses são legisladores e conquistadores. No nível da

nimo de uma prática ética de consideração da singularidade de cada caso concreto e de cada particularidade humana. O esforço implicado no ato de agir e julgar prudentemente é um esforço dimensionado de forma ética, e não por uma simples operação lógico-dedutiva a partir de regras gerais.

Seguindo, pois, a ordem das coisas derivada de uma forma de compreensão falocêntrica do mundo, o espaço do público é um espaço dominado pela cultura patriarcal, repressora, que leva à submissão do padrão feminino, e, na base dessa cultura, encrustam-se formas de controle do comportamento centradas na ordem do masculino[41]. O espaço do público é o espaço das relações de trabalho – ocupadas em geral pelo predomínio dos homens – e, portanto, o espaço da coordenação das ações na base do direito[42]. Deve-se recordar que, em grande parte, o direito que se herda no Ocidente, ao menos em grande parte da Europa continental, e deriva do sistema de direito romano-germânico, cuja base era o próprio patriarcalismo da civilização greco-romana. Por isso, faz sentido pensar que *Summun ius summa iniuria*, como constata Cícero (*De finibus*, 1, 10, 33). Sob os influxos do positivismo, a transposição do caráter cultural do racionalismo moderno, cartesiano, para o mundo do direito dá-se na consagração do pensamento de Hans Kelsen, passagem esta que torna determinante para a cultura jurídica o seguimento de uma concepção abstrata, formal, lógica, rigorista, sistêmica, do direito e do papel dos operadores do direito diante da sociedade[43].

Nesse sentido, a superação desse paradigma implica trazer à consciência o fato de que o direito, quando se afasta da justiça, revela-se, em grande parte, arbítrio, força opressora, puro ato de imposição, e, com isso, sem ser balança, oprime pela espada que deve proteger. Tanto é verdade que o direito de *Aus-*

---

sociedade, é planificador, controlador e hierarquizador; no plano das ideias é o grande formador de sistemas..." (Prado, *O juiz e a emoção*, 2003, p. 57-58).

41 "... A cultura patriarcal do Ocidente está repleta de exemplos que demonstram a sujeição da mulher em relação ao homem..." (Prado, *O juiz e a emoção*, 2003, p. 53).

42 Com pequena discordância com relação a Leonardo Boff nesse ponto, especialmente no que se refere à confusão entre os conceitos de justiça e direito como derivados da dimensão do masculino: "Notoriamente vivemos ainda, desde o neolítico, sob a era do pai e do patriarca. A ética prevalente foi formulada na linguagem do homem que ocupa o espaço público e detém o poder. Ele se expressa por princípios, imperativos, normas, ordenações e culmina com o tema da justiça. Usa como instrumento de construção o logos, a razão" (Boff, Justiça e cuidado: opostos ou complementares?, in PEREIRA, Tania da Silva; OLIVEIRA, Guilherme de (Orgs.), *O cuidado como valor jurídico*, 2008, p. 2).

43 Na interpretação de Lídia Reis de Almeida Prado: "A ideia da existência de setores puros de conhecimento, que constitui um dos princípios do racionalismo iluminista, foi depois endossada, no mundo jurídico, por Kelsen e seus seguidores. Na concretização do ideal do *órgão competente*, é muito importante a figura do juiz formalista, distante dos interesses da sociedade civil, detentor do saber técnico e, por isso, capaz de pôr em prática norma jurídica, de modo neutro e não tendencioso..." (Prado, *O juiz e a emoção*, 2003, p. 89).

chwitz, ao ser revelador de uma forma de racionalização do mundo da vida, é pura irracionalidade. Por isso, não é impossível que o direito se associe a *tânatos*; revelando-se como instrumento da face da morte, o direito é ordem imperativa que ressoa força bruta. Mas isso o direito só faz uma vez que se dissocia de *éros*. Nesse sentido, confundindo-se com a força bruta do ato de polícia e revelando-se como potência fálica incontestável, o direito se faz simplesmente irracionalidade.

Quanto mais o direito se inspira nos ideais civilizacionais ocidentais, mais se distancia da possibilidade de fazer-se justo. Também, quanto mais se identifica com a instrumentalidade, mais propenso se torna a anestesiar a compreensão sensível e emotiva do mundo. A racionalidade masculina, nesse sentido, cresta o aspecto feminino da razão; a percepção feminina é estética, é criativa, é dialógica e lúdica, é afetiva e é sensível. A percepção masculina do mundo é calculadora, operativa e técnico-racional. Por isso, num registro masculino de mundo, o impensável se torna real, como *Auschwitz* ou *Gulag*, experiências do sem-sentido, do absurdo mundanizado, possível no âmbito das práticas de Estado e do direito como reveladores da clara dissociação entre razão e emoção, burocracia e sociedade, humanidade e poder. Os perigos derivados desse tipo de concepção do direito não carecem de ser retomados, pois as provas históricas da capacidade de gerar dor e sofrimento já foram suficientes. Basta, nesta linha de análise, retomar o sem-sentido das consequências históricas desse paradigma. Onde o falo está presente, as relações são marcadas pela medição de forças, pela lógica da competência fálica, que é concorrencial e anuladora da experiência do outro, e, invariavelmente, no choque, a disputa e a guerra acabam sendo resultantes naturais. A superação do protótipo do poder pelo do amor deve ser um esforço concentrado de construção de um outro amanhã, como investiga Warat[44].

No modelo imperante, claramente, a porta de ação do masculino prepondera, e a porta de ação do feminino é bloqueada, esta que significa, como afirma Boff, aquela que expressa a receptividade, a relação, a sensibilidade, conduzindo à ética do cuidado[45]. A discussão sobre a ética do cuidado per-

---

44 "Perverso como toda esfinge, o poder não pode ser debilitado pelo amor. Ao contrário, ele mata toda energia contida na prática do amor.

Na virada do milênio, estando nossa espécie ameaçada de extermínio, só nos resta apostar na construção de uma sociedade do sentimento que venha substituir a impiedosa sociedade do poder em que estamos vivendo. Encontraríamos, assim, numa era criadora, formada pela alquimia dos homens que se procurariam e sem a compulsão de se defenderem uns contra os outros" (Warat, *Territórios desconhecidos:* a procura surrealista pelos lugares do abandono do sentido e da reconstrução da subjetividade, 2004, v. I, p. 301).

45 "A porta da mulher foi praticamente silenciada ou não foi ouvida. Ela se expressa pela receptividade, pela relação e pela sensibilidade e culmina com o tema do cuidado. O instrumento de construção é o *pathos* ou o Eros, o afeto" (Boff, Justiça e cuidado: opostos ou complementares?,

mite retomar um traço de fundamental importância para a cultura ocidental, em seus desvios históricos. E isso porque a questão do feminino recupera importantes reflexões, em algum momento histórico perdidas, que se extraem da filosofia grega, marcadamente presentes no pensamento socrático e estoico, como o pensamento pós-moderno, especialmente o de Michel Foucault, prioriza retomar, afirmando que, "Para os gregos, não é por ser cuidado dos outros que ele é ético. O cuidado de si é ético em si mesmo; porém implica relações complexas com os outros, uma vez que esse *éthos* da liberdade é também uma maneira de cuidar dos outros; por isso é importante, para um homem livre que se conduz adequadamente, saber governar sua mulher, seus filhos, sua casa. Nisso também reside a arte de governar. O *éthos* também implica uma relação com os outros, já que o cuidado de si permite ocupar na cidade, na comunidade ou nas relações interindividuais o lugar conveniente – seja para exercer uma magistratura ou para manter relações de amizade"[46].

A partir da discussão sobre a ética do cuidado, em psicanálise, as pesquisas junguianas também apontam no mesmo sentido, ao afirmar que *Anima* (arquétipo do feminino), ou *Eros*, representa o aspecto feminino, o princípio do *yin* da filosofia chinesa, presente na *psyché* dos homens, ligado à emoção, à criatividade e à intuição, e que *Animus* (arquétipo do masculino), ou *Logos*, o princípio do *yang* da filosofia chinesa, representa o aspecto masculino, presente na *psyché* das mulheres[47]. Onde *Lógos* sufoca *Éros* não é possível a coexistência harmônica dos dois traços fundamentais da *psyché* humana; por isso, uma cultura centrada no *Lógos* masculino representa um plano de mundanidade fundado sobre o desequilíbrio das forças psicossociais; a atrofia recalcada do feminino gera a subversão violenta de *Éros* como reação compensatória,

---

in PEREIRA, Tania da Silva; OLIVEIRA, Guilherme de (Orgs.), *O cuidado como valor jurídico*, 2008, p. 2).

46 Foucault, A ética do cuidado de si como prática da liberdade, in *Ética, sexualidade, política*: ditos e escritos, 2004, v. 5, p. 271.

47 Neste longo trecho, as detalhadas explicações de Lídia Reis de Almeida Prado: "Atualmente, sabe-se que há, no psiquismo do homem, atributos como a emoção, a criatividade, a intuição, que, ao longo do tempo, por um desvio cultural, foram considerados próprios das mulheres (Jung denomina *anima*, do latim *animare*, tais atributos). Através de uma metáfora, é possível dizer que *anima* é a figura interior de mulher na psique do homem; o *animus* é a figura interior de homem na psique da mulher. Compõem o arquétipo da *anima* todas as experiências relevantes que o homem teve com a mulher, durante milênios, ou seja, um aglomerado hereditário inconsciente de 'origem muito longínqua, de todas as experiências da linha ancestral em relação ao ente feminino, resíduo de todas as impressões fornecidas pela mulher'. Ou seja, *anima* é o *arquétipo do feminino*, ao qual Jung conferiu muita importância, fato que contrastou com o caráter patriarcal da psicanálise tradicional... " (Prado, *O juiz e a emoção*, 2003, p. 32). E, mais adiante: "... Jung chama a *anima* de arquétipo de feminino e arquétipo da vida; também estabelece analogia entre a *anima* e *yin* (que é o princípio feminino entre os chineses, em contraposição ao masculino, *yang*). Segundo Storm, cada homem contém o reflexo de uma mulher e vice-versa..." (Prado, *O juiz e a emoção*, 2003, p. 51).

e dessa rebeldia natural surgem os grandes momentos de repressão social e violência manifesta[48].

Aqui se trata de reconhecer que a filosofia ocidental, em seu desenvolvimento histórico, praticou erros reducionistas que se traduziram para a cultura, tais como a separação radical entre *Lógos* e *Éros*[49]. No entanto, com isso, não se trata de menosprezar *Logos* (*animus*) em favor de *Eros* (*anima*), ou vice-versa, muito menos de hierarquizar um com relação ao outro. Ambos são absolutamente indispensáveis para a determinação da existência do indivíduo, estão presentes em todos os indivíduos como potencialidades, da *psyché*, bem como dos arranjos sociais. Há que afirmar com clareza o caráter complementar e reciprocamente necessário do equilíbrio entre essas polaridades[50]. E isso porque há um caráter andrógino no psiquismo humano, como a corrente junguiana interpreta, e o potencial pleno do humano somente se realiza quando se integram ambos os aspectos na vida do indivíduo. Fromm, por sua vez, na mesma linha, afirma: "... Do mesmo modo que o homem e a mulher têm hormônios do sexo oposto, também são bissexuais no sentido psicológico. Levam dentro de si o princípio de receber e de penetrar, da matéria e do espírito. O homem – e a mulher – só encontra a união dentro de si próprio na união de sua polaridade feminina e masculina. Essa polaridade é a base de toda criatividade..."[51].

---

48 "... É comum falar que o *animus* corresponde ao *Logos* e a *anima* ao Eros. Mas Jung usava os termos *Eros* e *Logos* como conceitos intuitivos, ou seja, auxiliares na descrição do fato de que o consciente da mulher é caracterizado mais pela vinculação ao *Eros* do que pelo caráter cognitivo do *Logos*. No homem, o *Eros* – que é função de relacionamento – em geral apareceria menos desenvolvido do que o *Logos*..." (Prado, *O juiz e a emoção*, 2003, p. 66).

49 "E, no entanto, o *Logos* se separou de *Eros*. As filosofias desenvolvidas durante a história inteira da civilização cristã ocidental dividiram quase que aprioristicamente o mundo nas duas regiões, a região da razão e a região das emoções (a emoção não ocupa um lugar em nosso mundo; ela é um fundamento para nosso mundo: o mal-estar que a dor de dentes provoca não tem lugar definido, embora o fato material da dor seja alguma coisa muito concreta); o estudo da palavra assumirá um lugar muito importante quando o pensamento ocidental se transforma em filosofia" (Doria, *Marcuse*, 1983, p. 266).

50 "... Por exemplo, *Yang* refere-se ao Sil, ao céu, ao brilho; *Yin* relaciona-se à Lua, à Terra, ao escuro, ao úmido. Pelo emprego do *Yang* e do *Yin*, não seria preciso definir com precisão *animus* e *anima*, afastando-se, assim, o risco de se perder a comunicação com a força viva desses arquétipos.

Em geral, o *Eros* é associado à afetividade, à intimidade, à capacidade de relacionamento, ao amor, ao vínculo, ao lúdico. Com o *Logos* costuma-se relacionar a consciência focalizada, o respeito pelos fatos, o julgamento feito com base apenas na lei, o intelecto, a abstração lógica e a discriminação. *Essas potencialidades são de todos, homens e mulheres*, e, se, num determinado momento, não estiverem disponíveis para alguém, isso se dá por razões individuais e não sexuais" (Prado, *O juiz e a emoção*, 2003, p. 67-68).

51 Fromm, *A arte de amar*, 2006, p. 42: "... Na realidade, como é usual afirmar, todo indivíduo é um híbrido psicológico..." (Prado, *O juiz e a emoção*, 2003, p. 60).

Toda redução do humano a um ou a outro dos extremos representa o recalcamento de aspectos fundamentais do psiquismo que redunda num envilecimento do caráter e num empobrecimento da existência. Por isso, a luta pela conciliação dos arquétipos deve ser interpretada como sendo mesmo a busca do equilíbrio e do meio-termo no campo da composição da própria identidade humana plena. Trata-se de um esforço de direcionamento das energias que guiam e permitem expressar a personalidade humana. Separados desde o princípio, feminino e masculino tendem a se procurar e a se separar, até que se torne possível sua reunião novamente; esse encontro pode ser batizado como ponto-ótimo de equilíbrio existencial para a personalidade do indivíduo[52]. O seu contrário é a disposição conflitante do caráter.

No entanto, é certo dizer que não são as condições biológicas que determinam o bom uso de *animus-anima*, pois nem toda mulher utiliza-se adequadamente de seu potencial feminino, nem todo homem é necessariamente despido de sensibilidade feminina; por isso, o ser humano, como gênero, é dotado de ambas as faces, carecendo de serem desenvolvidas e exploradas num balanço virtuoso para que haja equilíbrio na esfera de relações entre as potencialidades humanas[53]. Mais uma vez, pode-se recuperar uma ideia grega, a da harmonia (*armótton*), que reaparece como um elemento de fundamental importância para a adequação da ação no plano da ética; não há ética sem equilíbrio. Como afirma Lídia Reis de Almeida Prado: "... Muito ao contrário, quando desenvolve traços psicológicos que a cultura tem considerado como sendo próprios da mulher, ele se torna um ser humano integral, pois a masculinidade do homem equilibra-se pela capacidade em lidar com o sentimento, com o afeto, com o lado intuitivo da vida e com a introspecção. Nem é preciso dizer o quanto esses aspectos acham-se reprimidos na cultura, bastando levar em consideração eventos como a caça às bruxas na Inquisição e a contínua repressão da afetividade, sentimento que é confundido com o amor romântico. Daí a afirmação de Jung de que o feminino está doente, em nossa civilização..."[54].

Por isso, a mudança de paradigma implica, atualmente, o esforço no sentido de caminhar em direção à criação de um amplo espaço de consagração da esfera do feminino na arte de entender, interpretar e compreender a esfera

---

52 "... Por isso, foram separados em duas partes (uma masculina e outra feminina), as quais lutam para se unir novamente" (Prado, *O juiz e a emoção*, 2003, p. 52).

53 O esclarecimento é de Leonardo Boff: "Convém, entretanto, de saída, esclarecer que os temas da justiça e do cuidado não se derivam exclusivamente do homem ou da mulher. Homem e mulher são apenas portas de entrada. Ambos compõem o ser humano, masculino e feminino. Em razão disso, o masculino não pode ser identificado com homem assim como o feminino, com a mulher" (Boff, Justiça e cuidado: opostos ou complementares?, in PEREIRA, Tania da Silva; OLIVEIRA, Guilherme de (Orgs.), *O cuidado como valor jurídico*, 2008, p. 2)

54 Prado, *O juiz e a emoção*, 2003, p. 35.

do direito[55], o que pode resultar numa grande transformação do discurso imperante, corrigindo distorções ancestrais, como constata e afirma Luis Alberto Warat[56].

Quando o direito opera, age pela esfera do imperativo, e tem seu reforço socialmente dado pela ideia da coerção. Nessa visão de mundo, diante de *ego*, *alter* é feito súdito normativo, e, não guindado à esfera de sujeito racional, é estimulado a conduzir-se na base de uma obediência cega, sob pena de castração[57]. Numa outra visão de mundo, fundada na cultura do feminino[58], o acolhimento fala a linguagem do diálogo e da compreensão e assume a perspectiva da comunhão, e não do abatimento do inimigo, como na cultura da competição viril[59].

Por isso, numa cultura pai-centrada, a órbita do jurídico é fundada em um conjunto de práticas de imposição vertical. Já numa cultura mãe-centrada, a órbita do jurídico pode transmutar-se para receber influxos novos de concepções, que devem albergar, necessariamente, práticas e esforços de mediação, diálogo e entendimento. Não é a mera imposição silenciosa que constrói uma sociedade justa, a partir dos imperativos emanados da figura do pai-Estado,

---

55 "Numa relação dominada pela masculinidade, o outro passa a ser uma possibilidade de atravessamento para constituir o próprio corpo como objeto de necessidade.

A masculinidade do desejo é fálica, conformista e incapaz de fertilizar o novo. Centrada em si mesma, instala os sentimentos numa fusão quieta. A fusão com um sonho imobilizado e sem carências.

Quando se encontra o feminino do desejo, o projeto identificatório começa a comprometer-se com a procura do novo: o ser na busca do suplemento do prazer e do sentido. O prazer como lugar da libertação da energia simbólica no rumor do múltiplo irredutível da linguagem.

O feminino é enquanto ignora o pleno significativo e se descobre semiologicamente criativo. Vale dizer, a feminilidade como suplemento da masculinidade para realizar a política da palavra.

O feminino é sempre uma falta fértil das linguagens: o invisível simbólico da diferença" (Warat, *Territórios desconhecidos:* a procura surrealista pelos lugares do abandono do sentido e da reconstrução da subjetividade, 2004, v. I, p. 347).

56 "Desta maneira, iriam preparando-se as condições para a transformação do mundo através de um discurso, que, mais que racional, é implicitamente afetivo" (Warat, *Territórios desconhecidos:* a procura surrealista pelos lugares do abandono do sentido e da reconstrução da subjetividade, 2004, v. I, p. 306).

57 "... Mas, embora não represente o mundo natural, o pai representa outro polo da existência humana, o mundo do pensamento, das coisas feitas pelo homem, da lei e da ordem, da disciplina, da viagem e da aventura. O pai é alguém que ensina a criança, que mostra a ela o caminho no mundo..." (Fromm, *A arte de amar,* 2006, p. 53).

58 "... O amor materno é, por sua natureza, incondicional..." (Fromm, *A arte de amar,* 2006, p. 52).

59 "O cuidado, pois, não é um ato fugaz, mas uma atitude permanente. É o modo de ser típico do ser humano com os outros no mundo. A relação não é sujeito-objeto mas sujeito-sujeito. Não é de intervenção, mas de comunhão" (Boff, Justiça e cuidado: opostos ou complementares?, in PEREIRA, Tania da Silva; OLIVEIRA, Guilherme de (Orgs.), *O cuidado como valor jurídico,* 2008, p. 7).

do pai-Leviatã, que amedronta pela ordem e pela convenção, para prevenir do mal maior, para prevenir a desordem total que levaria à experiência da morte. Trata-se, com isso, de pensar a feminilização do direito. E isso porque se entende que, quando razão e sensibilidade se encontram, o direito opera justiça. As oportunidades para uma sociedade mais justa derivam da possibilidade de aplicar-se uma nova forma de enxergar as práticas do direito na base de um aumento de convergências entre a experiência que deriva da razão sensível, ao lado da experiência da sensibilidade raciocinada.

Quando se fala de despertamento da sensibilidade (*Sinnlichkeit*), não se deve com isso confundir a mera sensorialidade. Como virtude, a sensibilidade constrói pontes de equivalência entre *alter* e *ego* que possibilitam um trânsito fundado em preocupações comuns entre os parceiros de comunicação. O uso do afeto é, nesse sentido, o centro das formas de florescimento e aparição dessa cultura em emergência[60].

Se justiça fosse apenas demonstração de força, de poder, de intimidação, de espada, não haveria lugar para a ponderação, para a reflexão, para a flexibilidade, para a percepção das necessidades humanas. Nesse sentido, o lidar com a lei não pode permitir que se apague a *anima*, na medida em que ela, trazida à sombra, pode rebelar-se contra o próprio julgador[61]. O espírito autêntico do julgador é aquele que corresponde à capacidade de agir na medida do necessário e do justo, para trazer ao caso concreto a dimensão da justiça. Sem isso, não haveria lugar para a equidade (*epieikeia*), que é, na *Ética à Nicômaco* de Aristóteles, a mais excelente forma de justiça: "E essa é a natureza do equitativo: uma correção da lei quando ela é deficiente em razão da sua universalidade"[62].

---

60 Essa cultura vem ganhando seus contornos científicos, como demonstra Leonardo Boff: "Hoje sabemos, pela tradição psicanalítica e pelos estudos empíricos da nova antropologia como a de David Goleman em seu livro inteligência emocional (1995) ou da reflexão de muitos pensadores contemporâneos que se referem à razão sensível (eu preferiria chamar sensibilidade racional), que o afeto, a sensibilidade, a passionalidade e o sentimento são as camadas mais profundas e determinantes do humano" (Boff, Justiça e cuidado: opostos ou complementares?, in PEREIRA, Tania da Silva; OLIVEIRA, Guilherme de (Orgs.), *O cuidado como valor jurídico*, 2008, p. 8).

61 "... O juiz, tão poderoso nas relações com o mundo externo, poderá ficar extremamente frágil diante desses pensamentos. Desse modo, a *anima* poderá sussurrar-lhe impiedosamente: De que adianta o seu trabalho? Que diferença faz para a sociedade? Se essas indagações ressoarem dentro do juiz, ele terá sucumbido à possessão desse arquétipo.

Apesar de tudo, ainda que se mostre incômoda, o arquétipo da *anima* tem a vital função de trazer o homem de volta aos dignificados mais elevados da própria existência e ao caminho da individuação. Isso ocorre porque, na verdade, a *anima negativa* e a *anima positiva* não constituem realidades interiores separadas, mas os dois lados de uma mesma realidade arquetípica. Segundo Jung, 'a *anima* é bipolar e pode aparecer positiva num momento e negativa no outro: ora é jovem, ora é velha, ora uma fada, ora uma bruxa, ora uma santa, ora uma prostituta...'" (Prado, *O juiz e a emoção*, 2003, p. 75).

62 Aristóteles, *Ética a Nicômaco*, 1137 b, p. 27-28.

O direito é também aquilo que se consagra por aplicação e concretização de suas regras, e não somente a existência de suas regras abstratas, o que permite dizer que o ato de julgamento implica, necessariamente, um ato de responsabilidade pelo outro, e, por isso, deve ser visto como um lugar do cuidado socialmente institucionalizado; por isso, o lugar do julgamento deve estar revestido não somente do caráter do imperativo, do *nómos* masculino, mas também da *diké* feminina, de uma *lógica da sensibilidade* para perceber e agir na medida da necessidade específica do caso concreto, com pesos e medidas[63].

Por isso, é possível afirmar que a boa compreensão da arte de entender o direito implica enxergá-lo, de um lado, como singularidade carente de cuidado, a arte do feminino da justiça, atinente ao caso concreto, e, de outro lado, como universalidade normativa de regulação do comportamento social, atinente às regras sociais abstratas. Não se trata de pensá-las como antagônicas e muito menos de dissociá-las, mas de considerá-las partes integrantes das necessárias formas de atuação do direito, em toda a sua complexidade. Assim, justiça e direito não são termos excludentes, e sim carentes entre si[64].

6.5. CULTURA E EDUCAÇÃO EM DIREITOS HUMANOS E PARA OS DIREITOS HUMANOS: A ÉTICA DO CUIDADO E A DIGNIDADE DA PESSOA HUMANA

A dignidade da pessoa humana, por sua natural complexidade, demanda uma série de cuidados. Tomando-se na expressão "dignidade da pessoa humana" o princípio que metaformata e ajusta o direito a um conjunto de exigências afirmadoras da condição humana, pode-se dizer, com Eric Fromm, que uma cultura centrada nos direitos humanos é uma cultura que acena positivamente em direção à erotização do mundo, no sentido freudomarcuseano[65], à biofilia e à tolerância, negando os caminhos modernos da biopolítica e do extermínio do outro como forma de realização mesmo dos projetos

[63] "... Parece estar em processo de superação a clássica figura, típica do dinamismo patriarcal, do magistrado neutro, ascético cumpridor da lei e distante das partes e da sociedade..." (Prado, *O juiz e a emoção*, 2003, p. 113).

[64] "Todavia, não há antagonismo, num sentido de exclusão, entre as duas justiças referidas por Von Franz. Tão importante quanto os aspectos próprios da justiça feminina (o sentimento do juiz, em face do caso concreto) são as qualidades da justiça masculina (a ordem social trazida pela norma, a qual constitui um traço exclusivo do Direito, entre os outros ramos do saber). Somente com a convivência dessas duas dimensões, presentes em *Dike* e *Atená*, parece ser exequível uma prestação jurisdicional fundada na virtude da prudência e, assim, equilibrada e harmônica..." (Prado, *O juiz e a emoção*, 2003, p. 134).

[65] "O mundo erotizado é um mundo onde eros deixou de ser confundido com o impulso genital específico. É um mundo que se mostra como uma emanação do princípio da vida" (Doria, *Marcuse*, 1983, p. 202).

emancipatórios[66]. Por isso, a política do amor, na expressão de Warat, ganha campo para se afirmar como um trunfo do discurso pós-moderno, e do revisionismo crítico da modernidade[67], abrindo campo para a reflexão acerca do cuidado de si como ética e do cuidado do outro como expressão da responsabilidade ativa[68].

Considerando que o afeto é conciliador, tático, sedutor... e que se funda na base do lúdico, da interação, este passa a ser um elemento fundamental para a dinâmica da reconceituação da experiência a partir de novos paradigmas e referências culturais. Pode ser tomado como um elemento central para a cultura em geral do direito, como se processa no âmbito do direito de família[69], mas também como um importante elemento a fundamentar o crescimento e o desenvolvimento de uma cultura dos direitos humanos. A emergência do sentimento, a ampliação do lugar da mulher nas deliberações sociais e políticas, a construção de uma economia do cuidado, a transformação das práticas do direito, a criação de mecanismos alternativos de construção de justiça, a discussão sobre o papel necessário e convergente do diálogo nas práticas sociais, a experiência do fórum social mundial e a construção de uma lógica pluralista e multiculturalista para os povos, a luta pelo cuidado ambiental são demonstrações claras de que reações estão se processando no interior da civilização como im-

---

66 A advertência de Eric Fromm é de notória importância para inspirar o pensamento da tolerância: "... Do ponto de vista da lógica paradoxal, a ênfase não é posta no pensamento, mas no ato. Essa atitude tem várias outras consequências. Em primeiro lugar, ela leva à *tolerância* que encontramos no desenvolvimento religioso indiano e chinês. Se o pensamento correto não é a verdade suprema, nem o caminho para a salvação, não há motivos para combater outros, cujo pensamento chegou a formulações diferentes. Essa tolerância é lindamente expressa na história de vários homens a quem foi pedido que descrevessem um elefante no escuro. Um deles, tocando seu tronco, disse: 'esse animal é como um cano d'água'; o outro, tocando a orelha, disse: 'esse animal parece um leque'; um terceiro, tocando as pernas, descreveu o animal como um pilar..." (Fromm, *A arte de amar*, 2006, p. 98).

67 "Na pós-modernidade, coloca-se pela primeira vez a questão da dimensão política do amor. Começa a pensar-se o amor como uma dimensão simbólica emancipatória: seria uma mudança do valor dos valores que pode permitir a preservação da condição humana pela conservação dos desejos. Eles compensariam, como condição de sentido, o declínio do mundo suprassensível com poder de obrigação e gozo (gratificação idealizada). É o triunfo do desejo como inscrição prévia da subjetividade" (Warat, *Territórios desconhecidos:* a procura surrealista pelos lugares do abandono do sentido e da reconstrução da subjetividade, 2004, v. I, p. 306).

68 "... Ela se sente responsável por seus semelhantes, tanto quanto se sente responsável por si..." (Fromm, *A arte de amar*, 2006, p. 35).

69 Como se pode notar pelos diversos trabalhos de pesquisa na área do Direito de Família, pelas pesquisas desenvolvidas pelo IBDFAM, bem como pela doutrina desenvolvida em torno do tema do afeto. Nesse caso, cito especialmente Rodrigo da Cunha Pereira, que afirma: "Independentemente do embate entre velhas e novas concepções, assim caminha a família. Em outras palavras, a afetividade ascendeu a um novo patamar no Direito de Família, de valor e princípio" (Pereira, *Princípios fundamentais norteadores do direito de família*, 2006, p. 190). Ademais, pode-se pesquisar sobre o tema em Groeninga e Pereira (Coords.), *Direito de família e psicanálise:* rumo a uma nova epistemologia, 2003.

portantes conquistas, a revelarem a mudança de paradigma. Mas isso é só o que na superfície se enxerga desse processo; a julgar pela sua profundidade, ele é mais rico e mais complexo que isso, e implicará transformações ainda mais relevantes que estas para a acomodação de suas novas determinantes.

A preocupação com a alteridade e o favorecimento de uma concepção de mundo centrada na dimensão da consideração do outro e do afeto, traços de uma cultura do cuidado, têm que ver com a necessária passagem para o campo da dinâmica existencial fundada no cultivo do socialmente inexplorado campo do feminino. Este, que pode ser caracterizado como forma de expressão do caráter ativo do amor e que se revela, "... além do elemento dação, o caráter ativo do amor, se torna evidente no fato de que sempre implica certos elementos básicos, comuns a todas as formas de amor. São elas *cuidado, responsabilidade, respeito* e *conhecimento*..."[70].

Nessa perspectiva, o cultivo desses valores é de fundamental importância para o desenvolvimento de uma genuína forma de interação social, na qual, de fato, se possa falar de democracia e de direitos humanos, exatamente porque *ego* e *alter* se colocam no centro das preocupações da técnica, do progresso, da economia e da política. Inclusive, trata-se de pensar o próprio aprimoramento da democracia e da cultura dos direitos humanos na base de uma ampla conexão das práticas sociais a práticas ligadas a uma ética do cuidado[71]. Se não há direitos humanos sem respeito, o respeito significa aqui a capacidade de amar e deixar-se desenvolver integralmente, e não dominar, castrar, manipular; uma ética do cuidado exala respeito, porque cultiva o poder do afeto como forma de "olhar com atenção" (*respicere*)[72]. Por isso, a educação e a metodologia em (e para) direitos humanos devem preparar para o convívio com a diversidade, na base do diálogo e do respeito, voltado para a alteridade, como forma de prática de solidariedade social, na base da tolerância[73].

---

70 Fromm, *A arte de amar*, 2006, p. 33.

71 "... Assim, a *anima*, arquétipo da democracia, através de seus atributos, em especial da inventividade e do sentimento, pode surgir como agente catalisador da transformação do magistrado para atender a esse anseio coletivo. Em toda sua obra, Byington tem ressaltado a importância, na psique coletiva, da democracia, entendida como um processo de livre interação das polaridades em função do *todo* (por exemplo, povo-governo) sem que ocorra uma identificação com um dos lados de qualquer polaridade. Para o autor, os valores da democracia apenas serão atingidos no dinamismo da alteridade (ou seja, sob a regência do arquétipo do *animus/anima*)..." (Prado, *O juiz e a emoção*, 2003, p. 93).

72 "... A responsabilidade poderia deteriorar-se facilmente em denominação e possessividade, não fosse um terceiro componente do amor, o *respeito*. Respeito não é medo e temor reverente; ele denota, conforme a própria raiz da palavra (*respicere* = olhar com atenção), a capacidade de ver uma pessoa como ela é, ter consciência da sua individualidade. Respeito significa a preocupação com que o outro cresça e se desenvolva tal como é..." (Fromm, *A arte de amar*, 2006, p. 35).

73 A respeito do tema, *v.* Bittar, Educação e metodologia para os direitos humanos: cultura democrática, autonomia e ensino jurídico, in SILVEIRA, Rosa Maria Godoy Silveira; DIAS, Adelaide

A biofilia como norte da educação em direitos humanos incentiva a acumulação e a produção de esforços sociais e reflexivos, ativos e teóricos, no sentido da proliferação de condições de cultivo e desenvolvimento proativos das dimensões realizadoras da dignidade humana. O caráter ativo da política do amor envolve necessariamente uma atitude proativa perante o mundo que se pronuncia, entre outras coisas, sobre a barbárie, repele a injustiça, enoja-se com a desigualdade, promove a cultura da não violência e se indigna com o sofrimento humano. Uma cultura dos direitos humanos deve envolver, por isso, táticas de recolhimento das energias eróticas que pulsam a favor da biofilia e da política do amor, esta que é conjuntiva e não disruptiva[74].

CONCLUSÕES

O tema abordado sugere sua possibilidade de discussão como uma crítica da modernidade, na medida em que todo esforço nesse sentido se confunde com as reflexões revisionistas pós-modernas, que têm envidado esforços no sentido de superar paradigmas fixados no inconsciente coletivo ocidental contemporâneo.

É necessária a superação de paradigmas que vieram informando a lógica da modernidade, aquela que sufoca a individualidade e a singularidade das coisas para vê-las dissolverem-se num *eu genérico*, *indiferente* e *abstrato*, como constatam os frankfurtianos de primeira geração. A suavidade, a leveza, a sensualidade e a emotividade são traços da feminilidade, e são esses traços fundamentais para marcar uma necessária revisão da cultura do direito, desmesuradamente centrado em traços culturais que repetem arquétipos fixados na ideia de demonstração do vigor masculino e de reprodução de visões de mundo patriarcais.

A preocupação hodierna com o direito, portanto, valoriza a dimensão da sensitividade como princípio, e devem propor-se a refletir sobre ele as práticas que o definem, em seu agir socialmente relevante, agora, na base de uma *cultura de desrepressão* da tradição masculina-viril, enraizada social e culturalmente, determinando arquetipicamente a forma como funcionam as instituições, as relações e as formas de construção do social. Nessa medida, tomando-se a *ética do cuidado* e a *cultura do diálogo social* como bases, e retomando aspectos conceituais esquecidos da tradição greco-romana, pode-se

---

Alves; FERREIRA, Lúcia de Fátima Guerra; FEITOSA, Maria Luiza Pereira de Alencar Mayer; ZENAIDE, Maria de Nazaré Tavares (Coords.), *Educação em direitos humanos*: fundamentos teórico-metodológicos, João Pessoa: Editora da UFPB, 2007, p. 313-334.

74 "... O amor é uma atividade, não um afeto passivo; ele é um 'manter-se ligado', não é uma simples 'queda'. De um modo geral, o caráter ativo do amor pode ser descrito afirmando-se que amar é principalmente *dar*, e não receber..." (Fromm, *A arte de amar*, 2006, p. 28).

pensar num ponto de apoio fundamental na determinação da cultura em geral do direito. Assim, no lugar da mais tradicional visão que enxerga no direito uma associação entre a *forma jurídica* e a *instituticonalidade de sanções*, a *ética do cuidado* e a *cultura do diálogo social* desafiam o direito contemporâneo a produzir condições para a prevenção de injustiças, a construção de alternativas à violência, a criação de canais de escuta e participação social, ademais de valorizar as formas consensuadas de resolução de litígios.

Especificamente, é de todo importante que essa questão seja também incorporada pelo debate contemporâneo a respeito da educação e da metodologia em (e para) direitos humanos, fornecendo os elementos necessários para práticas pedagógicas que devem afirmar o *modo biófilo* da ação social, modo de integração social que deve garantir uma forma regulatória da vida social eticamente responsável. A *ética do cuidado* para com a dignidade da pessoa humana, de todo(a)s e cada um(a), é uma sugestão de caminho e um modo de percurso, forma de agir e modo de garantir que a entrega à *alteridade* se dê na base do *respeito* afirmador do *lugar do outro* como ser de razão e emoção, e, exatamente por isso, um lugar confirmador da dignidade humana em suas diversas formas de manifestações e em suas necessidades mais fundamentais.

REFERÊNCIAS BIBLIOGRÁFICAS

ADORNO, Theodor W. *Minima moralia*. Tradução de Artur Morão. Lisboa: Edições 70, 2001.

________; HORKHEIMER, Max. *Dialética do esclarecimento*. Tradução de Guido Antonio de Almeida. Rio de Janeiro: Zahar, 1985.

ALTHUSSER, Louis. *Freud e Lacan. Marx e Freud*. Tradução de Walter José Evangelista. 4. ed. Rio de Janeiro: Graal, 2000.

ARISTÓTELES. *Ética a Nicômaco*. Tradução de Leonel Vallandro; Gherd Bornheim. São Paulo: Abril, 1979. (Os pensadores.)

BITTAR, Eduardo C. B. Educação e metodologia para os direitos humanos: cultura democrática, autonomia e ensino jurídico. In: SILVEIRA, Rosa Maria Godoy Silveira et al. *Educação em direitos humanos:* fundamentos teórico-metodológicos. João Pessoa: Editora da UFPB, 2007.

BOFF, Leonardo. Justiça e cuidado: opostos ou complementares? In: PEREIRA, Tania da Silva; OLIVEIRA, Guilherme de (Orgs.). *O cuidado como valor jurídico*. Rio de Janeiro: Forense Universitária, 2008.

BRUYERON, Roger. *La sensibilité*. Paris: Armand Colin, 2004.

CHAUI, Marilena. *Introdução à história da filosofia:* dos pré-socráticos a Aristóteles. São Paulo: Brasiliense, 1994.

CHEVALIER, Jean; GHEERBRANT, Alain. *Dicionário de símbolos*. Tradução de Vera Costa e Silva; Raul de Sá Barbosa; Ângela Melim; Lúcia Melim. 19. ed. Rio de Janeiro: José Olympio, 2005.

COELHO, Luís Fernando. *Introdução histórica à filosofia do direito*. Rio de Janeiro: Forense, 1977.

DORIA, Francisco Antonio. *Marcuse*. 3. ed. Rio de Janeiro: Paz e Terra, 1983.

FOUCAULT, Michel. A ética do cuidado de si como prática da liberdade. In: *Ética, sexualidade, política:* ditos e escritos (V). Tradução de Elisa Monteira; Inês Autran Dourado Barbosa. Rio de Janeiro: Forense Universitária, 2004.

FREUD, Sigmund. Além do princípio de prazer. In: *Obras completas*. Rio de Janeiro: Imago, 1999. v. 18.

________. *O mal-estar na civilização*. Tradução de José Octávio de Aguiar Abreu. Rio de Janeiro: Imago, 1997.

FROMM, Eric. *A arte de amar.* Tradução de Eduardo Brandão. São Paulo: Martins Fontes, 2006.

________. *La revolución de la esperanza*. Tradução de Daniel Jiménez Catillejo. México: Fondo de Cultura Económica, 2003.

________. *Anatomia da destrutividade humana*. Tradução de Marco Aurélio de Moura Matos. 2. ed. Rio de Janeiro: Guanabara, 1987.

GIOVANNETTI, Marcio de Freitas. O sujeito e a lei. In: GROENINGA, Giselle; PEREIRA, Rodrigo da Cunha (Coords.). *Direito de família e psicanálise:* rumo a uma nova epistemologia. Rio de Janeiro: Imago, 2003.

GROENINGA, Giselle; PEREIRA, Rodrigo da Cunha. *Direito de família e psicanálise:* rumo a uma nova epistemologia. Rio de Janeiro: Imago, 2003.

HABERMAS, Jürgen. *A inclusão do outro:* estudos de teoria política. Tradução de George Spencer; Paulo Astor Soethe. São Paulo: Loyola, 2002.

________. *Consciência moral e agir comunicativo*. Tradução de Guido A. de Almeida. Rio de Janeiro: Tempo Brasileiro, 1989.

HARRISON, James. *Themis:* a study of the social origins of greek religion. London: Merlin Press, 1989.

HORKHEIMER, Max. *Eclipse da razão*. Tradução de Sebastião Uchoa Leite. São Paulo: Centauro, 2002.

MARCUSE, Herbert. *Eros e civilização:* uma interpretação filosófica do pensamento de Freud. Tradução de Álvaro Cabral. 8. ed. Rio de Janeiro: LTC, 1999.

________. *A grande recusa hoje*. Tradução de Isabel Loureiro e Robespierre de Oliveira. Rio de Janeiro: Vozes, 1999.

MATOS, Olgária C. F. *A Escola de Frankfurt:* luzes e sombras do iluminismo. 2. ed. São Paulo: Moderna, 2005.

MORRALL, John B. Aristóteles. In: *Pensamento político*. Tradução de Sérgio Duarte. Brasília: Editora Universidade de Brasília, 1981.

PEREIRA, Rodrigo da Cunha. *Princípios fundamentais norteadores do direito de família.* Belo Horizonte: Del Rey, 2006.

PETERS, F. E. *Termos filosóficos gregos:* um léxico histórico. Tradução de Beatriz Rodriguez Barbosa. 2. ed. Lisboa: Calouste Gulbenkian, 1983.

PRADO, Lídia Reis de Almeida. *O juiz e a emoção:* aspecto da lógica da decisão judicial. 2. ed. Campinas: Millenium, 2003.

WARAT, Luis Alberto. *Territórios desconhecidos:* a procura surrealista pelos lugares do abandono do sentido e da reconstrução da subjetividade. Florianópolis: Fundação Boiteux, 2004. v. 1.

7. ESTÉTICA, DEMOCRACIA PLURALISTA E DIREITOS HUMANOS: ensaio sobre estética e diversidade*

7.1. ESTÉTICA, DIREITO E JUSTIÇA

A Filosofia Social e Crítica do Direito, cujas bases estão ancoradas no pensamento frankfurtiano[1], é capaz de entrever nessa perspectiva uma linha de consciência na qual se destaca a visão pluralista como a forma de constituição de um novo acervo conceitual a ser incorporado às práticas políticas preocupadas com a transformação social. Ela provoca a abertura para o estudo interdisciplinar, assim como convida à exploração das diversas portas de entrada para a dimensão da compreensão do humano que sejam convidativas ao caminho da *diferença*. Por isso, permite que a aparição do estudo da estética seja contemplada dentro do conjunto das preocupações dos estudos abertos ao diálogo e ao conhecimento crítico do direito e da questão da justiça.

Na tradição, costumam-se ter nas categorias do belo e do feio apenas objetos de preocupação e investigação da filosofia estética. No entanto, o que se percebe é que essas questões têm consequências sociais não desprezíveis. Por isso, como faz Tercio Sampaio Ferraz Jr., é possível pensar o *belo* e o *justo*, pois essas categorias são intercambiáveis. Em suas palavras: "Isso põe, de novo,

---

* Faço agradecimentos especiais a Ana Lúcia Pastore Schritzmeyer, Professora Doutora do Departamento de Antropologia da FFLCH-USP, pelo auxílio nas indicações bibliográficas em antropologia que facilitaram o processo de construção desse artigo.

Texto apresentado no III Acampamento de Direitos Humanos dos Países Africanos Lusófonos, com apoio da *Open Society Initiative for West África*, realizado de 1º a 4 de fevereiro de 2009, na Cidade da Praia, República do Cabo Verde, África. Artigo publicado na *Revista Direitos Fundamentais e Justiça*, Coordenação Científica Ingo Wolfgang Sarlet e Carlos Alberto Molinaro, PUCRS, HS Editora, ano 3, n. 7, p. 182-202, abr./jun. 2009.

Este artigo foi publicado, em versão ampliada e modificada, com o título Bittar, Estética, Democracia e Direitos Humanos: da estética da diversidade à sociedade, da Sociedade Pluralista à Estética, *Filosofia e Teoria Geral do Direito*: homenagem a Tercio Sampaio Ferraz Junior, 2011, p. 285-319.

1 A respeito, v. Bittar, Filosofia crítica e filosofia do direito: por uma filosofia social do direito, *Revista Cult*, ano 10, n. 112, p. 53-55, abr. 2007.

o jurista e o artista no mesmo domínio público. É que o gosto discrimina, decide entre qualidades e talentos, como o senso de justiça examina e decide entre provas trazidas no contraditório. Por isso o artista, assim como o jurista, no seu julgamento sempre atento às coisas do mundo, impõe-se a moderação e a prudência, para não ser engolfado pela arrebatação do belo ou pela tirania do verdadeiro. Prudência ou moderação não significam, porém, ausência de paixão, pois ambos – o jurista e o artista – introduzem, no âmbito da verdade ou da qualidade e do talento, o fator pessoal, ou seja, conferem-lhes uma significação humana. O autêntico jurista, assim como o genuíno artista, cuida de seus objetos à sua própria maneira pessoal, humanizando, assim, o mundo da qualidade e do talento e o do verdadeiro. Ambos são, no sentido próprio, inexoravelmente humanistas, homens que sabem como preservar, admirar e cuidar das coisas do mundo, sem a elas se escravizarem. No recôndito do humanismo está o sentido da beleza e da justiça"[2].

Assim, a própria pergunta "o que leva o homem a ser um ser estético?" não deixa folga ao pensamento crítico e à reflexão filosófica. Isso porque atrás dessa questão está uma investigação sobre as formas pelas quais se manifesta o homem, na história, como artífice de sua própria cultura, o que abre campo para uma vasta investigação sobre a condição humana, questão que não é de somenos importância quando se trata de pensar a cultura dos direitos humanos. Por isso, seu aproveitamento para os estudos de Teoria Crítica não é lateral. Isso atrai ainda outras questões para o âmbito da reflexão e que serão entremeadas ao desenvolvimento dos estudos contidos neste texto: como a arte se inter-relaciona com questões do direito? Afinal, seria perda de tempo estudar arte, teatro, cinema, dança, música com implicações para o direito? Como se pode pensar a partir da arte, em especial da música, a questão da dignidade da pessoa humana como fundamento dos direitos humanos?

7.2. ÉTICA, EXPERIÊNCIA, ESTÉTICA, HUMANIDADE E DIFERENÇA

Em nossos tempos, a arte se define pela negação. Numa primeira abordagem, o tema da estética parece estar confinado à dimensão daquilo que gera prazer, sensações, provocações, despertamentos, e, de certa forma, para nós, a arte está muito associada à diversão, ao ócio, ao divertimento, ao aproveitamento do tempo livre, enquanto tempo não trabalhado. Ela aparece, num primeiro momento, como não trabalho, não utilidade[3]. Mas a estética, num

---

[2] Ferraz Junior, O justo e o belo – notas sobre o direito e a arte, o senso de justiça e o gosto artístico, *Revista da Pós-Graduação da Faculdade de Direito*, v. 2, p. 42, 2000.

[3] As reflexões de Adorno vão nesse sentido e não deixam de revelar o caráter onipotente da indústria cultural como fator de repressão do único *lócus* de expressão do espaço do não trabalho: "O mundo inteiro é forçado a passar pelo crivo da indústria cultural" (Adorno, *Indústria cultural e sociedade*, 2002, p. 16).

sentido amplo, engloba diversas práticas humanas, e está mais presente na história das civilizações, das culturas e dos povos do que a nossa visão – moderna, individualista, de sociedade capitalista e ocidental – nos permite enxergar. Ainda mais, a estética diz mais de fenômenos humanos e sociais do que se pode, a partir de uma visão confinada de especialidades do conhecimento, pressupor. Os resultados de uma análise crítica somente podem favorecer o desenvolvimento de um olhar enriquecedor sobre as contribuições que a teoria estética pode dar para o plano das discussões sobre o justo.

A estética, num sentido amplo, engloba diversas práticas humanas, constitutivas do próprio fazer humano, revelando-se como todo fenômeno cultural; o modo de habitar, o modo de vestir, o modo de produzir sons revelam uma forma de expressão do humano. De fato, constituímos o ambiente à nossa volta, a partir de certa forma que expressa uma particular identidade e modo de olhar o mundo. Assim, por exemplo, o modo de habitar tem que ver com uma visão estética de mundo; a cultura atravessa, pois, a forma como o homem se constrói em relação ao ambiente. Por que numa tribo indígena brasileira se distribuem as habitações de forma oval e noutra elas se distribuem de forma quadrangular? Então, a estética não é somente o adereço, mas aquilo que expressa a forma de constituição humana da própria identidade cultural.

Há uma estética que revela o que fazemos, que tipo de valores portamos, que tipo de gosto sustentamos, onde nascemos, de que classe somos, e tudo isso pode ser "lido" a partir de uma semiótica do vestuário, por exemplo; o gosto e as escolhas, por vezes, falam mais de nós do que gostaríamos. De certa forma, parece que estamos presos à obrigação de fazermos opções estéticas, quando a liberdade parece ser um "optar por fazer" com que a estética represente algum tipo de significação que tem que ver com o nosso perfil, com o nosso trabalho, com a nossa autoimagem, com os efeitos desejados e buscados, consciente ou inconscientemente, por meio daquilo que vestimos. Não por outro motivo, as diversas gerações de jovens, especialmente a partir dos movimentos de contracultura dos anos 1960 e 1970, costumam contestar através do que vestem, do que portam, do que usam, de como recortam seus cabelos, dos *piercings* que colocam nos corpos.

Há, pois, uma estética da existência, e isso não é superficial, mas revelador da dimensão do humano, pois *ser humano* e praticar *uma forma de cultura* não são coisas diferentes. As culturas são muito mais vastas que as etnias, como constata Lévi-Strauss[4], e as variedades de práticas estéticas contempladas pelas culturas produz combinatórias infinitas. Por que os astecas erigem templos aos seus deuses e algumas etnias de povos indígenas brasileiros cul-

---

4 "Há muito mais culturas humanas que raças humanas, já que umas se contam por milhares e as outras por unidades" (Lévi-Strauss, *Antropologia estrutural dois*, 4. ed., 1993, p. 329).

tuam suas divindades a partir do soar dos tambores e do canto? Por que entre os índios *Bororó* o canto tem força máscula e somente os homens participam dos rituais musicais[5]? Por que a dança constitui um elemento, em quase todas as religiões, que gera um transe favorável aos ritos e ao culto?

Efeito catártico do arrebatamento.

Transe hipnótico pelo poder do som.

A estética tem uma mágica própria, um poder específico. Somos enlevados pela estética musical, principalmente quando se trata de uma forma musical com a qual nos identificamos e da qual gostamos, e que nos faz sentido. Ela cria uma espécie de momento fantasista, que rompe com a banalidade do cotidiano, que é a não colorida esfera da repetição dos hábitos enraizados, das práticas sociais, dos deveres sociais, das necessidades corporais, das tarefas de preservação da existência material. Por isso, a questão do *gosto* é de fundamental importância para a *existência* humana, pois não ter *gosto* é já estar morto, ou seja, é *não existir*; a vida tem, portanto, muito do estético[6].

Por isso, o fato de sermos seres estéticos não parece ser algo acidental, nem simplesmente construído pelas necessidades da vida contemporânea. É necessário transcender o tempo presente e as contingências de um gosto social hegemônico, profundamente marcado pela hostil presença do imperialismo da indústria cultural, para dar um grande salto e compreender que a estética nos acompanha desde sempre. Somente o olhar histórico-antropologicamente aberto nos permite tomar essa consciência[7]. Nessa percepção, as categorias estéticas aparecem associadas a uma série de traçados socioantropológicos constitutivos dos hábitos de um povo, de suas convenções, de suas exigências sociais, de suas necessidades, de seu desenvolvimento histórico-tecnológico, e nada disso é acidental, senão produto da operosidade simbólico-transformadora humana, em seu longo percurso de transformações históricas. Desde sempre, portanto, a estética musical, que em seus testemunhos mais remotos

---

5 No capítulo "Bons selvagens" de *Tristes trópicos*, Claude Lévi-Strauss afirma sobre os Bororó: "Só os homens cantam; e seus uníssonos, as melodias simples e repetidas cem vezes, a contraposição entre os solos e os conjuntos, o estilo másculo e trágico lembram os coros guerreiros de algum *Männerbund* germânico. Por que esses cantos? Por causa da irara, explicaram-me. Tínhamos levado nossa caça, e antes de poder consumi-la, era preciso cumprir um ritual complicado de pacificação de seu espírito e de consagração da caça" (Lévi-Strauss, *Tristes trópicos*, 1996, p. 204).

6 "Um tal gosto pessoal, como expressão da justificação dessa singular maneira de viver, implica um estilo capaz de abraçar todas as forças e fraquezas que a natureza oferece e integrá-las em um plano artístico, segundo o qual cada elemento é considerado como pedaço de arte; a fraqueza também, com a virtude de encantar, de dissimular a feiura, porque a vida só nos é suportável enquanto fenômeno estético, e cumpre que nos transfiguremos em tal fenômeno" (Melo, *Nietzsche e a justiça*, 2004, p. 86-87).

7 O importante estudo de Roland de Candé permite a abertura em direção a esse tipo de visão. A respeito, v. Candé, *História universal da música*, 1994, v. 1 e 2.

data do período neolítico (10.000 a.C.), fala-nos um pouco da nossa própria necessidade de nos expressarmos[8]. Assim, por linguagens e formas semióticas as mais diversas, das verbais às não verbais, a expressão retumba como uma forma de aparição do humano. As formas artísticas, que se espraiam por vários territórios, exploram, além do discurso verbal, as linguagens do corpo, dos gestos, dos sons, da pintura, da fotografia, da ginástica, entre outras. Por isso, o que é a arte senão transpiração do *páthos* e expressão (angústia, dor, alegria, descoberta, criação, revolta...) em linguagens semióticas?

O que se percebe é que a arte procura traduzir a própria complexidade do humano; ela faz falar, pelo corpo, pela boca, pelo verbo, pelo canto, não importa. Ela simplesmente faz emergir. Ao colocar em linguagem (pictórica, gráfica, cinematográfica...) a protoforma daquilo que não pode ser dito, e que tem de ser representado, traz a lume o que, do ponto de vista simbólico, é capaz de significar. A rica experiência humana, se subaproveitada, é desperdiçada, quando o olhar se centra num único canal de expressão, o que na sociedade logocêntrica significa uma supervalorização do discurso verbal, ou quando o olhar despreza as perspectivas culturais por meio das quais se percebe a capacidade criativa, inventiva, humana. A expressão não é só verbal, racional, consciente, uma vez que o inconsciente fala por diversas linguagens, inclusive a dos sonhos – e o surrealismo artístico traduz essa ideia. É necessário termos consciência de que o inconsciente habita em nós e que, portanto, não somos senhores de nós mesmos – trabalhando na linha freudiana –, e de que, no mesmo sentido, tudo o que a razão pretende iluminar, a cada vez que ilumina, desmancha a possibilidade da manutenção daquilo que em nós é fundamental, ou seja, a sombra. A dialética interior de luz e sombra que nos habita não pode ser completamente iluminada pelos fluxos de luz vindos da razão, e essa é uma das grandes ilusões, um dos grandes mitos que o iluminismo trouxe. *Les lumières*, para os franceses, ou *Aufklärung* dos alemães.

A dialética do esclarecimento, de Adorno e Horkheimer, aponta, na modernidade, para isso, ou seja, quanto mais luz, no sentido da restrita racionalidade instrumental, mais sombra[9]. Assim, uma vez confinado, em sociedades produtivistas, em sociedades que se ocupam primordialmente do trabalho, aquilo que é humano, enquanto complexo, míngua, à deriva das próprias necessidades simbólicas humanas, produzindo personalidades unidimensionais, o que, na linguagem marcuseana, representará nada mais do que propriamente uma forma de recalcamento da multidimensionalidade da experi-

---

[8] "Um dos primeiros testemunhos de atividade musical de que dispomos data desse período de importantes transformações: uma gravura rupestre magdaleniana representando um tocador de flauta ou de arco musical (gruta de Trois Frères, Ariège, c. 10.000 a.C.)" (Candé, *História universal da música*, 1994, p. 50).

[9] A respeito, v. Adorno, Horkheimer, *Dialética do esclarecimento*, 1985.

ência humana. O homem reduzido à esfera do labor, da produtividade, da utilidade, do pragmatismo, do imediatismo, da produção de mais-valia é alienado da condição de poder fruir do amplo espectro semiótico que o rodeia e que o define como um ser complexo. Daí a sociedade produtivista ser castradora e limitadora da experiência humana.

Assim como, então, a expressão não é só verbal – ela flui por diversos canais, inclusive aqueles que não controlamos, como o ato-falho, o sonho –, também o alimento humano não é só o alimento do corpo – quero dizer, carne, ovos, legumes e frutas. O alimento não é somente o alimento do corpo, mas é também o alimento da *psyché*, e, de certa forma, parece que a arte preenche essa necessidade humana de se alimentar não somente considerando o corpo. Música, folclore, criação, isso nos faz expressar, mas nos faz também nos abastecer, pois quando escolhemos ser expectadores, estamos fruindo de algo que nos dá também muito prazer, e que, nessa medida, também nos preenche. Dentro dessa grande variedade de formas de expressão daquilo que é certa totalidade semiótica há os que se sensibilizem pela música, há os que se sensibilizem mais pelo cinema, pela literatura, pela pintura, pelo teatro, pela dança. Há os que prefiram ver, ouvir, fruir, no lugar de fazer a arte, mas a arte como forma ativa e intencional de produção de cultura, em algum momento, ou em muitos momentos, atravessa, necessariamente, a nossa forma de ver e de ser no mundo. Assim é a evasão de energias eróticas fundamentais, as quais, pela arte, pelo folclore e pela música, são colocadas em uma ebulição criativa, em sublimação, fazendo com que, no lugar de recalcar, conteúdos repressivos sejam exprimidos e expulsos do interior da vida psíquica humana. Por isso, a arte está ligada com o caráter mais franco e ativo da liberdade. Portanto, o fechamento dos canais de evasão das diversas linguagens que são potenciais humanos forma válvulas de introspecção problemática da libido reprimida. Em certo sentido, a liberdade é desrepressora, enquanto exercida pelas diversas linguagens possíveis. E nesse sentido, capaz de produzir sublimação. Maio de 68 luta por isso e assume esses ideais, e, não por outro motivo, cumpre uma tarefa política de fundamental importância para a desrepressão pós-moderna.

Mas a linguagem da criação pode associar-se, no sentido de maximização de efeitos, à linguagem da produção, e as sociedades produtivistas são aquelas que haverão de operar essa aproximação interessada entre esses dois eixos, com vistas a provocar a sedução do consumo. Daí a pergunta: afinal, os indivíduos de sociedades modernas necessitam da moda e da arte, ou essas necessidades são criadas e autoinduzidas? Mais ainda: moda e arte têm que ver com a criação de necessidades para a reprodução do sistema capitalista e, portanto, para o aumento do fluxo de consumo? Essa é uma questão que, para o pensamento crítico, é de todo importante. *Num primeiro exame, a resposta é: não!* O capitalismo não cria a necessidade da moda e muito menos a necessidade da arte ou do consumo da arte, seja a música decodificada para um CD, seja a cor da tinta que se pode colocar nas paredes da casa, ou a forma das cortinas que decoram a residência. O capitalismo não simplesmente cria essas necessidades, pois elas participam da constituição do que é a própria condição humana. *Numa segunda análise, a resposta é: sim!* Em sociedades capitalistas, essas necessidades são manipuladas e exploradas como artifícios ideológicos do sistema e como forma de autoalienação, como induzimento de necessidades de consumo que exacerbam a entrada do indivíduo em relações reificadas, tornando ainda mais necessária a dependência do indivíduo das relações laborais. Benjamin, em *Passagens*, afirma: "A moda fixa a cada instante o último padrão de empatia"[10]. Quanto mais se consome, mais se trabalha para consumir; a equação é simples. O mercado precisa manter um nível extremo de interesse e atração permanentes, como forma de seduzir massas inteiras em direção a processos produtivos. Essa é a marca de nossos tempos. Mais do que isso, o capitalismo conhece muito bem as necessidades humanas, manipula subliminarmente as diversas instâncias psíquicas que nos levam ao gosto, ao prazer, ao desejo. Por que desejar esta e não aquela outra coisa? Isso significa orientar, do ponto de vista da psicologia social, o grupo, por instrumentos muito simples de induzimento que tornam o resultado comportamental um resultado óbvio. O resultado é uma insensibilidade para o que é sensível e uma sensibilidade manipulada para o que é produto[11].

O que se percebe, portanto, é que o poder aprisiona esse importante canal de revelação do humano. Para quê? Para controlar, para cercear, para condicionar, para manipular, para servir-se do potencial transformador da estética, colocando a sedução e o êxtase – um êxtase que por vezes abeira o divino[12] – a favor do exercício do poder. Mas por quê? Porque a estética tem muita força. Que força? A de unir as pessoas. A de ser linguagem de comunicação e identificação, independentemente de outros requisitos. A de mobilizar e reunir os desagregados. E, enfim, a capacidade de gerar poder. Não por outro motivo, Leon N. Tolstoi afirma: "A arte é um dos meios que unem os

---

[10] Benjamin, *Passagens*, 2007, p. 407.

[11] A saturação da audição é um desses fatores da vida social no mundo moderno: "Saturado de decibéis sintéticos, o homem de hoje não percebe mais a sinfonia dos sons raros ou familiares, os pios dos passarinhos, os rumores da floresta e aqueles incontáveis ruídos carregados de símbolos que se elevam do vale; ele os confunde com o silêncio, só sabendo ouvir o bater solitário de seu coração quando cessa a música ambiental" (Candé, *História universal da música*, 1994, p. 21).

[12] Este depoimento artístico de um dos maiores jazzistas contemporâneos é ilustrativo disso no interior da própria produção musical: "Embora eu me considere um agnóstico dedicado e um racionalista radical, estou pronto para admitir que muita coisa parece o trabalho de alguma força eterna que segue uma direção espiritual: as estações, a gravidade, a matemática, o amor romântico. 'Deus respira plenamente por meio de nós', escreveu Coltrane em *A love supreme*, 'tão suavemente que nem sentimos' " (Kahn, *A love supreme:* a criação do álbum clássico de John Coltrane, 2007, p. 21).

homens". Por isso, o poder da indústria cultural dissolve o poder da estética[13]. Mas o poder da indústria cultural nada mais é do que o poder econômico. Apesar de a indústria cultural transparecer democratizar o acesso ao conhecimento, o que ela faz é dissolver a possibilidade de significação da própria arte, produtificando-a e distanciando-a de seu caráter originário, que não é o caráter de coisa, mas o caráter de espírito, ou seja, de criação[14]. Ao amesquinhar a fruição ao prazer unilateral do indivíduo atomizado nos atos singulares de consumo, despotencializa o encontro de alteridades pela linguagem da estética. Como? Descentrando a estética de sua função socializadora, para fazê-la uma forma de concentrar o indivíduo em sua autoalienação. Centrando-a, através do *marketing* e da mídia, a representar o bastião de condução e o vetor de afirmação do sistema capitalista de consumo. Eis aí uma forma de manipulação que desperdiça o potencial da arte.

O desaparecimento da possibilidade do iluminismo autêntico é o que torna hoje impossível de entrever a superação da condição humana apassivada e individualizada. O poder de escolha numa cultura do genérico, numa cultura da multidão absorvida pela unidade, é achatado para fazer desaparecer a subjetividade autônoma, e é por isso que a qualidade do humano desaparece para aparecer a qualidade do genérico. A massa somente tem por referências os ícones do próprio processo de construção de identificação a partir do genérico; suas referências são as referências do mercado. A perda da subjetividade no individualismo é a cilada do moderno processo civilizatório, e o preço a pagar está no desaparecimento do laço contínuo que permite a intersubjetividade, elemento fundamental para a constituição da vida social. Presa fácil dos processos de dominação da mídia mercadurizada, o sujeito é encarcerado na dinâmica do gosto. Paradoxalmente, o gozo imediato se torna o presídio que mantém o indivíduo em permanente estado de subserviência ao mercado. A imagem publicitária sabota o superego ao criar uma dinâmica que evoca a ideia de deslimite através do consumo.

Assim, enfatizando a primeira resposta, ou seja, *não*, essas necessidades não são criadas pelo capitalismo, e sim manipuladas pelo sistema econômico. Como bem constata Martin Jay, os teóricos frankfurtianos não aceitam a posi-

---

13 "A vida musical é controlada por profanos, promotores engenhosos para quem a música é um bem de consumo como outro qualquer; eles difundem uma música 'pronta para ser consumida' em função de uma demanda que eles próprios provocaram" (Candé, *História universal da música*, 1994, p. 30).

14 "Como depois explicou Adorno, a expressão indústria da cultura foi escolhida por Horkheimer e por ele, em *Dialética do esclarecimento*, por suas conotações antipopulistas. A Escola de Frankfurt criticava a cultura de massa não pode ela ser democrática, mas justamente por não sê-lo. A concepção de cultura popular, afirmavam, era ideológica; a indústria da cultura oferecia uma cultura falsa, não espontânea e reificada, em vez da coisa verdadeira" (Jay, *A imaginação dialética*: história da Escola de Frankfurt e do Instituto de Pesquisas Sociais, 2008, p. 277).

ção simplista de quem identifica em toda cultura uma forma de expressão do capitalismo. Numa perspectiva de sociologia da arte, essa postura é reducionista, e, por isso, incapaz de traduzir a complexidade dos fenômenos sociais de manifestação da arte[15]. O Brasil fez a opção de não investir em ferrovias nem utilizar o nosso potencial aquífero, e hoje temos uma cidade como a de São Paulo, em que não se anda, pois todo mundo consome carro e não temos ênfase em transporte coletivo e transporte público. Esse induzimento coletivo por opções tem que ver com essa forma de manipulação das necessidades, pois transportar-se é uma necessidade humana; expressar-se, praticar arte, necessitar da arte, isto é humano. A pergunta, a esta altura, então, passa a ser outra: como esse humano é utilizado?

Essa é a questão que leva à segunda forma de se responder àquela pergunta. Se não considerarmos o que são necessidades efetivamente humanas, o que nos permitirá explicar que em certas tribos as mulheres se adornem com argolas no pescoço e que os homens pintem seus corpos para rituais religiosos? O capitalismo nem chegou lá... mas essas pessoas praticam uma forma de estética. Se olharmos uma máscara africana, por exemplo, podemos achá-la feia; só que ela é a expressão do belo, porque, por exemplo, expressa o Deus deles. Então, há um belo naquilo que consideramos feio, na perspectiva de nossa cultura. Mas há o belo, ainda que não seja o nosso padrão, o nosso olhar, a nossa forma de encarar essa outra tradição. O olhar etnocêntrico quer julgar a partir de um critério exterior ao da própria cultura estudada, daí sua impertinência.

O que explica que mulheres da corte chinesa comprimam seus pés em sapatos menores para agradarem os padrões estéticos vigentes em determinada época? E o que é que determina que, nas mulheres, pés pequenos geram mais atração sexual do que pés grandes? O que explica que jovens neonatos fossem mortos em Esparta, pois a deficiência como imperfeição e a monstruosidade física como desvio não são suportadas numa sociedade guerreira, machista e viril? O que explica que os Nuer, no Sudão, considerem, ainda hoje, a criança defeituosa um hipopótamo e não um ser humano[16]? O que explica

---

15 "Mas o que distinguiu a sociologia da arte adotada pela Escola de Frankfurt e seus progenitores marxistas mais ortodoxos foi sua recusa de reduzir os fenômenos culturais a um reflexo ideológico de interesses de classe" (p. 235). "Nem toda cultura era um embuste burguês, como às vezes pareciam pensar os marxistas vulgares" (Jay, *A imaginação dialética*: história da Escola de Frankfurt e do Instituto de Pesquisas Sociais, 2008, p. 235).

16 Este caso é descrito e estudado pelo historiador e antropólogo Robert Rowland, e o trecho que se destaca de sua obra é o seguinte: "Quando nasce uma criança seriamente anormal os Nuer do Sudão dizem que se trata de um hipopótamo acidentalmente nascido a um ser humano. Consequentemente levam-na ao rio e deitam-na com cuidado nas águas, que é onde deveria estar. Também afirmam que os gêmeos são pássaros e que, quando qualquer deles morre, 'voa para longe' " (Rowland, *Antropologia, história e diferença*, 1997, p. 23).

que o homem mimetize a estética da natureza (aves) para alcançar resultados funcionais (aerodinâmica) que fazem progredir a técnica (aviação)? O que explica que as primeiras formas de expressão da linguagem de que se tem registro sejam pinturas rupestres (de animais, de imagens, de caçadas)?

Enfim, que função tem a estética na vida humana?

Essa pergunta nos convida a pensar, agora, poeticamente.

– Arte de pobre ou arte de rico.

– Arte pobre ou arte rica.

– Arte de ontem e arte de hoje.

– Arte de latão e jornal ou arte de ouro e madrepérolas.

Aquilo que supervalorizamos tende a receber o maior valor material e o investimento da qualidade do melhor e mais caro material à disposição. Templos imponentes dedicados aos deuses. Altares e retábulos de ouro, encravados com pedras preciosas, dedicados às santidades cristãs. Suntuosos palácios de monarcas, com evocações neoclássicas e barrocas. Grandes prédios e obras públicas de relevo para exprimir o poder do Estado.

– A arte está presente em todas as classes.

– A arte esteve presente em todos os tempos.

– A arte, em todos os povos, culturas e religiões é uma forma de expressão humana.

Trata-se de uma espécie de linguagem universal de expressão do humano, como construtor de cultura, apesar de não poder existir um padrão universal artístico único, pois toda padronização da arte arrefece o espírito criador, e, exatamente por isso, estiola a capacidade de simbolização da arte pela renovação sempre contínua[17]. É ela expressão da mais alta sabedoria, e para muitas culturas é considerada até os dias presentes uma sabedoria muito especial das coisas humanas e das coisas divinas. *Vakya paidiya* afirma: "Não há concerto neste mundo que não seja transmitido

[17] É exatamente o que ressalta Tercio Sampaio Ferraz Junior, em seu estudo sobre o justo e o belo: "O humanismo, como apanágio do gosto artístico e do senso de justiça, medra na percepção da mesmice do cotidiano e das injustiças da vida. Daí a espontaneidade da criação artística, capaz de revelar-se como originalidade. Daí a espontaneidade do espírito justo, capaz de revelar-se como equidade. Em ambos, a irredutibilidade a modelos. Isto não significa a impossibilidade de padrões artísticos nem de regras de justiça. Nem mesmo da generalização de padrões e regras. Significa apenas que padrões artísticos acabam por ser engolfados pela mesmice, gerando, renovadamente, espontaneidade, e que regras se estiolam, possibilitando injustiças, que pedem, renovadamente, equidade, vista, desde a antiguidade, como a percepção do justo no julgamento do caso concreto" (Ferraz Junior, O justo e o belo – notas sobre o direito e a arte, o senso de justiça e o gosto artístico, *Revista da Pós-Graduação da Faculdade de Direito*, v. 2, p. 42, 2000).

pelos sons. O som impregna todo o conhecimento. Todo o universo repousa no som"[18]. A arte, mais do que representar, exibe o homem a si mesmo; sua função é especular.

– Mero adorno?

– Mero encantamento?

– Mera distração?

– Mera dominação?

Em verdade, a estética fala muito do que o próprio homem não pode falar. Fala a linguagem do inconsciente. Faz exprimir o inconsciente. Dá lugar a conteúdos reprimidos e recalcados. A estética ou obedece à lógica ou rompe com a lógica. A estética confunde as certezas produzidas pela razão e sua função é uma resposta de "chicote" à pretensão humana de "controle" da "realidade". A estética desfoca o finalismo produtivista em sociedades capitalistas e, ao convidar à experiência estética, incita ao mergulho na fruição de fazer ou perceber a arte. A estética rompe o silêncio da produção; esta, rotineira, imperiosa, necessária, fatigante, extenuante, desgastante, dá lugar a uma forma de prazer que não tem substituto e, por isso, opera a sublimação de energias eróticas. Por isso, a estética desorganiza e desarranja o imperativo social da razão instrumental, impondo a "pausa" diante do "inquietante". É de Adorno mesmo a afirmação, contida em *Minima moralia*, de que "A missão da arte é, hoje, introduzir o caos na ordem"[19].

É a arte, portanto, um convite a *outrar-se*, a olhar em volta e a perceber outros rostos, outras formas, outras interpretações, outras visões, outras lógicas. A arte, portanto, ao dizer muito sobre os humanos, que já passaram e que estão entre nós, diz alguma coisa sobre a dissonância dos gostos, das tendências, das vontades... Por isso, o que ela diz não quer calar: ela diz que somos profundamente diferentes uns dos outros, e diz, também, em voz tonitruante, que há muita beleza no interior das diferenças.

– Há quem goste de *soul*.

– Há quem goste de *rock*.

– Há quem goste de *mornas*.

– Há quem goste de *erudita*.

– Há quem goste de *funk*.

– Há quem goste de *mantras*.

– Há quem goste de *eletrônica*.

---

18 Citado por Roland de Candé, *História universal da música*, 1994, p. 15.

19 Adorno, *Minima moralia*, III, 143, p. 231.

– Ao contrário de Adorno, eu gosto de *jazz*. Mas, por que o *jazz*? Mas, por que faz sentido o *jazz*? Mas, por que sou tocado pelo *jazz*? Por que Adorno escreve tanto em desfavor do *jazz*? Pelo fato de seu conservadorismo musical passar por um apelo de remissão ao clássico, que se confronta, à sua época, com o vanguardismo dissolutor do *jazz*. Sem dúvida, seu juízo de gosto atravessa a sua teoria estética[20]. Nesse ponto, fica fácil concordar com Herbie Hancock:

– "O que acho é que o *jazz* é muito saudável para a alma humana, algo que realmente liberta a alma. É como se o espírito não obtivesse satisfação suficiente com outras formas musicais, que podem ser maravilhosas, mas, sinceramente, não chegam até onde chega o *jazz*. Todos os gêneros são válidos, mas há algo de muito especial neste ao qual dediquei minha vida"[21].

O que em particular este estilo musical chamado *jazz*, surgido da fusão de tradições muito diversas em New Orleans, a partir de forte caldo cultural afro-americano, tem a nos dizer é que os instrumentos musicais, em sua diversidade, podem dialogar e que é por meio do diálogo entre competências as mais diversas que ainda mais beleza *criativa repentina* pode surgir. Com suas nuanças e variações, o baixo de Ron Carter é tão estonteante quanto o de Esperanza Spalding. A tonalidade musical de Louis Armstrong é diferente da tonalidade musical de Billie Holiday. Ella Fitzgerald, Sarah Vaughan e Diana Krall têm suas características únicas. Mas o fato é que não se faz *jazz* sem improviso. Se o improviso é a alma do *jazz*, isso ocorre porque o *jazz* é troca. É a partir da competente exploração do *repente* e da *comunhão* compartilhada de instantes criatórios que o *jazz* se alimenta de uma infinidade de tendências, estilos, formas, movimentos, linhas e potenciais remixagens que deixariam qualquer *playlist* desatualizada. O *jazz*, em sua força, é sempre cocriação, espontânea forma de entendimento entre músicos e instrumentistas, tradições que se perpetuam, audição contínua e criação permanente, respeito pelo tempo do outro, integração na diversidade, diálogo de instrumentos e momentos criativos, na instabilidade das possibilidades de fazer diferentemente além do que já se fez. Assim, este fazer musical tem muito a nos dizer, quando nos perguntamos sobre um estilo em particular na história da música.

Ainda se poderia dizer mais sobre a experiência da diversidade dos estilos, dos gostos, das vocações, das formas, das tendências, dos mecanismos, dos modos de expressão, dizendo que:

---

[20] Martin Jay chega a afirmar que a recusa do *jazz* por parte de Theodor Adorno faz parte de uma visão de mundo etnocêntrica: "Ao depreciar a contribuição negra para o *jazz*, pode-se argumentar que Adorno exibiu um típico etnocentrismo europeu" (Jay, *A imaginação dialética*: história da Escola de Frankfurt e do Instituto de Pesquisas Sociais, 2008, p. 244).

[21] Iker Seisdedos, O rei do *jazz*, *Folha de S.Paulo*, São Paulo, domingo, 3 ago. 2008, p. 10.

– Tem quem goste de *rap*.

– Tem quem goste de *samba-rock*.

– Tem quem goste de *metal*.

– Tem quem goste de *MPB*.

– Tem quem goste do lirismo do *fado* português.

– Tem quem goste de tudo isso ao mesmo tempo, e não se importe em ser *eclético*.

Certamente, a estética, como forma de expressão, ao dizer de nós, permite-nos contemplarmos a nós mesmos, ou seja, sua função é nos levar a nós mesmos, a nos conhecermos, a conhecermos emoções internas, padrões de comportamento, traços de personalidade, virtudes e vícios, habilidades e competências, gênio e revolta, romantismo ou idealismo. A profusão de tendências, estilos e gostos nos obriga a ter de reconhecer que não existe um padrão estético. Se não existe um padrão de gosto, ou um padrão obrigatório para medir o belo/feio (o feio pode ser belo e o belo pode ser feio), então, a consciência da estética nos traz a consciência da *diversidade*. Seguindo Pablo Picasso, pode-se dizer que "A arte é mentira que nos permite conhecer a verdade". Do ponto de vista filosófico, o que ela nos faz conhecer é que não somos iguais. Mais, ainda – deve-se ser enfático nesse ponto –, não podemos ser *igualizados*, nem pela *planificação social* nem pela *padronização capitalista* que forja o homem unidimensional, sob pena de nos perdermos de nós mesmos, de nossa autoidentidade, de nossos sentimentos, vocações e perspectivas absolutamente singulares, aquelas que são próprias da condição, existencial e histórica, individual humana.

7.3. ESTÉTICA, PLURALISMO E DISSENSO

Como se percebe, é impossível um gosto universal, assim como é impensável um padrão musical universal. Não por outro motivo, a questão da justiça se cruza com a questão do gosto, especialmente se pesquisada no interior do pensamento nietzschiano[22]. Da mesma forma, cada subjetividade

---

[22] Sobre esse entrelaçamento no pensamento de Nietzsche, a preciosa investigação do estudo *Nietzsche e a justiça*: "Desmascarado o caráter moral da verdade, à qual a justiça tradicionalmente se via ligada, não se trata de reduzi-la agora a assunto de mera opinião. Ela é mais do que isso, a justiça é um assunto de gosto, de avaliação, sem qualquer demérito a ela, pois, para o autor, o gosto é mais importante do que a opinião. Sempre estamos às voltas com maneiras de viver de que os gostos são expressão. Pretende-se impor-nos o modo vigente e universal de viver como um gosto, mas, para Nietzsche, ele não passa de uma máscara popular com pretensão de universalidade: um gosto universal não é gosto, falta-lhe diferenciação, contraste, sutileza. O gosto nos remete à pessoalidade, a um modo singular de viver e, por isso, o que lhe importa é justamente pensarmos a possibilidade de afirmação de um gosto" (Melo, *Nietzsche e a justiça*, 2004, p. 86).

constitui um juízo de gosto absolutamente singular, assim como cada cultura guarda sua particularidade incomparável. Fica claro que a melhor forma de respeito à condição humana é a garantia do reconhecimento da *diferença* e da reserva de lugar para a existência, o reconhecimento e a prática do *outro*. Não existe *alteridade* sem *diversidade* (diversidade étnica, cultural, ideológica, estética...)[23], e esta é uma conclusão que nos convida a praticar uma visão de mundo descentrada, único caminho para o trânsito intersubjetivo. A diluição do olhar autocentrado é um dos efeitos do processo de aproximação do justo, do belo e da diversidade.

A estética, por isso, transborda significações. Estas significações têm de ser interpretadas e reconstruídas, especialmente quando se pretende, a partir de uma teoria estética crítica, revelar proximidades entre as cinco letras que compõem o termo *gosto* e as cinco letras que compõem o termo *justo*, ao menos em língua portuguesa. Uma dessas significações das práticas estéticas é a de que o *dissenso* é um elemento da vida social. O dissenso, que se manifesta também por várias formas, como pela querença de coisas diversas, como pelo gosto de coisas diversas, como por vontades próprias, por juízos de valor diversos, como formas de perceber as tramas sociais e humanas díspares entre si. Ele é um elemento ineliminável da vida social e deve ser absorvido pelas práticas políticas sob pena de se menosprezar o conteúdo das valiosas transformações trazidas pelas lutas recentes e históricas de Maio de 68, em Paris[24]. Esse momento histórico, e seus resultados sociais, restauram no ambiente social a possibilidade da releitura de Nietzsche, para quem: "É na posse que a diferença entre os homens se revela com mais vigor. Esta diferença se manifesta na diversidade de seus juízos de valor, no fato de serem diferentes e em que não opinam do mesmo modo sobre certos valores"[25].

Nesse sentido, é isso que a estética nos faz perceber: a *diferença* do outro, ainda que no outro queiramos encontrar apenas a *igualdade*, a igualdade que nos faz, por exemplo, comuns por sermos humanos. A própria análise da polifonia africana leva autores, como Roland de Candé, a afirmarem neste um princípio motriz da estética e da vida em comunidade[26]. A estética gera, por

---

23 A diversidade aqui não é somente a diversidade dos povos, mas a diversidade que se dá também dentro de um mesmo grupo social, de uma sociedade, ou de uma cultura: "Com efeito, o problema da diversidade não é levantado apenas a propósito de culturas encaradas em suas relações recíprocas; ele existe também no seio de cada sociedade, em todos os grupos que a constituem: castas, classes, meios profissionais ou confessionais etc. desenvolvem certas diferenças às quais cada grupo atribui uma importância imensa" (Lévi-Strauss, *Antropologia estrutural dois,* 4. ed., 1993, p. 332).

24 A respeito, *v.* Bittar, *O direito na pós-modernidade,* 2005, p. 10 e s.

25 Nietzsche, *Além do bem e do mal,* 2001, p. 129.

26 "A convicção de que a polifonia africana é puramente autóctone e a hipótese de que uma polifonia selvagem tenha precedido, no Ocidente, a polifonia erudita se veem, ambas, fortalecidas por três

isso, socialização, pois provoca o encontro de olhares no espaço comum que é o espaço da obra de arte – ele e eu nos fazemos um só no momento da fruição da obra estética, seja uma pintura, seja uma canção. Ainda que o fruidor não seja o artista, e ainda que a percepção do artista seja uma e a percepção do fruidor seja outra, a obra de arte é o caminho do entrecruzamento dos olhares unifocados. Este é o potencial de intersubjetividade da arte, ou seja, de deslocamento de cada sujeito de sua mera condição de sujeito-solitário, pois provoca a sua saída de dentro de seu assujeitamento autocentrado, de seu encapsulamento, para fazer dele um sujeito-parceiro da reconstrução do sentido da obra de arte. Sem fruidor não há obra de arte. Não por outro motivo, na avaliação de Nietzsche, numa percepção do justo a partir do gosto, o justo só é possível como expressão da não igualdade, da não semelhança[27].

As multicoloridas formas de expressão do que é a diversidade humana são fundamentais à condição humana e, por isso, compõem o leque das vastas afirmações culturais humanas[28]. Democrático, livre e aberto é o mundo em que a dança, o culto, a tradição, o êxtase espiritual, o saber comum, a ciência, as formas culturais e o folclore popular têm seu lugar. Trata-se de um mundo no qual também o amor ao *dissemelhante* é possível, um trânsito que enlaça a alteridade pela pujança da estética e do interlúdio comunicativo proporcionado pela linguagem simbólica da arte. É de Adorno a afirmação segundo a qual "O amor é a capacidade de perceber o semelhante no *dissemelhante*" (grifo nosso)[29]. O amor aos vários estilos, assim como o amor às várias iniciativas culturais e o amor às várias identidades antropológicas e formas de manifestação da humanidade, é um amor à própria condição humana, tal qual se mostra aos olhos humanos, nem mais nem menos.

---

observações: 1. Estatisticamente, a diferença (princípio da polifonia) é mais provável do que a semelhança. O aumento da entropia se traduz por um deslizar da semelhança à diferença, de uma ordem a uma desordem. Inversamente, é necessário um aporte de informação e de energia, não raro considerável, para transformar uma diferença em semelhança; 2. A amplificação expressiva da linguagem pela música (o canto) incentiva o lirismo individual, logo a variação, a diferença, na comunidade; 3. As diferenças de texturas vocais e instrumentais tornam muitas vezes a semelhança (uníssono ou oitava) impossível" (Candé, *História universal da música*, 1994, p. 167).

27 "Se a justificação da existência pelos bons e justos e sua concepção de justiça ligada à vingança fundavam-se no olvido e perda de si, pensar a justiça em outro sentido, um sentido positivo e afirmativo, está intimamente ligado a pensar a afirmação da diferença no homem e entre os homens e que os homens não são iguais, nem devem se tornar iguais: é nessa proposição que Nietzsche define a justiça, a não igualdade entre os homens" (Melo, *Nietzsche e a justiça*, 2004, p. 106).

28 Sobre a imensa variedade de culturas que forma um grande quadro da diversidade humana pronuncia-se Lévi-Strauss: "Impõe-se uma primeira constatação: a diversidade das culturas humanas é, de fato no presente, de fato e também de direito no passado, muito maior e mais rica do que tudo aquilo que delas pudermos chegar a conhecer" (Lévi-Strauss, *Antropologia estrutural dois*, 4. ed., 1993, p. 331).

29 Adorno, *Minima moralia*, II, 143, p. 196.

O cuidado com a condição humana expressa a necessidade de cultivarmos um espírito aberto e incentivador do princípio da vida (*éros*), cuidando para que haja respeito para com a multiplicidade de rostos e gostos, vocações e corações, formas corpóreas e estilos, pensamentos e competências, habilidades e limitações, olhares e perspectivas, vícios e virtudes, atrações e visões, empatias e antipatias, tendências, leituras e vontades. Nesse sentido, afirma Nietzsche, em *Além do bem e do mal*: "Viver é querer ser diferente da Natureza, formar juízos de valor, preferir, ser injusto, limitado, querer ser diferente!"[30].

Onde não há espírito tolerante, compreensão e diálogo há imposição, castração, limitação, restrição, determinação. Os resultados desse processo somente podem ser o ódio, a competição, a rebelião, a eliminação, a opressão e o totalitarismo. O amor e o afeto distinguem-se dessas formas de expressão do convívio opressor exatamente porque possibilitam a existência do outro como outro. E isso porque o amor pelo outro é simplesmente amor narcísico, ou seja, não se trata de amor, mas de autocontemplação de si mesmo. A aceitação da diversidade caminha para a construção do roteiro do amor, como prática de entrega e aconchego no outro enquanto diferente, pois o amor ao outro enquanto o mesmo é simplesmente egoísmo disfarçado de amor. O amor verdadeiro, portanto, não pratica nem o julgamento mordaz, nem a crítica severa, nem a manutenção da tradição pela tradição, nem exercita o olhar ácido e excludente da alteridade, que são os grandes responsáveis germinais por provocar o sofrimento de indeterminação. O amor é a única linguagem capaz de fazer com que os pais heterossexuais consigam lidar com filhos homossexuais, com que *punks* saibam conviver com *emos*, com que a mãe continue amando o filho preso como réu confesso. Não por outro motivo, o pensamento filosófico de Axel Honneth detém-se em considerar que as categorias do amor, do direito e da solidariedade são as três fundamentais fases de construção do reconhecimento do outro. Sem essas, o sofrimento aparece como matriz das lutas sociais e das injustiças[31].

7.4. DIVERSIDADE, AUTORITARISMO E DIREITOS HUMANOS

Toda intolerância estética é reveladora de um autoritarismo do olhar, princípio de outras formas de intolerância. O autoritarismo não somente se manifesta de diversas formas como se revela pela exigência de submissão do gosto do outro. A definição do gosto do outro como um não gosto, ou seja, a construção da opacidade de uma outra estética é reveladora do espírito autoritário, o gérmen de um processo de castração libidinal da expressão do outro

30 Nietzsche, *Além do bem e do mal*, 2001, p. 27.

31 Honneth, *Luta por reconhecimento:* a gramática moral dos conflitos sociais, 2003, p. 155-212.

como forma de negação da própria diversidade. Inclusive, historicamente, de muitos modos, manifestou-se um totalitarismo musical, como identifica o historiador Roland de Candé, ao descrever a unificação musical de São Gregório, a forma de proceder com a música da Reforma e da Contrarreforma, o nazismo e o socialismo e a forma como procedem diante das restrições artísticas, o imperialismo homogeneizante do *show business* e da globalização das marcas e das patentes[32]. Não somente o totalitarismo estético acompanha outras formas de totalitarismo, como também pode ser interpretado como uma forma tão macabra de arranjo e determinação de poder quanto uma ditadura política, pois produz o apagamento do *desconforme*.

Não raro, e não coincidentemente, os sistemas políticos e os sistemas filosóficos proscrevem as artes como fator de dissidência do inaceito, e, exatamente por isso, como fator de negação da plasticidade do homogêneo controlador e castrador. Não somente Platão em sua república ideal expulsa o poeta, como também os arautos do nazismo eram amantes de uma única forma clássica de olhar estético, de modo que tudo que discrepasse do modelo institucional era identificado como arte degenerada, como se constata em *Arquitetura da destruição*, filme que descreve como aquilo que escorregava, como categoria, do "belo" ao "feio", também se convertia de "bem" em "mal".

Assim, definir que alguém *tem* de ser o que não *é*, e não *gosta*, é mera expressão de poder opressor e, exatamente por isso, joga contra a liberdade de ser e de fazer o diverso. Assim, mesmo quando a liberdade se propaga como sendo obrigatória, torna-se paradoxalmente opressora. Impor a alguém que tenha de ser libertino, como imperativo, não dá a este alguém liberdade sexual. Percebe-se, portanto, que existem similaridades notáveis entre essas frases, todas atravessadas pela questão do poder, e que se analisadas em conjunto, apesar de suas temáticas diferentes, revelam algo em comum:

- "Você tem de ser revolucionário, senão morre" – Revolução Francesa.
- "Você tem de ser careca, ou morre" – carecas do ABC.
- "Você tem que ser socialista, ou morre" – Stálin.
- "Você tem que ser nacional-socialista, ou morre" – Hitler.
- "Se você for comunista, você morre" – ditadura militar brasileira.

---

[32] "Verdadeiras ditaduras artísticas podem exercer-se então sobre o público, bem como sobre os criadores. Desta vez, a liberdade de escolha não é mais orientada apenas por uma propaganda musical ou uma campanha de intimidação doutrinária; ela é simplesmente abolida! A história nos fornece vários exemplos desse totalitarismo musical: a ação purificadora e unificadora de São Gregório e de Carlos Magno, as exigências dos concílios, as da Reforma e da Contrarreforma, as condenações em nome do nazismo ou do realismo socialista segundo Jdanov, e enfim o império do *show business*" (Candé, *História universal da música*, 1994, p. 31).

Todas essas frases revelam traços em comum. São somente fórmulas de autoritarismo estético, ideológico, político, partidário. Assim como não há um gosto estético mais legítimo que o outro, não há uma ideologia mais certa que a outra, uma verdade mais verdadeira que a outra, uma ética mais moral que a outra, uma estética mais aceitável que a outra. O que a estética nos ensina é que, segundo vários períodos históricos, costumes e hábitos, povos e culturas, identidades e manifestações sociais, os conceitos de belo e feio variam muito, não existindo uma única referência. Quando Umberto Eco, em *História da feiura*, cita Xenófanes de Colofão ("se mãos tivessem os bois, os cavalos e os leões e pudessem, como os homens, desenhar e criar obras com estas mãos, semelhantes ao cavalo, os cavalos desenhariam as formas dos deuses, e os bois semelhantes ao boi, e lhes fariam corpos tais quais eles os têm")[33], é exatamente para dizer que não existem referências estanques no mundo da beleza e da feiura, e que essas ideias reproduzem padrões socialmente construídos.

Não se pode afirmar que o barroco de Vivaldi seja melhor que o tropicalismo de Caetano Veloso. Pareceria uma agressão, a um e a outro. Não se pode hierarquizar a bossa nova de Nara Leão, o estilo próprio de Hermeto Paschoal e o *jazz* de Chet Baker. Não se pode dizer que não é válida a linguagem de Raul Seixas com relação à linguagem de Herbie Hancock. Cítaras gregas, cantos budistas, música gregoriana monástica, tambores africanos, discotecagem e *pop music*, bumbos carnavalescos, ritmos de maracatu, não há melhor nem pior, todos fazem parte dos gostos e das formas, enfim, das opções e feições, dos sabores e rigores da humanidade; somente há de senti-los e experimentá-los, ao gosto nietzschiano da entrega ao dionisíaco. Em *Além do bem e do mal* é Nietzsche quem afirma: "Deve-se renunciar ao mau gosto de querer estar de acordo com um grande número de pessoas. O que é bom para mim, não é bom para o paladar do vizinho"[34].

Esse convite de entrega fruidora ao caráter lascivo da musicalidade e do ritmo, à melodia e às formas de expressão da identidade cultural do outro força à apreensão da diferença e, juntamente com ela, torna possível a construção do olhar para o plural, para a percepção de deleite a partir do aporte do outro, daquilo que o outro agrega exatamente por ser diferente. A arte é uma força atrativa e desperta a curiosidade pela particularidade do aporte do outro. Esse parece ser um ponto de fundamental importância para a construção de uma cultura social favorável ao espírito democrático pluralista e ao

---

33 "Os conceitos de belo e de feio são relativos aos vários períodos históricos ou às várias culturas e, para citar Xenófanes de Colofão (segundo Clemente de Alexandria, *Tapeçarias*, V, 110), 'se mãos tivessem os bois, os cavalos e os leões e pudessem, como os homens, desenhar e criar obras com estas mãos, semelhantes ao cavalo, os cavalos desenhariam as formas dos deuses, e os bois semelhantes ao boi, e lhes fariam corpos tais quais eles os têm'" (Eco, *História da feiura*, 2007, p. 10).

34 Nietzsche, *Além do bem e do mal*, 2001, p. 65.

exercício irrestrito da tolerância. Por isso, o folclore da existência tem de ser cultivado como revelação de um espírito político-democrátrico, única base para uma ética pluralista. E isso tudo porque onde está o outro está a diferença, e onde está a diferença deve estar a tolerância, a intercompreensão e o respeito, categorias que devem ser trabalhadas e desenvolvidas na vida social, a partir de iniciativas do Estado, das ONGs, dos movimentos sociais, das minorias organizadas, das entidades internacionais, da academia crítica, da mídia e dos partidos políticos democráticos[35].

No centro de toda essa preocupação está o problema de como se constitui o olhar para enxergar o outro. Isso significa pensar e agir de forma a considerar o outro não como estranho ou estrangeiro, como alheio às práticas de mim, mas como ente autônomo, constituído em meio a práticas que são próprias e únicas, e, por isso, tão válidas quanto as minhas. A questão do olhar sobre o outro e questão da interpretação da cultura do outro cruzam-se para desembocar no debate sobre o etnocentrismo e suas formas de expressão. Seguindo Richard Rowland, o etnocentrismo – "... a tendência a considerar a cultura de seu próprio povo como a medida de todas as coisas – é uma tentação que deve ser evitada"[36]. Tudo fala a favor do estranhamento; a linguagem, o vestuário, as práticas, os saberes, as crenças, as identidades, os gostos, os hábitos alimentares, os padrões morais. As diferenças assustam, pela incompreensão que produzem, e geram, do ponto de vista de reações psicossociais, medo e exclusão. Mas, ainda com Rowland, "Não se pode considerar inferior aquilo que é apenas diferente"[37]. A recusa do etnocentrismo é um esforço da civilização, pois também uma pulsão primitiva nos conduz à inaceitação do outro. Daí o clássico estudo de Claude Lévi-Strauss, *Race et histoire,* guardar sua atualidade, como esforço de condução do olhar antropológico em favor do cultivo da diferença e do respeito à identidade do outro[38]. A recusa ao etnocentrismo faz parte de um esforço em favor da dignidade da pessoa humana e de sua ideia como valor de encontro entre os povos e das diferenças existentes entre as pessoas.

Uma sociedade socializada com essas preocupações cultiva o espírito necessário para o exercício de um pluralismo democrático, superador do homogeneísmo moderno, ordenador e totalitário, para o qual vale a equação mortífera de *Auschwitz* como lugar de conversão do inconversível – do judeu a não judeu, ou seja, do judeu a cinzas e pó. E isso porque a disseminação da

---

35 "O respeito pelo outro apenas se poderá fundamentar numa relação que se estabelece entre o eu e esse outro e não na simples substituição do eu pelo outro" (Rowland, *Antropologia, história e diferença,* 1997, p. 14).

36 Rowland, *Antropologia, história e diferença,* 1997, p. 7.

37 Id., p. 8.

38 "O *locus classicus* dessa recusa antropológica do etnocentrismo é o conhecido ensaio de Claude Lévi-Strauss, *Race et histoire*" (Rowland, *Antropologia, história e diferença,* 1997, p. 8).

semente da unilateralidade e do gosto por uma única doutrina somente pode descambar na afirmação de formas políticas de profundo desrespeito para o diverso. No sentido nietzschiano, aqui não está sabedoria, mas acrisolamento da mente[39]. A forma negra de ser, construtora de uma estética específica – e suas expressões, dos ritos afro do *candomblé* ao *jazz*, do *reggae* ao *soul*, do *pop rock* ao *rap*, têm algo a nos ensinar – somente o embotamento mental, estético e ideológico, de um juízo de gosto que se conduz dentro de uniformidades, pode afastar-nos desse interesse. Por isso, a preocupação entrecruzada, no seio da cultura e do debate estético, a respeito do controle repressor do gosto do outro, da determinação estética do outro; trata-se aqui de uma denúncia pontual que abre os olhos para toda forma de imperialismo estético-cultural, que, como ideologia estruturante do agir, compõe e determina, e, ainda mais, colabora para reiterar e aprofundar outras formas de autoritarismo, como o familiar, o sexual, o social, o da indústria cultural, o ideológico e o político.

7.5. DIGNIDADE HUMANA, DEMOCRACIA PLURALISTA E DIREITOS HUMANOS

Não se trata de desenvolver um puro alento ao relativismo, mas construir uma visão que possibilita a demonstração e a fundamentação de uma forma de expressão do mais profundo respeito às particularidades de cada ser humano. Por isso, do ponto de vista político, o reconhecimento do pluralismo institui a possibilidade do convívio com a diferença, o que significa a inclusão do outro[40], a visão holista das práticas do outro, a não discriminação e a evitação de uma descarga sempre crescente de xenofobismo, autoritarismo social e discriminação. Mas o mundo contemporâneo vem dando alento ao crescimento das intolerâncias e da hostilização às diferenças. Os discursos neoconservadores pretendem construir *retropias* que sejam capazes de fazer face ao estado de coisas em que predominam o relativismo e a insegurança. Contudo, o "imoralista", na visão de Gianotti, é exatamente aquele que pratica unilateralismo de visão social, é rigorista e assume uma perspectiva autocentrada, e não cosmopolita, da interação com o outro e de construção do espaço público[41].

---

39 "A sabedoria, portanto, consiste em considerar a vida em toda a sua diversidade e número, rejeitando toda preferência unilateral por este ou aquele gênero ou valor" (Melo, *Nietzsche e a justiça*, 2004, p. 54).

40 Cf. Habermas, *A inclusão do outro:* estudos de teoria política, 2002.

41 "Desse modo, não fica difícil compreender quais são as formas pelas quais atua hoje em dia o imoralista. Em primeiro lugar, é o intolerante que imagina ser ele o proprietário de um único critério moral para todas as formas de moralidade, e por isso o aplica a ferro e fogo sem levar em consideração as condições em que o juízo moral deva ser suspenso. Em segundo lugar, é o rigorista, aquele que pratica sua moral automaticamente, sem se dar conta da unilateralidade de seu ponto de vista.

Assim, a dissolução do espírito autoritário está diretamente ligada ao exercício democrático e social de construção de uma visão de mundo no qual predomina o pluralismo, um conceito que o pensamento pós-moderno vem desenvolvendo lentamente[42]. O pluralismo, quando se afirma, é para fundamentalmente se exprimir como: pluralismo de ideias; pluralismo de ideologias; pluralismo de frentes políticas; pluralismo de concepções; pluralismo de formações; pluralismo de projetos educacionais; pluralismo de concepções de mundo; pluralismo de religiões; pluralismo de filosofias. Tudo isso, respeitados os limites da legalidade, da cidadania, da solidariedade, da justiça social e da dignidade humana.

A teoria clássica da democracia menospreza na abstração dos termos modernos "povo", "cidadão", "soberania" aspectos importantes da condição humana e reivindicações recentes da visão de mundo pós-moderna. Deve-se superar a ideia de que a boa democracia depende somente do aprimoramento dos recursos políticos institucionais do Estado. Na esteira de Häberle, a democracia política deve estar associada ao desenvolvimento de uma cultura como *humus* favorável ao desenvolvimento da consciência pluralista e favorável aos valores de direitos humanos[43]. Aí é que se coloca, de forma definitiva, na agenda do contemporâneo, uma associação entre a luta pela democracia e a luta pela proteção das minorias.

Para terminar, gostaria de circunscrever melhor o próprio conceito de moralidade pública. Estamos vendo que ela consiste numa esfera de que todos os seres humanos participam, na medida em que cada sistema moral, a fim de revelar sua unilateralidade, precisa ser confrontado por outros. Segue-se a necessidade de que todos os seres humanos sejam incluídos no seu âmbito. Sob este aspecto é uma moral cosmopolita, estabelecendo regras de convivência e direitos que assegurem que os homens possam ser morais. É neste sentido que os direitos do homem, tais como em geral têm sido enunciados a partir do século XVIII, estipulam condições mínimas do exercício da moralidade. Por certo, cada um não deixará de aferrar-se à sua moral; deve, entretanto, aprender a conviver com outras, reconhecer a unilateralidade de seu ponto de vista. E com isto está obedecendo à sua própria moral de uma maneira especialíssima, tomando os imperativos categóricos dela como um momento particular do exercício humano de julgar moralmente. Desse modo, a moral do bandido e a do ladrão tornam-se repreensíveis do ponto de vista da moralidade pública, pois violam o princípio da tolerância e atingem direitos humanos fundamentais" (Gianotti, Moralidade pública e moralidade privada, in Adauto Novaes (Org.), *Ética*, 1992, p. 244-245).

42 "A condição política pós-moderna se baseia na aceitação da pluralidade de culturas e discursos. O pluralismo (de vários tipos) está implícito na pós-modernidade como projeto" (Heller, Féher, *A condição política pós-moderna*, 1998, p. 16).

43 "Na atualidade, na qual apenas uma minoria de países conseguiu atingir o *status* de Estado Constitucional com fundamentação nos direitos humanos e legitimação democrática, vale o seguinte: no âmbito interno do Estado Constitucional, todo e qualquer Direito Constitucional e Direito em geral tem como premissa de antropologia cultural a dignidade humana, cuja consequência organizacional é a democracia" (Häberle, A dignidade humana e a democracia pluralista – seu nexo interno, in SARLET, Ingo Wolfgang, *Direitos fundamentais, informática e comunicação*, 2007, p. 18-19).

Enquanto os universais filosóficos modernos produzem apagamento, o relativismo antropológico produz exaltação e resgate das diferenças. Trata-se de enfatizar, a partir do colorido multidiversificado humano – que pede um olhar analítico cuidadoso, generoso e condescendente (olhar descentrado), e não rigoroso, discriminatório e exclusivista (olhar egoico) –, a defesa irrestrita das diversas maneiras de afirmar identidade de direitos e diversidade antropológica. O espírito democrático identifica-se com o pluralismo de linguagens humanas, como o espírito livre está disposto a compreender a música da alteridade, a identidade do outro. Intenta-se produzir e justificar os fundamentos de uma democracia qualitativa, pluralista, tolerante e voltada para a realização dos ideais e valores contidos nos direitos humanos, em sua complementaridade intergeracional.

Assim, toda democracia deve necessariamente zelar pela transição pacífica da gestão de governo, bem como pelo resguardo ao direito às minorias, à dissidência e à discordância. Se todos têm o mesmo direito e o mesmo dever à lei, revelando-se aqui a ideia da igualdade, ao mesmo tempo, todos têm o direito de serem considerados em suas particularidades, revelando-se aqui a ideia parceira, a da diversidade. Essas duas ideias andam lado a lado e devem complementar-se como forças, e, por isso, toda luta emancipatória deve governar-se a partir desses dois critérios. Assim, como afirma Flávia Piovesan, o direito à igualdade material se acompanha do direito à diferença e do direito ao reconhecimento de identidades, única forma de se evitar a universalização de estereótipos hegemônicos e única forma de se evitar o sofrimento humano[44].

O espírito democrático deve, portanto, incentivar a tolerância, única forma de manifestação de um olhar não exigente, de um olhar voltado para a compreensão do outro. Por isso, trata-se de construir, no interior das práticas democráticas, o exercício de uma forma política na qual impera o princípio da tolerância (PT), este muito bem identificado por Lévi-Strauss[45], ao lado do princípio do discurso (PD), este muito bem identificado por Jürgen Habermas[46].

---

44 "O direito à igualdade material, o direito à diferença e o direito ao reconhecimento de identidades integram a essência dos direitos humanos, em sua dupla vocação em prol da afirmação da dignidade humana e da prevenção do sofrimento humano. Eles são condição e pressuposto para o direito à autodeterminação, bem como para o direito ao pleno desenvolvimento das potencialidades humanas, transitando-se da igualdade abstrata e geral para um conceito plural de dignidades concretas" (Piovesan, Como fica a dignidade humana diante da opressão pelo mais forte? *MPD Dialógico, Revista do Movimento do Ministério Público Democrático,* 60 anos da Declaração Universal dos Direitos Humanos, ano 5, n. 21, p. 21, out. 2008).

45 "A tolerância não é uma posição contemplativa, dispensando as indulgências ao que foi ou que é. É uma atitude dinâmica, que consiste em prever, compreender e promover o que quer ser. A diversidade das culturas humanas está atrás de nós, à nossa volta e à nossa frente. A única reivindicação que podemos fazer a este respeito (exigência que cria para cada indivíduo deveres correspondentes) é que ela se realize de modo que cada forma seja uma contribuição para a maior generosidade das outras" (Lévi-Strauss, *Antropologia estrutural dois,* 4. ed., 1993, p. 366).

46 A respeito, v. Habermas, *A inclusão do outro:* estudos de teoria política, 2002.

O respeito à dignidade humana, no interior de práticas democráticas, tem que ver com esse exercício de respeito integral à diversidade humana, de reconhecimento e integração da diversidade antropológica. Trata-se de uma exigência de que as assimetrias antropológicas não sejam a base de um rebaixamento discriminatório da identidade do outro, mas a base para o enaltecimento do espaço do humano como o espaço dos muitos, dos vários.

CONCLUSÕES

Essa investigação, partindo de concepções de arte e estética, empreende um movimento em direção à afirmação e fundamentação filosófica da *diversidade humana*. Dialogando com fontes da antropologia, também reitera o compromisso de construção política de uma forma não autoritária do olhar, valor fundamental para a construção do espírito democrático. O que o cruzamento entre ética, estética e antropologia acaba por demonstrar é a importância da compreensão de que as diferenças nos marcam e nos definem, em múltiplos aspectos. Nossa humanidade é, fundamentalmente, diversidade étnico-racial. O exercício de compreensão das diferenças é o do reconhecimento e da complementaridade entre os diferentes. Assim, o que devemos valorizar é o que nos aproxima, e não o que nos divide, pois o diálogo constrói pontes, facilita a integração social e constrói mecanismos de reciprocidade e reconhecimento intersubjetivo.

Uma *cultura dos direitos humanos* centrada numa *ética do pluralismo* e da *diversidade* deve cultivar: abertura democrática, aceitação da alteridade, múltiplas formas de expressão, flexibilidade democrática para com as minorias, proteção da diversidade dos jogos de linguagem social, porosidade ético-antropológica, sensibilidade social e cultural. O ato político de trabalhar o direito à cultura, como garantia da multidiversificada forma de expressão das artes, é um ato de cidadania, uma forma de proteção dos direitos humanos e uma condição para a socialização em sociedades democráticas. Todos têm direito à cultura, como direito de imergir na própria identidade. Essa é uma busca que não pode ser vetada, sob pena de atentar-se contra a dignidade da pessoa humana. A elitização da arte produz isso, a exclusão cultural. A massificação dos produtos da indústria cultural produz isso, a marginalização da arte que é *out*, e não *in*.

A partir dessa linha de análise, torna-se possível afirmar a *cultura dos direitos humanos* fundada na compreensão da *diversidade* de nossa humanidade como forma de garantir que o olhar sobre o humano se desprenda da categoria do *universal* e busque o reconhecimento da humanidade tal como se apresenta material e historicamente em sua multiplicidade étnico-racial e culturalmente diferenciada. Percebe-se o lugar de uma ética que se constrói para fundamentar uma *cultura de direitos humanos*, que decorre de uma estética.

Nesse sentido, reforça-se o impacto do pensamento pós-moderno – que valoriza não a unidade, mas a multiplicidade, além de deslocar a reflexão dos universais para o campo das interculturalidades –, com a cultura da *diversidade* e do *pluralismo*, para falar a respeito da ideia da *dignidade da pessoa humana* como um fator nuclear de fundamentação e legitimação de uma *cultura dos direitos humanos*. Por isso, a investigação sobre o "belo" toca de perto uma investigação sobre o "justo", e, por isso, fornece subsídios e alento para se atrair o debate sobre a defesa do pluralismo e da diversidade, em que as diversas formas de convergências humanas podem estruturar-se em práticas fundantes do convívio democrático, solidário, pluralista, dialógico, aberto e tolerante.

REFERÊNCIAS BIBLIOGRÁFICAS

ADORNO, Theodor W. *Minima moralia*. Tradução de Artur Morão. Lisboa: Edições 70, s. d.

_________. *Indústria cultural*. Tradução de Julia Elisabeth Levy et al. São Paulo: Paz e Terra, 2002.

_________. *Teoria estética*. Tradução de Artur Morão. Lisboa: Edições 70, 2006.

_________; HORKHEIMER, Max. *Dialética do esclarecimento*. Tradução de Guido Antonio de Almeida. Rio de Janeiro: Zahar, 1985.

BENJAMIN, Walter. *Passagens*. Tradução de Irene Aron et al. Belo Horizonte: Editora UFMG/São Paulo: Imprensa Oficial, 2007.

BITTAR, Eduardo C. B. *O direito na pós-modernidade*. Rio de Janeiro: Forense Universitária, 2005.

_______. Filosofia crítica e filosofia do direito: por uma filosofia social do direito. *Revista Cult*, Dossiê Filosofia do Direito: o que foi, e o que é que será?, São Paulo, ano 10, n. 112, p. 53-55, abr. 2007.

_______. Estética, Democracia e Direitos Humanos: da estética da diversidade à sociedade, da sociedade pluralista à estética. *Filosofia e Teoria Geral do Direito*: homenagem a Tercio Sampaio Ferraz Junior. São Paulo: Quartier Latin, 2011.

CANDÉ, Roland de. *História universal da música*. Tradução de Eduardo Brandão. São Paulo: Martins Fontes, 1994. v. 1.

_______. *História universal da música*. Tradução de Eduardo Brandão. São Paulo: Martins Fontes, 1994. v. 2.

CARVALHO, José Jorge de. *O olhar etnográfico e a voz subalterna*. Brasília: Departamento de Antropologia da UnB, 261, Série Antropologia, 1999.

ECO, Umberto. *História da beleza*. Tradução de Eliana Aguiar. Rio de Janeiro: Record, 2007.

_______. *História da feiura*. Tradução de Eliana Aguiar. Rio de Janeiro: Record, 2007.

FERRAZ JUNIOR, Tercio Sampaio. O justo e o belo – notas sobre o direito e a arte, o senso de justiça e o gosto artístico. *Revista da Pós-Graduação da Faculdade de Direito*, São Paulo: Síntese, v. 2, p. 35-45, 2000.

GIANOTTI, José Arthur. Moralidade pública e moralidade privada. In: NOVAES, Adauto (Org.). *Ética*. São Paulo: Companhia das Letras; Secretaria Municipal de Cultura, 1992.

HÄBERLE, Peter. A dignidade humana e a democracia pluralista – seu nexo interno. In: SARLET, Ingo Wolfgang. *Direitos fundamentais, informática e comunicação*. Porto Alegre: Livraria do Advogado, 2007.

HABERMAS, Jürgen. *A inclusão do outro:* estudos de teoria política. Tradução de George Spencer; Paulo Astor Soethe. São Paulo: Loyola, 2002.

HELLER, Agnes; FÉHER, Ferenc. *A condição política pós-moderna*. Tradução de Marcos Santarrita. Rio de Janeiro: Civilização Brasileira, 1998.

JAY, Martin. *A imaginação dialética*: história da Escola de Frankfurt e do Instituto de Pesquisas Sociais. Tradução de Vera Ribeiro. Rio de Janeiro: Contraponto, 2008.

KAHN, Ashley. *A love supreme:* a criação do álbum clássico de John Coltrane. Tradução de Patrícia de Cia e Marcelo Orozco. São Paulo: Barracuda, 2007.

LÉVI-STRAUSS, Claude. *Tristes trópicos*. Tradução de Rosa Freire D'Aguiar. São Paulo: Companhia das Letras, 1996.

_______. *Antropologia estrutural dois*. Tradução de Maria do Carmo Pandolfo. 4. ed. Rio de Janeiro: Tempo Brasileiro, 1993.

LYOTARD, Jean-François. *A condição pós-moderna*. Tradução de José Bragança de Miranda. 2. ed. Lisboa: Gradiva, 1989.

MARCUSE, Herbert. *Eros e civilização:* uma interpretação filosófica do pensamento de Freud. Tradução de Álvaro Cabral. 8. ed. Rio de Janeiro: LTC, 1999.

_______. *A dimensão estética*. Tradução de Maria Elisabete Costa. Lisboa: Edições 70, 2007.

MELO, Eduardo Rezende. *Nietzsche e a justiça:* crítica e transvaloração. São Paulo: Perspectiva; FAPESP, 2004.

NIETZSCHE, Friedrich W. *Além do bem e do mal:* prelúdio de uma filosofia do futuro. Tradução de Armando Amado Júnior. São Paulo: WVC, 2001.

PIOVESAN, Flávia. Como fica a dignidade humana diante da opressão pelo mais forte? *MPD Dialógico, Revista do Movimento do Ministério Público Democrático*, 60 anos da Declaração Universal dos Direitos Humanos, ano 5, n. 21, p. 21, out. 2008.

ROWLAND, Robert. *Antropologia, história e diferença:* alguns aspectos. 3. ed. Porto: Afrontamento, 1997.

SEISDEDOS, Iker. O rei do jazz. *Folha de S.Paulo,* Caderno Mais!, São Paulo, domingo, 3 ago. 2008, p. 10.

WOLKMER, Antonio Carlos. *Pluralismo jurídico:* fundamentos de uma nova cultura no direito. 3. ed. São Paulo: Alfa-Ômega, 2001.

8. O INTELECTUAL NA SOCIEDADE DA INFORMAÇÃO:
ensaio sobre subjetividade, conhecimento e comunicação*

8.1. O LUGAR DO INTELECTUAL NO MUNDO MODERNO

A sociedade moderna é a que nasce embebida dos rumores advindos da vida intelectual, da *République des Lettres*, do mundo das ciências, das artes e da cultura, da liberdade da razão e do lugar da emancipação. A esfera pública (Öffentlichkeit) tem uma grande contribuição para, em seu bojo, construir a identidade de um momento histórico de efervescências como fruto de transformações conjuntivas da vida social. É exatamente nesse contexto, especialmente a partir das transformações revolucionárias do século XVIII, que a figura do intelectual como *intelligentsia* ativa ganha maturidade e sentido para a sociedade moderna. No especial "Para que serve um intelectual?" do Caderno Mais! da *Folha de S.Paulo*, de agosto de 2006, no artigo "Caos na esfera pública", é Habermas quem afirma: "É já nesse período de incubação, quando o vírus da Revolução Francesa se alastrou por toda a Europa, que se manifesta a constelação na qual o tipo do intelectual moderno encontrará o seu lugar. Ao influírem com argumentos retoricamente afiados na formação da opinião, os intelectuais dependem de uma esfera pública capaz de lhes servir de caixa de ressonância, alerta e informada"[1]. À modernidade revolucionária segue-se a modernidade produtiva, e esta abafa a possibilidade de realização do ideário contextualizado e oportunidade pela primeira. Por isso, o progresso da modernidade não a conduziu à realização de seus ideais, e, mesmo ultrapassando

---

* Artigo publicado no livro coletivo *Direitos Humanos e Democracia na Era Global, Revista do Instituto de Hermenêutica Jurídica*, Belo Horizonte, Instituto de Hermenêutica Jurídica, 2009, p. 149-172.

Este artigo foi traduzido para o inglês e publicado sob o título "The intellectual in the Information Society: an essay on subjectivity, knowledge, and communication", *Global Advanced Research Journal of Educational Research and Reviews*, vol. 5, n. 1, p. 1-8, jan. 2016. Disponível em: <http://www.garj.org/garjerr/1/2016/5/1>.

1 Habermas, Caos na esfera pública, *Folha de S.Paulo*, Caderno Mais!, 2006, p. 4.

a sua fase revolucionária, consolida-se com a predominância da *razão instrumental*[2]. É essa forma histórica de razão, coirmã do *progresso* e da *eficiência*, que dinamiza o processo produtivo, mas que torna possível que a vida social se resuma à sua significação laboral-produtiva, o que é responsável pela geração de um cenário de quietude, político-cultural e intelectual, em que, hodierna e estranhamente, predomina o excesso de ruídos.

À pergunta "Qual o lugar do intelectual no mundo moderno?" segue-se uma outra, a saber: "Qual o sentido da modernidade hoje?"[3]. Num mundo de modernidade instrumental, o intelectual é, por seus arranjos textuais, por suas construções teóricas, por seu apreço à meticulosa pesquisa, à análise reflexiva e à preocupação humanística formadora, um *déplacé*. Seguir o ideário que inspirou o *Aufklärung* hoje é seguir um ofício que tem sua significação *dessituada*. Daí a tarefa de autores contemporâneos como Stephen Eric Bronner de restaurar o Iluminismo[4].Eis aí a ambígua experiência existencial do intelectual num mundo em que predomina a racionalização como processo de afirmação da preponderância das formas estratégicas de interação; de um lado, os intelectuais foram responsáveis por coagular esforços que culminaram na produção das condições de afirmação superadora de ideais emancipatórios, mas, de outro lado, os intelectuais foram deslocados para fora dos processos de afirmação dos modos de racionalidade que se afirmam historicamente. Quando se trata de falar de um modo de identificar a razão, no início da modernidade, percebe-se que a razão emancipatória, como razão que decorre da esfera pública literária, filosófica e intelectual, é aquela que possibilita a aparição do mundo moderno e de suas feições; quando se trata de perceber o lugar da razão emancipatória na história interior do mundo moderno, percebe-se que ela se tornou redundante, e, por isso, deixou o legado dos ideais modernos emancipatórios estagnados num passado inacabado. A mistificação das coisas produziu o apagamento das pessoas e, onde pessoas são visivelmente adereços do mercado, a banalidade da existência se torna a regra[5].

Por isso, evocar o conjunto dos ideais mais profundos da modernidade é hoje um exercício *démodé*. Os intelectuais que pensam as formas de emancipação social, no limite, correm atrás dos prejuízos deixados pelos rastros de predominância da razão instrumental na vida social. Seu exercício é não somente enfadonho, como é o trabalho de Sísifo, agravado pelo fato de sua tarefa ser considerada uma tarefa social *incômoda*; demonstra o que ninguém

---

2 Cf. Adorno e Horkheimer, *Dialética do esclarecimento*, 1985, p. 34.

3 "... a melancolia, conceito antigo na medicina, ganha novo impulso com o advento da modernidade, um ciclo histórico que se caracteriza pela bipolaridade, pela alternância entre mania e melancolia" (Scliar, O nascimento da melancolia, *Ide:* psicanálise e cultura, 31 (47), p. 138, 2008).

4 Bronner, *Reclaiming the Enlightenment*, 2004.

5 Habermas, Caos na esfera pública, in Caderno Mais!, *Folha de S.Paulo*, 2006, p. 4.

quer ver. Por isso, os intelectuais críticos são deslocados para um cenário de obscuridade, pois o incômodo que provocam é o de tentar manter acesa a perspectiva da continuidade de busca de ideais incubados e recalcados, não realizados, na vida moderna. Assim, vive-se de uma modernidade estagnária, imperfeita, e, por isso, danosa, pois apenas um aspecto funcional de sua teia de identidades prepondera e orienta a forma de atuação de todas as demais engrenagens que permitem o funcionamento global da vida em sociedade. Eis aí um sintoma de que a vida moderna tornou a experiência humana, no mundo, uma experiência marcada pela *incompletude* e pela *falta*, sobretudo pela *falta de sentido*.

Essa é a raiz do problema da violência do mundo moderno. Essa é também a raiz do problema da violência sofrida pelos intelectuais. De fato, os intelectuais críticos da vida moderna constatam e reiteram os aspectos problemáticos do mundo moderno, identificando em seu interior as questões que bloqueiam a consolidação de processos de socialização, justiça e igualdade. O simples fato de parte significativa da atividade intelectual crítica se dedicar a denunciar as *paranoias*, *violências* e *inconsistências* de nossos tempos aponta para o fato de que a energia psíquica intelectual utilizada nesse campo de compreensão poderia estar sendo empregada para finalidades e propósitos ainda mais construtivos e criativos. Diagnosticar os efeitos do funcionamento da razão instrumental é sempre menos agradável que construir novas linhas de acesso à liberdade. Ao exercerem uma atividade de pensamento coligado ao problema da insuficiência da modernidade, praticam uma forma de resistência à simples e vitoriosa ideia de que tudo se governa pelo princípio do progresso e de que, por isso, o mundo moderno é guiado por uma bússola que dá a si mesma o rumo a seguir, como se esse rumo seguisse independentemente da vontade humana[6].

8.2. O INTELECTUAL COMO PÁRIA DA SOCIEDADE DA INFORMAÇÃO

Escreve Habermas: "... eu não deveria sonegar aqui a ocupação mais querida dos intelectuais: eles adoram sintonizar-se com as queixas rituais sobre o declínio 'do intelectual'", a propósito do tema "Para que serve um intelectual?" no artigo *Caos na esfera pública*. A seguir, após uma pausa, afirma ainda: "Confesso não estar inteiramente livre desta tendência"[7]. A constatação de que a in-

---

[6] "A fé na ciência, independentemente de suas injunções ideológicas, políticas e econômicas, produz a ideologia de que a maior parte dos problemas dos homens pode ser resolvida por ela" (Matos, Os muitos e o um: logos mestiço e hospitalidade, *Ide:* psicanálise e cultura, 31 (47), p. 10, 2008).

[7] Habermas, Caos na esfera pública, in Caderno Mais!, *Folha de S.Paulo*, 2006, p. 4.

telectualidade definha parece ser um tema constante dos debates que politizam a função do intelectual na sociedade moderna. Será que essa desconfiança não se confirma? Será que ela faz parte da lamúria dos intelectuais? Será que ela tem correspondente concreto na vida social? A própria especialização funcional do trabalhador no mundo moderno aponta para uma resposta a esse respeito. Na cadeia de produção que define o conhecimento como utilidade econômica, o intelectual só tem lugar onde e quando serve de ferramenta especializada para as engrenagens predominantes[8]. O confinamento dos intelectuais ao lugar--destino do conhecimento, a universidade, é somente um sintoma de seu *recolhimento* e da *não significação* da crítica na vida social. "O aparecimento do grupo dos intelectuais assinala a última fase do crescimento da consciência social. Foi o último grupo a adotar a perspectiva sociológica, pois sua posição na divisão social do trabalho não proporciona acesso direto a nenhum segmento *vital* e *operante* da sociedade. O gabinete isolado e a dependência em relação à matéria impressa propiciam apenas uma visão indireta do processo social (grifos nossos)", afirma o sociólogo Mannheim[9]. O que se percebe é que, afinal, como repositório do conhecimento, como lugar de empilhamento do saber, como caixa-forte da informação acadêmica na vida social moderna, a universidade é esse lugar que permite ao intelectual encontrar-se em seu "templo de melancolia". Moacir Scliar, ao analisar o tema da melancolia, afirma: "O templo da melancolia intelectual é a biblioteca"[10].

Mas as bibliotecas não fazem o mundo; delas se pode extrair o que fazer com o mundo. Assim, os solilóquios existenciais e melancólicos sobre o mundo moderno são impotentes sem o amparo direto da ação política, e, quando a política, ela mesma, é tarefa de especialistas, aí se verifica a distância prática entre o que se *pensa* e o que se *faz*, ou seja, aí se percebe a distância esculpida entre *theoría* e *práxis*. Essa distância, do ponto de vista sociológico, também é percebida como uma distância social que o intelectual possui das demais classes e grupos sociais[11]. Por isso, é, sobretudo, no mundo acadêmico que o intelectual descarrega o *ônus* da atividade de pensar a vida social de seu tempo; é ali que as torrentes de palavras e signos retidos na "caixa-cabeça" podem encontrar vazão na "aula-trabalho" do dia seguinte, lugar de abertura das

---

8 "O significado intencional de 'ser intelectual' deve elevar-se acima da preocupação parcial com a profissão ou gênero artístico da pessoa, para incumbir-se das questões globais sobre a verdade, o juízo e o gosto da época. A linha que separa 'intelectuais' de 'não intelectuais' é traçada e retraçada por decisões de tomar parte num modo particular de atividade" (Bauman, *Legisladores e intérpretes*: sobre modernidade, pós-modernidade e intelectuais, 2010, p. 16).

9 Mannheim, O problema do intelectual, in *Sociologia*, 1982, p. 101.

10 Scliar, O nascimento da melancolia, *Ide*: psicanálise e cultura, 31 (47), p. 137, 2008.

11 "A média das pessoas sente nessas duas categorias (cultas e incultas) uma diferença e uma distância social tão grandes quanto entre o rico e o pobre, ou entre o empregador e o empregado" (Mannheim, O problema do intelectual, in *Sociologia*, 1982, p. 105).

torneiras e revelação das reflexivas ruminações subjetivas. Os "muros da universidade" acabam sendo "muros protetores", abençoados como um lugar de refrigério existencial e laboral ao pensar, ao refletir, ao formar e ao pesquisar. Ela é, por isso, um *bunker* do intelectual crítico subsistente, um lugar de refúgio diante da decepção com a política; não há outro sentido inclusive, desde Platão, ao termo Academia[12]. Nesse sentido, o intelectual não pode reclamar de sua condição, afinal "O sábio está consigo mesmo" (*Sapiens... secum est*), como afirma Sêneca, em suas *Epístolas* (9, 16).

Fora da universidade, *não há tempo nem lugar para a reflexão*. A reflexão exige todas as condições que o mundo moderno renega, quais sejam o silêncio do raciocínio, o ruminar lento das ideias, o sentir com as vísceras as certezas dos atos de fala, as leituras prolongadas, o estado de permanente vigilância, o cozimento paulatino de um texto, a fé cética quanto à melhoria da condição humana, estes que são alguns traços daquilo que faz da experiência crítica uma experiência de *circunspecção* e, também, exatamente por isso, uma experiência de *desajuste*; no limite, torna-se *insuportável*, simplesmente, viver, pois viver significa, simplesmente, *aceitar* e, portanto, renunciar aos ideais, donde a compatibilidade sôfrega entre continuar vivendo e renunciar aos seus próprios ideais. No entanto, há que continuar vivendo...

Mas continuar vivendo significa, *apesar* do que se conhece e do que se vê no mundo, um estado de aguardo passivo das decisões políticas, dos encaminhamentos, atinados e desatinados, da política, o folclore das ideologias governamentais, a inércia popular generalizada e a ignorância anestésica com relação às questões sociais. E isso porque conhecer implica *ver*, *ouvir*, *intuir*, *sentir* e *perceber* aquilo que ordinariamente não se distingue. Se os olhos veem mais do que o meu tempo permite, a alma padece acima do que é capaz de suportar... Nesse ponto, os intelectuais não têm como bálsamo nem mesmo a sensação de pertencerem a uma classe, pois, como afirma Mannheim, não chegam a formar nada semelhante: "Deveria ficar claro que os intelectuais não constituem de forma alguma uma classe. (...) Nada está mais distante dessa camada que a unidade de pensamento e a coesão"[13]. Donde o fato de, apesar de se falar "dos intelectuais", se falar pouco de um "coletivo único", e mais de uma dispersiva similaridade entre indivíduos que exercem o mesmo tipo de

---

12 A exemplo de Montaigne e sua decepção com a política: "O preço a pagar podia ser o retiro, o isolamento: é o caso de Montaigne, que, desgostoso com a vida pública, ele que fora prefeito de sua cidade, refugia-se em seu castelo para ali, rodeado de livros, buscar resposta à pergunta famosa, *Que sais-je?*, O que sei eu? Montaigne não era exatamente um eremita; os ensaios mostram que continuava atento às coisas de seu tempo. Mas era aquela figura de que fala Milton em *Il Penseroso*: o melancólico em sua torre solitária" (Scliar, O nascimento da melancolia, *Ide:* psicanálise e cultura, 31 (47), p. 137, 2008).

13 Mannheim, O problema do intelectual, in *Sociologia*, 1982, p. 104.

atividade. A falta de força de transformação dos intelectuais decorre dessa exata condição que ocupam no quadro das demais forças sociais.

Mas, para que o pensamento crítico se exerça, a atividade de reflexão pressupõe a *observação*, o *distanciamento* e a *reflexão*. Estas se escoram na necessidade de "colocar-se fora", para "enxergar além das aparências", e, com isso, o intelectual age de forma a comprometer sua sociabilidade; ou seja, como exercente de pensamento, é alguém que se *des-ajusta*. O *pensar-diferente* pressupõe a *des-confiança* com as formas-feitas, a análise superadora do *status quo*, a discordância com relação a toda forma *prêt-à-porter* das visões de mundo da vida social. Por isso, esse deslocamento de quem observa, e que faz do intelectual crítico alguém que se distancia para analisar antes de ser seduzido, o que tem por efeito uma experiência de pensar em outra dimensão o próprio mundo que se mostra como sólido e constituído, de modo que a experiência ordinária sobre o mundo é colocada em suspenso, donde nasce a renúncia enfadonha a simplesmente "estar no mundo pronto e sobre o qual não possa haver outra forma de entrada". Nessa sintonia, todo deslocamento reflexivo se torna também um deslocamento da situação social imperante. Curiosamente, dessa forma, o intelectual crítico, apesar de não envergar batina e não participar de votos de reclusão, vive um ritual de separação paratópica do mundo real, na medida em que a vida ordinária é colocada em suspenso, para que possa haver lugar para a realização separada da reflexão. Nesse sentido, o intelectual vive na sociedade, mas, ao mesmo tempo, é um estranho perante ela. O intelectual é admitido nos quadros de uma instituição, mas não é por ela absorvido e digerido, nem com ela se concilia completamente, sob pena de seu aniquilamento. Daí a sensação, em diversos níveis, de um permanente estado de *não pertencimento*. Não pertence a classe alguma, mas desloca-se da própria sociedade que pretende pensar.

Por isso, os mesmos muros que protegem, *sufocam*, e isso em função da insuficiência de seu "lugar" na vida social. A universidade é este "outro" espaço, que se define por negação, com relação ao entorno da vida social; universidade é *não sociedade*, por isso, a atividade acadêmica ainda continua sendo reconhecida como *não trabalho*. Ao mesmo tempo, se é verdade que a universidade confere aconchego, ela não é o lugar da "decisão". O lugar da decisão está no além-muros da universidade e, nessa medida, é possível reconhecer que a vida das ideias não encontre, necessariamente, vida prática, pois a passagem daquilo que servirá, e daquilo que não servirá, de tudo o que é produzido no mundo das academias no País sempre passa por um filtro que seleciona o "joio" do "trigo". Por isso, quando o intelectual adere à carreira universitária, sua decisão é já *reativa*, ou seja, é uma decisão de alheamento: *não participar*, renunciar à ação, renunciar à produção, e, por isso, como ato, tem algo de um *refugiar-se*. O ato de se refugiar implica a consciência de que o entorno social é hostil à atividade de reflexão, e que, fora do espaço acadêmico, remanescem poucas oportunidades para a afirmação de um trabalho intelectual genuíno na vida social. Procurar na universidade um lugar de saber é colocar-se em uma *trincheira* onde é possível, por hora, respirar e, assim, prolongar a existência.

O pensar crítico exige algo mais que simplesmente um engajamento funcional nos quadros universitários. Se esse *batismo* de pertencimento a um mundo em que a atividade intelectual é mais do que um direito é um dever funcional, é isso que confere ao indivíduo-intelectual a autoridade acadêmica; apesar de ser feito dele o senhor de uma cátedra, isso não faz com que seu RG acadêmico se torne garantidor de sua sobrevivência psíquica. E isso porque, entre outros fatores, na academia se reabrem os espaços de hostilidade do *pensar-diferente*. A exclusão entre os pares, a ocultação e a sabotagem, também aparecem formas intestinas de desenvolvimento daquilo que se costuma chamar de "ambiente acadêmico". Percebe-se, pois, que a fuga para dentro da universidade como refúgio não permite que a dor seja *superada*, propriamente, pois a esta se *mobiliza* apenas para se realizar em "outro lugar"; por isso, o remédio do intelectual crítico talvez seja o de compartilhar, com um auditório sempre finito, aquilo que sente como sendo a si um incômodo.

8.3. A SOCIEDADE DA INFORMAÇÃO COMO SOCIEDADE DO NÃO DIÁLOGO

Em tese, a sociedade contemporânea produziu as condições para uma dinamização intensa da informação e autorizou, pelos seus meios, um maior afluxo de comunicação. Esta seria uma sociedade, portanto, convidativa a um aumento da significação social do papel do intelectual, afinal, a sociedade contemporânea se constrói sobre a ideia da imprescindibilidade da informação. Como exemplo, pode-se dizer que "O norte-americano médio consome por ano 973 horas de TV paga e 630 horas de TV aberta, passa 189 horas *on-line*, joga 85 horas de *videogames*, assiste às 61 horas de DVD, navega 15 horas em internet via celulares e passa 12 horas no cinema, segundo levantamento realizado em 2007 pela *Veronis Suhler Stevenson*, um fundo de investimentos especializado em mídia"[14]. Ainda mais nos tempos atuais, e ao longo dos próximos anos, irá se verificar um tempo cada vez maior dedicado à *internet*, a procedimentos virtuais, a plataformas digitais, ao tele-trabalho, ao *home office* digital, a tecnologias digitais e aos *gadgets* que servem de suporte a interações digitais.

No entanto, é a não conversão do saldo informacional em capacidade de ação socialmente relevante, ou ainda, de aumento da capacidade de reflexão o que define propriamente a condição não iluminista da sociedade da infor-

---

14 Dávila, Sérgio, Ordem no caos, in Caderno Mais!, *Folha de S.Paulo*, domingo, 14 dez. 2008, p. E7.

mação; aqui vale a velha regra segundo a qual a qualidade não se mede pela quantidade[15]. Por isso, o individualismo do consumo pós-moderno da informação em dosagem elevada não tem representado uma forma de incremento do processo de *autossubjetivação* consciente e crítica, mas modo de ampliação da sensação de desprovimento, angústia e melancolia, algo que dá continuidade àquilo que a modernidade começou por produzir[16]. Assim é que, pelo contrário, o individualismo não leva o indivíduo a si, mas o trancafia como a um estranho dentro de sua própria jaula, uma jaula interna e invisível, mas sombria e doentia. O estado da letargia do indivíduo adormecido no interior dos labirintos do individualismo cria, por isso, uma sociedade enclausurada sobre si mesma.

A sociedade enclausurada sobre si mesma produz a patologia da pós-verdade, em que se fala e se acredita que o ato de falar é capaz de produzir, imediatamente, a "verdade unilateralmente proclamada". Assim, de fato, a comunicação está obstruída, apesar da intensa atividade nas redes sociais (*Facebook* e outras redes). Assim, a comunicação existe, mas não *significa*, pois o seu lugar foi destronado. Ou, ainda, a comunicação existe, mas não se faz com o outro em estado de ajuste dialógico recíproco, e sim a comunicação se faz *sobre* o outro, *apesar* do outro, *contra* o outro, em *desfavor* do outro. E, em verdade, isso não é propriamente comunicação. Todos falam e simultaneamente ouvem, mas, ao mesmo tempo, cada um somente busca de fato a si mesmo, e é por isso que o associativismo está morto para milhões e milhões de indivíduos. São estátuas que estão se comunicando, como se pode depreender da bela metáfora explorada por Norbert Elias, citado por Moacir Scliar: "... o indivíduo passa a sentir-se solitário, uma estátua pensante dotada de olhos que podem enxergar, de ouvidos que podem escutar, de um cérebro que pode raciocinar, mas incapaz de estabelecer contato com outras estátuas falantes, ou com o mundo como um todo, do qual está separado pelo abismo da incomunicabilidade"[17]. As pessoas podem estar amontoadas em centros urbanos, podem se acotovelar para dividir espaços, podem acessar celulares e *smartphones*, podem frequentar centros de teleinformação, mas, fundamentalmente, continuam, de modo simples, a praticar mimeticamente comportamentos padronizados pelas determinações do consumo em massa, do comportamento determinado por regras heterônomas, e, por isso, continuam a se reconhecer como indivíduos estranhos ao mundo da ação socialmente relevante. Apesar das luzes da televisão e dos meios

15 A respeito, conferir Dupas, *Ética e poder na sociedade da informação*, 2001, p. 49.

16 "Essa irrupção do individualismo não é vista sem reservas. Pode resultar em autoafirmação, mas resulta também em angustiante, melancólico desamparo, consequência do esgarçamento do tecido social" (Scliar, O nascimento da melancolia, *Ide:* psicanálise e cultura, 31 (47), p. 135, 2008).

17 Scliar, O nascimento da melancolia, *Ide:* psicanálise e cultura, 31 (47), p. 134, 2008.

de comunicação em massa, apesar dos instrumentos vários da civilização e da técnica para processarem informação, apesar da intensidade do desenvolvimento das tecnologias digitais, o que se percebe é "obscuridade", pobreza semântica, opacidade, apagamento e ausências... a cegueira se torna possível em plena luz do dia... uma sociedade assim constituída não é, por isso, uma sociedade do esclarecimento[18].

8.4. AS VIOLÊNCIAS E O MAL-ESTAR DOS INTELECTUAIS

Muitas vezes, ao longo da história da modernidade, a violência que se exerce contra os intelectuais é aquela que toca de perto a lapidação, o sacrifício corporal, a perseguição, o isolamento físico, o encarceramento, o extermínio. Marx é alvo de hostilidades ao longo de todo o seu percurso intelectual. Walter Benjamin não se sacrificou por vontade própria, assim como Trótski não se exilou por livre e espontânea vontade, nem Gramsci escreve no cárcere por considerar a prisão mais inspiradora do que seu gabinete de trabalho. A ideia *universal* de uma *liberdade de pensar*, como direito humano fundamental desde a Declaração de 1789, sobrevive apenas como cântico sofisticado do discurso liberal, que não sobrevive como *direito efetivo* enquanto se trata de desafiar a *pensar-além*. Por isso, o pensamento que desafia, o pensamento que opõe resistência, o pensamento que nada na contramarcha, o pensamento que se faz um ato de inovação plena é alvo da supressão justificada e fundamentada da liberdade[19].

Mobilizar uma esfera pública cidadã e crítica é tarefa política, por isso as ditaduras e os totalitarismos perseguem e sacrificam intelectuais como portadores de uma "ameaça política". O que se vem percebendo, em todo o mundo, é aquilo que Judith Butler, em recente estudo, aponta: "Muitos acadêmicos se encontram sujeitos à censura, à prisão e ao exílio"[20]. E isso em função do estremecimento que se pode provocar nos interesses materiais e nas lógicas de poder que governam determinados circuitos de interações sociopolíticas.

As democracias contemporâneas, portanto, constroem-se, acima de tudo, a partir da hipocrisia da ideia de uma liberdade intelectual autopropa-

---

[18] Foucault, O que são as luzes?, in *Ditos e escritos:* arqueologia das ciências e história dos sistemas de pensamento, 2000, v. 2, p. 351.

[19] Qual, afinal, a tarefa de educar na liberdade e para a liberdade? Adorno responde a esta questão em *Educação – para quê?*, onde se lê: "A educação por meio da família, na medida em que é consciente, por meio da escola, da universidade teria neste momento de conformismo onipresente muito mais a tarefa de fortalecer a resistência do que de fortalecer a adaptação" (Adorno, *Educação e emancipação*, 3. ed., 2003, p. 144).

[20] Butler, A criminalização do conhecimento, *Hiatus*, 4-7-2018, p. 3. Disponível em: <https://sxpolitics.org/ptbr/a-criminalizacao-do-conhecimento-por-judith-butler/8391>. Acesso em: 17 dez. 2018.

lada, que se exerce, no entanto, sem formação cidadã e sem democratas, como afirma Olgária Matos[21]. Nas democracias contemporâneas, atoladas na maré das trocas comunicativas das redes sociais, a perda de sentido da interação comunicativa e da memória social se dá na base da volatilidade, da insignificância e da aceleração das trocas comunicativas. E isso porque o intelectual opera *com* esses e *através* desses elementos, e, por isso, sem eles a atividade intelectual recai em danação. A palavra é vencida pela fugacidade da imagem e a consciência (política e social) naufraga no mar turbulento da indiferença moral de nossos tempos[22]. A onipotência da imagem virtual, a aceleração dos recursos digitais, a celeridade de comunicações superficiais, a instantaneidade dos comunicados virtuais apenas reforçam a percepção de falta de reflexão, de percepção crítica da realidade e de bom senso nas interações comunicativas.

Os novos métodos, as novas tecnologias, as tecnologias digitais, as novas formas de comunicação, os meios *on-line*, as formas de interação programadas, as cobranças acadêmicas de publicação da CAPES, os sem-número de revistas acadêmicas, e outros recursos virtuais, não são um paliativo para a retomada da significação da experiência da *leitura*, do *texto* e da *reflexão*. Todos esses *media* irrompem com a mesma velocidade interminada do mundo globalizado, e violentam as formas de aculturação centradas na tarefa do texto. A *anticultura* do texto que se desenvolve dentro de um ambiente de intensa *volatilidade* de uma massa interminável de textos conspira contra o conjunto dos modos de afirmação de uma cultura capaz de propor na significação do ato de produção intelectual uma forma de intervenção na vida pública. Onde a credibilidade do próprio texto se corrompe, com isso também se deturpa a possibilidade de uma sociedade esclarecida, e é naquilo que a modernidade fica aquém de sua promessa[23].

Não é por outro motivo que o desaparecimento da possibilidade do iluminismo autêntico é o que torna hoje impossível de entrever a superação da condição humana apassivada e individualizada da sociedade da globalização. O poder de escolha numa cultura do genérico, numa cultura da multidão absorvida pela unidade é achatado para fazer desaparecer a subjetividade autônoma, e é por isso que a qualidade do humano desaparece para aparecer

---

[21] "A predominância do cânone das ciências exatas hoje resulta, entre outras dimensões, em uma sociologia sem sociedade, em uma democracia sem democratas" (Matos, Os muitos e o um: logos mestiço e hospitalidade, *Ide:* psicanálise e cultura, 31 (47), p. 11, 2008).

[22] Habermas, Caos na esfera pública, in Caderno Mais!, *Folha de S.Paulo*, 2006, p. 4.

[23] " (...) gostaria de enfatizar, por outro lado, que o fio que pode nos atar dessa maneira à *Aufklärung* não é a fidelidade aos elementos da doutrina, mas, antes, a reativação permanente de uma atitude; ou seja, um *éthos* filosófico que seria possível caracterizar como crítica permanente de nosso ser histórico" (Foucault, O que são as luzes?, in *Ditos e escritos:* arqueologia das ciências e história dos sistemas de pensamento, v. 2, p. 345, 2000).

a qualidade do *genérico*[24]. A massa somente tem por referências os ícones do próprio processo de construção de identificação a partir do genérico; suas referências são as referências do mercado. A perda da subjetividade no individualismo é a cilada do moderno processo civilizatório, e o preço a pagar está no desaparecimento do laço contínuo que permite a intersubjetividade, elemento fundamental para a constituição da vida social. Presa fácil dos processos de dominação da mídia mercadurizada, o sujeito é encarcerado na dinâmica do gosto, o que acentua ainda mais o caráter melancólico de uma civilização materialista, individualista e consumista, presa da hipertrofia individualista do *ego*, para seguir uma interpretação freudiana[25]. Paradoxalmente, o gozo imediato se torna o presídio que mantém o indivíduo em permanente estado de subserviência ao mercado. É a imagem publicitária, agora, o instrumento que sabota o superego ao criar a falsa percepção de que, mesmo aprisionado ao gosto e ao consumo, a cela na qual se encarcera o indivíduo é tão larga quanto as possibilidades de compra[26].

Paradoxalmente, as democracias contemporâneas vêm permitindo a ascensão de obstáculos significativos à liberdade acadêmica e à liberdade de expressão[27]. A aparição de ataques às Universidades brasileiras, a hostilização de educadores e educadoras em escolas públicas, o debate sobre a "ideologia de gênero" são apenas alguns exemplos, que apenas reforçam a ideia, antes suavizada pela cultura da tolerância, de que de fato se vive em uma cultura plenamente democrática. O *déficit de democracia* é tão intenso que, no mundo contemporâneo, deve-se até mesmo lutar e justificar pela defesa da liberdade acadêmica como um direito: o direito à autonomia intelectual[28].

A vida moderna, especialmente a da modernidade instrumental, não convive com uma *plena* ideia de *liberdade intelectual*, e, por isso, ao entrar em choque com essa perspectiva, obstrui caminhos e redefine o sentido de *liberdades*, dando à própria ideia de liberdade muros de definição que somente os

---

24 "Na identificação forçada do homem-massa com a totalidade social, contudo, não havia liberdade alguma" (Jay, *A imaginação dialética:* história da Escola de Frankfurt e do Instituto de Pesquisas Sociais, 2008, p. 342).

25 "Sigmund Freud deu para isto uma contribuição importante, quando conceituou a melancolia como luto prolongado, patológico, uma verdadeira ferida narcísica, agravada, na cultura ocidental, pela hipertrofia do ego, esta, por sua vez, consequência da afirmação da individualidade" (Scliar, O nascimento da melancolia, *Ide:* psicanálise e cultura, 31 (47), p. 138, 2008).

26 *V.* Douglas, Isherwood, *O mundo dos bens:* para uma antropologia do consumo, 2004.

27 Cf. Butler, A criminalização do conhecimento, *Hiatus*, 4-7-2018, p. 6. Disponível em: <https://sxpolitics.org/ptbr/a-criminalizacao-do-conhecimento-por-judith-butler/8391>. Acesso em: 17 dez. 2018.

28 Cf. Butler, A criminalização do conhecimento, *Hiatus*, 4-7-2018, p. 8. Disponível em: <https://sxpolitics.org/ptbr/a-criminalizacao-do-conhecimento-por-judith-butler/8391>. Acesso em: 17 dez. 2018.

soberanos podem identificar quais são. No lugar da ampliação dos espaços de liberdade, a modernidade caminha, contraditoriamente, rumando para um exílio da possibilidade do pensar. Não por outro motivo, a *vertigem* dos intelectuais se consome em forma de revelação do próprio *mal-estar* na civilização[29]. E tudo o que o autoritarismo contemporâneo requer é que o *mal-estar* seja atribuído a um *indivíduo-culpado*, a um *inimigo social*, ou a um *grupo social* relativamente não assimilado pelo conjunto da sociedade, daí o lugar de retorno do intelectual como um pária social ser apenas o retorno deste dentro da história da modernidade.

Caminha-se, nesse compasso, das formas explícitas de *denegação das liberdades* a formas implícitas de *ocultação das verdades*. Nesse processo, a possibilidade da crítica é absorvida pelo amortecedor do próprio sistema, e, por isso, sua drenagem para dentro do sistema torna possível que o pensar crítico sobreviva como forma de adereço do processo de marcha da modernidade instrumental a mais modernidade instrumental. Assim, os intelectuais são aceitos, são admitidos, pois são exercentes de uma liberdade *sem sentido*, de uma liberdade *esvaziada*. Não por outro motivo, a percepção sutil de esvaziamento do campo de embate aponta para o fato de que, com armas em punho, o intelectual crítico esgrime diante de um campo de batalha em que não existe oponente. Daí o fenômeno do final do século XX, início do século XXI, que torna possível a vida no mundo em que as ideologias tiveram seu fim decretado, e as metanarrativas desapareceram: a introspecção psicológica do sofrimento, da angústia e da dor.

Daí o *déficit* de entendimento nos processos de comunicação entre os intelectuais, que se tornaram especialistas, e as massas de cidadãos afeitos às comunicações-informes. Isso significa que, apesar de terem voz e de falarem, os intelectuais se entendem mal com as dinâmicas de um público mais amplo, e as barreiras a serem superadas são enormes, quando se trata de uma mútua compreensão. Os intelectuais críticos falam para plateias surdas, comunicam-se com leitores cegos, trocam informações com comunidades inexistentes, publicam para massas informes de pessoas, divulgam textos na *internet* para multidões de *bits* e *code-nomes* em circulação, participam de estatísticas de produção intelectual visíveis apenas para efeitos de cômputo geral de produtividade. Sem dúvida alguma, a tecnologia da informação contribui para o aprimoramento dos meios de comunicação, mas seu valor continua sendo ambíguo para contribuir para a formação de uma consciência crítica. Por isso, em *Caos na esfera pública*, Habermas afirma: "A utilização da *internet* simultaneamente ampliou e fragmentou os nexos de comunicação. Por isso a *internet*

---

29 V. Freud, *O mal-estar na civilização*, 1997, e, também, Rouanet, *Mal-estar na modernidade*, 1993.

produz por um lado um efeito subversivo em regimes que dispensam um tratamento autoritário à esfera pública"[30].

O que se percebe, portanto, é que, nas democracias contemporâneas, há situações políticas mais liberais em que o intelectual pode, sim, *falar*, mas não será *ouvido*, e, se for *ouvido*, não será *compreendido*, e, se for *compreendido*, suas palavras passarão, "como tudo passa", diante da sensação de que não há nada a fazer, afinal se vive o fim da história. Daí sua assimilação sistêmica e a candidez de seu papel ativo. Há, também, situações políticas mais autoritárias, em que o intelectual tem vedação absoluta de *falar*, especialmente daquilo que revela as *contradições do poder*, de modo que seu lugar é apenas o de veiculador de um *saber controlado*, onde e quando cumpre um papel funcional atrelado ao *treinamento* para a sociedade do trabalho e para o exercício de *papéis sociais* regulares. Por isso, "... a luta pela liberdade acadêmica pertence à luta pela democracia"[31].

Por isso, a morte do sujeito histórico na filosofia da história aparece, desde o *fin de siècle*, não somente como revelação do desaquecimento da chama emancipatória, mas, sobretudo, como indício da morte do próprio *sujeito*. Os tormentos da reflexão crítica tornam-se, por isso, fantasmas que, por sua vez, convertem-se em monstros intelectuais produtores do desassossego da alma, donde o nascimento das agitações que marcam uma vida de riquezas internas convertidas em misérias emocionais e sociais[32].

8.5. MELANCOLIA E CRISE DA POLÍTICA

Fora do espaço do lúdico, da socialização, da intervenção na vida social, de um agir fundado no espaço do interlúdio público e da troca comunitária, o pensar crítico se torna um exercício estéril de mimetização das dores sociais. Por isso, o intelectual padece do mal de quem é convidado a tornar, pela hostilidade de um mundo de individualidades autistas, *intrapsíquico* aquilo que é da ordem do *interpsíquico*, e, portanto, da ordem do *político*. O desafio à vida intelectual num mundo que se desmancha em redes de interação virtual é também o de conviver com as formas estratégicas pelas quais o próprio funcionamento das estruturas sociais negam espaço à política[33]. Quando a assimilação da dor se dá através de sua conversão em angústia pessoal, o

---

30 Habermas, Caos na esfera pública, in Caderno Mais!, *Folha de S.Paulo*, 2006, p. 4.

31 Butler, A criminalização do conhecimento, *Hiatus*, 4-7-2018, p. 10. Disponível em: <https://sx-politics.org/ptbr/a-criminalizacao-do-conhecimento-por-judith-butler/8391>. Acesso em: 17 dez. 2018.

32 Safatle, *Cinismo e falência da crítica*, 2008, p. 124-140.

33 Cf. Bauman, *Em busca da política*, 2000.

intelectual se torna aquele que rumina os problemas de seu tempo, destilando-os na forma de um veneno que a si mesmo corrói[34]. A estratégia da *invisibilidade*, da *opacidade* e do *não lugar*, no recluso ambiente em que a crítica é aceita como exercício do "socialmente consentido", é anuladora da perspectiva do pensar para alterar a forma de funcionamento da engrenagem da vida social. Nesse sentido, a metáfora encontrada na imagem criada por Dürer (*Melencolia I*) para representar a melancolia ganha toda a sua força; melancolia é a grandeza da potência das asas que acumulam energia potencial para fazer com que tudo permaneça parado[35].

A sociedade globalizada e constituída em rede, como sociedade da despolitização, é, por isso, moldada para dar lugar a uma nova geração, a *geração prosac*, a geração da desmobilização. Também, a geração da antipolítica, das manifestações protagonizadas pela *internet*, pela derrocada da democracia e pela cultura do anonimato virtual é igualmente reveladora do estado de crise e da impotência de pensar alternativas viáveis. O ativismo digital se torna, assim, o epicentro da desmontagem da política e, nesse sentido, sua viralização é apenas sintoma de que se vive entre o *prosac* e o *crack*.

Contudo, os sintomas individuais, convertidos em públicos, retornam ao seu lugar. É esta que absorve, na dimensão do subjetivo, aquilo que é da ordem do público, e a confusão dessas categorias torna possível que escoe para dentro dos mares do psiquismo o represamento de angústias sociais que somente podem ser alvo de ações sociais politicamente engajadas no campo da interação[36]. Não por outro motivo, a dor de quem "tem ouvidos para ouvir e olhos para ver" é *vivida* como sintoma psíquico *individual* e, por isso, é assimilada como problema a ser dissolvido no divã, um lugar da prática privada, um lugar recluso, de exercício da mais extrema forma de subjetividade, ainda que supervisionada pela ética da psicanálise[37]. Tornou-se possível para a psicanálise falar da depressão como o "mal do século XXI", da mesma forma como a histeria o foi do século XIX[38]. Os gregos conhecem a noção de *krásis* (temperamento) desde Hipócrates, e o temperamento melancólico, com relação aos temperamentos sanguíneo, fleumático ou bilioso, é identificado como sendo o mais patológico. O termo "temperamento" não tem mais utilização desde o

---

34 Cf. Bittar, *O direito na pós-modernidade*, 2005, p. 54-68.

35 "A melancolia, objeto do livro de Burton será também tema de obras artísticas, como a gravura de *Melencolia I* de Dürer. Ali a Melancolia é representada como uma mulher de asas – ou seja, potencialmente capaz de altos voos intelectuais" (Scliar, O nascimento da melancolia, *Ide:* psicanálise e cultura, 31 (47), p. 135, 2008).

36 A respeito, Bauman, *Em busca da política*, 2000, e *Comunidade:* a busca por segurança no mundo atual, 2003.

37 V. Kehl, *Sobre ética e psicanálise*, 2002.

38 A respeito, consulte-se Freud, Estudos sobre a histeria, in *Sigmund Freud*, 1996, v. 2, p. 34-320.

século XIX, quando o termo "caráter" foi introduzido no vocabulário da psicologia, assim como o termo "melancolia", que acompanha um sem-número de percursos de intelectuais[39], não tem mais uso hodierno, sendo substituídos pelos estudos sobre depressão em seus sentidos psicossomático e fisiológico. A sociedade da informação frustra as expectativas de integração social.

O que se percebe, portanto, é que o psiquismo sensível no mundo contemporâneo apresenta-se, acima de tudo, como adaptativo e reativo. Mais e mais o princípio de realidade governa a forma de abandono daquilo que o mundo externo reconhece e lê como sendo "idealismo"; mais e mais, a lógica do mercado impõe um modo de vida, tornando as formas de estruturar o convívio reféns, diante da impossibilidade de ser de outra forma. A adaptação é um imperativo. A imitação, base fundamental da construção da identidade social, é a arma da qual se vale o próprio mercado para a transplantação, em escala global, dos protótipos de vida assimiláveis e obrigatórios[40]. Do ponto de vista social, a inveja, corrosivamente, aquece a lógica de construção não dos espaços de socialização, mas da competitividade entre *loosers* e *winners*. A perda de significação do espaço da lei e do direito, e sua substituição paulatina pela anarquia do mercado, que deflagra a intensificação da luta e acirra o espírito individualista antissolidário, são consequências esperadas. Uma sociedade brutalizada, dentro do obscurantismo político contemporâneo, é uma sociedade de um individualismo anárquico – digital e líquido –, incapaz de construir pontes e conexões. O psiquismo, diante dessas hostilidades do mundo contemporâneo, deve reconhecer-se na defensiva, se ao menos pretende preservar minimamente o controle de si, ou, ainda, se pretende sobreviver ao estado sonambúlico em que foram enterradas as formas de vida, quando se poderia estar em condições de recriar permanentemente o espaço da interação, e, com isso, as formas de integração social, gestando formas psíquicas emancipadas e emancipadoras.

Prisioneiro de inúmeras angústias, o sujeito do mundo contemporâneo, apesar do excesso de informações, percebe a ausência de canais políticos de evasão de necessidades sociais, e nisso identifica o caráter sufocante de viver em uma sociedade provida de informações e desprovida de meios de ação socialmente eficazes. Por isso, o homem moderno é refém da angústia dos males que são gestados na vida social, uma vez que é convertido em um soldado derrotado, antes mesmo de dispor-se à luta e sem mesmo conhecer o seu campo de batalha; não há, em verdade, luta a ser lutada, pois a ideologia do fim das ideologias cria na atmosfera a impressão que assume, no *des-limite* ou

---

[39] É o caso de Walter Benjamin: "A melancolia é um motivo constante e quase evidente na obra de Walter Benjamin: pode-se dizer que ela constitui um denominador comum que acompanha o encontro entre as concepções místico-teológicas da primeira fase com o engajamento político ao marxismo da segunda" (Lages, *Walter Benjamin:* tradução e melancolia, 2007, p. 101).

[40] Cf. Elias, *O processo civilizador*, 1994.

no *excessivo*, a sua própria expressão. Na sociedade da *egolatria consumista* não há espaço para o *espaço do comum*; o comum importa na necessidade de compartilhar, e compartilhar é algo que, como experiência e como conceito, desapareceu da dinâmica dos costumes, pois compartilhar implica a renúncia de gozar, ou a renúncia de gozar narcisisticamente. O individualismo torna neurótica a necessidade de autossatisfação, elemento este que funciona como um fermento disruptivo para a dinâmica do psiquismo social; se a civilização implica uma renúncia ao gozo, não há civilização possível onde todos queiram gozar de todas as vantagens ilimitadamente.

A avaliação individual isolada da vida social, a privatização das angústias existenciais, o isolamento social "construído" na base de um marchetamento da ideia decepcionada de natureza humana, o encurralamento das ideologias no perímetro do mundo sem-saída, a desorientação epocal são fatores que têm tornado a existência um cubículo sufocante... todos esses sintomas convergem para identificar que a colheita da radicalização da visão liberal de mundo está aquém das promessas que seu ideário construiu. Junto com o estado atual do mercado, são suas próprias ideologias que não se sustentam. Na sociedade da anarquia das vontades individuais satisfeitas pelo mercado fica evidente que o *direito* ou que *toda forma de regulação social* não tem vigência nem significação social, senão enquanto tomado, *ele-mesmo*, como um produto. Não se trata de uma questão de eficácia do *direito do consumidor*, mas sim de uma questão conjuntural de *consumação do próprio direito*.

A privatização do sonho e o confinamento da utopia permitem que as fantasias sejam contornadas pelos limites materiais do desejo imediato e reificadas no imediatismo do ato de consumo. Enquanto as práticas de politização definham, seja na juventude, seja nos movimentos sociais, seja no conjunto das ações de estatalização da política, uma maré de novos contextos complexos se abre, renovando a perspectiva de dificuldades a serem enfrentadas: desemprego, desestruturação familiar, falta de referências, degradação ambiental. O mundo se torna, por essa medida, assassino de ideais utópicos emancipatórios, e cada derrota da virtude é uma aproximação do ego ao princípio da realidade, que o limita e controla, mas o castra e o condiciona. Que o *ego* seja construído a partir da limitação relativa de *éros* nada há de patológico nisso, mas que o princípio de realidade absorva por completo o princípio de vida isto é a patologia de um mundo que formata, de modo unidimensional, as personalidades para que sejam instrumentais a serviço do processo produtivo[41]. A civilização que está em curso é aquela do definhamento do sujeito, acossado e definido pelo superego do mundo social que desestrutura a autonomia na medida em

---

[41] V. Fromm, *Ter ou ser?*, 1987, e Marcuse, *Eros e civilização*: uma interpretação filosófica do pensamento de Freud, 1999.

que os laços sociais estão mercadurizados e atravessados por formas de interação não fundadas no entendimento, mas em imperativos sistêmicos, que dissolvem as categorias do humano-indivíduo e do humano-integração social[42].

O não deixar passar da vigilância crítica, o aparecimento da reflexão que pensa a lacuna deixada para trás por um ato de barbárie, a preocupação em torno dos padecimentos do mundo, o compromisso ético com a humanidade..., estes são traços do pensar crítico que orientam a ação teórica e impedem que ela se converta em legitimadora da barbárie[43]. Ela é, por isso, fortemente centrada em seu poder de resistência. Não obstante, o anti-humanismo do mundo banha de culpa a decisão do intelectual de projetar-se para dentro do humano, do mundo, e de estar adiante de seu tempo. Pergunta-se, incessantemente: "há compensações para esta dor de ter o fardo de 'falar da dor'?". Ou, ainda, de ser "portador da dor dos outros, tornando a dor dos outros um pouco sua?" Há sempre a opção de ser assimilado; ser assimilado é, o tempo todo, o esforço de ajustar-se, de caber dentro das regras, de servir ao sistema, de converter-se. E isso tudo significa a renúncia a *ir-além*, o policiamento do *pensar-diferente*, e, por isso, a própria *impossibilidade da crítica*. Diante desse quadro, sua arte se torna, assim, o seu martírio, e sua sofreguidão melancólica, o seu mausoléu. Apesar de Walter Benjamin, em seu texto de 1930 sobre melancolia de esquerda, afirmar: "A melancolia e a obstrução intestinal sempre estiveram associadas"[44], para todos os efeitos, a trancafiada condição do intelectual somente pode significar uma conversão do prazer em dor, o que significa o mesmo nas palavras do poeta inglês novecentista J. Keats, que, na *Ode on melancoly III*, versifica: "No mesmo templo do deleite/ A velada melancolia tem seu santuário". Hoje em dia, portanto, o calabouço escuro, discreto, úmido e silencioso ao qual são entregues os intelectuais, por ousarem ser e pensar diferentemente, é exercido em plena luz do dia, e com toda a liberdade e todos os instrumentos da civilização à sua disposição; suas armas já não têm eficácia transformadora.

Sua aceitação está sempre condicionada à sua organicidade. A fórmula vitoriosa e hegemônica exige que, para ser aceito e "tragado" pelo sistema, o intelectual se alinhe com a vigência e a exigência. O preço? Renegar-se. Tudo conspira a favor de um: converta-se e renegue-se. Giordano Bruno foi obrigado a fazê-lo, diante da Inquisição, mas somos obrigados a fazê-lo todos os dias, em nome de uma racionalidade prática, que nos agride por todos os lados com seus jorros de pragmatismo e imediatismo. Se para os antigos, como para Aristóteles, a vida contemplativa, a mais excelente entre as formas de *bíoi*, era

42 V. Habermas, *A inclusão do outro*, 2002.

43 Cf. Adorno, Horkheimer, *Dialética do esclarecimento*, 1985.

44 Benjamin, Melancolia de esquerda, in *Magia, técnica, arte e política:* ensaios sobre literatura e história da cultura, 1994, p. 77.

o coroamento da existência feliz, porque mais próxima da atividade dos deuses, já não se pode dizer o mesmo em tempos em que, apesar de sobreviverem, os intelectuais assumem a carga de pensar os paradoxos da civilização, impossibilitados de agir para a sua transformação. Não é por outro motivo que no filme adaptado da obra *O nome da Rosa*, de Umberto Eco, em sua clausura, na leitura da noite, o monge que cuida da biblioteca, guardião do saber e reservista do controle da informação, seguido de seu secretário, afirma: "E quanto mais conhecimento, mais sofrimento advém". Não é acidental que, em muitos casos, o amor ao pensamento leve muitos intelectuais críticos ao ceticismo, caminho sem retorno para aqueles que se nutrem apenas do realismo[45].

Mas, em verdade, o pessimismo intelectual acaba sendo uma forma de derrotismo exótico, na medida em que revela na *impossibilidade de transformação total – tout court – a impossibilidade única*. O agir não está marcado apenas pela dimensão da totalidade da razão – e de seus sobrevoos universais –, pois ao alcance das mãos continuam todas as opções de intervenção imediata, solidária, consciente e responsável, cabível a qualquer ser humano vivente. Nesta medida, o pessimismo teórico não deve significar acomodação do agir (pessimismo na teoria, otimismo na prática). A Escola de Frankfurt ficou conhecida pelo bordão por ela cunhado de que o pessimismo pode se justificar no máximo na *teoria* (dentro de certo modelo), pois o otimismo deve nos acompanhar na *prática*.

Esse movimento aponta para uma nítida diferença de pretensão entre o papel do intelectual moderno e o papel do intelectual pós-moderno. Na leitura de Zygmunt Bauman, essa diferenciação permite entrever a incapacidade hodierna de o intelectual extrapolar as linhas da condição de *intérprete*, deixando para trás a pretensão de *universalidade* e de *totalidade* dos exercícios da razão que constituíram a forma de abordar seu próprio papel por parte do intelectual moderno[46].

Contudo, a atitude de não desistência, ou seja, de quem persiste na tarefa de lutar para garantir que a humanização se torne uma práxis da vida comum, é a rota a ser seguida, quando o lapso entre ideias e realidade torna impossível não reconhecer limites às exigências do pensamento.

8.6. DEMOCRACIA, LIBERDADE E O PAPEL DOS INTELECTUAIS

As ideias e os ideais caminham lado a lado. Por isso, não é possível sustentar ideias sem caminhar com leituras, visões, abordagens, relações e

---

45 Cf. Freud, *O mal-estar na civilização*, 1997; Rouanet, *Mal-estar na modernidade*, 1993.

46 Bauman, *Legisladores e intérpretes*: sobre modernidade, pós-modernidade e intelectuais, 2010, p. 16-22.

interpretações da realidade. Ora, a abordagem da realidade visa a transformá-la, pois a reelaboração da experiência, pelo pensamento, é o *métier* dos intelectuais. Isso tem particular importância quando a luta dos intelectuais é canalizada para a denúncia das violências, para a luta contra a opressão e para a produção de condições de socialização de mais alto nível. Nesse sentido, e considerados todos os aspectos anteriormente assinalados, os intelectuais podem e devem prestar um enorme serviço à cidadania.

Daí ser tarefa das sociedades democráticas sustentar e suportar, proteger e defender o direito de voz dos intelectuais, considerando a sua importância para o próprio aprimoramento da vida democrática. Neste particular, afirma Jürgen Habermas: "Já o intelectual se dirige a uma esfera pública liberal e depende, por sua vez, da ressonância que seu discurso provoca nessa esfera"[47].

A longevidade da democracia não se abastece sem o fôlego emprestado da vitalidade intelectual da crítica elaborada por aqueles(as) que antecedem o que ainda está por vir, e que, portanto, por sua ausência, ainda não está presente. Mais que isso, a permanência e o aprofundamento da democracia não estão garantidos quando os direitos dos intelectuais não estão garantidos. Daí a sua mais direta conexão com o mundo da esfera pública (escolar, acadêmica, livresca, jornalística, midiática, digital) e a possibilidade de criar condições discursivas para a transformação de mentalidades.

Muito para além do lamento, da melancolia ou da angústia, está a tarefa produtiva e ativa de promover o pensamento crítico, o desenvolvimento da cultura dos direitos humanos e a salvaguarda das novas fronteiras de liberdades. Assim, seu papel destoa do resto da sociedade, pela capacidade de fazer de sua voz um motor capaz de funcionar como aguilhão de advertência, quando os processos de modernização irão implicar um sacrifício de direitos, liberdades e/ou puderem agredir potencialmente setores da sociedade. Enfim, seu compromisso último – ainda que partes significativas da sociedade não compreendam o seu papel – acaba sendo com a capacidade de fazer a elocução da justiça, da injustiça, da liberdade, da opressão, da democracia, da repressão política. E, nisto, não faltam exemplos daqueles que têm se destacado em contribuir, ainda que de forma elocutiva e racional, pelo abastecimento das condições de exercício da própria cidadania, da democracia e dos direitos humanos.

CONCLUSÕES

Esta investigação permite constatar, a partir da leitura de certos escritos, que a situação do intelectual como sujeito da história no mundo moderno está condicionada a um estado de coisas, dado socialmente, em seu desfavor. Assim,

---

[47] Habermas, *A ética da discussão e a questão da verdade*, 2004, p. 68.

com o imaginário da filosofia da história morto, as consequências são sentidas e vividas de modo muito intenso na vida social de um modo geral, e também no campo das ciências, nas ciências sociais. Agora, na era digital, acentua-se ainda mais a ideia de que não são mais necessários(as) os(as) mediadores(as) do conhecimento, o que acentua a tentativa de deslocamento do intelectual e de seu papel crítico.

No atual cenário global, com a efervescência de visões extremistas, vem-se constatando a elevada dose de hostilidade política dirigida a intelectuais, jornalistas, acadêmicos(as) e educadores(as). Por isso, é necessário e importante dizer, nos dias que seguem, que: "As universidades produzem ideias que têm vida própria: a livre circulação dessas ideias faz parte da cultura política democrática e a proteção dessa circulação é uma obrigação das sociedades democráticas"[48].

O cenário de obscurantismo, de ascensão da pós-verdade, de disseminação de *fake news*, o ataque à liberdade de expressão e à liberdade acadêmica, a dúvida sobre o papel do(a) educador(a) em sociedade apenas aprofundam uma sensação que é anterior e permanente. A hostilização dos ambientes intelectuais é uma estratégia dos detentores do poder, e a cultura de uma sociedade democrática, plural, livre e tolerante deve apontar no sentido diametralmente contrário, a saber, numa aposta mais incisiva na ativação do papel da *esfera pública liberal e democrática* para a criação de perspectivas para a vida social igualitária, plural, justa, solidária e democrática. Uma vida assim orientada é uma vida constituída em torno do cimento da razão, da solidariedade e do respeito, e, exatamente por isso, aquela que se amolda às condições de conquista e manutenção de cidadania e direitos humanos. Nesse sentido, os intelectuais sempre têm e terão um papel de difusão de um conhecimento crítico, de fundamental valor para a vida democrática, sensíveis o bastante para captar a atmosfera tempestuosa das circunstâncias em favor da defesa em face das injustiças, das violências e das violações à dignidade da pessoa humana.

REFERÊNCIAS BIBLIOGRÁFICAS

ADORNO, Theodor; HORKHEIMER, Max. *Dialética do esclarecimento*. Tradução de Guido Antonio de Almeida. Rio de Janeiro: Zahar, 1985.

BAUMAN, Zygmunt. *Em busca da política*. Tradução de Marcus Penchel. Rio de Janeiro: Zahar, 2000.

---

48 Butler, A criminalização do conhecimento, *Hiatus*, 4-7-2018, p. 9. Disponível em: <https://sxpolitics.org/ptbr/a-criminalizacao-do-conhecimento-por-judith-butler/8391>. Acesso em: 17 dez. 2018.

_________. *Comunidade:* a busca por segurança no mundo atual. Tradução de Plínio Dentzien. Rio de Janeiro: Zahar, 2003.

_________. *O mal-estar da pós-modernidade.* Tradução de Mauro Gama; Cláudia Martinelli Gama. Rio de Janeiro: Zahar, 1998.

_________. *Legisladores e intérpretes*: sobre modernidade, pós-modernidade e intelectuais. Tradução de Renato Aguiar. São Paulo: Zahar, 2010.

BENJAMIN, Walter. Melancolia de esquerda. In: *Magia, técnica, arte e política:* ensaios sobre literatura e história da cultura. Tradução de Sergio Paulo Roaunet. 7. ed. São Paulo: Brasiliense, 1994.

BITTAR, Eduardo C. B. *O direito na pós-modernidade e reflexões frankfurtianas.* 2. ed. Rio de Janeiro: Forense Universitária, 2009.

BUTLER, Judith. A criminalização do conhecimento. *Hiatus,* 4-6-2018. Disponível em: <https://sxpolitics.org/ptbr/a-criminalizacao-do-conhecimento-por-judith-butler/8391>. Acesso em: 17 dez. 2018.

CÂNDIDO, Antônio. O direito à literatura. In: *Vários escritos.* 4. ed. São Paulo/ Rio de Janeiro: Duas Cidades/ Ouro sobre Azul, 2004.

DÁVILA, Sérgio. Ordem no caos. *Folha de S.Paulo,* Caderno Mais!, domingo, 14 dez. 2008, p. E7.

DOUGLAS, Mary; ISHERWOOD, Baron. *O mundo dos bens:* para uma antropologia do consumo. Tradução de Plínio Dentzien. Rio de Janeiro: UFRJ, 2004.

DUPAS, Gilberto. *Ética e poder na sociedade da informação.* 2. ed. rev. e ampl. São Paulo: UNESP, 2001.

ELIAS, Norbert. *O processo civilizador.* Tradução de Ruy Jungman. Rio de Janeiro: Zahar, 1994. v. 1.

ENDO, Paulo César. *A violência no coração da cidade:* um estudo psicanalítico sobre as violências na cidade de São Paulo. São Paulo: Escuta/Fapesp, 2005.

FOUCAULT, Michel. O que são as luzes? In: *Ditos e escritos:* arqueologia das ciências e história dos sistemas de pensamento. Tradução de Elisa Monteiro. Rio de Janeiro: Forense Universitária, 2000. v. 2.

FREUD, Sigmund. Estudos sobre a histeria. In: *Sigmund Freud.* Rio de Janeiro: Imago, 1966. v. 2.

_________. Além do princípio de prazer. In: *Obras completas.* Rio de Janeiro: Imago, 1999. v. 18.

_________. *O mal-estar na civilização.* Tradução de José Octávio de Aguiar Abreu. Rio de Janeiro: Imago, 1997.

FROMM, Erich. *Ter ou ser?* Tradução de Nathanael C. Caixeiro. 4. ed. São Paulo: LTC, 1987.

HABERMAS, Jürgen. Caos na esfera pública. *Folha de S.Paulo,* Caderno Mais!, domingo, 13 ago. 2006, p. 4-5.

________. *A inclusão do outro:* estudos de teoria política. Tradução de George Sperber; Paulo Astor Soethe. São Paulo: Loyola, 2002.

________. *A ética da discussão e a questão da verdade.* Tradução de Marcelo Brandão Cipolla. São Paulo: Martins Fontes, 2004.

HORKHEIMER, Max. *Crítica de la razón instrumental.* Traducción de Jacobo Muñoz. Madrid: Trotta, 2002.

KEHL, Maria Rita. *Sobre ética e psicanálise.* São Paulo: Companhia das Letras, 2002.

KONDER, Leandro. *Walter Benjamin:* o marxismo da melancolia. 3. ed. Rio de Janeiro: Civilização Brasileira, 1999.

LAGES, Susana Kampff. *Walter Benjamin:* tradução e melancolia. São Paulo: EDUSP, 2007.

MANNHEIM, Karl. O problema do intelectual. In: *Sociologia.* Tradução de Emilio Willems et al. São Paulo: Ática, 1982.

MARCUSE, Herbert. *Eros e civilização:* uma interpretação filosófica do pensamento de Freud. Tradução de Álvaro Cabral. 8. ed. Rio de Janeiro: LTC, 1999.

MATOS, Olgária. Os muitos e o um: logos mestiço e hospitalidade. *Ide:* psicanálise e cultura, São Paulo: SBPSP, 31 (47), p. 8-15, 2008.

ROUANET, Sergio Paulo. *Mal-estar na modernidade.* 2. ed. São Paulo: Companhia das Letras, 1993.

SAFATLE, Vladimir. *Cinismo e falência da crítica.* São Paulo: Boitempo, 2008.

SCLIAR, Moacir. O nascimento da melancolia. *Ide:* psicanálise e cultura, São Paulo, SBPSP, 31 (47), p. 133-138, 2008.

9. OS DIREITOS HUMANOS E A LIBERDADE DE EXPRESSÃO NA AMÉRICA LATINA:

ensaio sobre a destruição da memória e a intolerância cultural nas ditaduras latino-americanas

9.1. MODERNIDADE, OCULTAMENTO E APAGAMENTO

No capítulo *A indústria cultural: o esclarecimento como mistificação das massas*, Adorno e Horkheimer, na *Dialética do esclarecimento*, afirmam, a respeito da indústria cultural: "Nada deve ficar como era, tudo deve estar em constante movimento. Pois só a vitória universal do ritmo da produção e reprodução mecânica é a garantia de que nada mudará, de que nada surgirá que não se adapte"[1]. O trecho se reporta à forma pela qual se produzem mercadorias culturais, dentro do sistema de produção desencadeado no mundo moderno, mas ela contém um pensamento que, como ideia-força, aplica-se a diversos outros campos de raciocínio. A ideia-força é a de que a vida moderna é impulsionada pelo princípio de progresso, elemento contra o qual as asas do Anjo da História de Walter Benjamin não têm forças para se opor[2], que funciona como a forma de propulsão das estruturas do mundo moderno, sem dúvida econômica, com consequências evidentes para o maquinismo da política moderna.

Essa reflexão serve de mote para pensar como, através da história do mundo contemporâneo, foram possíveis experiências atrozes e devastadoras, como as experiências totalitárias do início do século XX. Por isso, a reavaliação da história política recente bem demonstra que o empuxo provocador da vontade de imposição de apagamento (da oposição, da dissidência, da dife-

---

1 Adorno e Horkheimer, *Dialética do esclarecimento*, 1985, p. 126.

2 "Benjamin não faz nenhuma referência ao recordar. Nada sabemos se durante seu percurso o Anjo tem memória das ruínas da modernidade. O progresso tem memória? Qual é a memória da modernidade contemporânea? A quem pertence essa memória, se é que existe? A memória está ligada à culpa?" (Achugar, Culpas e memórias nas modernidades locais: divagações a respeito de O Flâneur de Walter Benjamin, in SOUZA; MARQUES (Orgs.), *Modernidades alternativas na América Latina*, 2009, p. 28).

rença...), que vem seguido à lógica da renovação, impede a preservação de todo traço daquilo que aparece como marca do passado, ou, ainda, como resistência aos fluxos e tendências de avanço. Esse maquinismo inevitavelmente propenso "ao que ainda vem" legitima, no presente, a instrumentalização da alteridade, quando ela aparece como figura de oposição ao projeto de progresso, à esquerda ou à direita, não importa. Por isso, a lógica da modernidade governa-se por uma força linear direcionada ao futuro, neste claramente identificada a continuidade não renovada dele.

Se for possível perceber que a história da modernidade não poupou esforços para tornar essa mecânica real, mesmo fatos pregressos às atrocidades políticas do século XX se tornam mais concretamente coerentes no convívio com avanços tão sérios havidos ao longo dos séculos XVIII, XIX e XX, em termos de legislação de direitos humanos. Na história do "Novo Mundo", atravessado de modernidade em seu próprio processo de "fundição orgânica", essa história é reveladora dos paradoxos da civilização e dos desconcertos entre "intenção" e "ato". A história do "Novo Mundo" vem marcada por etnocentrismo, racismo, escravidão e genocídio, seja para a América espanhola, seja para a América portuguesa, seja para a América inglesa. Enfim, é o relógio europeu que regula o relógio do "Novo Mundo"[3]. Da mesma forma como constata José Carlos Moreira da Silva Filho, a partir das teses sobre a história de Walter Benjamin, em *O anjo da história e a memória das vítimas: o caso da ditadura militar no Brasil*, aqui, como ali, a modernidade opera com toda a sua força, e a sua dialética interior, como bem se sabe, é de luzes e sombras, sendo que as luzes são propagandeadas, e as sombras se ocultam[4]. A modernidade é feita de apagamento e assombreamento, quando exatamente a memória perde sentido de ser[5].

---

3 Hugo Achugar relembra a ideia de que a velocidade e o relógio europeus definem a temporalidade da América Latina, quando isso pode significar apenas uma forma a mais de opressão e desidentificação local com a sua própria temporalidade. A respeito, *v.* Achugar, Culpas e memórias nas modernidades locais: divagações a respeito de O Flâneur de Walter Benjamin, in SOUZA; MARQUES (Orgs.), *Modernidades alternativas na América Latina*, 2009, p. 15.

4 "É a partir deste cenário: da política do campo, da seleção do inimigo objetivo, da burocrática e técnica eliminacão, da negação do crime dentro do crime, que se devem situar as ditaduras latino-americanas da segunda metade do século XX. Foram milhares e milhares de mortos, desaparecidos, torturados, perseguidos, sequestrados, banidos e exilados. Uma vez rotuladas como comunistas ou subversivas as pessoas entravam imediatamente naquela zona de indistinção na qual não existem direitos ou garantias" (José Carlos Moreira da Silva Filho, O anjo da história e a memória das vítimas: o caso da ditadura militar no Brasil, in RUIZ, Castor Bartolomé (Org.), *Justiça e memória*: para uma crítica ética da violência, 2009, p. 267).

5 "A monotonia e a derrisão do vivido circunscrevem um mesmo campo político em que o tempo e seu poder de diferenciação desaparecem, convidando ao não pensamento, ao esquecimento das experiências do passado, o que nos reconduz ao sentimento da perda da memória, perda de si e da presença da alteridade, entre as épocas e os indivíduos; ela significa o apagamento da dimensão do futuro entendido como determinação do indeterminado, ultrapassamento do já dado"

Nesse contexto é que se torna possível identificar processos históricos que constroem condições para as políticas de perseguição e dizimação exercidas como política ostensiva de Estado. Isso significa uma forma racionalizada, orquestrada, burocratizada, procedimentalizada e meticulosamente manipulada pelas forças da razão objetiva e legalizada do Estado Moderno. Os totalitarismos e ditaduras do século XX produzirão fenômenos desse tipo, em que a ocultação do outro passa a fazer parte da própria mecânica interna da sociedade moderna; é tratorando que se caminha para frente. A metáfora campesina não oculta nada do processo concreto com o qual se deu a "redenção social" trazida pelos *pogroms* e pelos campos de concentração nazistas. Como filhas desse processo, e como coirmãs do imperialismo e da dominação nas relações internacionais, as ditaduras latino-americanas nascem para expressar a mesma forma de renúncia histórica ao exercício do verdadeiro espírito esclarecido.

Sem dúvida alguma, os períodos de repressão política são realizados através de uma ampla censura, perseguição política, limitação de liberdades e castração de manifestações culturais livres. Mais ainda, os regimes totalitários e ditatoriais do século XX realizaram, dentro da lógica do capitalismo ou do socialismo, massacres humanos inolvidáveis, que não podem apagar outras formas de crimes perpetrados, contra a memória, a cultura, o conhecimento e a própria cidadania. Mas, dentro dessa reflexão mais ampla, deve-se enquadrar o processo mais profundo de ocultamento, seja do sujeito, seja da memória, que opera internamente, e dialeticamente, como motor do próprio "progresso moderno". Dessa forma, a modernidade promete avanço, mas, ao caminhar para frente, também estabelece o ritmo de suas passadas para trás.

É nesse quadro que se insere a abrangência do problema do direito à memória, como forma de resistência à rítmica moderna e modernizante, uma vez que o direito à memória envolve a necessidade de reconhecimento do direito à informação, sem o qual a memória se torna impossível. Também, no interior desse debate, está a questão da justiça transicional[6], da necessidade de constituição de Comissões de Verdade, bem como a discussão sobre os direitos dos desaparecidos políticos e seus familiares. Todos os ocultamentos são tratorados pelo ritmo do progresso, pois o argumento de que "sempre vale mais a pena olhar para a frente do que para trás" é a arma que desaloja a possibilidade de retomada crítica daquilo que nos faz ser propriamente aquilo que somos hoje. Para todos os efeitos, o trem que irrompe no horizonte dissipa as nuvens deixadas pela manhã nebulosa.

(Matos, Aufklärung urbana: Paris e a Via Láctea, in SOUZA; MARQUES (Orgs.), *Modernidades alternativas na América Latina*, 2009, p. 200).

6 A respeito, *v.* Mezarobba, O que é justiça de transição? Uma análise do conceito a partir do caso brasileiro, in SOARES, Inês Virgínia Prado; KISHI, Sandra Akemi Shimada. *Memória e verdade*: a justiça de transição no Estado Democrático Brasileiro, 2009.

9.2. O PAPEL POLÍTICO DA INFORMAÇÃO E DO CONHECIMENTO

A cultura somente sobrevive sobre o corpo de algo – pode ser o corpo vivo de um indivíduo indígena, último falante de uma língua em extinção – ou um documento. No curso dos séculos, veículos diversos, dependentes das condições técnicas e dos conhecimentos de época, foram idealizados como instrumentos para a materialização de expressões e criações estéticas, literárias, artísticas e científicas. O *corpus mechanicum* de toda obra de cultura passa a representar a própria permanência do pensamento, ou seja, do *corpus mysthicum*, contra o *devir* da ignorância. Foi com o tempo, sucessivamente, que o homem se armou contra o cataclismo operado pelos elementos da natureza sobre suas manifestações expressivas. O caráter documental e perecível dos bens de cultura expõe sua fragilidade. Mas, no limite, não é possível a preservação da cultura sem a preservação do corpo daquilo que identifica a possibilidade de permanência do próprio bem cultural.

As perseguições aos livros e à palavra escrita remontam à época de sua própria criação, e, por isso, remontam a um passado longínquo, que não se pode aqui retomar. Se esses instrumentos foram criados como forma de perpetuação das práticas e tradições, dos legados e construções culturais, tornaram-se um adereço de fundamental importância para a afirmação das culturas, identidades e expressões humanas. Matéria dotada de espírito, a disputa em torno da criação fez-se, durante os séculos, sobretudo pela recriminação da circulação de seu *corpus*. E isso porque os campos de saber se tornam também campos de expressão de poder, e o lugar da disputa de poder é também o lugar das tensões e da força[7].

Se o pensamento pode desaparecer com o desaparecimento de seu portador, a obra cristalizada sobre a matéria, no entanto, lhe resiste. Assim, mister, para que se detenha a propagação do pensamento, também a fulminação de sua estrutura corporal. A essência da querela em torno do *corpus* se resume a isso, ou seja, tornar imperceptível o advento de uma criação desenraizando-a em seu surgimento corpóreo. Sabendo-se que a tangibilidade da obra acaba por resumir seu conteúdo eidético, tem-se também por consequência que a presença do pensamento faz-se por meio dos vestígios que deixa no espaço da consciência cultural coletiva.

7 "É assim como o controle da memória social e suas expressões, seus depósitos – os arquivos, os monumentos – constituíram historicamente, às vezes de forma aberta, como no caso a que nos referimos, às vezes encoberta, com o controle da informação e a comunicação, uma luta permanente nos espaços onde se dirime o poder" (Pizarro, A América Latina como arquivo literário: Gabriela Mistral no Brasil, in SOUZA; MARQUES (Orgs.), *Modernidades alternativas na América Latina*, 2009, p. 352).

Conscientes de que os signos significam e que são fatores indispensáveis para a comunicação e perpetuação do pensamento, homens lutaram pela sua eliminação do seio social. Porém, não obstante se terem orientado corretamente pela premissa declinada – o combate deve ser dirigido ao autor do pensamento ao lado do próprio combate às materializações dadas à sua criação intelectual –, estavam inconscientes de que o pensamento é potência que não se desmancha com a força e, muito menos, que não se orienta sob as estreitas rédeas do poder, resultando por baldados os inescrupulosos esforços que, em face do luminar irromper da cultura livresca e de sua radicação social, impôs sobretudo como valor humano, talvez um dos mais nobres.

Se a eternidade então é o apanágio dos deuses, a imortalidade é o ópio dos homens; tornar-se imortal é menos fossilizar-se corporalmente entre homens e mais perenizar-se por sua recorrente presença espiritual. Essa presença é uma decorrência da lembrança, e a lembrança descola-se de um estímulo mnemônico da existência de um ser; esse estímulo mnemônico quem o faz é o *corpus*, sinal ainda vivo e latejante de que alguém no passado assim pensou, assim sentiu, algo disse ou aquilo fez. Entre a inalcançável eternidade do mito deídico dos gregos e a possível eternidade do espírito criativo humano resta a esperança de que todo criador possa estar *inter homines*, senão pessoalmente, e esta é a característica da eternidade, ao menos *in memoriam*.

No entanto, a história moderna não tem sido capaz de evitar as ações extremistas e as formas de ataque à cultura. Mais ainda, por sua intrínseca lógica, de luzes e sombras, realiza formas de degradação que, pelo desperdício da tradição, pelo desprezo do passado e pelo amor ao futuro do desenvolvimento, absorver energias sociais a ponto de tornar desprezíveis outras formas de expressão do humano. A modernidade vê no passado a obstrução para a construção do futuro, e não o contrário. Essa valorização irremediável, do passado como superado, é um fruto ideológico próprio e específico do mundo moderno, e é nesse sentido que a modernidade opera com seus dispositivos e contra os processos de criação das condições de preservação e proteção da memória.

A presença do *corpus* pode, assim, significar um constante incômodo ao assentamento de formas antidemocráticas de exercício de poder. Por isso, a política de hostilização do conhecimento, especialmente do conhecimento crítico e reflexivo, ou, ainda, do conhecimento considerado "discordante", induz a práticas de memoricídio. O estudioso Fernando Báez, através de sua *História universal da destruição dos livros*, permite verificar que, ao longo da Segunda Guerra Mundial, e por ação dos extremistas, dá-se um saldo de: na Polônia, 251 bibliotecas, com 1.650.000 livros queimados; na Alemanha, 55 bibliotecas, com 422 mil livros; na Ex-União Soviética, 7 bibliotecas, com 332 mil livros; na Holanda, 17 bibliotecas, com 74 mil livros; na Romênia, 25 bibliotecas, com 69 mil livros; na Lituânia, 19 bibliotecas, com 67 mil livros; na ex-Tchecoslováquia, 8 bibliotecas, com 58 mil livros.

O bibliocausto aparece como uma forma específica de eliminação do acervo comum, de proscrição da diferença, e de impedimento à disseminação do "mal", do "desviante". O campo do simbólico é visto como lugar ameaçador a toda forma de hegemonismo, de modo que a cultura deve ser controlada e manipulada, através de seus registros[8]. Nessa linhagem, inscrevem-se os espetaculosos momentos da história do século XX, em que num de seus mais célebres episódios se dá o bibliocausto coordenado por Joseph Goebbels, realizado na Praça da Ópera de Berlim, em 10 de maio de 1933, que ritualmente culmina com a queima de 20.000 livros, ou ainda, em outro contexto, em Sarajevo, em 1992, em que a Biblioteca da Bósnia é incendiada, perdendo-se milhões de exemplares, além de um acervo único de 155 mil obras raras, às quais não se terá mais acesso. A quem afetam essas perdas? Como estimar esses danos? Como reparar a falta dessas obras? Como determinar o alcance dos danos históricos e intergeracionais provocados por tais desvairios políticos? Como permitir que as novas gerações conheçam certos autores e obras de exemplares únicos?

9.3. A REPRESSÃO CULTURAL E A DESTRUIÇÃO DA MEMÓRIA NA AMÉRICA LATINA

A América Latina teria passado isenta desses fenômenos? É certo que na América Latina, em toda a sua extensão e dimensão territoriais, com seus 20 países (Argentina, Bolívia, Brasil, Chile, Colômbia, Costa Rica, Cuba, Equador, El Salvador, Guatemala, Haiti, Honduras, México, Nicarágua, Panamá, Paraguai, Peru, República Dominicana, Uruguai e Venezuela), não se registram fenômenos tão radicalmente danosos nem de mesma proporção, como os que se deram ao longo de fenômenos políticos extremos do contexto europeu. Mas isso não significa que a América Latina não tenha registrado seus episódios específicos de manifestação do mesmo. Muito pelo contrário. O horror é uma marca comum da história.

As ditaduras e os regimes de exceção solaparam o continente no final do século XX, e a realidade histórica recente da região é de experiências atrozes

[8] "Apagar os rastros, a memória, para instalar seu próprio relato, gerar novos ritos para inventar uma tradição. É a luta pelo poder no campo simbólico, uma luta que passa pela destruição de bibliotecas, arquivos, monumentos, centros de informação. A memória é, pois, manipulável: alteram-se documentos, manipulam-se fotografias, constroem-se simuladas evidências e a invenção toma o campo da realidade" (Pizarro, A América Latina como arquivo literário: Gabriela Mistral no Brasil, in SOUZA; MARQUES (Orgs.), *Modernidades alternativas na América Latina*, 2009, p. 353).

de repressão e golpes militares, que muito produziram em termos de violência institucional, recrudescimento da democracia, perda de direitos, trazendo como saldo, além de vitimizações específicas, fortes déficits ainda atuais de cidadania, conhecimento e memória histórica[9]. Não por outro motivo, foi no meio da década de 1980 que, na América Latina, as políticas transicionais começaram a avançar, tendo-se cunhado o termo "comissão de verdade", nesse contexto e nessa realidade[10]. Se os regimes militares cometerem atos inolvidáveis social e humanamente, as reparações têm seguido curso, e os processos de transição têm avançado no sentido de recapitular passagens obliteradas do passado recente, como forma de reação necessária à lógica da amnésia. Por isso, a América Latina tem reagido sistematicamente, criando comissões de verdade, como na Argentina e no Chile, comissões parlamentares de investigação, como na Bolívia, Paraguai e Uruguai, e ações pontuais e políticas de verdade, como no caso de Nicarágua, Panamá, Equador e Peru, Canadá e EUA. Não por outro motivo, o Brasil deve avançar nesse tema, quando a questão que está em jogo é o futuro de sua própria vitalidade democrática e representatividade política regional.

Do ponto de vista histórico, relativo a esse passado recente, fatores como pobreza e desigualdade, experiências extremas de repressão política e cultural, elites tradicionalistas e conservadoras, fácil exposição aos imperialismos históricos e atuais, fragilidade econômica diante das potências desenvolvidas, entre outros, tornaram possível o desenvolvimento de condições políticas autoritárias ao longo das últimas décadas. Não por outro motivo, a questão do acervo cultural, do resgate da memória e do desenvolvimento da cultura é tão importante para toda a região[11]. Isso passa pela questão da revisão dos desvios históricos, mas também por saber quem são seus verdadeiros heróis, seus ícones e sua mitologia local, uma vez que toda a reescrita de sua história passa a ser um desafio de autoconsciência histórica.

---

9 "A dolorosa tragédia vivenciada nos países latino-americanos – Brasil, Chile, Argentina, Uruguai e Paraguai, entre outros –, nos períodos em que estiveram submetidos a ditaduras militares, torna premente a necessidade do resgate da memória do passado, como forma de promoção e de respeito aos direitos humanos" (Barbosa, Vanucchi, Resgate da memória e da verdade: um direito de todos, in SOARES, Inês Virgínia Prado; KISHI, Sandra Akemi Shimada. *Memória e verdade*: a justiça de transição no Estado Democrático Brasileiro, 2009, p. 55).

10 "Foi a América Latina que deu origem ao termo 'Comissões de Verdade' " (Brito, Justiça transicional e a política da memória: uma visão global, *Revista de Anistia Política e Justiça de Transição*, n. 1, p. 61, jan./jun. 2009).

11 "A América Latina como arquivo literário precisa da urgência do registro, do testemunho de memória, do documento, devido à precariedade de sua condição histórica. Necessita também de reler os monumentos, abordando-os de forma crítica, desconstrutiva, para ressituar permanentemente o documento e o monumento" (Pizarro, A América Latina como arquivo literário: Gabriela Mistral no Brasil, in SOUZA; MARQUES (Orgs.), *Modernidades alternativas na América Latina*, 2009, p. 357).

As ditaduras latino-americanas praticaram inúmeros crimes contra a humanidade, especialmente vitimando pessoas, mas não deixaram também de atingir o patrimônio imaterial da cultura e do conhecimento com políticas de bibliocausto: "En América Latina la destrucción de libros está marcada por las dictaduras. En Argentina, con la dictadura de Jorge Rafael Videla entre 1976 y 1980, fanáticos quemaron obras de Marcel Proust, Gabriel García Márquez, Pablo Neruda y Mario Vargas Llosa, así como *El Principito*, de Antoine Saint-Exupery, considerado como un texto contrario a los valores tradicionales. En Chile la situación fue similar entre 1973 y 1990 con el dictador Augusto Pinochet: sólo en 1986 se quemaron 14.846 ejemplares de *La Aventura de Miguel Littin, clandestino en Chile*, de Gabriel García Márquez. Ediciones de poetas y textos sobre el presidente derrocado Salvador Allende también sufrieron los ataques de ese régimen", lê-se no *blog* do especialista Fernando Báez.

Dois casos são bastantes para ilustrar a dimensão do problema, quando nos podemos ater às experiências do Chile e do Uruguai. Sob a ditadura Pinochet, no Chile, "... centenas de milhares de livros foram confiscados e destruídos. Em 28 de novembro de 1986, por exemplo, as autoridades do porto de Valparaíso queimaram 14.846 exemplares de *La aventura de Miguel Littin, clandestino em Chile*, do escritor colombiano Gabriel García Márquez. Também foram destruídos exemplares dos livros de Jorge Edwards e de Ariel Dorfmann, assim como edições de poetas como Neruda ou textos sobre o presidente derrubado Salvador Allende"[12]. Na perspectiva da ditadura do Uruguai (1973-1984), a cultura, a formação e a educação "... sofreram como nunca. O regime dispensou milhares de professores, emigraram centos de intelectuais, além de milhares de uruguaios com qualquer profissão; outros centos foram encarcerados; muitos mais se silenciaram para não perder a vida; foram fechadas dezenas de jornais e teatros, e seus bens foram confiscados; milhares de livros foram tirados de circulação e destruídos"[13].

Quando se visitam os casos da Argentina e do Brasil, a questão se torna ainda mais clara. Na ditadura argentina, de 1976-1983, a proscrição teve o seu

---

12 Báez, *História universal da destruição dos livros:* das tábuas sumérias à guerra do Iraque, 2006, p. 284.

13 E continua Pablo Rocca: "Darei só dois exemplos. A psicóloga Sonia Mosquera, recolhida num cárcere para presas políticas em 1972, contou-me que, na primeira metade de 1975, as autoridades queimaram toda a biblioteca da penitenciária. A biblioteca foi substituída por outra, com apenas algumas dúzias de volumes de doutrina fascista, sendo excluído todo outro discurso, especialmente os romances. Só em 1981, e sob pressão da Cruz Vermelha, ingressou uma doação de dois mil livros. Também em 1975, o professor Diego González Gadea se sustentava com um sebo numa feira de Montevidéu. Num domingo foi detido e levado à delegacia pelo crime de vender exemplares de *Cuadernos de Marcha*. No banheiro para os presos, penduradas em um gancho de metal, as toalhas eram outros exemplares dessa revista; num canto do pátio, membros do corpo de inteligência da polícia acenderam fogo para um churrasco com livros confiscados" (Rocca, Tempo de silêncio: notas sobre as letras durante a ditadura uruguaia, 1973-1984, in SOUZA; MARQUES (Orgs.), *Modernidades alternativas na América Latina*, 2009, p. 196).

ritual específico de celebração, na pira da purificação da cultura, conforme narra Fernando Báez: "Em 30 de agosto de 1980, num terreno vazio de Sarandi, vários caminhões descarregaram, bem cedo, 1,5 milhão de livros, todos publicados pelo Centro Editor de América Latina. Minutos mais tarde, a euforia policial, legitimada pela ordem de um juiz federal de La Plata chamado De la Serena, encorajou vários agentes a borrifar com gasolina os exemplares e incendiá-los"[14]. Na ditadura brasileira, de 1964-1985, as perseguições a dissidentes e intelectuais, as aposentadorias forçadas de professores, a censura, a limitação de liberdades, a proibição de tradução de certos livros serão armas de estreitamento da ideologia do regime. Os danos intergeracionais causados por esses obstáculos estão presentes até hoje[15]. Atualmente, no país, os arquivos restritos da ditadura ainda são um empecilho para o avanço do conhecimento do passado. Os arquivos existentes são os do Supremo Tribunal Militar e os do Arquivo Nacional (relativos aos documentos do Serviço Nacional de Informação, do Conselho de Segurança Nacional e da Comissão Geral de Investigações).

Ademais, a própria imprecisão do tema é reveladora do quanto o inacesso a formas de documentação nos torna ignorantes dos fatos passados. Ainda que os anos 1990 tenham sido seguidos de políticas neoliberais, com o prenúncio de uma morte da esquerda, fica claro que o tema de reflexão sobre o passado de apagamento da memória é tarefa da mais alta relevância. Por isso, veladamente, o autoritarismo continua entre nós, e age sutilmente, pelo inacesso e intransparência que se tem aos dados relativos aos registros de nosso passado, à forma como é narrada a tarefa da reflexão histórica. Romper esse ciclo de continuidade é uma tarefa importante no avanço da cultura dos direitos humanos.

9.4. DEMOCRACIA, LIBERDADE DE EXPRESSÃO E DIREITO À MEMÓRIA

Fica claro afirmar que quando a tarefa é a de pensar o futuro da democracia, tem de ser pensada a própria forma como se encara o passado. Nesse sentido, a radicalização da democracia sem revisão do passado é a construção de um edifício sobre um lodaçal. E isso porque o déficit simbólico, citado por

---

14 Báez, *História universal da destruição dos livros*: das tábuas sumérias à guerra do Iraque, 2006, p. 286-287.

15 "A ausência de liberdades constitucionais provocou uma mitigação na cultura de cidadania da população, privando-a de desenvolver suas capacidades e de desenvolver seu senso republicano, o que, de forma tautológica, mostra-se como um crime dos mais aberrantes" (Tavares, Agra, Justiça reparadora no Brasil, in SOARES, Inês Virgínia Prado; KISHI, Sandra Akemi Shimada (Coords.), *Memória e verdade*: a justiça de transição no Estado Democrático Brasileiro, 2009, p. 77).

Olgária Matos[16], que é o déficit de memória histórica, impede a consolidação do sujeito como pleno portador de direitos, na mesma medida em que impede o grupo de agir soberanamente na base de sua própria autodeterminação histórica. Por isso, o *direito à memória* é vital para o desenvolvimento da cidadania, pois é consciência e autoapropriação de sua história. Nesse sentido, as políticas de memória, em sentido amplo, dão conta de produzir condições de realização desse importante direito implícito numa ordem constitucional democrática[17]. E é como forma de prática ética e estética que o resgate memorial, que a prática de cultura e que a recuperação da autoestima de um povo se conectam a objetivos que olham para o futuro e miram a restauração da possibilidade da ação cidadã e democrática; por isso, não se deve manter o direito à memória confinado ao seu sentido mais próximo e restrito, e sim conferir a ele uma abrangência ampla e aberta, para que cumpra suas mais latas potencialidades[18].

---

16 "Sem laços estáveis, produz-se um déficit simbólico no indivíduo e na sociedade, uma vez que valores dependem de um espaço comum de experiências compartilhadas, tal como Benjamin as indica em seu ensaio *O narrador*. Déficit simbólico corresponde à espacialização do tempo e a sua mensuração abstrata, a sua patologia, uma vez que determina o decréscimo das faculdades criadoras e fantasmáticas dos indivíduos submetidos a oscilações do mercado, à insegurança e ao medo" (Matos, Aufklärung urbana: Paris e a Via Láctea, in SOUZA; MARQUES (Orgs.), *Modernidades alternativas na América Latina*, 2009, p. 196).

17 Na definição de Alexandra Barahoma de Brito, sobre política de memória em sentido lato: "Pode-se definir a política de memória de duas maneiras. De forma restritiva, consiste de políticas para a verdade e para a justiça (memória oficial ou pública); vista de forma mais geral, é sobre como a sociedade interpreta e apropria o passado, em uma tentativa de moldar o seu futuro (memória social). Memória social é a criação de 'comunidades imaginadas' e a construção de uma ordem moral. As políticas de memória sociais e culturais são parte integral do processo de construção de várias identidades coletivas, sociais e políticas, que definem o modo como diferentes grupos sociais veem a política e os objetivos que desejam alcançar no futuro. A memória é uma luta sobre o poder e sobre quem decide o futuro, já que aquilo que as sociedades lembram e esquecem determina suas opções futuras. Mitos e memórias definem o âmbito e a natureza da ação, reordenam a realidade e legitimam o exercício do poder. A política da memória se torna parte do processo de socialização política, ensinando às pessoas como perceber a realidade política e as ajudando a assimilar ideias e opiniões. A memória é transmitida por figuras de autoridade; permitindo processo de aculturação e socialização dos cidadãos que vivem dentro das fronteiras de um Estado. Memórias históricas e lembranças coletivas podem ser instrumentos para legitimar discursos, criar fidelidade e justificar ações políticas" (Brito, Justiça transicional e a política da memória: uma visão global, *Revista de Anistia Política e Justiça de Transição*, n. 1, jan./jun. 2009, p. 61).

18 Nesse sentido, a partir da teoria hermenêutica, é Mariana Fischer Pacheco quem identifica a abrangência de uma ação de memória centrada em perspectiva ética e estética: "Pensar o direito à memória de maneira vinculada à ética vai além da busca pela catalogação de informações provenientes do passado e a punição dos culpados (tal escopo parece ser suficiente para uma visão aferrada ao racionalismo e ao normativismo). Propicia, acima de tudo, o impulso a uma formação (*Bildung*), que é estética, não exclui a sensibilidade e dirige-se a um aprendizado que busca lidar melhor com nosso sofrimento comum. O lugar que se chegará a partir de tal impulso é imprevisível" (Pacheco, Direito à memória como exigência ética – uma investigação a partir da herme-

A consolidação democrática não pode dar-se sem um aproveitamento crítico das experiências passadas, e isso somente é possível com o acesso à informação sobre o passado. Considerando a história como o nosso lugar próprio de reflexão – é a partir de onde podemos compreender o mundo e dele falar com propriedade, e sem idealizações –, a memória é esse instrumento de atravessamento da história e do deslocamento espiritual para o passado. Isso é tão notável que, como narra Pablo Rocca, em *Tempo de silêncio:* notas sobre as letras durante a ditadura uruguaia, com a interrupção da liberdade de expressão no Uruguai, desde 1973, permitiu-se a criação de um grande abismo democrático na sociedade uruguaia contemporânea, com lesões irreparáveis para a formação e a cultura de toda uma geração[19].

Quando se pensa em memória, pode-se afirmar: "A memória humana é a capacidade dos seres humanos adquirirem informações e lembrarem, depois, delas. É memória a capacidade humana de reter fatos e experiências, de transmiti-los ao futuro"[20]. Nesse contexto, uma das tarefas da educação em direitos humanos, no cumprimento de sua missão de desenvolvimento e avanço do debate sobre os direitos humanos no país, através do PNEDH, aparece exatamente no sentido de recuperar a estima pela memória e tornar a consciência da história uma tarefa de fundamental importância para o desenvolvimento da cidadania. "O direito à memória com verdade, se desrespeitado, afeta a todos os cidadãos; influi no cotidiano de suas vidas. A preservação da memória, como registro de fato ou acontecimento histórico e psicológico, individual e coletivo, exerce função primordial na evolução das relações humanas: trata-se de um ato político que constitui a base sobre a qual a sociedade pode afirmar, redefinir e transformar os seus valores e as suas ações. Ao contrário do esquecimento, que, para os gregos, constitui a mais dolorosa das experiências, a memória individual e a memória coletiva são os eixos primor-

---

nêutica filosófica de Hans Georg Gadamer, *Revista de Anistia Política e Justiça de Transição*, n. 1, p. 250-270, jan./jun. 2009, p. 266).

19 "O final da livre circulação das ideias desde 1973 foi um choque fatal para a vida cultural. Um fato emblemático foi o fechamento do semanário *Marcha*, em novembro de 1974, com o regime quebrando assim o eixo de discussão percorrido pela cultura uruguaia, especialmente a literatura, desde 1950. Sem revistas, a ditadura obliterava com sucesso o diálogo, impedindo o contato dos mais jovens com seus mestres potenciais. A fenda foi profunda, sobretudo no campo da crítica e do pensamento, seja pela retirada de duas gerações de influentes, seja pelo exílio maciço dos adultos e dos jovens talentosos. Em poucos anos, o velho país democrático radical e aberto pareceu sumir. Um país no qual uma feroz direita mais ou menos solapada imaginou um projeto tão ferozmente antidemocrático" (Rocca, *Tempo de silêncio*: notas sobre as letras durante a ditadura uruguaia, 1973-1984, in SOUZA; MARQUES (Orgs.), *Modernidades alternativas na América Latina*, 2009, p. 250).

20 Rudnicki, Uma perspectiva sobre a justiça (restaurativa) e a memória das vítimas: do nazismo às ditaduras latino-americanas, in RUIZ, Castor Bartolomé (Org.), *Justiça e memória*: para uma crítica ética da violência, 2009, p. 173.

diais e os meios de se aplicarem, na prática, os fundamentos dos direitos humanos"[21].

Na medida em que não há verdadeira democracia sem propriamente a superação dos resquícios autoritários do passado, os direitos à memória e à verdade são essenciais para que este passo cívico seja efetiva e seguramente afirmado na realidade brasileira. Se o direito à memória aparece como uma prática constitutiva da forma de elaboração dos modos pelos quais se avança para o futuro, considerando os dados do passado para a efetivação do retorno às experiências dolorosas de ontem, é exatamente por isso que a história do passado pode significar uma forma de apontar para a dimensão de um futuro refletido e expurgado dos erros políticos passados. É nesta medida que, no Brasil, se começa a cavalgar neste sentido, quando, a partir da criação da Comissão Nacional da Verdade (Lei n. 12.528, de 12 de novembro de 2011), seus trabalhos se pluralizaram em iniciativas nacionais, estaduais e municipais em todo o país, mobilizando estudos, pesquisas, levantamento de dados e documentos, apuração de fatos, constituição de grupos de trabalho e comissões. Os resultados desta iniciativa, que constam do relatório final da Comissão, deverão impactar o conhecimento que se tem sobre o tema. Assim, espera-se que este tipo de iniciativa legal e os trabalhos da CNV possam render insumos significativos no progresso da consciência de que os direitos humanos são invioláveis, estão acima das ações políticas e sua violação não segue impunemente; com tarefas de informação, pesquisa, apuração de violações de direitos humanos, assistência às vítimas, prevenção de violação de direitos humanos e formulação de políticas públicas sobre direitos humanos, as atividades da CNV são um relevante passo no sentido da construção de uma cultura de memória e preservação de valores de direitos humanos na incipiente tradição republicana brasileira.

A memória social é, portanto, um valor democrático da mais alta relevância, que implícita ou explicitamente deve ser protegido pela lógica da cultura dos direitos humanos. Nesse sentido, mesmo a dor, o infortúnio, os erros, as trapaças devem estar presentes e acessíveis à memória social, para que pedagogicamente se possa aprender com os erros do passado; numa democracia, não faz sentido a manipulação e o ocultamento como formas de cerceamento da verdade em sua mais ampla possibilidade semântica[22]. Diz-se

---

[21] Barbosa, Vanucchi, Resgate da memória e da verdade: um direito de todos, in SOARES, Inês Virgínia Prado; KISHI, Sandra Akemi Shimada. *Memória e verdade*: a justiça de transição no Estado Democrático Brasileiro, Belo Horizonte: Fórum, 2009, p. 57.

[22] "É por isto que o resgate da dignidade humana passa, antes de tudo, pela memória, por um direcionamento da ação que esteja comprometido com o conhecimento do passado de dor, enfim, por uma história dos excluídos e dos vencidos, que possa redimir a humanidade da sua fria indiferença e prevenir a ação política de continuar azeitando a máquina do progresso em sua inclemência" (Silva Filho, O

implícita ou explicitamente, na medida em que a Constituição Federal de 1988 não menciona a existência de um direito à verdade, mas uma série de outros direitos diretamente correlacionados, e que delimitam a abrangência, a determinação, a formação de conteúdo de um direito à verdade. Mais ainda, quando se recorre à lógica do direito internacional, a questão fica ainda mais transparente, como se pode perceber pela análise de estudos específicos[23].

Por isso, o *direito à informação* figura como algo de vital importância para a vida democrática. Isso envolve a liberdade de publicar, expressar, pensar, cultuar, criticar, opinar, divulgar, ensinar, escrever. Mas isso também envolve o direito ao acesso à informação e o direito à preservação da informação. Sem o exercício do pleno direito de informação e à informação, não há democracia real[24]. Esse direito não é ilimitado, como nenhum outro direito que decorre da ordem democrática, devendo impor-se ao seu exercício uma forma ponderada de calibragem e convívio com outros demais direitos. No entanto, o que se deve ressaltar nessa análise é o fato de que não há exercício possível do *direito à memória*, quando o documento, ou o *corpus mechanicum*, torna-se alvo de uma política de restrição de publicidade e acesso, ou quando foi alvo de uma política de eliminação. A preservação do *corpus* é de fundamental importância para o exercício dos direitos culturais, estes sem os quais a própria memória social padece. Dentro da lógica da vida moderna, que tende a romper permanentemente com o passado, e sabotar as tradições e a preservação de experiências vindas do passado, a ideia de preservação cultural torna-se um dado da mais alta relevância na composição da lógica do convívio democrático.

A cultura corporificada e preservada é um testemunho de tradições, formas de vida práticas, histórias, biografias etc., e, nesse sentido, algo que materializa a existência das diversas humanidades, em seus diversos períodos

---

anjo da história e a memória das vítimas: o caso da ditadura militar no Brasil, in RUIZ, Castor Bartolomé (Org.), *Justiça e memória*: para uma crítica ética da violência, 2009, p. 126).

23 "Estamos a dizer que o direito à verdade advém do regime e dos princípios constitucionais, bem como dos compromissos internacionais firmados pelo Brasil (art. 5º, § 2º). Seu elemento mais evidentemente estruturante é, sem dúvida, o direito à informação, que está expresso no art. 5º, XIV e XXXIII, da CF/88. Não há grande dificuldade de se reconhecer o direito à informação como um direito fundamental amplamente protegido pela comunidade de Estados, seja nas Constituições, na legislação infraconstitucional, ou por meio da interpretação e da jurisdição constitucional" (Sampaio e Almeida, Verdade e história: por um direito fundamental à verdade, in Inês Virgínia Prado Soares e Sandra Akemi Shimada Kishi, *Memória e verdade*: a justiça de transição no Estado Democrático Brasileiro, 2009, p. 263).

24 "A plenitude da participação dos cidadãos na vida política somente ocorrerá, entretanto, num ambiente de livre fluxo de informações, de modo que os indivíduos estejam bem informados sobre a verdade (ou suas múltiplas versões) acerca dos fatos no mundo" (Sampaio e Almeida, Verdade e história: por um direito fundamental à verdade, in Inês Virgínia Prado Soares e Sandra Akemi Shimada Kishi, *Memória e verdade*: a justiça de transição no Estado Democrático Brasileiro, 2009, p. 252).

e em suas diversas formas. A preservação das culturas e dos acervos documentais da cultura, como dever de Estado[25], joga a favor do processo de perpetuação do acervo de simbolizações culturais humanas e, portanto, confere à existência a permanência da possibilidade de acesso ao que é diverso. Por isso, a modernidade instrumental torna-se irracional ao apagar o passado, criando condições de realização de uma forma totalitária de eliminar a diferença, a outra narrativa da própria história.

CONCLUSÕES

O mundo moderno está marcado por uma forma de incisão dialética interna que determina muito de sua própria lógica oculta de funcionamento. Por isso, ao longo dessa investigação, pôde-se detectar, em diálogo com a *Dialética do esclarecimento*, e com comentários de Walter Benjamin, o quanto o tema da *memória* é atravessado pelas determinações do mundo moderno. A modernidade *oculta* o fato de que produz *ocultamento*, e o motor da história continua apontando para a frente, e agindo de modo a consumir, histórias e vidas, tradições e culturas, desperdiçando no que foi a possibilidade de reinterpretação do porvir.

Sua forma de significar "progresso" é caminhando em direção à *dessignificação* do que fica. Por isso, a forma de opressão produzida pela vida moderna é também a provocada pela *ausência de memória*, quando implicada no abandono da compreensão crítica e do acesso à informação, mas também quando propositadamente provocada como forma de apagamento da diferença e do dissenso. A homogeneização da vida moderna implica exatamente isto, ou seja, apagamento. E, agora, com a tendência em direção ao crescimento da presença ativa das tecnologias da informação, e também da inteligência artificial, caminha-se no sentido da delegação da memória ao campo das máquinas, destitui os indivíduos da consciência histórica, crítica e problematizante da realidade social em que se inserem.

Nessa medida, o *direito à memória*, em sentido amplo e aberto, não apenas como forma de revelação das verdades relativas às atrocidades e práticas

---

[25] "A preservação de documentos públicos é corolário da afirmação de direitos culturais no Estado Democrático de Direito (art. 215), inserindo aqueles entre os bens de valor histórico que podem alcançar a condição de patrimônio cultural (art. 216). O dever-poder de gestão da documentação está inscrito no art. 216, par. 2º E foi reforçado pela Emenda Constitucional n. 48/2005, que, estabelecendo a obrigatoriedade fundamental de democratização de acesso e difusão de bens culturais, categoria na qual a documentação governamental de certo período histórico deve ser considerada (art. 216, inciso IV)" (Oliveira, Princípio da publicidade, arquivos públicos e justiça de transição, in Inês Virgínia Prado Soares e Sandra Akemi Shimada Kishi, *Memória e verdade*: a justiça de transição no Estado Democrático Brasileiro, 2009, p. 302).

de extermínio e perseguição política, deve emergir como força democrática, a condicionar a qualidade das práticas políticas restauradoras da possibilidade de formação de uma cultura cidadã, especialmente para sociedades pós-traumáticas. Nesse sentido, a proteção da *memória* contra o *memoricídio*, a proteção da *informação* contra a *desinformação*, a proteção do acervo *biblioteconômico* contra o *bibliocídio* são formas de exercício de exigências e liberdades, que possuem ossatura fundamental, para a cidadania e a prática democrática.

A democracia contemporânea tem que ver com a capacidade de exercício de uma plena inserção de vida na comunidade, mas a comunidade, sem *memória social*, vive ao sabor de interesses políticos e econômicos que sempre apostam na lógica do não pertencimento, da alienação e da desproteção crítica, como formas de manipulação social. Percebe-se, com isso, como é *frágil a democracia*, no sentido de que ela exige mais do que simplesmente o direito de votar e ser votado, mas sim implementos efetivos no sentido da garantia de que o *acesso à cultura*, a possibilidade de *interação informada* e a garantia do *acesso ao passado* se deem de forma entrecruzada, de modo a propiciar condições para o exercício da plenitude da vida democrática participativa.

Diante da instalação efetiva da Comissão da Verdade no Brasil, em 16 de maio de 2012, data que deve ser vista como um marco simbólico, somente 27 anos após encerrada a Ditadura Militar (1965-1985), consegue-se dar um passo de significativa importância na revisão do passado histórico. Essa força simbólica do momento, tendo-se em vista a coalisão entre todos os ex-Presidentes da República desde o período da reabertura, representou um importante evento da cultura democrática brasileira. Ainda assim, a descontinuidade no tratamento da temática da justiça de transição, além do abandono do tema na agenda pública, já se faz presente na pergunta sobre os destinos e as perspectivas futuras da questão.

REFERÊNCIAS BIBLIOGRÁFICAS

ADORNO, Theodor W. Notas marginais sobre teoria e práxis. In: *Palavras e sinais:* modelos críticos, 2. Tradução de Maria Helena Ruschel. Petrópolis: Vozes, 1995.

_________. Progresso. In: *Palavras e sinais*: modelos críticos, 2. Tradução de Maria Helena Ruschel. Petrópolis: Vozes, 1995.

_________; HORKHEIMER, Max. *Dialética do esclarecimento*: fragmentos filosóficos. Tradução de Guido Antonio de Almeida. Rio de Janeiro: Zahar, 1985.

ACHUGAR, Hugo. Culpas e memórias nas modernidades locais: divagações a respeito de O Flâneur de Walter Benjamin. In: SOUZA; MARQUES (Orgs.). *Modernidades alternativas na América Latina*. Belo Horizonte: UFMG, 2009.

BÁEZ, Fernando. *História universal da destruição dos livros:* das tábuas sumérias à guerra do Iraque. Tradução de Léo Schlafman. Rio de Janeiro: Ediouro, 2006.

BARBOSA, Marco Antônio Rodrigues; VANUCCHI, Paulo. Resgate da memória e da verdade: um direito de todos. In: SOARES, Inês Virgínia Prado; KISHI, Sandra Akemi Shimada. *Memória e verdade*: a justiça de transição no Estado Democrático Brasileiro. Belo Horizonte: Fórum, 2009.

BENJAMIN, Walter. *Obras escolhidas*. Tradução de José Carlos Martins Barbosa e Hemerson Alves Baptista. 3. ed. São Paulo: Brasiliense, 2000. v. 3.

__________. A obra de arte na era de sua reprodutibilidade técnica. In: *Magia, técnica, arte e política*. Tradução de Sergio Paulo Rouanet. 7. ed. São Paulo: Brasiliense, 1996.

BITTAR, Eduardo C. B. *O direito na pós-modernidade e reflexões frankfurtianas*. 2. ed. Rio de Janeiro: Forense Universitária, 2009.

BRITO, Alexandra Barahona de. Justiça transicional e a política da memória: uma visão global. *Revista de Anistia Política e Justiça de Transição*, n. 1, p. 56-83, jan./ jun. 2009.

DIREITO À VERDADE E À MEMÓRIA. Comissão Especial de Mortos e Desaparecidos Políticos. Brasília: Secretaria Especial de Direitos Humanos, 2007.

KISHI, Sandra Akemi Shimada. Direito à informação e à participação na justiça de transição. In: SOARES, Inês Virgínia Prado; KISHI, Sandra Akemi Shimada. *Memória e verdade*: a justiça de transição no Estado Democrático Brasileiro. Belo Horizonte: Fórum, 2009.

MATOS, Olgária Chain Féres. Aufklärung urbana: Paris e a Via Láctea. In: SOUZA; MARQUES (Orgs.). *Modernidades alternativas na América Latina*. Belo Horizonte: UFMG, 2009.

MEZAROBBA, Glenda. O que é justiça de transição? Uma análise do conceito a partir do caso brasileiro. In: SOARES, Inês Virgínia Prado; KISHI, Sandra Akemi Shimada. *Memória e verdade*: a justiça de transição no Estado Democrático Brasileiro. Belo Horizonte: Fórum, 2009.

OLIVEIRA, José Roberto Pimenta. Princípio da publicidade, arquivos públicos e justiça de transição. In: SOARES, Inês Virgínia Prado; KISHI, Sandra Akemi Shimada. *Memória e verdade*: a justiça de transição no Estado Democrático Brasileiro. Belo Horizonte: Fórum, 2009.

PACHECO, Mariana Pimentel Fischer. Direito à memória como exigência ética – uma investigação a partir da hermenêutica filosófica de Hans Georg Gadamer. *Revista de Anistia Política e Justiça de Transição*, n. 1, p. 250-270, jan./ jun. 2009.

PIZARRO, Ana. A América Latina como arquivo literário: Gabriela Mistral no Brasil. In: SOUZA; MARQUES (Orgs.). *Modernidades alternativas na América Latina*. Belo Horizonte: UFMG, 2009.

REVISTA DE ANISTIA POLÍTICA E JUSTIÇA DE TRANSIÇÃO. Ministério da Justiça. Brasília: Ministério da Justiça, n. 1, jan./jun. 2009.

ROCCA, Pablo. *Tempo de silêncio*: notas sobre as letras durante a ditadura uruguaia, 1973-1984. In: SOUZA; MARQUES (Orgs.). *Modernidades alternativas na América Latina*. Belo Horizonte: UFMG, 2009.

RUDNICKI, Dani. Uma perspectiva sobre a justiça (restaurativa) e a memória das vítimas: do nazismo às ditaduras latino-americanas. In: RUIZ, Castor Bartolomé (Org.). *Justiça e memória*: para uma crítica ética da violência. São Leopoldo: Unisinos, 2009.

RUIZ, Castor Bartolomé (Org.). *Justiça e memória*: para uma crítica ética da violência. Rio Grande do Sul: Unisinos, 2009.

SAMPAIO, José Adércio Leite; ALMEIDA, Alex Luciano Valadares de. Verdade e história: por um direito fundamental à verdade. In: SOARES, Inês Virgínia Prado; KISHI, Sandra Akemi Shimada. *Memória e verdade*: a justiça de transição no Estado Democrático Brasileiro. Belo Horizonte: Fórum, 2009.

SILVA FILHO, José Carlos Moreira da. O anjo da história e a memória das vítimas: o caso da ditadura militar no Brasil. In: RUIZ, Castor Bartolomé (Org.). *Justiça e memória*: para uma crítica ética da violência. São Leopoldo: Unisinos, 2009.

SOARES, Inês Virgínia Prado; KISHI, Sandra Akemi Shimada. *Memória e verdade:* a justiça de transição no Estado Democrático Brasileiro. Belo Horizonte: Fórum, 2009.

SOUZA, Eneida Maria de; MARQUES, Reinaldo (Orgs.). *Modernidades alternativas na América Latina*. Belo Horizonte: UFMG, 2009.

TAVARES, André Ramos; AGRA, Walber de Moura. Justiça reparadora no Brasil. In: SOARES, Inês Virgínia Prado; KISHI, Sandra Akemi Shimada. *Memória e verdade*: a justiça de transição no Estado Democrático Brasileiro. Belo Horizonte: Fórum, 2009.

10. TEMPO, TRABALHO E DIREITOS HUMANOS: ensaio sobre a moderna forma de constituição da vida, do uso da libido e do lazer

10.1. SOCIEDADE DO TRABALHO, USO DO TEMPO E USURPAÇÃO DA VIDA

A arte de rua, o grafitismo, a arte pública e a arte urbana são formas de expressão carregadas de simbolismo e que expressam uma forma específica de disseminação de mensagens e provocações que, por vezes, invadem o espaço público, motivando sérias reflexões. Recentemente, tem feito sucesso, na cidade de São Paulo, a disseminação em muros e partes espalhadas da cidade do lema *Mais amor, por favor*. Um pouco mais remotamente, a técnica da divulgação de máximas filosóficas e formas de repensar a realidade foram exploradas com grande ênfase no contexto de Maio de 68, em Paris, ao longo dos protestos estudantis. Os muros da Sorbonne, e da Paris-Nanterre, das casas e dos locais públicos foram coalhados de novidades meticulosamente pensadas para significar o espaço público.

Algumas frases grafadas pelos muros das ruas de Paris dispersaram criativas formas de atribuição de sentido a experiências sociais e a práticas humanas. Muitas dessas tinham como tarefa desconstruir sentidos obrigatórios, consensuados como hegemônicos na dinâmica da vida social, entre os quais se encontra o tema do *trabalho*. As frases sobre esse tema eram: "não mude de emprego, mude o emprego de sua vida"; "*vivre sans temps morts, jouir sans entraves*", entre outras[1]. Essas frases levam ao limite, por palavras de ordem, a experiência do trabalho e do uso do tempo, questões que são de todo relevantes para a construção do espaço da vida, que nada mais é do que o entretempo entre o *nascimento* e a *morte*. A dignidade humana só tem este espaço de tempo para se realizar. Entre outras coisas, é contra o conjunto dos processos de "usurpação da vida" que se protesta em Maio de 68. *Reiventar* a experiência de estar no mundo é uma das formas de *ressignificar* o imaginário coletivo, e, por essa via, reconstruir a tecitura do real.

---

1 Matos, *Adivinhas do tempo*, 2008, p. 57 e 103.

Essas frases se opõem, portanto, ao cerne do problema da redução do "tempo da existência" ao "tempo do trabalho". Por isso, o ideário de Maio de 68 é antimoderno, no sentido de que se opõe à *forma moderna* de constituição e apropriação das formas de vida, uma vez que a modernidade se organiza em torno da constituição de uma "sociedade do trabalho". Afinal, a sociedade moderna constrói-se como sociedade produtivista, em que o princípio da eficiência determina o sentido vetorial dos enormes contingentes e estoques de energia humana[2]. Isso fará com que os modelos de sociedade gestados pela ambivalência ideológica da modernidade redundem em sistemas voltados para a integralização do homem no mundo do trabalho. O importante a notar é que não há plenificação humana no trabalho, ou através do trabalho, pois a plenificação humana depende, necessariamente, entre outros fatores, da *liberação* do homem do trabalho, para que ele se humanize plenamente. Ou seja, onde o trabalho aloca todas as forças, seja um trabalho orquestrado pelo Estado, seja um trabalho orquestrado pelo interesse privado do mercado, o que se experimenta é a exaustão de humanidade num mundo que se esgota em processos de produção.

É curioso notar que, na história da humanidade, o tempo nunca foi um problema, salvo a sua colocação como questão de interesse especulativo. O tempo se torna um problema, efetivo e concreto, pela sua escassez, a milhões e bilhões de seres humanos, na exata medida em que o tempo é tornado "medida de utilidade", ou seja, o tempo é conceitualmente reduzido à noção de *tempo-trabalho*, de onde se retira a *mais-valia*. A modernidade produziu isso, a possibilidade de controlar o tempo das coisas; nela, o tempo de maturação de uma maçã passou a ser o tempo medido pela relação de cálculo do capital. O tempo da maçã é o tempo do capital, por isso, ela precisa ser amadurecida à força. Além disso, na sua forma avançada, o capitalismo contemporâneo vai além, e inova, ao impor a obrigatoriedade da felicidade, para, como recompensa, explorar o *tempo ócio* como tempo lucrativo, para também expropriar das pessoas o *mais-de-gozar*, como afirma Maria Rita Kehl[3]. Por isso, o tempo-amor, o tempo-lazer, o tempo-amizade, o tempo-família, o tempo-conhecimento são todos deslocados de lugar, em função da centralidade da ideia de *tempo-trabalho*.

---

2 Na leitura freudiana de Marcuse: "As relações de trabalho converteram-se, em grande parte, em relações entre pessoas como objetos permutáveis da administração científica e dos especialistas em eficiência" (Marcuse, *Eros e civilização:* uma interpretação filosófica do pensamento de Freud, 1999, p. 101).

3 "O que o capitalismo em estágio avançado expropria dos sujeitos já não se limita àquela fatia do tempo de vida cedida de graça ao lucro do patrão, que Marx qualificou de mais-valia. O capitalismo contemporâneo apropria-se e alimenta-se de algo mais íntimo do que a força de trabalho, essa tal parcela de tempo dedicada à glória de Deus e do Outro; hoje, o capitalismo alimenta-se do mais-de-gozar" (Kehl, *O tempo e o cão:* a atualidade das depressões, 2008, p. 95).

Tudo isso somente se tornou possível sob as vigentes e atuais estruturas da sociedade moderna, que divide campos e opera por divisões que retalham a existência. Uma dessas divisões é a que separa o tempo do trabalho (*Arbeitzeit*) do tempo livre (*Freizeit*). Esses espaços não se devem confundir, por completo. Mas, que é trabalho e que é liberdade? Por que não há liberdade através do trabalho? Adorno, em *Tempo livre*, num depoimento pessoal interessante, revela algo de muito curioso com relação à forma de se apropriar do uso do tempo livre: "Compor música, escutar música, ler concentradamente são momentos integrais da minha existência; a palavra *hobby* seria escárnio em relação a elas"[4]. "Inversamente, meu trabalho, a produção filosófica e sociológica e o ensino na universidade têm-me sido tão gratos até o momento que não conseguiria considerá-los como opostos ao tempo livre, como a habitualmente cortante divisão requer das pessoas[5]".

Se o velho adágio de que *o trabalho realiza o homem* é verdadeiro, também é verdadeira a sua negação, ou seja, *o trabalho, na forma moderna de sua alienação, exaure o homem*; tudo depende da forma do trabalho. Por isso, é, desde logo, importante destacar que o trabalho mata. Pode-se citar o caso explorado nos estudos de Mészáros: "... um jovem programador de computador morreu devido ao excesso de trabalho, segundo a sentença do Tribunal Distrital de Tóquio, na qual constava que 'o tempo médio de trabalho anual era superior a 3 mil horas'. Nos três meses anteriores à sua morte, o rapaz chegou a trabalhar trezentas horas por mês. Naquele momento ele estava ocupado em desenvolver um sistema de *software* para bancos"[6]. Esse rapaz, empregado e empenhado, tinha atividade similar à de uma escravidão laboral, uma vez que chegava a trabalhar 14 horas por dia. Por isso, afirma Olgária Matos: "O capitalismo contemporâneo impõe uma única alternativa: sacrificar a vida ao trabalho – com o que o indivíduo perde sua vida ao mesmo tempo em que a ganha – ou sofrer pela falta de trabalho"[7]. Excessos de jornada ou carência de trabalho e desemprego, é dessa tônica que vive o mundo contemporâneo.

Na reflexão sobre a dialética do esclarecimento, Adorno e Horkheimer demonstram como a vida moderna vem se estruturando sob a pressão de uma forma específica de racionalidade, a racionalidade instrumental, que quanto mais luz projeta, mais sombra realiza[8]. Assim, uma vez confinado, em sociedades produtivistas, em sociedades que se ocupam primordialmente do trabalho, aquilo que é humano, enquanto complexo, míngua, à deriva das próprias ne-

---

4 Adorno, Tempo livre, in *Indústria cultural e sociedade*, 2002, p. 114.

5 Adorno, Tempo livre, in *Indústria cultural e sociedade*, 2002, p. 114.

6 Mészáros, Desemprego e precarização, in Ricardo Antunes (Org.), *Riqueza e miséria do trabalho no Brasil*, 2006, p. 35.

7 Matos, *Adivinhas do tempo*, 2008, p. 16.

8 A respeito, *v.* Adorno, Horkheimer, *Dialética do esclarecimento*, 1985.

cessidades simbólicas humanas, produzindo personalidades unidimensionais, o que, na linguagem marcuseana, representará nada mais do que propriamente uma forma de recalcamento da multidimensionalidade da experiência humana. Se a organização da temporalidade é a primeira das categorias a serem construídas ao longo do desenvolvimento humano[9], quando a experiência humana é reduzida e esgotada em *tempo-trabalho*, o mundo da vida e o mundo do trabalho se inter-relacionam de modo a que este danifique consideravelmente as estruturas e condições de aparição daquele. Numa linguagem habermasiana, é possível falar de uma colonização do mundo da vida pelo imperativo do trabalho, que, ao absorver as categorias da existência, constrói personalidades metamorfoseadas de acordo com as condições históricas e alienadas, antissolidárias e concorrenciais do mundo do trabalho. O homem, reduzido à esfera do labor, da produtividade, da utilidade, do pragmatismo, do imediatismo, da produção de mais-valia, é alienado da condição de poder fruir do amplo espectro semiótico que o rodeia e que o define como um ser complexo. Daí a sociedade produtivista ser castradora e limitadora da experiência humana[10].

10.2. TRABALHO, DIGNIDADE E SOCIEDADE

A supressão do trabalho é algo impensável para a condição humana e impossível de ser realizada na vida social. E isso porque o trabalho é uma forma congênita de conviverem os homens com sua condição mundana. O trabalho é um imperativo da relação do homem com a natureza. O *homo faber* tem de simbolizar, representar, modificar, adaptar, criar e transformar a natureza para sobreviver. E isso é trabalho (*work*). O trabalho tem, portanto, que ver com a própria relação, reativa e criativa, do homem aos estímulos naturais. Nesse sentido, o trabalho é transformador, seja do ambiente, seja da própria condição humana, pelo caráter acumulativo da geração de conquistas dele provenientes. Por isso, o trabalho é uma forma de interação do homem com a natureza que visa, antes de tudo, a realizar a apropriação do homem das condições de sua sobrevivência[11]. Pode ser, por isso, definido como atividade

---

9 "A organização da temporalidade é a primeira forma discursiva que a mãe introduz na criança. A mera alternância entre a presença e a ausência maternas já introduz o *infans* no tempo do Outro, que lhe é apresentado em primeira mão sob a forma de intervalos de tempo de espera pelo objeto de satisfação" (Kehl, *O tempo e o cão:* a atualidade das depressões, 2008, p. 274).

10 "A discussão dessa hipótese depara logo de entrada com um dos mais rigorosamente protegidos valores da cultura moderna: o de produtividade. Essa ideia talvez expresse mais do que qualquer outra atitude existencial na civilização industrial; impregna a definição filosófica do sujeito em termos do ego transcendente" (Marcuse, *Eros e civilização:* uma interpretação filosófica do pensamento de Freud, 1999, p. 143).

11 "Antes de tudo, o trabalho é um processo entre o homem e a Natureza, um processo em que o homem, por sua própria ação, media, regula e controla seu metabolismo com a Natureza. Ele

vital, como faz Ricardo Antunes[12]. Ainda que a discussão em torno do conceito de trabalho seja árdua, fica fácil perceber como o trabalho (*work*), um imperativo da existência, não se confunde com labor (*labour*).

De toda forma, ainda mais árdua parece ser a atitude de pensar o "trabalho digno". E, de fato, não há isso, um conceito de "trabalho digno" que possa ser captado por sua essência como um "trabalho digno em si e por si mesmo". Essa estratégia recairia numa metafísica do trabalho, algo impensável para a visão dialética das relações sociais e materiais, uma vez que as formas de trabalho são construções historicamente determinadas. Na vida moderna, o que se vê são, nos escritórios, faunas de indivíduos com cor da pele de lâmpada fluorescente, convivendo com o horizonte cinzento de dias sucessivos marcados pela descolorida repetitividade de ações, em troca de salários emagrecidos e relações de competição e autoextermínio no ambiente de trabalho. Nas fábricas, indivíduos recobertos por pó, graxa e respingos de solda. No campo, abusadas horas de extenuantes atividades sob o tempo marcam a pele agreste do trabalhador rural. Além desses limites, fome e desemprego, carências elementares e desigualdades abissais.

Por isso, pode-se dizer que existem condições dignas de trabalho, mas não existe um "trabalho-protótipo". Digno não é o trabalho intelectual em face do manual. Digno não é o trabalho que ordena com relação ao que obedece. Digno não é o trabalho digital, em face do material. Sabe-se muito bem que há ofícios leves e ofícios pesados. Trabalho em minas de carvão. Trabalho de pedreiras. Trabalho de estivadores. Trabalho como vigia armado. Algumas modalidades de trabalho são extenuantes e perigosas, outras estão sujeitas à falta de reconhecimento social, outras estão marcadas pela insalubridade, ou, ainda, estão atravessadas pela falta de provimento de direitos. Atualmente, a situação dos entregadores por aplicativos expõe de forma clara a situação de trabalhadores precários, nas grandes cidades. Mas todas essas são formas de trabalho. E são indignas? Certamente, não.

---

mesmo se defronta com a matéria natural como uma força natural. Ele põe em movimento as forças naturais pertencentes à sua corporalidade, braços e pernas, cabeça e mão, a fim de apropriar-se da matéria natural numa forma útil para sua própria vida. Ao atuar, por meio desse movimento, sobre a Natureza externa a ele e ao modificá-la, ele modifica, ao mesmo tempo, sua própria natureza. Ele desenvolve as potências nela adormecidas e sujeita o jogo de suas forças a seu próprio domínio" (Marx, *O capital*, 1988, v. 1, p. 142).

12 "Nesse plano mais abstrato, parece desnecessário dizer que aqui não estou me referindo ao trabalho assalariado, fetichizado e estranhado (*labour*), mas ao trabalho como criador de valores de uso, o trabalho na sua dimensão concreta, como atividade vital (*work*), como 'necessidade natural e eterna de efetivar o intercâmbio entre o homem e a natureza', nas conhecidas palavras de Marx" (Antunes, *Os sentidos do trabalho:* ensaio sobre a afirmação e a negação do trabalho, 2005, p. 167).

Isso abriria campo para um tipo de julgamento complicado, que é aquele que define qual tipo de trabalho é digno em face do outro que é indigno. Isso coloca em risco, inclusive, o problema das vocações diversas para os trabalhos, ofícios e funções vários, todos necessários e relevantes socialmente. Que seria dos intelectuais se todos os mecânicos resolvessem ler e não consertar automóveis; que seria dos pedreiros se todos os educadores resolvessem servir em obras; que seria das atividades de manutenção, se todas as atividades fossem transformadas em digitais.

A vida em sociedade implica, necessariamente, atividades complementares, o que torna toda espécie de trabalho concorrentemente responsável por proporcionar dignidade à dimensão humana. É na complementariedade entre as habilidades e as competências dos indivíduos que se geram as condições para as trocas sociais fundadas no trabalho. Por isso, o trabalho de construir é tão significativo socialmente quanto o trabalho de educar; este último requer, certamente, mais preparação e mais formação, mas ambos são essenciais para que a escola seja construída e funcione voltada às suas intenções. A invenção da penicilina realiza a dignidade humana, e foi antecedida pela pesquisa laboratorial e acadêmica. Mas a limpeza dos espaços públicos também proporciona a higiene necessária para que doenças e pestes não se propaguem no espaço público. Assim, o cientista e o varredor são responsáveis pelas condições de saúde pública de uma cidade. São tarefas diferentes, mas ambas importantes para a preservação da vida.

Quando certas atividades podem ser substituídas pela técnica, isso pode proporcionar o afastamento do uso da energia humana de atividades exaurientes, extenuantes ou perigosas[13], e o sentido do avanço da técnica – com a introdução de maquinário ou com a informatização, para ficar em dois exemplos – está exatamente em seu uso a favor da preservação das condições humanas de vida e trabalho. As várias modalidades de trabalho perigoso e extenuante (trabalho com britadeiras, ou com corte extensivo de cana-de-açúcar, ou, ainda, com poluentes perigosos) podem ser, progressivamente, substituídas pela utilização das máquinas e por técnicas mais modernas. Nada justifica que, com o estado avançado da técnica, as pessoas não sejam liberadas de certas atividades. A técnica, por isso, ajuda no processo de construção de alternativas a certas formas de trabalho, liberando as pessoas de seu jugo.

No entanto, tem sua dignidade tudo aquilo que é necessário ao homem, na exata medida em que o trabalho responde às carestias e necessidades

---

13 "A revolução técnica que iria mecanizar a carga e descarga de grãos e carvão, e até certo ponto da madeira, não foi iniciada seriamente senão no fim da década de 1890 e começo de 1900, e o seu progresso foi lento" (Hobsbawn, *Os trabalhadores:* estudos sobre a história do operariado, 2. ed., 2000, p. 244).

humanas[14]. Caso contrário, dignidade passaria a significar nobreza e distinção, aliás seu sentido etimológico mais primitivo, recaindo-se num recuo semiótico irresponsável, incorrendo-se, inclusive, na ideia, já criticada por Marx, da diferenciação entre trabalho intelectual e trabalho manual. Se as filosofias geralmente fazem a apologia da mente, e a história da filosofia possui diversos desses registros, aqui se trata de considerar a necessidade de se equiparar a "apologia filosófica do cérebro" à "apologia filosófica das mãos", promovendo uma necessária integração entre esses dois símbolos de manifestação do ser humano: as mãos, para o *homo faber*, e o cérebro, para o *homo sapiens*. Tudo o que é necessário para a sustentação da enorme cadeia da vida é digno, pois está atrelado às necessidades da vida humana. O que seria do cérebro, em seu desenvolvimento histórico, não fossem os aprendizados recolhidos pelas mãos... As mãos são tão dignas quanto a mente, assim como o estômago é tão importante para a saúde e a vitalidade do corpo quanto as circunvoluções cerebrais.

Por isso, fica mais fácil afirmar que a dignidade não é do trabalho, tomado em sua essência, mas da forma de exercício dos diversos e múltiplos afazeres humanos. A dignidade se extrai das condições de exercício das diversas formas de trabalho, em que fatores vários figuram como elementos de análise: nível de regularidade de ganhos; perspectivas de seguridade social; condições de trabalho; relações com outras camadas sociais; condições gerais de vida; perspectivas de progresso futuro; capacidade de autodeterminar os proventos de seus esforços; participação na gestão das deliberações e dos resultados; capacidade de satisfazer às suas necessidades; integração com outros afazeres e processos de criação, entre outros[15].

A dignidade das condições de trabalho permite que aquele que o exerce se realize, e, por isso, não serve à "mais-repressão", afinal, como afirma Marcuse, nessa civilização, o trabalho "... é não libidinal, é labuta e esforço; a labuta é desagradável, e, por isso, tem de ser imposta"[16]. Ora, a ideia da mais-repressão permite avaliar como a ideia alienada de trabalho, como esforço desmedido, converte a noção de "produção" em "repressão", seja pelos excessos de jornada, seja pelos excessos de tarefas, seja pelos excessos de forma, seja pelos excessos de degradação física, seja pela alienação que produz, seja pela incapacidade de o trabalhador projetar sentido sobre a sua tarefa. Mas, deve-se considerar, trabalho é, fundamentalmente, troca, troca com o outro, troca com o meio social e troca com a natureza. Por isso, o trabalho tem de ser

---

14 "O trabalho é, portanto, um momento efetivo de colocação de finalidades humanas, dotado de intrínseca dimensão teleológica. E, como tal, mostra-se como uma experiência elementar da vida cotidiana, nas respostas que oferece aos carecimentos e necessidades sociais" (Antunes, *Os sentidos do trabalho:* ensaio sobre a afirmação e a negação do trabalho, 2005, p. 168).

15 Cf. Hobsbawn, *Os trabalhadores:* estudos sobre a história do operariado, 2000, p. 320.

16 Marcuse, *Eros e civilização:* uma interpretação filosófica do pensamento de Freud, 1999, p. 86.

uma mão de duas vias, e deve não somente roubar do indivíduo, expoliando-o de energias, forças pessoais etc., mas representar uma forma de ação que implique entradas e saídas, reciprocamente condicionadas e dependentes, em que a ação também represente um recebimento construtivo.

Por isso, tem sua dignidade o trabalho que realiza a si e cumpre funções humano-sociais, ao lado de funções humano-ambientais. O trabalho, aliás, deve prover de vida, pois ele é forma de transformar *libido* em civilização, e civilização é provimento de vida, já no conceito freudiano. Se o trabalho, ao se realizar, por exemplo, degrada, destrói, polui, mata, agride, discrimina, violenta..., deixou de ser um jogo favorável ao processo civilizatório, pois a pretexto de ser civilizatório, ou realizar "progresso", realiza barbárie. Por isso, não é digno o trabalho de fabricar bombas. A busca pela paz e o aprimoramento da vida humana são, no limite, o que deve abastecer as transformações do universo do trabalho.

No entanto, deve-se ressaltar que a forma-trabalho da sociedade capitalista é aquilo que mais evidentemente deixa clara a perspectiva de perversão do sentido da experiência profunda do trabalho. Esse ponto é ainda mais relevante que toda tentativa de cercar a questão da dignidade do trabalho. Sem dúvida nenhuma, a exploração do trabalho é insuportável e desnecessária, além de injusta e desigual, e, por isso, horroriza, como as situações de trabalho escravo. Porém, o problema do trabalho como categoria é o problema de uma forma de arranjo social em que o trabalho tenha sido pervertido em sua própria autodefinição. Em verdade, a significação de poder dada ao trabalho amesquinha o próprio papel e a própria função realizadora do trabalho nas sociedades modernas.

Afinal, o que está por trás de toda essa questão é que a ética que preside o mundo moderno é a ética do trabalho, ou seja, a ética do capitalismo é a ética individualista da acumulação. Se os antigos, como Aristóteles, veem a máxima excelência humana nas formas de vida (*bíoi*) dedicadas à ação política e à contemplação, os modernos ressaltarão as virtudes morais do indivíduo capaz de agregar valor à matéria, com fazem Adam Smith e John Locke, consagrando-se o utilitarismo como terapêutica individual e como projeto coletivo. Onde predomina a lógica da sociedade do trabalho, e, por isso, o trabalho é exaltado como revelação de uma ética superior, a ética da acumulação, revela-se o espírito burguês. Mas a consumação da existência numa vida moldada pela ética do trabalho é o que determina que artistas, músicos, intelectuais etc., salvo os que se curvam aos imperativos da indústria cultural, sejam tidos por párias da sociedade moderna. Não por outra medida, o pragmatismo acostuma o homem a desumanizar-se e, também, a filtrar a humanidade de si na unidimensionalidade das relações de produtos. Para o mundo do *valor-mercadoria*, nada tem valor. Tudo se consome e se consuma, no desprezo que se ostenta ao desencaixe social que decorre do desajuste com a moral burguesa.

Se o trabalho é algo que realiza a humanidade, e se o trabalho é um imperativo inescapável da relação homem-natureza, não obstante a "forma-trabalho" que privilegia a troca alienada da libido do trabalhador pelo investimento de tempo e dedicação à dimensão do modo de produção capitalista, isto é propriamente fruto de uma decisão histórica de poder. Quando se pensa o "trabalho", em oposição ao "ócio", por exemplo, se está a proceder de modo a separar categoricamente duas esferas que, dependendo da significação de "trabalho", podem estar juntas. Quando o trabalho é efetivamente livre, e desprendido das forças que o aprisionam a ser um ato de imposição e de poder, há um ócio no trabalho e há um trabalho no ócio, mas isso exatamente quando as condições são de humanização. Por isso, é curioso notar que, mais do que prenúncio do programa televisivo do *Fantástico!*, o tão temido "domingo à noite" chega a ser odiado por todos exatamente não por se tratar de um momento qualquer do dia, mas por se tratar do conjunto dos instantes derradeiros do período de descanso, após o qual se seguirá a retomada das agruras laborais de uma semana inteira. O senso comum é muito consciente disso. Os instantes finais do domingo são, por isso, geralmente marcados por reflexões sobre o "sentido da vida", o "sentido do trabalho", na exata medida em que se registra grande sofrimento aí. Se trabalho fosse sinônimo de autorrealização, existiriam finais de domingo dos quais se afugentar?

"Tempo livre" (*Freizeit*) enquanto "descanso da exaustão da jornada de trabalho" não é tempo livre. O que as sociedades produtivistas modernas têm produzido é a incapacitação dos homens para o "tempo livre", e, juntamente com isso, uma *dessignificação* da experiência da liberdade no tempo[17]. Tempo livre como tempo de espera à próxima chamada do trabalho não é tempo livre. Tempo livre como momentos de aguardo da retomada do trabalho não é tempo livre. Tempo livre, portanto, mede-se por sua quantidade, sem dúvida, mas, sobretudo, por sua *qualidade*. Quando as condições de trabalho acompanham o indivíduo em seu tempo de descanso, a opressão salta os espaços das horas trabalhadas e coloniza o mundo da vida do indivíduo, coagindo seu tempo de descanso a se tornar o tempo-esconderijo do mandonismo patronal. Do ponto de vista psicanalítico, com Maria Rita Kehl, pode-se afirmar que o trabalho alienado, como ordenação de si a partir das ordens do Outro, fragmenta o sujeito, e o diminui a "cacos de si", que dificilmente podem voltar a ser reunidos novamente; o trabalho alienado produz a cisão interna do *ego*, e, por

---

17 "A atividade sem trégua do modo de produção capitalista tornou-a desmedida, não tolerando o tempo livre, nem sequer o noturno de repouso, passividade ou contemplação" (Matos, *Adivinhas do tempo*, 2008, p. 55).

isso, redunda em castrações diversas, mas, sobretudo, produz uma anulação do desejo, o que provoca a perda de sentido da experiência[18].

Nessas condições, o poder que se exerce para atormentar psiquicamente o indivíduo ao longo da jornada de trabalho é o mesmo que ocupará o indivíduo fora da jornada de trabalho, enquanto recupera as condições pessoais para sofrer novas investidas de controle e poder na jornada seguinte. Aqui há falsa condição de disponibilidade de tempo para si, pois qualitativamente esse tempo é o minguado espaço de fuga do poder. Adorno é bem claro nesse ponto: "Tempo livre produtivo só seria possível para pessoas emancipadas, não para aquelas que, sob a heteronomia, tornaram-se heterônomas também para si próprias"[19].

Por isso, a "forma-trabalho" que se apresenta como fetichizada, explorada e alienadora não é capaz de conter toda a significação da experiência do trabalho. Nessa medida, a forma-trabalho torna-se incompatível com tempo livre e com realização humana através do trabalho[20]. A ressignificação do uso do tempo é algo da mais alta importância para a realização da dignidade humana. Isso significa que não é possível pensar a equação do tempo fora de um esquema em que o tempo seja útil para a produção, como útil para o indivíduo, e, uma vez útil para o indivíduo, também útil para a sociedade [Ttrabalho + Tsolidário + Tócio = Tvida]. A reorganização das condições de trabalho, portanto, é condição para reconciliação do homem com a natureza, especialmente, de reconciliação do homem com a sua natureza, e, por consequência, do *logos* com a *libido*[21].

10.3. TRABALHO, LIBIDO E TEMPO NA SOCIEDADE CONTEMPORÂNEA

A desmedida do tempo é um dos sintomas da sociedade da desregulamentação do trabalho, da volatilidade dos mercados e da volúpia financista, que vem ocupando o cenário econômico, desde os anos 80-90 do século

18 "A via do compromisso com o desejo é a única via não alienada de produção de sentidos para a vida, ou seja, a única cuja escolha não serve a um suposto desígnio do Outro" (Kehl, *O tempo e o cão:* a atualidade das depressões, 2008, p. 58).

19 Adorno, Tempo livre, in *Indústria cultural e sociedade*, 2002, p. 123.

20 "Com isso, entramos em outro ponto que entendo crucial: uma vida cheia de sentido fora do trabalho supõe uma vida dotada de sentido dentro do trabalho. Não é possível compatibilizar trabalho assalariado, fetichizado e estranhado com tempo (verdadeiramente) livre" (Antunes, *Os sentidos do trabalho*: ensaio sobre a afirmação e a negação do trabalho, 2005, p. 175). Também: "Enquanto as novas tecnologias e a organização do trabalho se mantiverem enquadradas nos parâmetros da racionalidade instrumental do capitalismo, será muito difícil superar os constrangimentos e as situações perversas criadas pelo modelo clássico do processo de tomada de decisão" (José Maria Carvalho Ferreira, Novas tecnologias, emprego, educação e formação de recursos humanos, in Souza Neto (Org.), *Educar para o trabalho:* estudos sobre os novos paradigmas, 2006, p. 33).

21 "Para servirem ao bem-estar e ao tempo livre é preciso reconciliar homem e natureza, razão e paixão, Eros e Logos" (Matos, *Adivinhas do tempo,* 2008, p. 17).

passado. Isso recondiciona a experiência do tempo, bem como retifica a forma com a qual a dinâmica da vida social e das relações de trabalho se dá. Do ponto de vista histórico, ao longo do século XIX, os trabalhadores chegaram a dedicar até 16 horas de jornada ao trabalho. No final do século XX, após a constitucionalização (1917 e 1919) dos direitos do trabalho e da jornada mínima, algo que advém também da forma social de reivindicar direitos da Comuna de Paris de 1848, a jornada é de 8 horas, com propostas de redução[22], mas isso não dura razoavelmente depois dos anos 80-90. No início do século XXI, em que o tempo perdeu o seu caráter regulamentado e impera a cínica fórmula neoliberal da informalização dos laços de definição do tempo de trabalho, com a introdução da flexibilização do contrato de trabalho e com a criação do conceito de jornada de trabalho flexível, o resultado tem sido o crescimento da informalização, que leva à incerteza, à precarização dos direitos dos trabalhadores e à multiplicação das horas incontroladas pelos trabalhadores, os quais, diante do risco do desemprego e da queda de ganhos, obtêm, num uso do tempo indiscriminado, uma nova forma de multiplicação da dependência do trabalho, obedecendo à lógica do atendimento da cobrança patronal *on demand* e sem horário fixo[23]. Não poderia esse modelo sobreviver por muito tempo sem recair em crise. É o que se vive hodiernamente.

A precarização das condições de trabalho, a informalização das relações de trabalho, a flexibilização de normas trabalhistas, as adesões em massa a negociações coletivas falseadas, a terceirização, a intensificação da demanda por resultados, a pulverização da organização dos trabalhadores, o solapamento dos direitos trabalhistas, entre outras medidas, são consequências diretas da lógica que vem imperando no mundo do trabalho, premido pelos conceitos e valores da era neoliberal e da histeria globalizante[24]. O lugar do trabalho

---

22 "O século XIX – época do auge do capitalismo, como o denominou Walter Benjamin – é o do capitalismo milionário e o das insurreições operárias, onde se confrontam fetichismo e consciência de classe, Estado de direito e Estado de exceção, direito ao trabalho e direito à preguiça. Com efeito, o levante de 1848 em Paris foi conquista dos três oitos: 'oito horas de trabalho, oito horas de lazer, oito horas de descanso'. E, sobretudo, o 'direito ao trabalho' cuja antítese foi o 'direito à preguiça', ambos questionando a modernidade, reabrindo a natureza crítica da utopia" (Matos, *Adivinhas do tempo*, 2008, p. 9).

23 "Foi nos anos 90 que a reestruturação produtiva do capital desenvolveu-se intensamente em nosso país por meio da implantação de vários receituários oriundos da acumulação flexível e do ideário japonês, com a intensificação da *lean production*, dos sistemas *just-in-time* e *kanhan*, do processo de qualidade total, das formas de subcontratação e de terceirização da força de trabalho, da transferência de plantas e unidades produtivas, configurando aquilo que, seguindo Juan José Castillo, tenho denominado *liofilização organizacional*" (Antunes, A era da informatização e a época da informalização: riqueza e miséria do trabalho no Brasil, in Antunes Ricardo (Org.), *Riqueza e miséria do trabalho no Brasil*, 2006, p. 18).

24 "Num contexto de crescente desemprego e de aumento de formas precárias de contratação, os assalariados bancários foram compelidos a desenvolver uma formação geral e polivalente, na tentativa de manter seus vínculos de trabalho, sendo submetidos à sobrecarga de tarefas e a

regulamentado e garantido, e não do trabalho desregulamentado e flexibilizado, deve ser preservado como forma de gerar garantias e manter a dignidade da vida e a estabilidade das relações sociais.

Normalmente, como registra Mészáros, essas transformações, que são próprias da readaptação do sistema capitalista, aparecem, na superfície, travestidas de nomes dóceis, que se vendem como *marketing* do aceitável, e, por isso, onde se vê "trabalho temporário", diz-se e se lê "emprego flexível"[25]; essa ideologia serviu para desmontar todas as ancestrais lutas por conquistas de direitos sociais, que ficaram estampadas no constitucionalismo contemporâneo como letra morta, diante de uma realidade social em que a disputa por emprego, ante os desafios existenciais concretos, dispara a concorrência e a sobrevivência como luta vital primária entre os homens.

O tempo digital é, agora, o tempo acelerado das novas trocas, num cenário de digitalização da economia. Assim, o cenário é o de uma sociedade em que atores sociais são convertidos naqueles preocupados indivíduos com o *business as usual*. Há uma fúria obcecada por tempo na atmosfera social contemporânea; e isso porque a falta de tempo é a sua marca. Por isso, toda forma de interação e toda forma de ação social, que não seja ação produtiva, é estranhada no bojo das relações sociais, afinal, "o impulso agressivo mergulha no vácuo – melhor, o ódio encontra-se com sorridentes colegas, atarefados concorrentes, funcionários obedientes, prestimosos trabalhadores sociais, que estão todos cumprindo seus deveres e são todos vítimas inocentes", como constata Marcuse em *Eros e civilização*[26]. Todos estão ocupados demais para pensar nos temas da vida social, e este é o repasto necessário para a ação livre e desimpedida do poder.

Uma vez que a ideia de "tempo" não é *neutra*, nem *a-histórica*, é possível afirmar que o "tempo" é apreendido como uma construção social determinada[27]. Por isso, a determinação do tempo talvez seja, como constata Maria Rita

---

jornadas de trabalho extenuantes" (Antunes, A era da informatização e a época da informalização: riqueza e miséria do trabalho no Brasil, in Ricardo Antunes (Org.), *Riqueza e miséria do trabalho no Brasil,* 2006, p. 21).

[25] "A discussão deste tema possui duas razões principais. A primeira diz respeito a todas as tendências da esquerda. Atualmente, nenhum setor do trabalho está imune à miséria desumana do desemprego e do trabalho temporário (*casualisation*). Na verdade, o 'trabalho temporário' é chamado, em algumas línguas, de 'precarização', apesar de, na maioria dos casos, seu significado ser tendenciosamente deturpado como 'emprego flexível' " (Mészáros, Desemprego e precarização, in Ricardo Antunes (Org.), *Riqueza e miséria do trabalho no Brasil,* 2006, p. 27).

[26] Marcuse, *Eros e civilização:* uma interpretação filosófica do pensamento de Freud, 1999, p. 98.

[27] "Como tantas outras categorias, a temporalidade também é uma construção histórico-social" (Antunes, *Os sentidos do trabalho:* ensaio sobre a afirmação e a negação do trabalho, 2005, p. 175).

Kehl, a mais forte afirmação das táticas de atuação do poder[28]. Marcuse, em *A ideologia da sociedade industrial*, afirma: "Atualmente, o poder político se organiza através dos seus poderes sobre o processo mecânico e sobre a organização técnica do aparato. O governo das sociedades desenvolvidas e em desenvolvimento só se pode manter e garantir quando mobiliza, organiza e explora com êxito a produtividade técnica, científica e mecânica à disposição da civilização industrial"[29]. Como se trata de uma questão de intrinsecação do poder, na dinâmica do tempo, essa sociedade pratica uma forma de violência imperceptível, uma forma de violência que está necrosando a vida social ao ressecar a *libido* humana, consumando-a em espirais repressoras autodestrutivas[30]; por isso, num sentido freudiano, essa *civilização* se realiza como *anticivilização*[31].

A produção oprime o tempo e, por isso, o tempo oprime o trabalhador. O tempo, em si mesmo, não oprime nada nem ninguém, mas o uso do tempo por determinado aparato ideológico e produtivo oprime a realidade a servir ao tempo do capital[32]. Afinal, a questão do tempo, não estando desprendida de outras tantas questões sociais, infraestruturais, econômicas, acaba sendo a questão da liberdade, que Adorno coloca na fórmula tempo livre (*Freizeit*), em sua reflexão: "Além do mais, muito mais fundamentalmente, o tempo livre dependerá da situação geral da sociedade. Mas esta, agora como antes, mantém as pessoas sob um fascínio. Nem em seu trabalho, nem em sua consciência dispõem de si mesmas com real liberdade"[33]. Por isso, a luta pela recuperação do tempo é uma luta emancipatória, e uma questão de extrema importância estratégica para a produção de outros patamares civilizatórios[34].

---

28 "O tempo é uma construção social. Toda ordem social é marcada, à sua maneira, pelo controle do tempo; essa talvez seja a face mais invisível e mais onipresente do poder" (Kehl, *O tempo e o cão:* a atualidade das depressões, 2008, p. 111).

29 Marcuse, *A ideologia da sociedade industrial*, 1973, p. 25.

30 A respeito do tema da libido e suas polêmicas na psicanálise jungiana, v. Jung, *A energia psíquica*, 10. ed., 2008, p. 35 e s.

31 "Nas sociedades ocidentais contemporâneas, presididas pelo princípio do rendimento, o princípio de realidade se infiltra no princípio do prazer, assim como a produtividade não é decidida pelos homens, mas se impõe, fazendo violência à natureza exterior, por tratá-la como um bem disponível à exploração produtiva para fins de acúmulo do capital" (Matos, *Adivinhas do tempo*, 2008, p. 16).

32 "Pode-se articular a ação contra o controle opressivo do capital no tempo de trabalho e contra o controle opressivo do capital no tempo de vida" (Antunes, *Os sentidos do trabalho:* ensaio sobre a afirmação e a negação do trabalho, 2005, p. 174).

33 Adorno, Tempo livre, in *Indústria cultural e sociedade*, 2002, p. 112.

34 "Estamos vagarosamente alcançando a reivindicação, como nossos ancestrais fizeram em 1821, das seis horas de trabalho diárias, mas ainda estamos muito longe de organizar a sociedade com base no maior potencial de produção de riqueza do tempo disponível" (Mészáros, Desemprego e precarização, in Ricardo Antunes (org.), *Riqueza e miséria do trabalho no Brasil*, 2006, p. 44).

Deve-se notar que a ciranda da produção tem suas compensações. Na sociedade do trabalho compulsivo, o consumo também é compulsivo. A diversão é controlada no interior da função-consumo da mercadoria. Por isso, do ponto de vista ideológico, o hedonismo consumista torna-se a maior arma de funcionamento do sistema, em sua forma de operar, pois torna o trabalho e a supressão do tempo uma obrigação para o alcance do *lazer-consumo*, criando uma cíclica fórmula de dirigir os espíritos pelo controle do que se possui, do que se consome e do que se tem[35]. Assim, o próprio tempo ocioso deve ser preenchido com atividades, como se a experiência do tempo, de "estar com o tempo" e somente "ao lado do tempo" fosse extremamente incômoda; todos são premidos ao dever de "usar o tempo", o que significa, "consumir o tempo"[36]. A respeito desse tema, o importante estudo de Adorno, de 1969, intitulado *Tempo livre,* explora o tema a partir da ideologia do hobby: "Na naturalidade da pergunta sobre qual 'hobby' se tem está subentendido que se deve ter um, porventura, também já escolhido de acordo com a oferta do negócio do tempo livre. Liberdade organizada é coercitiva"[37].

A inconscientização dos desejos coletivos pela turba de desejos individuais, todos mediatizados pela necessidade de compra, campo sobre o qual operam as táticas impositivas da indústria cultural e sua capacidade de manipular demandas e necessidades humanas, e, portanto, pelo impositivo do *trabalho-dever*, faz o jogo do mercado realizar-se, operando, do ponto de vista social, a desumanização e a dessocialização. Por isso, para esse modelo de sociedade, certas práticas tornam-se sem sentido, como, por exemplo, aquela inspirada em cenas familiares: a amoreira de fundo de quintal carregada, o sabiá cantando ao fundo, comida de avó ao forno, e histórias familiares em circulação. Isso é "uso do tempo", e tem que ver com um deixar-se por ele guiar, sem nada desejar, além de ali permanecer; há prazer nisso, e isso preenche mais, e numa dimensão interna, que nenhum uso do tempo como consumo possa preencher. Mas essa cena se apaga no tempo e no espaço. Torna-se rara, escassa, e se preserva apenas nos álbuns amarelecidos de família.

E essa, pois, é a face do materialismo cego e vertiginoso de nossos tempos, algo para que os brados de 68 já haviam advertido como ciladas da civilização, que haveriam de esgotar a *libido* humana, como Olgária Matos, na

---

35 "Registrando todas as forças produtivas, materiais e espirituais, segundo o princípio de que 'tempo é dinheiro' e identificando felicidade e consumo de mercadorias, o 'hedonismo' capitalista bloqueia o sonho do consumo que promete provocando pobreza espiritual, miséria e exclusão dos trabalhadores que acumulam mercadorias para o mercado e, para si mesmos, decepções" (Matos, *Adivinhas do tempo,* 2008, p. 22).

36 "Até mesmo o pouco tempo ocioso deve ser preenchido com alguma atividade interessante – o que torna, do ponto de vista do funcionamento psíquico, o uso do tempo livre idêntico ao do trabalho" (Kehl, *O tempo e o cão:* a atualidade das depressões, 2008, p. 161).

37 Adorno, Tempo livre, in *Indústria cultural e sociedade,* 2002, p. 117.

releitura desse cenário, identifica[38]. E isso porque a sociedade de moldes produtivistas é repressora à *libido* descontraída, criativa, artística, e opera de modo a estrangular o ócio como forma de drenagem dos esforços psíquicos à dimensão do trabalho; por isso, é uma sociedade que universaliza a dor e castra o prazer. Na reflexão de Adorno, a questão é exposta da seguinte forma: "O tempo livre é acorrentado ao seu oposto"[39].

A *libido* manipulada e sufocada, ao ser reprimida, torna-se repressora, fator que não é único, mas contribui para o sentimento de mal-estar na civilização, e para o aumento das formas de violência no convívio social, familiar e interindividual. O indivíduo, "endurecido" pela lógica desumana de relações de trabalho concorrenciais, eliminatórias e excludentes, normaliza uma consciência de que a proscrição do outro faz parte do jogo das relações humanas. Por isso, a internalização da repressão torna-se repressora da alteridade, provocando um massacre do campo de interatividade ética. Nesse sentido, a socialidade torna-se comprometida pelo metamodelo das formas históricas e condicionadas de trabalho. Se a *libido* pode, em tese, sublimar-se pelo trabalho, este deve ser o alojamento do prazer, da criação e das formas de produção do encontro do homem com as suas necessidades e habilidades; essa forma de trabalho realiza, mas liberta, e não somente alimenta, mas também satisfaz. A organização para que essas coisas se deem, e possam dar-se, na prática, devem de uma outra forma de a sociedade normatizar os modos de sua própria organização. Para que o uso do tempo seja terapêutico à condição do próprio indivíduo, é necessário desfetichizar o tempo[40].

Ao convidar à imediatez, a sociedade contemporânea frustra horizontes de ação que estariam marcados pelo potencial oriundo da diferença e da criação. Na lógica da sociedade burguesa, o espaço para o lazer, a descontração, a criação... são minimizados, e os sacrifícios em prol da civilização são acumulados nas prateleiras dos supermercados, nas vitrines dos *shoppings*, nos estoques de produção industriais, sem que de fato a acessibilidade ao que é fruto libidinal possa universalizar-se; ela é controlada como patrimônio de alguns, acessível apenas para alguns. Isso permitiu um grande avanço histórico da técnica e do bem-estar materiais, o que torna a lógica do trabalho a premissa de funcionamento de todo projeto de sociedade moderna, à direita e à esquerda.

---

38 "Pode-se dizer que o maio de 68 recusou cabalmente pertencer ao século XX. Criticou a sociedade do espetáculo, a ética do consumo, o urbanismo da alienação, a lógica do mercado, da indústria, da ciência e da técnica em suas consequências anti-humanas. Recusou a moral tecnocrática e a economia subtraída ao controle humano. Recusou a transcendência do poder e da eficácia de suas leis" (Matos, *Adivinhas do tempo*, 2008, p. 111).

39 Adorno, Tempo livre, in *Indústria cultural e sociedade*, 2002, p. 112.

40 "Neste horizonte, revolucionar o cotidiano implica desfetichizar o tempo. Neste sentido, o maio francês de 1968 foi exemplar em suas palavras-de-ordem e em seu desejo de 'economizar mais o tempo do que o dinheiro' " (Matos, *Adivinhas do tempo*, 2008, p. 111-112).

Por isso, o próprio modelo de educação que se tem, se curva à órbita do mundo do trabalho. Para que educar? Ora, somente faz sentido educar para o trabalho, nem para a vida, nem para a humanidade, mas para o trabalho. Quando tudo se condiciona à lógica do trabalho, a própria ideia de educação para a formação se exaure em educação como treinamento, e, por isso, o *tempo-educação* se converte em tempo de preparação para o aprofundamento da utilidade da forma de atuação da racionalidade instrumental[41]. No entanto, onde e quando se puder imaginar uma aposta mais vigorosa na humanidade dos homens, ali se encontrará uma maior preocupação com a tarefa de crescente evolução psíquica, nutrição da autonomia crítica, formação integral da personalidade, solidarização em direção ao outro, acumulação de patrimônios técnico-psíquicos libertadores, coordenação entre justiça, igualdade e liberdade. Estes são esforços libidinais por um projeto de sociedade emancipada. Por isso, libertar o trabalho é, portanto, libertar a vida, para que seja vida plena, e não vida falsa[42].

Alguém, numa frase solta, poderia ainda dizer: "Mas eu sou assim mesmo, uma pessoa ativa e ansiosa". Dever-se-ia advertir: não há isso, uma existência psíquica desacoplada de condições sociossistêmicas que metamorfoseiam a *psyché* humana como "carente-de-mais" e, portanto, "ansiosa" amante da velocidade e da passagem, e não do estável. Estamos visceralmente comprometidos com aquilo que nos cerca. Mas cada grunhido interno das nossas vísceras é sufocado por uma nova golada de café, esta forma de motorizar o comportamento ritmado pela modernidade da aceleração. Nesse contexto, da dor que decorre da sensação de impotência diante do "falo" do capital, à frente da morte das metanarrativas e das alternativas do sistema que produz o recalcamento do sofrimento, a depressão aparece como sintoma da crise existencial na modernidade, sintoma existencial do mundo pós-moderno.

Por isso, é curioso que a mesma sociedade da rítmica frenética, da produção ilimitada, do consumo 24 horas, do *fast* tudo é a mesma que tem pro-

---

41 "No quadro da evolução histórica da racionalidade instrumental do capitalismo, a eficácia e a eficiência da formação e educação dos recursos humanos tornou-se um fator preponderante no aperfeiçoamento da produtividade do fator de produção trabalho, integrando-se, por isso, nos objetivos essenciais do progresso científico e tecnológico. Não admira, assim, que, em vez de educar e formar os seres humanos por uma perspectiva cultural global e integral, se tenha enveredado por uma aprendizagem sociocultural centrada no saber-fazer determinado pela especialização, pelas qualificações e competências de cada perfil profissional..." (José Maria Carvalho Ferreira, Novas tecnologias, emprego, educação e formação de recursos humanos, in Souza Neto (Org.), *Educar para o trabalho:* estudos sobre os novos paradigmas, 2006, p. 21).

42 "O domínio efetivo e autônomo da esfera do trabalho e da reprodução encontra seu corolário na esfera livre e autônoma da vida fora do trabalho, onde o tempo livre se torna efetivo e real, também ele autodeterminado, não mais conduzido pelas regras impositivas do mercado, pela necessidade de consumir (material e simbolicamente) valores de troca" (Antunes, *Os sentidos do trabalho:* ensaio sobre a afirmação e a negação do trabalho, 2005, p. 168).

duzido crônicas demonstrações de suas patologias no campo da depressão, esta que pode ser admitida como a mais nova expressão do mal-estar do século XXI[43]. A cultura do excesso de falta de tempo produz um sem sentido tamanhamente inadministrável que o resultado não pode ser outro senão a ocultação dos sujeitos nos desvãos da depressão. O caráter maníaco dessa sociedade, compulsiva, e, por isso, repressiva, é estampado na forma de psiquismos adoentados e acovardados na dinâmica da depressão[44]. A depressão, como um sintoma pandêmico[45], somente surge onde o trabalho desprovê a vida do indivíduo de sentido, roubando-lhe de si mesmo. E assim fica claro que as patologias desse tempo, da chamada "geração Prozac", estão intimamente associadas à questão do uso do tempo e das formas de relação entre trabalho e consumo[46]. Adorno, nesse ponto, já adiantava, em seu texto de 1969, cuja atualidade é inconteste, a respeito do uso do tempo livre (*Freizeit*): "Nele se prolonga a não liberdade, tão desconhecida da maioria das pessoas não livres como a sua não liberdade em si mesma"[47].

10.4. TRABALHO, AÇÃO, DEMOCRACIA E DIREITOS HUMANOS

A criação de condições de vida, fora da esteira das pressões e demandas do trabalho, é uma questão da mais urgente importância política atualmente. A forma como a economia e como a política se apropriam da *libido* é uma questão de profundo interesse da Filosofia Social do Direito, na medida em

---

43 "A depressão é a expressão de mal-estar que faz água e ameaça afundar a nau dos bem-adaptados ao século da velocidade, da euforia *prêt-à-porter*, da saúde, do exibicionismo e, como já se tornou chavão, do consumo generalizado" (Kehl, *O tempo e o cão:* a atualidade das depressões, 2008, p. 22).

44 "Analisar o aumento significativo das depressões como sintoma do mal-estar social do século XXI significa dizer que o sofrimento dos depressivos funciona como sinal de alarme contra aquilo que faz água na nau da sociedade maníaca em que vivemos" (Kehl, *O tempo e o cão:* a atualidade das depressões, 2008, p. 31).

45 "O DSM_IV aponta um crescimento a taxas epidêmicas dos diagnósticos de depressão nos países industrializados. Só nos Estados Unidos, estima-se que 3% da população sofra de depressão crônica, ou seja, cerca de 19 milhões de pessoas, das quais 2 milhões de crianças. No Brasil, cerca de 17 milhões de pessoas foram diagnosticadas como depressivas nos primeiros anos do século XXI. De acordo com reportagem do jornal Valor Econômico a respeito dos vinte anos do Prozac, o mercado de antidepressivos vem crescendo no país a uma taxa de cerca de 22% ao ano, o que representa uma movimentação anual de 320 milhões de dólares" (Kehl, *O tempo e o cão:* a atualidade das depressões, 2008, p. 50).

46 "No ano de 1995, mais jovens norte-americanos morreram por suicídio do que pela soma de câncer, aids, pneumonia, doenças congênitas e doenças cardíacas" (p. 50). "Até 2020, segundo a MOS, a depressão terá se tornado a segunda principal causa de morbidade no mundo industrializado, atrás apenas das doenças cardiovasculares" (Kehl, *O tempo e o cão:* a atualidade das depressões, 2008, p. 51).

47 Adorno, Tempo livre, in *Indústria cultural e sociedade*, 2002, p. 113.

que se trata de pensar, concretamente, o tema da dignidade humana projetada em condições históricas e concretas de vida. Quando se trata de pensar o desafio de construir uma democracia que efetivamente funcione, e que não tenha somente existência nominal, pode-se constatar a importância da ação conjunta, e, por isso, o desafio da democracia é sim, em primeira escala, o desafio da formação para a cidadania, quando a educação em direitos humanos tem um papel importante a desempenhar, mas é também o desafio do uso do tempo, pois, uma vez premidos por dificuldades concretas, cidadãos formados e informados tendem a não participar e a não colaborar com temas de uma agenda ligada às questões do bem comum.

A ação política é uma forma de inserção do indivíduo na comunidade, forma de ação que permite que da esfera do comum se extraiam as formas e os parâmetros de autorregulamentação da vida social. Mas, para que a ação possa existir, é necessária a condição cidadã de salvaguarda da esfera de exercício das formas participativas de ação social. Pensa-se muito, hodiernamente, na questão da democracia deliberativa e participativa como alternativa à democracia representativa, o que, como desafio, coloca claramente a questão da ação participativa como o centro de gravidade dos problemas da qualidade dessas novas formas democráticas. E isso está estritamente associado ao problema do trabalho, uma vez que, onde o trabalho esgota a vida, torna-se impossível, ou no mínimo ineficaz, pensar em aprimorar a democracia para arenas esvaziadas de cidadãos.

Por isso, para que a democracia possa funcionar, para que a cidadania possa realizar-se, para que a vida política possa ser crítica e participativa, dentro dos moldes de uma sociedade voltada para a realização de formas de democracia participativa e deliberativa, é necessário que a lógica do trabalho seja rearranjada. Isso significa dizer que, onde o trabalho continuar a ser a lógica central de organização da vida social, haverá dificuldades para que a vida política participativa se realize. Portanto, os déficits democráticos ficam sempre condicionados ou à falta de tempo do trabalhador para se dedicar à instrução, informação, conscientização, solidarização e participação, ou à falta de instrumentos que lhe permitam, apesar de ciente das necessidades sociais, acessar os momentos decisórios do poder.

Por isso, a correlação entre trabalho e tempo, e a desoneração do tempo pela *requalificação* das formas de trabalho, do ponto de vista da ação política, talvez se trate de uma das demandas mais urgentes da agenda social contemporânea. Isto implica a necessidade de organização da luta pela redução da jornada de trabalho, sem perdas salariais[48]. Essa questão parece de todo rele-

---

48 "... a discussão da redução da jornada de trabalho configura-se como um ponto de partida decisivo, ancorado no universo da vida cotidiana, para, por um lado, o autocontrole sobre o tempo de trabalho e o tempo de vida. E, por outro, por possibilitar o afloramento de uma vida dotada

vante, e no pensamento de Marcuse se justifica da seguinte forma: "O próprio progresso da civilização, sob o princípio de desempenho, atingiu um nível de produtividade em que as exigências sociais à energia instintiva a ser consumida em trabalho alienado poderiam ser consideravelmente reduzidas"[49].

Esta seria a primeira âncora a ser lançada ao mar, não suficiente para estancar a marcha da nau do capitalismo, mas para evitar que o capitalismo danifique por completo a vida de trabalhadores e trabalhadoras, bem como de seus direitos humanos, na realidade do mundo contemporâneo[50]. Ademais, quanto menos horas trabalhadas, maior a demanda por empregabilidade no mercado. Considerando-se que o mundo desenvolvido tem déficit de 40 milhões de empregos[51], essa medida auxiliaria no processo de inclusão de grande massa trabalhadora no mundo do trabalho[52].

Se for possível falar de números, quando se trata de olhar a questão do trabalho associada a demandas outras de direitos humanos, especialmente considerada a situação dos países periféricos, fica claro que o cenário é desolador: o Sul do mundo registra 100 milhões de crianças moradoras de ruas, 250 milhões de jovens que trabalham, 300 milhões de meninos militares e mais de 1 milhão de mulheres obrigadas a se prostituir[53]. O Brasil, particularmente, vive a mais profunda crise de empregabilidade de sua história, como constatou Pochman em 2006[54]. A crise global (2008-2013), e seus posteriores

---

de sentido fora do trabalho" (Antunes, *Os sentidos do trabalho:* ensaio sobre a afirmação e a negação do trabalho, 2005, p. 174).

49 Marcuse, *Eros e civilização:* uma interpretação filosófica do pensamento de Freud, 1999, p. 123.

50 "As múltiplas situações profissionais e sociais precárias traduzem-se numa pulverização de interesses individualizados que dificultam a emergência de qualquer ação coletiva. As dualizações das probabilidades emprego/desemprego, estabilidade contratual/precariedade dos vínculos contratuais aumentam exponencialmente" (José Maria Carvalho Ferreira, Novas tecnologias, emprego, educação e formação de recursos humanos, in Souza Neto (Org.), *Educar para o trabalho:* estudos sobre os novos paradigmas, 2006, p. 37).

51 "Como ainda hoje isso permanece, de acordo com os números oficiais – grosseiramente subestimados –, há mais de 40 milhões de desempregados nos países industrialmente mais desenvolvidos" (Mészáros, Desemprego e precarização, in Ricardo Antunes (Org.), *Riqueza e miséria do trabalho no Brasil,* 2006, p. 30).

52 "Desse modo, a luta imediata pela redução da jornada (ou tempo) de trabalho e a luta pelo emprego, em vez de serem excludentes, tornam-se necessariamente complementares" (Antunes, *Os sentidos do trabalho:* ensaio sobre a afirmação e a negação do trabalho, 2005, p. 178).

53 "Tudo isso se soma – e não substitui – às velhas formas de pobreza. Os dados oficiais continuam a assinalar que no Sul do mundo são mais de 100 milhões de crianças que vivem nas ruas, mais de 250 milhões de meninos que trabalham, mais de 300 milhões de meninos que são militares e mais de 1 milhão de mulheres jovens que são obrigadas a se prostituir" (Vasapollo, O trabalho atípico e a precariedade: elemento estratégico determinante do capital no paradigma pós-fordista, in Ricardo Antunes (Org.), *Riqueza e miséria do trabalho no Brasil,* 2006, p. 53).

54 "O Brasil vive, atualmente, a mais grave crise do emprego de sua história. Nem a transição do trabalho escravo para o assalariamento, ao final do século XIX, nem a depressão econômica de

efeitos (2013-2020), seguida do cenário de pandemia da Covid-19 (2020-2022), somente veio aprofundar essas dificuldades, abrindo campo, inclusive, para o argumento terrorista das empresas de que a sustentabilidade do emprego estaria condicionada à sustentabilidade das empresas diante da crise, o que motivou, novamente, demissões em massa e planos de precarização dos salários e da garantia do emprego. Portanto, a pauta do trabalho tem uma organicidade estruturante, e de efeitos radicalmente encadeados a outras tantas demandas por direitos que se possam estabelecer no conjunto da vida moderna. Por isso, essa pauta se juntaria a outras tantas, e a passos mais profundos, no sentido de uma política da *ressignificação* do trabalho.

Mas ainda resta a pergunta: que fazer com o *tempo livre*? Quando se abre esse fosso, abrem-se as perspectivas amplas de atuação da liberdade, em seus diversos quadrantes. Trata-se de pensar quais seriam os caminhos a serem tomados pela *libido* desonerada do esforço laboral, algo que, na interpretação marcuseana, concorreria vigorosamente para o incremento civilizatório[55]. Aqui surgem outras formas de expressão do humano, que, ainda que marginalizadas, são elas mesmas formas de demonstração do humano integral. O lugar das práticas do lazer, do lazer terapêutico, do lazer da inação, do lazer esportivo, do lazer democrático, do lazer da informação, do lazer artístico, do lazer solidário, do lazer culinário, do lazer familiar, do lazer da escrita..., é o lugar da *vida* (*vie*), e não do *vazio* (*vide*). "C'est la place de la vie, et non du vide", diriam os franceses.

A Constituição Federal de 1988 atribui condição de direito a diversas formas de expressão e aprimoramento da condição humana, por isso, trata-se, ao lado de um "direito ao trabalho", também de um "direito ao lazer", como se infere do art. 6º: "São direitos sociais a educação, a saúde, a alimentação, *o trabalho*, a moradia, *o lazer*, a segurança, a previdência social, a proteção à maternidade e à infância, a assistência aos desamparados, na forma desta Constituição". Ademais, encontra-se no art. 7º, IV, a norma que atribui ao salário mínimo uma ampla significação, capaz de acolher a ideia do sustento suficiente para a "alimentação" e o "lazer": "salário mínimo, fixado em lei, nacionalmente unificado, capaz de atender a suas necessidades vitais básicas

---

1929, nem mesmo as graves recessões nas atividades produtivas nos períodos 1981-1983 e 1990-1992 foram capazes de proporcionar tão expressiva quantidade de desempregados e generalizada transformação na absorção da mão de obra nacional quanto a que pode ser identificada nos dias de hoje" (Pochmann, Desempregados do Brasil, in Ricardo Antunes (Org.), *Riqueza e miséria do trabalho no Brasil*, 2006, p. 59).

55 O trecho que bem identifica a questão é o seguinte: "A reativação da sexualidade polimórfica e narcisista deixa de ser uma ameaça à cultura e pode levar, ela própria, à criação cultural, se o organismo existir não como um instrumento de trabalho alienado, mas como um sujeito de autorrealização – por outras palavras, se o trabalho socialmente útil for, ao mesmo tempo, a transparente satisfação de uma necessidade individual" (Marcuse, *Eros e civilização:* uma interpretação filosófica do pensamento de Freud, 1999, p. 183).

e às de sua família com moradia, alimentação, educação, saúde, *lazer*, vestuário, higiene, transporte e previdência social, com reajustes periódicos que lhe preservem o poder aquisitivo, sendo vedada sua vinculação para qualquer fim". Ademais, o art. 217 destaca, com especialidade, o tema: "É dever do Estado fomentar práticas desportivas formais e não formais, como direito de cada um, observados: (...) § 3º O Poder Público incentivará o *lazer*, como forma de promoção social".

Nessa linha, a defesa de um direito à preguiça, na linha do pensamento benjaminiano, como faz Olgária Matos, é matéria da mais importante significação política[56]. É o tempo para a ética, a arte, a música, a filosofia, a literatura, a festa, o esporte, a solidariedade, o convívio, a dedicação ao outro, a participação política. Uma vida autêntica pressupõe essas coisas todas, e não somente trabalho[57]. Essa a tarefa desrepressora que se pode antever como premissa de reconstrução do paradigma da exploração do trabalho e do apagamento do princípio de prazer. Nesse ponto, Marcuse afirma: "O princípio de prazer foi destronado não só porque militava contra o progresso na civilização, mas também porque militava contra a civilização cujo progresso perpetua a dominação e o trabalho esforçado e penoso"[58]. Reverter esse processo é tarefa do processo de requalificação da experiência da vida moderna. Ora, a

---

[56] "Contra o mundo do capital que declara guerra à *flânerie*, o direito à preguiça revela que o ocioso é um ludista do tempo do consumo, pois interrompe a lógica da produção, do hiperconsumo e do subconsumo, reabilitando o tempo próprio à produção dos bens culturais, artísticos e espirituais, universo que se constitui segundo uma outra lógica do tempo, aquele que se aproxima das festas e comemorações, da imaginação criadora: jogo e prazer, felicidade e liberdade, sonho em estado de vigília constituem a imaginação" (Matos, *Adivinhas do tempo*, 2008, p. 26). Em outro trecho: "O direito à preguiça dirige-se ao presente. Vale lembrar Benjamin que, em seus escritos sobre a Paris do século de Lafargue – o XIX –, encontra no *flâneur* parisiense o herói da modernidade: ocioso, deixa-se levar pela multidão e pelo 'ritmo das tartarugas' " (Matos, *Adivinhas do tempo*, 2008, p. 24).

[57] "Uma sociabilidade tecida por indivíduos (homens e mulheres) sociais e livremente associados, na qual ética, arte, filosofia, tempo verdadeiramente livre e ócio, em conformidade com as aspirações mais autênticas, suscitadas no interior da vida cotidiana, possibilitem as condições para a efetivação da identidade entre indivíduo e gênero humano, na multilateralidade de suas dimensões. Em formas inteiramente novas de sociabilidade, em que liberdade e necessidade se realizem mutuamente. Se o trabalho torna-se dotado de sentido, será também (e decisivamente) por meio da arte, da poesia, da pintura, da literatura, da música, do tempo livre, do ócio, que o ser social poderá humanizar-se e emancipar-se em seu sentido mais profundo" (Antunes, *Os sentidos do trabalho*: ensaio sobre a afirmação e a negação do trabalho, 2005, p. 177). Nesse mesmo sentido da redução da jornada de trabalho, Mészáros: "A demanda por significativa redução da semana de trabalho tem uma importância estratégica fundamental. Não só porque o assunto em questão afeta profundamente e, portanto, diz respeito diretamente a cada trabalhador, manual e intelectual, qualquer que seja a cor dos seus colarinhos, mas também porque o resultado esperado do enfrentamento deste desafio não é o seu desvanecer" (Mészáros, Desemprego e precarização, in Ricardo Antunes (Org.), *Riqueza e miséria do trabalho no Brasil*, 2006, p. 42).

[58] Marcuse, *Eros e civilização:* uma interpretação filosófica do pensamento de Freud, 1999, p. 54.

humanização pressupõe isso, pois essa é a face da modernidade ainda não realizada e ainda não consolidada, o que significa que o projeto da modernidade foi estagnado em seu radical projeto interior e emancipatório.

CONCLUSÕES

É possível anotar, ao final dessa reflexão, que a *questão do trabalho* é de todo central para o propósito da reflexão a respeito da *qualidade da vida democrática*, da *vitalidade do ativismo cidadão* e para a *garantia* e *efetivação dos direitos humanos*. A vida democrática implica uma capacidade de intervenção ativa dos cidadãos no exercício da vida pública, do controle social, e na definição soberana de seus destinos comuns.

A questão do trabalho aparece exatamente aí, ou seja, quando a existência humana é consumida e exaurida pelos esforços do mundo do trabalho, impede-se aos atores sociais o acesso ao processo de deliberação que é constitutivo da arena da política. Assim, não há política onde viceja a lógica da *consumação* dos atores sociais pelas excessivas sobrecargas de trabalho. O *tempo esgotado* em trabalho é um tempo extraído das diversas formas plurais de manifestação da humanidade contida em cada um, e, exatamente por isso, uma forma de *despersonalização dos indivíduos*. Daí a importância de politizar o sentido do uso da *libido*, fator de extrema importância, seja psíquica, seja terapêutica, seja filosófica, e, por fim, política. A importância dessa constatação se deve ao fato de que a própria *democracia* ativa e participativa depende da participação de seus cidadãos para se realizar. Isso significa que *instituições democráticas* sem cidadãos não realizam efetiva democracia, por isso, os cidadãos, que foram, na lógica do mercado e da produção, reduzidos apenas a *produtores* e a *consumidores*, carecem de ser reempossados nas condições de exercentes de uma soberania sobre o tempo, a qual possa significar uma *soberania política popular*, sem o que a própria *vitalidade da democracia* se encontra comprometida.

Uma esfera pública ativa, cidadã, plural, participativa, diversa, tolerante e solidária não pode vicejar quando os cidadãos estão consumidos pelos esforços de trabalho que, em seguida, se rendem a atos de consumo. O ciclo do consumismo, das sociedades contemporâneas, vem influindo decisivamente na apatia eleitoral, no desgaste das democracias contemporâneas e no perigoso ato de abandono da esfera pública. Não por outro motivo, os retrocessos começam a se produzir. Assim, os avanços da democracia devem estar associados a profundas transformações da forma de expressão e sustentação das estruturas do trabalho, uma vez que o compromisso de uma *cultura de direitos humanos*, *democrática*, *plural*, *ativa* e *participativa*, carece desses implementos para a sua efetiva e real consolidação.

REFERÊNCIAS BIBLIOGRÁFICAS

ADORNO, Theodor. Tempo livre. In: *Indústria cultural e sociedade*. São Paulo: Paz e Terra, 2002.

ADORNO, Theodor; HORKHEIMER, Max. *Dialética do esclarecimento*. Tradução de Guido Antonio de Almeida. Rio de Janeiro: Zahar, 1985.

ANTUNES, Ricardo. A era da informatização e a época da informalização: riqueza e miséria do trabalho no Brasil. In: ANTUNES, Ricardo (Org.). *Riqueza e miséria do trabalho no Brasil*. São Paulo: Boitempo, 2006.

_______. *Os sentidos do trabalho:* ensaio sobre a afirmação e a negação do trabalho. 7. reimpr. São Paulo: Boitempo, 2005.

ARENDT, Hannah. *A condição humana*. Tradução de Roberto Raposo. 10. ed. Rio de Janeiro: Forense Universitária, 2000.

BAUMAN, Zygmunt. *O mal-estar da pós-modernidade*. Tradução de Mauro Gama e Cláudia Martinelli Gama. Rio de Janeiro: Zahar, 1998.

BITTAR, Eduardo C. B. *O direito na pós-modernidade e reflexões frankfurtianas*. 2. ed. Rio de Janeiro: Forense Universitária, 2009.

DE MASI, Domenico. *O ócio criativo*. Tradução de Lea Manzi. 3. ed. Rio de Janeiro: Sextante, 2000.

ENDO, Paulo César. *A violência no coração da cidade:* um estudo psicanalítico sobre as violências na cidade de São Paulo. São Paulo: Escuta/Fapesp, 2005.

FREUD, Sigmund. Além do princípio de prazer. In: *Obras completas*. Rio de Janeiro: Imago, 1999. v. 18.

_______. *O mal-estar na civilização*. Tradução de José Octávio de Aguiar Abreu. Rio de Janeiro: Imago, 1997.

FROMM, Erich. *Ter ou ser?* Tradução de Nathanael C. Caixeiro. 4. ed. São Paulo: LTC, 1987.

HERMANN, Fábio. *Psicanálise e política:* no mundo em que vivemos. In: *Percurso*. Revista de Psicanálise, ano 18, n. 36, p. 5-25, 2006.

HOBSBAWN, Eric J. *Os trabalhadores:* estudos sobre a história do operariado. Tradução de Mariana Leão Teixeira Viriato de Medeiros. 2. ed. São Paulo: Paz e Terra, 2000.

HORKHEIMER, Max. *Crítica de la razón instrumental*. Traducción de Jacobo Muñoz. Madrid: Trotta, 2002.

JUNG, Carl Gustav. *A energia psíquica*. Tradução de Mateus Ramalho Rocha. 10. ed. Rio de Janeiro: Petrópolis, 2008.

KEHL, Maria Rita. *O tempo e o cão:* a atualidade das depressões. São Paulo: Boitempo, 2008.

_______. *Sobre ética e psicanálise*. São Paulo: Companhia das Letras, 2002.

MARCUSE, Herbert. *Eros e civilização:* uma interpretação filosófica do pensamento de Freud. Tradução de Álvaro Cabral. 8. ed. Rio de Janeiro: LTC, 1999.

_______. *A ideologia da sociedade industrial.* O homem unidimensional. Tradução de Giasone Rebuá. Rio de Janeiro: Zahar, 1973.

MARX, Karl. *O capital.* Tradução de Regis Barbosa e Flávio R. Kothe. 3. ed. São Paulo: Nova Cultural, 1988. v. 1.

MATOS, Olgária. *Adivinhas do tempo.* São Paulo: Hucitec, 2008.

MÉSZÁROS, István. Desemprego e precarização: um grande desafio para a esquerda. In: ANTUNES, Ricardo (Org.). *Riqueza e miséria do trabalho no Brasil.* São Paulo: Boitempo, 2006.

POCHMANN, Márcio. Desempregados do Brasil. In: ANTUNES, Ricardo (Org.). *Riqueza e miséria do trabalho no Brasil.* São Paulo: Boitempo, 2006.

RUSSELL, Bertrand. *O elogio ao ócio.* Tradução de Pedro Jorgensen Junior. Rio de Janeiro: Sextante, 2002.

SAFATLE, Vladimir. *Cinismo e falência da crítica.* São Paulo: Boitempo, 2008.

SOUZA NETO, João Clemente de (Org.) et al. *Educar para o trabalho:* estudos sobre os novos paradigmas. Curitiba: Arauco, 2006.

VASAPOLLO, Luciano. O trabalho atípico e a precariedade: elemento estratégico determinante do capital no paradigma pós-fordista. In: ANTUNES, Ricardo (Org.). *Riqueza e miséria do trabalho no Brasil.* São Paulo: Boitempo, 2006.

11. DEMOCRACIA, NARCISISMO SOCIAL E INDIVIDUALISMO: ensaio sobre *mímesis* e política

11.1. *MÍMESIS*: ENTRE ESTÉTICA E POLÍTICA

Normalmente, o termo "*mímesis*" tem pura significação estético-artística, e fica "preso" a essa dimensão de significação. Em sua origem do grego, o termo costuma ser traduzido por "imitação", algo próprio da *poiésis* da arte. Ora, a arte (*téchne*) implica a reprodução imitativa (*mímesis*) da beleza que lhe é exterior, e, por isso, tem algo da cópia. Não por outro motivo, é Platão quem irá utilizar-se da ideia de *mímesis* como categoria que define a forma com a qual procede a criação estética, partindo da observação da natureza (*phýsis*). Em sua teoria, a arte não é o *eidos*, mas apenas sombra de sua existência[1]. Por isso, o termo *mímesis*, quando é invocado, sempre *reaparece* com esse seu sentido de um rebaixamento e de uma incapacidade do humano, diante do divino, marca que o termo carrega em função da tradição platônica.

Já em Aristóteles a noção de *mímesis* comparece para identificar o processo reativo, humano, diante dos estímulos da natureza e da realidade. A *mímesis* em Platão tem algo de passivo diante da transcendência do *eidos*, e, por isso, seu principal traço é a imperfeição do que é feito sob imitação. No pensamento aristotélico encontra-se uma visão criativa de razão humana, porque ativa no processo de criação *poiética*[2]. De fato, para Aristóteles, a arte poética é a arte da imitação, e isso faz com que a tragédia, a poesia ditirâmbica, a comédia sejam formas diversas de *mímesis*. A imitação do ridículo é obra e arte da comédia, enquanto a imitação do virtuoso e do que há de superior no ser humano é obra e arte da tragédia. Assim, a imitação é uma

---

[1] Cf. Peters, Mímesis, in *Termos filosóficos gregos:* um léxico histórico, 2. ed., 1983, p. 143.

[2] Nesse sentido, leia-se: "... poner a la mímesis por el lado del conocimiento implica que ésta sea servil y repetitiva: la noción aristotélica de mímesis es activa, dinámica, porque es el puente entre el conocimiento y la realidad. Es fecundidad que procede del nous hacia el ejercicio poiético" (Armella, *El concepto de técnica, arte y producción en la filosofía de Aristóteles*, 1993, p. 125).

forma artístico-criativa e humana de atrair para o mundo moral representações simbólicas da realidade humana, natural e social, para provocar a *katarsis* transformadora daquilo que se tem como dado da existência e da própria condição humana. Por isso, a arte é uma ponte importante para a construção do espírito moral, e é pelo caminho da estética que se chega ao campo da filosofia moral.

Nessa medida é que da filosofia moral a *mímesis* chegará ao campo do social. Na mesma medida, o velho adágio *O erro de um único cidadão é a vergonha da cidade*, que remonta a Hesíodo (*Os trabalhos e os dias*, p. 240 e s.), indica um pouco essa correlação entre conduta e responsabilidade coletiva, entre ação individual e convívio em comunidade. O que é moralmente correto torna-se recomendável para a ação, e tem que ver com a liberdade ética de deixar-se afetar pela dimensão do que o outro faz, e recomenda fazer. Aquilo que é bom e que é justo deve ser imitado. Existe uma dimensão estética nesse processo de construir significações a partir de comportamentos alheios, para ressignificar suas práticas e definir seu *modus* de entrada na vida social.

Na discussão do processo de formação do mundo moderno, o sociólogo alemão Norbert Elias, em *O processo civilizador* (*Über den Prozess der Zivilisation*, 1939)[3], vê os costumes e os hábitos da vida moderna serem transportados para dentro das exigências de vida social a partir de alguns conceitos, como civilização e polidez, mas também a partir da imitação de costumes e hábitos. Os moralistas modernos terão grande contribuição nessa transformação, assim como o nascimento da educação moderna tornará exigível que a conformação dos comportamentos seja parametrizada a partir de algo em comum pelo processo pedagógico. O desprendimento do que é *exemplar* do campo da moral para o campo sociológico torna-se um traço da preocupação, inclusive, da sociologia moderna.

No entanto, nesse ensaio reflexivo, procurar-se-á compreender o seu sentido político. Escorregando do campo da estética para o campo da sociologia é que o termo pode ser redimensionado em sua significação, o que não implica sua fungibilização terminológica. É que aqui o seu uso é social e tem pouco que ver com o problema da correlação entre essência e aparência, um tema próprio da filosofia idealista. Por isso, quando o termo gravita no campo sociológico, é para identificar que o processo de socialização tem algo de um processo de formação que coloca humanos em contato com humanos, pois é da observação do humano que nascem os comportamentos sociais dos virtuosos aos viciosos, dos meritórios aos rejeitáveis. Ou seja, do ponto de vista da *práxis* social existe algo do mais alto impacto intersubjetivo que é não somente a significação da ação social para o indivíduo que a pratica, mas também

---

[3] Elias, *O processo civilizador*, 1993, v. 2.

para o grupo que a observa. A sociedade é, por isso, composta de atores e observadores que agem e observam, observam e agem. Simetrias e assimetrias, diferenças e diversidades são reveladas aos olhos dos atores sociais. Toda reação social acaba sendo um encadeamento coletivo de formas e modelos, na medida em que atravessam a direta influenciação formativa de cada indivíduo dentro do grupo. Por isso há algo de estético no corpo da política; o estético (*aisthésis*), etimologicamente, é o que tem que ver com a sensibilidade e com as sensações, e sensações são percepções sensoriais. Em poucas palavras, a arte do convívio é, entre outras coisas, a arte da imitação.

O próprio processo de formação do indivíduo, em seu desenvolvimento moral, dá-se em contextos de abrigo, proteção e recomendação de condutas. As proibições iniciais, os incentivos a comportamentos corretos, o direcionamento que se possa dar a ações e reações são etapas próprias de aparição da personalidade plena e autônoma. Não se pode chegar à autonomia sem passar pela heteronomia socializadora. Por isso, Honneth reproduz Adorno para afirmar:

"O caráter humano está ligado à imitação: um homem somente se torna homem pela imitação de outros homens (Adorno, 2003, p. 99)" (Honneth, O capitalismo como forma de vida fracassada: esboço sobre a teoria da sociedade de Adorno, in Política e trabalho, *Revista de Ciências Sociais*, n. 24, p. 15, abr. 2006).

Daí decorre a formação e a deformação da personalidade. Também, do ponto de vista da antropologia social, nos estudos implicados nas análises de Honneth, chega-se ao problema de quanto os comportamentos sociais são formas de assimilação e impregnação estética. Aí está inclusive a condição da própria razão; antes de ser razão, e antes de representar uma instância que fala por si mesma, a razão é somente um canal de desbordamento de estímulos externos integrados a processos de satisfação de pulsões primárias entre *ego* e *id*. Na percepção adorniana, que é freudo-marxista, não há razão sem imitação[4]. A construção do *superego* dá-se como resultante do próprio processo de confronto dos impulsos irremediáveis do princípio de prazer com o princípio de realidade, produzindo para o indivíduo a possibilidade do equilíbrio entre demandas internas e demandas sociais.

"A partir dessa passagem – que, aliás, corresponde a observações em trabalhos mais recentes da antropologia social, onde se atribui, igualmente,

4 "Pelo contrário, ele entendeu nossa capacidade extraordinária de raciocinar, baseada na imitação, exatamente no sentido de compreender também os objetivos adaptativos de seres que não são dotados da fala ou até objetos, como intenções que carecem de consideração racional" (Honneth, O capitalismo como forma de vida fracassada: esboço sobre a teoria da sociedade de Adorno, in Política e trabalho, *Revista de Ciências Sociais*, n. 24, p. 16, abr. 2006).

à imitação uma posição central para o desenvolvimento da mente humana (cf. Tomasello, 2002; Hobson, 2003) – pode-se entender porque Adorno viu na reificação da troca de mercadorias simultaneamente a causa da deformação da razão: é apenas através de um comportamento imitativo que Adorno deduz da afeição carinhosa que nós humanos somos capazes de raciocinar" (Honneth, O capitalismo como forma de vida fracassada: esboço sobre a teoria da sociedade de Adorno, in Política e trabalho, *Revista de Ciências Sociais*, n. 24, p. 16, abr. 2006).

Assim, fica claro que o indivíduo, em seu processo de desenvolvimento, carece do outro para se afirmar como si mesmo. Não há identidade pessoal sem confronto com a personalidade do outro, e, por isso, desde tenros processos de provimento material, até mais sofisticadas formas de interação, não existe a identidade de *ego* sem a estética de *alter* em mim, por mim e contra mim[5]. Na perspectiva freudiana, é no confronto com o pai que, edipianamente, nasce a perspectiva do *ego*.

Trata-se, no entanto, de perceber como esse aspecto é importante para a caracterização do raciocínio sociológico, mas também para dele extrair uma conclusão atualizadora do diagnóstico do tempo histórico presente. Seguindo a linha da crítica de raciocínio de Adorno na hermenêutica do capitalismo de seu tempo, nele se rastreia um sistema econômico responsável por um "modelo de vida fracassada", tal como afirma Axel Honneth[6]. Ainda hoje fica claro que num sentido negativo, nesse contexto, o estético se tornou ontológico, como afirma Türke[7].

A consequência do trabalho de Axel Honneth, de admitir a categoria de *mímesis*, uma vez redimensionada, a partir do pensamento de Adorno, é mais do que a de ambientá-la no campo da sociologia, é a de permitir a politização de seu sentido e, por isso, alçar essa categoria como um traço de fundamental

---

5 "No entanto, é provável que Adorno levante uma outra ideia que sempre aparece quando ele fala, de maneira enfática, da infância. Como já foi dito anteriormente, na visão de Adorno, a razão humana se forma através da imitação de pessoas queridas. Apenas a assimilação mimética da perspectiva do outro dá à criança pequena a chance de descentralizar a sua própria perspectiva de tal maneira que possa chegar a um julgamento harmônico, e por isso racional, dos fatos" (Honneth, O capitalismo como forma de vida fracassada: esboço sobre a teoria da sociedade de Adorno, in Política e trabalho, *Revista de Ciências Sociais*, n. 24, p. 23, abr. 2006).

6 "Assim sendo, a sua análise do capitalismo não é uma teoria explicativa, mas a hermenêutica de uma forma de vida fracassada" (Honneth, O capitalismo como forma de vida fracassada: esboço sobre a teoria da sociedade de Adorno, in Política e trabalho, *Revista de Ciências Sociais*, n. 24, p. 10, abr. 2006).

7 "Dessa forma, o bem e o mal se transformam em categorias estéticas; e o estético se transforma no ontológico, ou seja, na possibilidade de ser ou não ser" (Türke, Sociedade da sensação: a estetização da luta pela existência, in Antonio A. S. Zuin, Bruno Pucci, Newton Ramos de Oliveira, *Ensaios frankfurtianos*, 2004, p. 64).

importância para a discussão dos caminhos dos projetos utópicos para a vida social, com toda a sua atualidade[8].

11.2. DEMOCRACIA, DESSOCIALIZAÇÃO E NARCISISMO COLETIVO

Descentrar-se é uma exigência para a vida democrática. Sem o processo de aprimoramento das condições de socialização, e de constituição de espaços de intersubjetividade, torna-se impossível pensar os rumos do processo de radicalização da democracia. E isso é uma questão política, sem dúvida, e, igualmente, econômica. São os imperativos sistêmicos da economia mercantil que definem uma condição tal de socialização que os indivíduos se mostram absolutamente encubados pela reificação dos laços sociais, fator que degenera a interação social, na medida em que danifica a própria razão em funcionamento[9]. Como afirma Honneth, baseando-se no diagnóstico adorniano:

"... a expansão da troca de mercadorias significa simultaneamente um processo de deformação da razão: a obrigação de agir em cada vez mais esferas de ação, apenas segundo o esquema de ação da troca, exige dos homens concentrar sua capacidade racional para o cálculo egocêntrico de eventos dos quais pode ser tirado proveito" (Honneth, O capitalismo como forma de vida fracassada: esboço sobre a teoria da sociedade de Adorno, in Política e trabalho, *Revista de Ciências Sociais*, n. 24, p. 16, abr. 2006).

Por isso, pode-se afirmar que, para sociedades do capitalismo tardio, o individualismo patogênico é a grande marca de um tempo. Não por outro motivo, a perda da percepção da totalidade contida na alteridade faz dos laços entre os indivíduos relações frágeis e perpassadas pelos interesses imediatos, e não por laços de solidariedade. Mas será que a radicalização da democracia sobrevive sem laços solidários? De fato, o individualismo contemporâneo é uma espécie de marco da definição dos papéis sociais, das formas de fruição do mundo, dos modelos de ação, dos paradigmas sociais, dos desejos coletivos, das projeções de esperança da psicologia social etc., de modo a agir sobre as mentalidades a ponto de definir novas condições de vida, novas práticas sociais,

---

8 "No foco de nosso interesse está a tentativa de validar a análise do capitalismo de Adorno para o tempo presente" (Honneth, O capitalismo como forma de vida fracassada: esboço sobre a teoria da sociedade de Adorno, in Política e trabalho, *Revista de Ciências Sociais*, n. 24, p. 11, abr. 2006).

9 "Essa equação não é fácil de realizar, porque tem que ser mostrado que a patologia social da reificação está ligada, de maneira intrínseca, à deformação da capacidade da espécie humana de usar a razão" (Honneth, O capitalismo como forma de vida fracassada: esboço sobre a teoria da sociedade de Adorno, in Política e trabalho, *Revista de Ciências Sociais*, n. 24, p. 15, abr. 2006).

novas identidades culturais, novas práticas de mercado, gestando e cristalizando novos valores na esfera do convívio social.

O leque multidiversificado de alternativas de autoafirmação individual é o grande atrativo desse processo de autocentramento. Diante das mercadorias, somos apenas expectadores passivos, em busca do alvo. Por isso, a condição humana vem definida pelo que tem, e não pelo que é. A criação de diversos *modos* de entrada no mercado é mais do que a revelação da benesse do mercado para com a diversidade, e mais um modo de multiplicação das práticas do próprio mercado no sentido de sua reinvenção permanente. A reificação alcança nuanças muito específicas, a ponto de condicionar a identidade de indivíduos, grupos e comunidades. O autorreconhecimento do indivíduo por ele mesmo parte de sua disposição para consumir este ou aquele insumo da indústria cultural. A seleção de fatias de mercado, seja *emo*, seja *cult*, seja *descolado*, seja *neo-hippie*, não importa a escolha, trata-se sempre de uma escolha *no* mercado, ao que foi reduzido o exercício da liberdade. *Ser* e *ter* se confundem. Por isso, essa sociedade vem reduzida a processos de socialização infantilizadores, uma vez que apenas o provimento egocêntrico atrai as energias libidinais e os esforços coletivos, mais do que qualquer interesse pela condição comum, e, portanto, pelo espaço público.

Trata-se de perceber que todos os esforços libidinais estão voltados para a economia individual. Todos os esforços sociais estão voltados para a satisfação do ego. Não por outro motivo, Adorno, em *Minima moralia* (119), afirma:

"Quem é rico ou obtém riquezas sente-se como aquele que com as próprias forças realiza, enquanto Eu, aquilo que quer o espírito objetivo, a genuinamente irracional predestinação de uma sociedade cuja coesão radica na brutal desigualdade econômica" (Adorno, *Minima moralia*, p. 190).

Por isso, o problema da orientação das energias sociais é uma questão de psicologia tanto social quanto sociológica. Por isso, o diagnóstico entrecruzado dos âmbitos de pesquisa permite alcançar um só e mesmo resultado do cálculo crítico sobre a socialização em economias capitalistas contemporâneas:

"Enquanto a sensação coletiva é o primeiro fenômeno que é integrado no conceito de 'narcisismo coletivo', o segundo fenômeno vem do diagnóstico da psicologia social de que hoje, durante o processo de socialização na primeira fase infantil, a formação de uma ligação constante se realiza cada vez com menos sucesso: a energia libidinosa, em vez de orientar-se em direção ao 'amor para outras pessoas', é direcionada 'ao próprio ego' (Adorno, 1998e, p. 437)" (Honneth, O capitalismo como forma de vida fracassada: esboço sobre a teoria da sociedade de Adorno, in Política e trabalho, *Revista de Ciências Sociais*, n. 24, p. 20, abr. 2006).

Esse problema é diagnosticado por Adorno, mas tem sua total pertinência para falar de nosso tempo, afinal, as condições econômicas de definição do papel dos atores sociais não se alterou. Inclusive, sucedidos mais de 40 anos de Maio de 68[10], bem como superados os 20 anos da queda do Muro de Berlim, o navio permanece à deriva das exigências de um processo de socialização que continua a exigir dos indivíduos uma alta carga de sofrimento como forma de integração social.

11.3. *MÍMESIS*, REIFICAÇÃO E RADICALIZAÇÃO DA DEMOCRACIA

A reificação é um processo que, apesar de implicar uma materialização, finda por produzir o descolamento dos indivíduos da realidade. A reificação implica uma cristalização da consciência, como produto, na afixação das coisas, e na definição da intercompreensão a partir do princípio instrumental do interesse que volve à posse das mercadorias. Ao dialogar com Lukács, de *História e consciência de classe*, é Honneth, em Reificação (in *Verdinglichung. Eine anerkennungstheoretische Studie*, 2005), quem afirmará que aí se localiza "... uma patologia de nossa práxis de vida"[11].

A reciprocidade e a racionalidade integrativa são dois fatores que sofrem diretamente os efeitos patológicos do processo de perda da posse de si, seja na autopercepção, seja na percepção especular perante o outro na interação social. O indivíduo reificado está fora de si; sua semântica se preenche desde fora, por isso não é capaz de sintaxe. Sua "consciência" não é "autoconsciência", mas "heteroconsciência".

"Adorno vê a institucionalização da troca de mercadoria ligada à propagação de um esquema de ação que induz nós humanos a perder a capacidade de respeitar racionalmente intenções alheias; reificação significa para ele um processo de 'recentramento' do homem, porque, à medida que usa a troca, ele desaprende de perceber o mundo da perspectiva daquelas intenções e desejos cuja importância jazia inicialmente na imitação" (Honneth, O capitalismo como forma de vida fracassada: esboço sobre a teoria da sociedade de Adorno, in Política e trabalho, *Revista de Ciências Sociais*, n. 24, p. 16, abr. 2006).

---

[10] Sobre o enfraquecimento da presença da sociologia adorniana, após os eventos de Maio de 68, leia-se em Honneth: "Portanto, não é surpreendente que, após o enfraquecimento do movimento estudantil, a teoria da sociedade de Adorno tenha perdido rapidamente a sua influência" (Honneth, O capitalismo como forma de vida fracassada: esboço sobre a teoria da sociedade de Adorno, in Política e trabalho, *Revista de Ciências Sociais*, n. 24, p. 10, abr. 2006).

[11] Honneth, *Reificación*, 2007, p. 20.

Se estar incluído no mercado significa enfrentar a concorrência infinitamente crescente dos competidores, o mercado só pode ser visto como o lugar de permanente projeção do *novo*. Não importa o que seja e do que se trate, o sucesso do *novo* está em sua aprovação e consolidação como um *novo* aceito, ou seja, o próprio ato de consumo se torna uma forma de mensuração da plausibilidade da *novidade*.

E isso é próprio da modernidade, que aqui aparece como sinônimo de substitutividade. Onde tudo é sempre *novo* e as pressões estão no sentido de forçar o *novo*, o indivíduo que está sempre "antenado" no *novo*, torna-se *ele mesmo* uma *novidade* permanente, que exige do sujeito mais do que a capacidade de comprar, a flexibilidade de adaptar-se à dinâmica dos tempos (leia-se do *timing* do mercado). Diante de uma oferta sempre gigantesca e inventiva, a multiplicidade de escolhas é uma consequência óbvia. O motor que acelera o mercado também acelera as formas de desarranjo dos laços sociais, gera o envelhecimento do que fica, aumentando a sensação de perda de referenciais para a ação dos indivíduos. A ansiedade pelo que se terá já está disseminada no imaginário coletivo, antes mesmo da coleção de inverno chegar[12]!

Se tudo se resume, na luta pela existência, a uma inserção no mercado como determinante da condição de aceitação estética de cada um, a politicidade se resume a ser um ato de consumo perfeito, ou seja, um ato de pertinência simétrica entre vontade e capacidade de compra[13]. *Alter* e *ego*, inflados de si mesmos, não constroem pontes de equivalência relacional, determinando condições pelas quais o que vige é uma ideia de liberdade em que "cada um é cada um, e ponto". Não por outro motivo, milhões habitam espaços urbanos absolutamente apinhados de indivíduos, sem que isso represente um passo adiante em processos de socialização; em grandes espaços urbanos, habita a solidão. A solidão do indivíduo na condição desse "cada um" de ambos os polos torna-se uma consequência óbvia da inviabilidade do entendimento. Os esforços de tolerância são somente os substitutivos para a decrepitude dos esforços por entendimento[14].

---

12 "A necessidade da comunidade estética gerada pela ocupação com a identidade é o campo preferencial que alimenta a indústria do entretenimento: a amplitude da necessidade explica em boa medida o sucesso impressionante e contínuo dessa indústria" (Bauman, *Comunidade*: a busca por segurança no mundo atual, 2003, p. 63).

13 "Onde se deve surpreender para poder sobreviver; onde a luta pela existência se torna um problema estético, então se faz cumprir o estado de coisas da sociedade da sensação, para a qual caminhamos a passos largos" (Türke, Sociedade da sensação: a estetização da luta pela existência, in Antonio A. S. Zuin, Bruno Pucci, Newton Ramos de Oliveira, *Ensaios frankfurtianos*, 2004, p. 63).

14 "Quando o *cool* ganhou popularidade repentina e se espalhou como fogo na floresta entre os filhos dos prósperos pós-Depressão envergava a máscara de uma rebelião e da renovação moral: era o símbolo de um distanciamento militante de uma ordem envelhecida satisfeita com a situa-

Quando os esforços por solidariedade cedem, diante dos imperativos reificadores, a míngua do espaço público abre o cenário para o espetáculo egocêntrico da vida privada. A cidadania, nesse sentido, encolhe-se à dimensão da boa regulação do mercado e das distorções que impedem os indivíduos de serem consumidores plenos. A função do *Estado Democrático de Direito* passa a ser a função de coordenação do mercado, com uma clara atrofia da significação do que seja o público, em favor do que é o privado. Em tempos de *liquefação* da ordem da política, trata-se também de proceder à *flexibilização* do trabalho, à *desregulamentação* da vida social, à *liberalização* do mercado... Por isso, esse modelo de vida social permite que o reducionismo individualista, bem como o materialismo cego e desorientado, seja as forças que, em sua irracionalidade, determinam a racionalidade social de um tempo. Este é um fator de dissolução da solidariedade social que funciona como uma espécie de pressão para a despersonalização, para o conflito moral, exacerbando a incapacidade de entendimento e compreensão nas relações intrassubjetivas e intersubjetivas, o que acaba por culminar numa dificuldade de mútua compreensão entre as pessoas[15].

Sem a garantia de que as energias pulsionais da vida estejam voltadas para a exigência democrática, e sem a exemplaridade na vida pública, torna-se difícil imaginar a vitalidade da esfera pública política para além do hedonismo social[16]. A valorização do que é público é medida de grave importância. Os gregos valorizavam tanto aquilo que é comum, como aquilo que é primeiro; por isso, aquilo que é primeiro, a comunidade, justifica a existência seja do indivíduo, seja da família. Na definição aristotélica, a *polis* é por natureza anterior à casa (*oikía*), aos interesses privados, e a cada uma de suas partes componentes; ou seja, em seu pensamento, o todo antecede logicamente as partes (*Tò gàr ólon próteron anagkaîon eînai toû mérous – Política*, 1253 a 18/19). Isso vale para a sua cosmologia, como vale para a sua política.

O caráter estético do convívio exigiria das condições societais renovados esforços de produção de garantias de que a coisa pública seja pública, enquanto a coisa privada se confine à dimensão de sua forma de integração social localizada. Sabe-se muito bem que, em sociedades de classe, quando a imitação se torna o desejo de ascensão e de modo de vida das classes superiores, é

ção a que o passado a tinha conduzido e à míngua de ideias novas" (Bauman, *Comunidade*: a busca por segurança no mundo atual, 2003, p. 50).

15 Dizia-se mesmo que é proibido proibir: "On disait 'il est interdit d'interdire' " (Lipovetsky, *L'ère du vide*: essais sur l'individualisme contemporain, 1983, p. 317).

16 "Registrando todas as forças produtivas, materiais e espirituais, segundo o princípio de que 'tempo é dinheiro' e identificando felicidade e consumo de mercadorias, o 'hedonismo' capitalista bloqueia o sonho do consumo que promete provocando pobreza espiritual, miséria e exclusão dos trabalhadores que acumulam mercadorias para o mercado e, para si mesmos, decepções" (Matos, *Adivinhas do tempo*, 2008, p. 22).

a inveja corrosiva que constitui a forma de socialização básica entre indivíduos, o que acirra o espírito de competição, este que é inimigo mortal do espírito de solidarização. A guerra de classes, ou o desejo de ascensão, constrói-se, de toda forma, a partir de critérios de subjetivação nos quais as coisas – mercadorias – estão centrando o conjunto dos esforços de aproximação entre *ego* e *alter*. Nesse sentido, a violência de classes é compensada pela pressão ideológica sobre as demandas das classes sociais inferiores de possuírem os mesmos bens das classes superiores. Nessa medida, a violência de classes opera como forma de guia ideológico do processo de constituição das consciências, fator dissolutor do espírito do comum. O ódio de classes é sublimado pelo excesso de exigências de trabalho, único canal de drenagem de esforços libidinais capaz de levar o indivíduo para os rumos da ascensão social. Não por outro motivo, a imitação se torna o grande fator de alienação do espírito do coletivo, em sociedades governadas pelo princípio do mercado, e não pela busca da justiça equitativa e da igualdade, como forma de partilhamento de bens e condições existenciais.

Quando Adorno afirma, em *Minima moralia* (97), que "O indivíduo deve a sua cristalização às formas da economia política, sobretudo ao mercado urbano. Enquanto adverso à pressão da socialização, é ele o seu mais autêntico produto e a ela se assemelha. Na sua individuação, reflete o indivíduo a lei social inexplícita da ainda bem conduzida exploração", está, em verdade, indicando o quanto a vida individual está marcada pela identidade do convívio sob condições econômico-históricas. Nesse sentido, se a imitação em sociedades capitalistas leva ao consumo individual e à exasperação pela posse de mercadorias, deve-se pensar o quanto esse tema é caro para o desenvolvimento da democracia. Por isso, pode-se inferir que não há radicalização da democracia possível sem tutela da vida econômica. Isso significa que os recursos sociais devem ser cuidados, para que seu descaminho não torne a vida social desigual. Por isso, a tutela da economia pelo Estado Social é um mister que se deve exercer em função da própria demanda por realização do bem comum. Para que haja democratização são necessários níveis de igualdade que não se podem pressupor presentes quando o público se desequipa para dar lugar ao privado. A riqueza social é bem escassa e séria demais para estar nas irracionais garras da "mão invisível".

A "mão invisível" é geralmente compreendida como uma "lei" de mercado. Mas sua única "lei" é o fato de ser uma "não lei", ou seja, de anular todo tipo de tentativa de seu constrangimento. Nesse sentido, não há vida democrática possível onde se vive com grandes níveis de desigualdades. A simetria social e um maior grau de homogeneidade dependem claramente de esforços de publicação da economia e, por isso, o reconhecimento de que a igualdade contida nas democracias liberais modernas é apenas um falseamento implícito de normas formais. Promover a democratização é ir ao encontro da governança social, na qual predomina o interesse do povo soberano, e, nesse sentido, a realização do princípio republicano segundo o qual o partilhamento dos recursos econômicos permite que nada falte a ninguém, forma de alterização antiegoica na qual se garante, por meio de instituições públicas e fiáveis, a realização de uma forma de justiça distributiva que impeça a consumação do comum na perspectiva do individual.

De fato, a cidadania pressupõe a realização de níveis de satisfação da vida digna, como forma de distribuição de meios que garantam as condições de boa vida a muitos, e esta é uma tarefa de justiça distributiva que não se pode pressupor encontrar operante no interior das regras que identificam o modo de funcionamento da economia mercantil. Ao concentrar riquezas sociais, a economia de mercado regulamenta a vida social a partir de um princípio de concentração de recursos. Não por outro motivo, a radicalização da democracia depende do alcance não somente de *democracia política e institucional*, mas também de *democracia econômica e social*. A atualidade desse debate pode, inclusive, buscar inspiração crítica na tradição criada por certos mecanismos jurídicos e políticos vindos da República de Weimar[17].

CONCLUSÕES

Na perspectiva da produção de um diagnóstico do tempo, com a tarefa de pensar os desafios do capitalismo tardio, assumindo na reatualização de Adorno essa tarefa, fica claro que Axel Honneth está também, em verdade, mantendo viva a identidade do pensamento crítico da Escola de Frankfurt. Não por outro motivo, o seu diagnóstico desemboca na confirmação de que a modernidade continua a operar segundo os mesmos princípios identificados no interior da *Dialética do esclarecimento*. Dessa crítica da *reificação*, como capaz de produzir apagamento do outro e, por isso, produzir o *não reconhecimento*, é que se pode caminhar para identificar na *mímesis* um traço de fundamental importância para avaliar a estética dissolutória das sociedades do capitalismo tardio.

Se a categoria da *imitação* comparece para implicar, seja na formação do indivíduo, seja na confrontação do indivíduo com o grupo, o processo

---

17 "O debate sobre a democracia econômica e social vem, mais uma vez, da República de Weimar, mas diz respeito, essencialmente, à expansão da democracia e do Estado de Direito da esfera política para as esferas econômica e social. Democratizar a economia significa romper com a influência dos detentores do poder econômico privado, democratizando-o, ou seja, significa distribuí-lo. O cidadão deve ser, ao mesmo tempo, um cidadão do Estado e um cidadão da economia. A economia deve deixar de ser privada, para ser efetivamente publicizada, ou seja, pertencer a todos e funcionar de acordo com o interesse coletivo" (Bercovici, Constituição econômica e dignidade da pessoa humana, *Revista da Faculdade de Direito da USP*, São Paulo, v. 102, p. 462, jan./dez. 2007).

também de criação dos mecanismos de reconhecimento e espelhamento de comportamentos sociais, ela significará um ganho sociológico na captação dos fenômenos de grupo. Quando o tecido social está marcado pela lógica do interesse privado, o espaço democrático se vê impedido de realizar as premissas de gravitar em favor do que é comum. O desgoverno do que é comum é uma consequência direta do modelo econômico existente e, por isso, um fator a mais a determinar as condições precárias de socialização no mundo contemporâneo. Eis que a ideia de modernidade aqui se encontra operante apenas para significar o incremento das formas reificadas e fracassadas de vida plena.

A ideia de dignidade da pessoa humana, por fim, reclama a superação dos intentos de sustentação da forma de economia individual. O exercício de constituição de um *espaço público* fortalecido pela ação da política voltada para o comum evitaria que a vida social fosse determinada pelo interesse egoístico de cada um. Em poucas palavras, em que o privado se emancipou para se tornar público, a coisa pública desapareceu por completo, diante dos imperativos sistêmicos mais ágeis e fortes do mercado. Por isso, o confinamento da esfera da liberdade privada converte-se em linguagem da esfera pública. Nesse sentido, a lógica de quem ocupa o espaço público é a lógica da vida privada. Quando a perspectiva da economia individual ocupa os espaços vazios do processo de construção da solidarização social, fica claro que a regra do mais rápido, do mais esperto e do mais voraz toma conta das condições de entendimento mútuo no espaço do comum; a sensação de que a guerra antifamélica se instaura para corroer o tecido social é apenas consequência desse modelo de socialização a partir da economia mercantil. A tarefa de repactuação social, no sentido da democratização econômica, é a compensação necessária para o desenvolvimento de um modo de vida em que, de fato, a imitação social possa servir à causa dos interesses coletivos.

REFERÊNCIAS BIBLIOGRÁFICAS

ADORNO, Theodor W. *Palavras e sinais*. Tradução de Maria Helena Ruschel. Petrópolis: Vozes, 1995.

_______. *Prismas*: crítica cultural e sociedade. Tradução de Augustin Wernet e Jorge M. B. de Almeida. São Paulo: Ática, 2001.

_______. *Indústria cultural e sociedade*. Tradução de Julia Elizabeth Levy. 3. ed. São Paulo: Paz e Terra, 2006.

_______. *Minima moralia*. Lisboa: Edições 70, 2003.

ARMELLA, Virginia Aspe. *El concepto de técnica, arte y producción en la filosofía de Aristóteles*. México: Fondo de Cultura Económica, 1993.

BAUMAN, Zygmunt. *Em busca da política*. Tradução de Marcus Penchel. Rio de Janeiro: Zahar, 2000.

________. *Comunidade:* a busca por segurança no mundo atual. Tradução de Plínio Dentzien. Rio de Janeiro: Zahar, 2003.

BENJAMIN, Walter. *Obras escolhidas*. Tradução de Sergio Paulo Roaunet. 7. ed. São Paulo: Brasiliense, 1994.

BERCOVICI, Gilberto. Constituição econômica e dignidade da pessoa humana. *Revista da Faculdade de Direito da USP*, São Paulo, v. 102, jan./dez. 2007.

BITTAR, Eduardo C. B. *O direito na pós-modernidade*. 2. ed. Rio de Janeiro: Forense Universitária, 2009.

________; MELO, Tarso de (Org.). *Vidas à venda*. São Paulo: Terceira Margem, 2009.

ELIAS, Norbert. *O processo civilizador*. Tradução de Ruy Jungmann. Rio de Janeiro: Zahar, 1993. 2. v.

HONNETH, Axel. O capitalismo como forma de vida fracassada: esboço sobre a teoria da sociedade de Adorno. In: Política e trabalho. *Revista de Ciências Sociais*, n. 24, p. 9-26, abr. 2006,

________. Justiça e liberdade comunicativa: reflexões em conexão com Hegel. *Revista Brasileira de Estudos Políticos*, Belo Horizonte: Universidade Federal de Minas Gerais, n. 89, p. 101-120, jan./jun. 2004.

________. *Reificación:* un estudio en la teoría del reconocimiento. Buenos Aires: Katz, 2007.

HORKHEIMER, Max; ADORNO, Theodor W. *Dialética do esclarecimento*: fragmentos filosóficos. Tradução de Guido Antonio de Almeida. Rio de Janeiro: Zahar, 1985.

MARCUSE, Herbert. *Eros e civilização*: uma interpretação filosófica do pensamento de Freud. Tradução de Álvaro Cabral. 8. ed. Rio de Janeiro: LTC, 1999.

MATOS, Olgária. *Adivinhas do tempo*. São Paulo, 2009.

PETERS, F. E. *Termos filosóficos gregos*: um léxico histórico. Tradução de Beatriz Rodrigues Barbosa. 2. ed. Lisboa: Fundação Calouste Gulbenkian, 1983.

TÜRKE, Christoph. Sociedade da sensação: a estetização da luta pela existência. In: ZUIN, Antonio A. S.; PUCCI, Bruno; RAMOS DE OLIVEIRA, Newton. *Ensaios frankfurtianos*. São Paulo: Cortez, 2004.

12. CIDADE E MODERNIDADE: ensaio sobre a constituição da vida urbana

12.1. AS LEIS DA CIDADE MODERNA

As leis da cidade moderna são as leis da modernidade; não há segredo nem mistério nessa química. Por isso, as leis da cidade são governadas pelos mesmos princípios que definem um regramento primário a todo exercício de legalidade formal que o direito possa arranjar sobre a vida das cidades. Daí a eficácia histórica da legislação urbanística que consagra a segregação; daí a ineficácia contemporânea das formas de legislação urbanística progressistas. Isso se deve ao fato de que toda *forma-lei*, constituída para a cidade, é presidida por uma pré-legalidade, que se instala no seio da cidade, uma vez que esta é simplesmente o lugar de realização das relações sociais de interação e produção econômica. Antes da "legalidade da lei jurídica", existem os princípios que regem essa ordem primária tácita e não negociada que atravessa a forma de ser da cidade moderna. A cidade visível funciona segundo uma regra, uma lógica e uma legalidade que lhe são próprias. Por sua vez, a cidade invisível funciona segundo uma arquitetura, um preenchimento semântico e uma especificidade própria. O não lugar do poder, na cidade invisível, é substituído por outras práticas de poder que escapam à possibilidade de serem tecidas conforme certa normatividade do justo e do valorado.

Por isso, o que desde logo se percebe é que a definição da cidade e de sua função não é uma construção da razão. Por isso, não pode ser captada pelo conceito, em sua abstração, mas pode ser descrita, em seus processos, pela compreensão crítico-filosófica. Pode, ainda, ser captada pela estética literária ou narrada pela letra jornalística. Pode ser estudada à luz das regras de engenharia e do urbanismo, mas não pode ser afirmada filosoficamente, sem um exercício de compreensão histórico-social. E isso porque as cidades brotam dentro de relações históricas, com a aglomeração de indivíduos, e obedecendo a um traçado incalculado nos processos de suas definições. A busca de um conceito de cidade é uma busca infértil, na medida em que as cidades estão atreladas ao seu sentido histórico, apesar de representarem uma formação própria das comunidades humanas, em sua forma de socialização[1]. Colmeias são aglomerações para abelhas, como ninhos são para aves agregadas numa árvore. Cidades são formações que derivam da forma de ser social do homem. A aldeia (*apoikía*) surge da aglomeração de casas (*oikía*), assim como a *pólis* surge da aglomeração de aldeias, na leitura que se encontra na *Política* (1252 a 24/26) de Aristóteles.

Nenhuma arte, nenhuma arquitetura e nenhuma formação urbana está isenta de ser um fenômeno que realiza as contradições sócio-históricas humanas[2]. A cidade é uma expressão da humanidade e, por isso, algo que se constitui como processo que revela as múltiplas perspectivas de afirmação do humano. Há, por isso, vários modelos de cidades dentro de culturas diferentes e dentro de sentidos específicos das práticas de cada povo[3]. No entanto, na perspectiva aqui assumida, o que interessa estudar e pesquisar é a cidade moderna, a formação da *urbis* moderna, considerada a particular historicidade que a atravessa.

A cidade moderna é, por isso, um retrato material e arquitetônico de seu tempo e de suas condições, e é nessa materialidade de aço, concreto, asfalto, vidro e ferro que se expressam as contradições humanas. A cidade moderna acolhe as paradoxais condições da modernidade: máximo desenvolvimento, máxima técnica, máximo deslumbramento, de um lado, e máxima miséria, máximo esquecimento, máxima alienação, máximo individualismo, de outro lado. As cidades modernas são modernas demais. Por isso, realizam os paradoxos da modernidade, permitindo que o excesso seja a sua regra. Excesso de trânsito, de ruído, de pessoas, de coisas em circulação, de poluição, de lixo, de violência... Somos desabitados de nós mesmos ao habitarmos esses conglomerados urbanos.

As cidades são apenas a forma plasmada das categorias sociais, e, por isso, onde predomina a lógica da modernidade excludente, fica claro que a cidade é pensada apenas como lugar de usufruto e privilégio civilizatório de alguns. Nessa medida, a miséria na cidade é a expressão da pobreza dos homens, pois, se a cidade é construção, é ela também a realização histórica

---

1 "A ação do cidadão se dá neste lugar de encontro. Um espaço privilegiado da prática social, cultural e política: a cidade" (Molinaro, Direito à cidade e proibição de retrocesso, in *Anais*, Congresso Internacional de Direito Ambiental, Direito ambiental, mudanças climáticas e desastres: impactos nas cidades e no patrimônio cultural [Antonio Herman Benjamin, Eladio Lecey, Silvia Cappelli], 2009, p. 26).

2 "Toda arquitetura nasce de um diálogo de uma classe com suas aliadas e de um debate com suas adversárias: ela expressa um momento histórico determinado" (Puls, *Arquitetura e filosofia*, 2006, p. 12).

3 "O conteúdo funcional espelha a relação real do homem com o mundo, enquanto sua forma expressa a relação ideal do homem com o mundo" (Puls, *Arquitetura e filosofia*, 2006, p. 29).

consolidada do espírito de uma época. Assim, fica claro que a lógica da cidade moderna observa a mesma lógica da modernidade, ou seja, revela-se como desumana e excludente. Quando uma cidade moderna não é dessa forma é porque grande esforço contrário se revelou no sentido de evitar aquilo que é inevitável em sua aparição geográfica[4].

A cidade moderna é fruto de uma história recente, e tem que ver com o processo de urbanização, de transmissão do modo de vida do campestre ao urbano, e com a mudança estrutural do processo de produção, testemunhado especialmente na passagem do século XIX ao século XX. Na visão de Walter Benjamin, Paris é seu protótipo, Baudelaire sua testemunha ocular. Paris pode ser assim identificada, pois é a *ágora* da vida moderna, na expressão de Olgária Matos[5]. As expressões das grandes contradições da vida moderna passam por Paris, epicentro dos encontros e desencontros provocados pela vida moderna. Se a vida parisiense espelha as contradições sociais do mundo moderno é porque o mundo moderno está marcado por contradições. Por isso, é em Marx e Engels, da *Ideologia alemã*, que Benjamin encontra socorro teórico para afirmar, num trecho d'O flâneur: "'O contraste entre cidade e campo... é a expressão mais crassa da subsunção do indivíduo na divisão do trabalho e numa atividade a ele imposta, uma subsunção que transforma um num obtuso animal urbano, e, o outro, num obtuso animal rural' (Karl Marx e Friedrich Engels, *Die deutsche Ideologie* – A ideologia alemã, Marx-Engels Archiv, D. Rjazanov, I Frankfurt a/M, 1928, pp. 271-2)"[6].

Essa divisão brutal entre campo e cidade constitui, para o século XX, o drama urbano, o qual será um dos grandes contrastes da vida contemporânea e se produz na medida de um deslocamento paulatino, mas gigantesco, de massas humanas para a forma de vida na cidade moderna. Alexis de Tocqueville identifica esse processo se dando no século XVIII e o nascimento do pressentimento de que as grandes capitais estavam engolindo a forma de vida mais tradicional e ligada ao campo, ao afirmar: "Em 1740 Montesquieu escre-

---

4 Não por outro motivo, o espanto pela beleza torna-se espanto pela perplexidade do que foi feito desses espaços: "Percebe-se aqui que o espanto da filosofia ante a beleza em geral aqui se converte em perplexidade" (Puls, *Arquitetura e filosofia*, 2006, p. 12).

5 Na visão de Olgária Matos: "Paris é a cidade-fetiche e a cidade utópica, a capital de decepções históricas e êxtases revolucionários: 1789, 1830, 1848, 1871, 1936, 1968, 1986, 2006" (Matos, *Adivinhas do tempo*, 2008, p. 77). "1968 é o ano matricial presente em todos os movimentos que recusam a submissão ao *statu quo*, Paris o teatro da ágora moderna" (Matos, *Adivinhas do tempo*, 2008, p. 85).

6 Benjamin, O flâneur, in *Obras escolhidas*, 3. ed., 2000, v. 3, p. 206. Por sua vez, no testemunho de Tocqueville: "Vimos em outra passagem como os burgueses, deixando por sua vez os campos, em toda parte procuravam um asilo nas cidades. Não há um ponto sobre o qual todos os documentos do Antigo Regime estejam mais de acordo" (Tocqueville, *O antigo regime e a revolução*, 2009, p. 135).

via a um de seus amigos: na França há apenas Paris e as províncias distantes, porque Paris ainda não teve tempo de devorá-las. Em 1750, o marquês de Mirabeau, espírito quimérico mas às vezes profundo, diz, falando de Paris sem mencionar-lhe o nome: 'As capitais são necessárias; porém, se a cabeça tornar-se grande demais, o corpo torna-se apoplético e tudo perece'"[7]. Esse movimento tem acentuada presença no século XIX e representa o fim de um modelo centrado na agricultura e que sobreviveu, como afirma Mike Davis, durante oito mil anos vivo, tendo sido derrocado com as mudanças econômicas mais recentes atribuídas ao desenvolvimento do capitalismo[8].

A cidade moderna é o paradigma urbanístico da forma de ocupação do espaço terrestre, por excelência, na atual configuração global. A intensidade dessas transformações, da técnica, do modo de produção, da forma de vida e da vitória histórica de um modelo social, encontrará sua mais acentuada presença no final do século XX, como constata Alaôr Caffé Alves[9]. Esse processo ainda não se estancou, e, por isso, em todos os seus efeitos, é alvo de preocupações notáveis por parte da ONU[10]. No entanto, assim se tornou num processo lento que remonta ao modo de vida burguês, com a formação dos burgos desde o fim da Idade Média, em função do processo de deslocamento da vida do campo para a vida das cidades, que no século XVII, conforme afirma Tocqueville, já se havia processado em grande escala: "No início do século XVII, Henrique IV lamentava, segundo Péréfixe, que os nobres estivessem abandonando o campo. Em meados do século XVIII essa deserção já se tornou quase geral; todos os documentos da época mencionam-na e deploram-na"[11].

A cidade moderna é normalmente vista, interpretada e adaptada como o lugar do trabalho. Há cidades que se estruturam em função do trabalho, como é o caso de São Paulo; daí seu caráter inóspito, bruto e pouco acolhedor,

---

7 Tocqueville, *O antigo regime e a revolução*, 2009, p. 81-82.

8 "Desde o final do século XIX, a maior parte da energia controlada pela raça humana tem sido dedicada à construção e à manutenção de seus hábitats urbanos. A agricultura, que durante oito mil anos foi o ponto principal do trabalho humano e animal, agora está em segundo lugar diante do imenso e literalmente geológico drama da urbanização" (Davis, *Cidades mortas*, 2007, p. 412).

9 "A questão urbana, embora tenha começado com maior intensidade no século XIX, em função da Revolução Industrial, alcança parâmetros e intensidade extremamente amplos no final do século XX e no início deste século XXI" (Alves, Crise econômico-social, meio ambiente urbano e proteção ambiental: a questão metropolitana. O grande desafio do século XXI, in *Anais*, Congresso Internacional de Direito Ambiental, Direito ambiental, mudanças climáticas e desastres: impactos nas cidades e no patrimônio cultural [Antonio Herman Benjamin, Eladio Lecey, Silvia Cappelli], 2009, p. 10).

10 "A urbanização acelerada do século 21 gera desigualdade de renda, discriminação, poluição e desastres que pouco têm de naturais, segundo a seção da ONU voltada para a questão da moradia" (Carvalho, Grellet, Duzentos mil deixam campo rumo à cidade a cada dia no mundo, *Folha de S.Paulo*, Mundo, terça-feira, 6 out. 2009).

11 Tocqueville, *O antigo regime e a revolução*, 2009, p. 132.

num mundo em que a órbita do trabalho alienado ainda define a *forma-trabalho* predominante. Como consequência, a cidade se caracteriza, ao mesmo tempo, não só por opulência e abundância, mas também por miséria e exclusão. Por isso, sua face é a da contradição. A grande cidade moderna é o melhor dos mundos, para quem a ela efetivamente pertence; e o pior dos infernos, a quem a ela não pertence, ou pertence imperfeitamente (precariamente). Ela é, paradoxalmente, centro e periferia, lugar das vanguardas e lugar do acúmulo das migrações. Síntese máxima da modernidade plena e, também, das contradições sociais de um país, especialmente quando considerada a condição das grandes urbanidades periféricas.

Nessa medida, sendo fruto de tal conformação histórica, a impossibilidade do modelo da grande cidade moderna é o que a torna "revelação colapsada" da dialética do esclarecimento, tendente à produção do desequilíbrio em diversos níveis, do planejamento urbano ao tráfego de veículos, e deste à questão ambiental[12]. Por isso, ela é inviável como paradigma. O gigantismo inadministrável de São Paulo, tomado como paradigma das distorções da metrópole contemporânea do mundo capitalista, é um registro simbólico da inviabilidade do modelo de vida predominante nestes últimos dois séculos, e que deve ser um ponto de indagação para a continuidade da vida no século XXI. Isso deixa evidente como os grandes centros urbanos se tornaram, para si mesmos, lugares que privilegiaram a eficiência e o progresso, agora vivenciando a ineficiência, o esgotamento e o regresso. Nesse sentido, não há diferença entre Paris e São Paulo, Tókio e Nova York, pois são todas cidades colapsadas na análise do arquiteto francês Portzamparc, que foi Prêmio Pritzker em 1994[13]. Certas cidades, como Los Angeles, na descrição de Mike Davis em *Cidades mortas*, são mais capazes de expulsar suas contradições para longe, importando insumos naturais e exportando lixos e toxinas[14]. No entanto, mesmo estas não estão isentas de contradições.

As passagens estudadas por Walter Benjamin, especialmente as de Paris, agora se tornaram os centros fervilhantes de consumo, os *shoppings* e as *stores*, que ocupam a geografia das cidades, para dominar-lhes o caráter, a forma e as

---

[12] "A maioria de nós, no Primeiro Mundo, considera como ponto pacífico que as cidades com aquecimento central e ar-condicionado vão nos abrigar dos desconfortos sazonais do clima – mesmo quando incidentes climáticos extremos se tornam mais comuns" (Davis, *Cidades mortas*, 2007, p. 464).

[13] "Paris, assim como São Paulo, está à beira do colapso, afirma Portzamparc, 65 (anos), o principal arquiteto em atividade na França e ganhador do Prêmio Pritzker, no ano de 1994" (Gioia, Cidades em colapso, *Folha de S.Paulo*, sábado, 12 set. 2009, p. E1).

[14] "No entanto, as cidades ricas têm maior capacidade de exportar suas contradições para mais adiante. Los Angeles, por exemplo, captura água e energia e exporta poluição, lixo sólido e recreação de fim de semana num vasto âmbito de dezenas de estados do oeste e na Baja Califórnia" (Davis, *Cidades mortas*, 2007, p. 413).

práticas. Revezando com esses prédios, encontram-se, ainda, os arranha-céus, os letreiros luminosos, os anúncios, as arquiteturas extraordinárias. Tudo cantando o *belo-do-moderno*; espetaculosa e grandiosamente visto e anunciado, a cidade é o espaço por excelência do narcisismo do homem moderno. Por isso, o *modus vivendi* tem que ver com o *modus habitandi*. Curiosamente, as cidades modernas foram sendo construídas para apartamentos, lojas, casas, fábricas, mas não para pessoas. As coleções de lojas, calçadas, fábricas, ruas, apartamentos não formam um lugar humano, apenas formam um amontoado dessas coisas. Num sentido ideal, uma cidade é mais do que mero projeto de acumulação de casas, lojas e fábricas, é um projeto para possibilitar e expandir as capacidades e habilidades humanas, em sua integralidade. Por isso, a questão da ocupação do espaço determina a ocupação do tempo, da existência, do trabalho, das relações sociais etc. E é isso que deve ser analisado, do ponto de vista mais abrangente da Teoria Crítica.

12.2. A CIDADE, A FORMA FUNCIONAL E A ESTÉTICA DA LINEARIDADE

Em seu tracejado, a cidade moderna gosta das linhas retas. Por isso, devora as curvas e os traçados irregulares, detona lugarejos e facilita a aparição, a clareza, a objetividade matemática, a iluminação, a linearidade artificial e planejada. Afinal, sobre ela agem os olhos vorazes da racionalidade moderna. No processo de transformação das cidades medievais, dos pequenos burgos, em grandes cidades, há uma intervenção da razão econômica, associada à intervenção da razão das ciências. Ao planificar-se, a primeira expulsa desses ambientes foi a própria natureza, em suas diversas expressões[15]. Não por outro motivo, senão pelo fato de que a modernidade alimenta-se dessa vontade de vítrea transformação, de linear disposição e de apagamento do passado. Em *Imagens do pensamento*, é Walter Benjamin quem afirma que o novo é enaltecido pela fúria do caráter destrutivo, que é, em verdade, o caráter do que é moderno. "O caráter destrutivo só conhece um lema: criar espaço; só uma atividade: despejar. Sua necessidade de ar fresco e espaço livre é mais forte que

15 "Vida que segue e, principalmente durante os furores desenvolvimentistas de JK e do milagre, canalizamos inúmeros outros rios urbanos, trocamos os últimos paralelepípedos por asfalto, derrubamos árvores para plantar concreto e cimentamos parques, terreiros e quintais. Enfim, impermeabilizamos o Brasil. As cidades ficaram reféns dos automóveis. A ideia de salvar um rio, pôr abaixo um viaduto ou trocar uma marginal por um jardim – quando alguém se atreve a tê-la – é tida como crime de lesa-trânsito. É normal: entre o carro e o cidadão, os governos sempre ficaram com o carro. Mas a natureza tem suas leis e, de tempos em tempos, convoca os deuses da chuva. Sem ter para onde ir, as águas se voltam contra nós" (Castro, O Brasil impermeável, *Folha de S.Paulo*, Opinião, sábado, 12 set. 2009, p. A2).

todo ódio[16]". O reformismo que torna possível a emergência das grandes cidades modernas tem evidente sentido político e utilitário; político, para manter a ordem, desabitando-as da desordem da concentração de multidões, e utilitário, para equipá-las de mercadorias e não de pessoas[17].

Do ponto de vista estético, nas cidades modernas se dá a vitória do funcionalismo, na supressão de todo e qualquer adorno artístico advindo dos séculos passados, que demonstra esse modo de operar que planifica tudo, em nome da vitória do pragmatismo modernista ao estilo do *inutilia truncat*. O funcionalismo ocupa o espaço e desocupa a possibilidade de manutenção e convívio com o passado. O passado é decrepto, e como memória deve ser esquecido. Se existem vários tipos e modelos de cidades, uma grande maioria dessas cidades modernas passou por um notório processo de conversão. Seu corpo ganhou as linhas das exigências de modernidade. A cidade medieval, assim como a cidade colonial, vai sendo transformada, convertida em cidade moderna. Há algo em comum nesse processo: a linearização das cidades[18]. Tudo se deve converter à força imperativa do compasso. A razão moderna, a ciência e a técnica são aliadas desse processo.

Por isso, há cidades modernas milenares, assim como também cidades modernas, que são simplesmente modernas. A diferença está em que as primeiras foram modernizadas para atender a demandas do mundo moderno e do *way of life*, enquanto as outras nasceram na modernidade. Paris, Roma, Madri, Praga são exemplos de cidades milenares que sofreram os influxos da modernidade, ou até mesmo a capitanearam em certos momentos históricos. Nova York e São Paulo são exemplos de cidades modernas por excelência, nascidas do próprio processo de realização do mundo moderno, com todas as suas específicas contradições. Aquelas se adaptam às exigências da vida moderna, preservando a história de seu próprio passado e a memória intacta de suas fases. Essas outras fazem-se através de seus processos de autoapagamento e, por isso, sabotam a possibilidade da permanência; são, por isso, mais do

---

16 Benjamin, Imagens do pensamento, in *Obras escolhidas,* v. 2, 2000, p. 236.

17 Puls, citando Benjamin: "A reforma tinha um objetivo político claro: 'A verdadeira finalidade das obras de Haussmann era tornar a cidade segura em caso de guerra civil. Ele queria tornar impossível que no futuro se levantassem barricadas em Paris... Haussmann quer impedi-las de duas maneiras: a largura das avenidas deveria tornar impossível erguer barricadas e novas avenidas deveriam estabelecer um caminho mais curto entre as casernas e os bairros operários contemporâneos batizam esse empreendimento de 'embelezamento estratégico' (Benjamin, P, VI)" (Puls, *Arquitetura e filosofia*, 2006, p. 501).

18 "Constituída a preocupação evidente, além de questão da desobstrução da rua, reforçada com a proibição de rótulas, a configuração da rua como cenário onde poderia se desenrolar uma nova vida pública. Cenário geometricamente construído, regular e simétrico, que se opõe à irregularidade das saliências, reentrâncias e zonas de indefinição entre o dentro e o fora da cidade colonial" (Rolnik, *A cidade e a lei:* legislação, política urbana e territórios na cidade de São Paulo, 3. ed., 2007, p. 35).

que frutos da modernidade, são a realização da máxima do modernismo, este que se alimenta da necessidade de permanente apagamento do passado. Afinal, o espírito moderno se realiza quando e onde tudo tem de ser renovado.

Nas cidades modernas, o predomínio de prédios elevados, e suntuosamente modernos, é mais do que revelação da evolução da técnica, mas uma estratégia arquitetônica de afirmar que a nova forma de poder se concentra em bancos, prédios de escritórios e formas de aparição do capital[19]. Dentro desses prédios vítreos, a realidade dura de que cada trabalhador é obrigado a converter-se diante do altar devocional – em que lamúrias aparecem e queixosos se revezam –, que são os balcões de RHs das grandes empresas modernas. Ali derramam-se as imensas vastidões de choros infindáveis sobre dedicações, privações e procissões existenciais, para onde também acorrem as súplicas por perdão e comiseração. O salário é buscado como garantia de inserção social nesse mundo. Todas essas cenas diárias se passam na transparência vítrea desses grandes impérios de espelhos, que são os arranha-céus das cidades, nos quais se privatiza a dimensão da exploração do labor. Os arranha-céus envidraçados são a expressão de uma conformação artístico-arquitetônica que coloca em cacos o sujeito moderno, ao mesmo tempo em que o enaltece[20]. Ao serem construídos, desabitam antigas formas de vida, deslocando-as para longe. Toda ação está construída sobre algo, e produz nessa dimensão seus efeitos[21]. Não por outro motivo, para compreender a vida das cidades modernas – e o que é feito das massas na era da obra de arte e de sua reprodutibilidade técnica – é necessário, como afirma Walter Benjamin, compreender a arquitetura como ciência da arte de viver[22].

---

19 "Os inicialmente bem-vindos edifícios altos acabaram por se tornar a marca da modernidade da cidade. São Paulo dos arranha-céus é a imagem de prosperidade e pujança da cidade e, simultaneamente, seu inferno" (Rolnik, *A cidade e a lei:* legislação, política urbana e territórios na cidade de São Paulo, 3. ed., 2007, p. 190).

20 "O edifício transparente abriga o que restou do sujeito – a ruína do indivíduo" (Puls, *Arquitetura e filosofia*, 2006, p. 506).

21 "Os edifícios comportam uma dupla forma de recepção: pelo uso e pela percepção. Em outras palavras: por meios táteis e óticos. Não podemos compreender a especificidade dessa recepção se a imaginarmos segundo o modelo do recolhimento, atitude habitual do viajante diante de edifícios célebres. Pois não existe nada na recepção tátil que corresponda ao que a contemplação representa na recepção ótica. A recepção tátil se efetua menos pela atenção que pelo hábito. No que diz respeito à arquitetura, o hábito determina em grande medida a própria recepção ótica. Também ela, de início, se realiza mais sob a forma de uma observação causal que de uma atenção concentrada. Essa recepção, concebida segundo o modelo da arquitetura, tem em certas circunstâncias um valor canônico. Pois as tarefas impostas ao aparelho perceptivo do homem, em momentos históricos decisivos, são insolúveis na perspectiva puramente ótica: pela contemplação. Elas se tornam realizáveis gradualmente, pela recepção tátil, através do hábito" (Benjamin, A obra de arte na era de sua reprodutibilidade técnica, in *Magia, técnica, arte e política*, 7. ed., 1996, p. 193).

22 "Os edifícios acompanham a humanidade desde sua pré-história. Muitas obras de arte nasceram e passaram. A tragédia se origina com os gregos, extingue-se com eles, e renasce séculos depois.

Apesar de as cidades modernas ocuparem grandes dimensões territoriais e darem a impressão, ligeira e falsa, de que esses espaços são constituídos para as diversas expressões da liberdade, as cidades modernas revelam-se como lugares em que diversas práticas de controle se exercem. Não por outro motivo, ao estar em sua própria cidade, em seu próprio ambiente urbano, sente-se e pressente-se que a cidade constrange e amedronta. Ela não tem lugar onde se possa esconder, pois ela é vigilância, todo o tempo, o tempo todo. Nada a ela escapa, apesar de tudo amortecer. Nela, nada choca, tudo é possível, apesar de tudo ser proibido. Na escrita de Walter Benjamin, agora em "Rua de mão única", essa mesma percepção: "Grandes cidades, cuja potência incomparavelmente tranquilizadora e corroborante encerra o criado em uma paz de castelo fortificado e é capaz de tirar dele, juntamente com a visão do horizonte, também a consciência das forças elementares sempre vigilantes, mostram-se por toda parte vazadas pelo campo que penetra"[23].

Os grandes espaços urbanos tornam-se, curiosamente, hostis. Como contraprestação do fato de que as cidades se tornam lugares desabitados, desumanos, impróprios para "parar", para "ficar", para "estar" – tem-se a sensação de que a rua é um lugar incômodo, não tem nada de acolhedora, e é inóspita, lugar de passagem –, as residências e dormitórios se convertem nesses "templos da intimidade", lugares do recôndito isolamento da vida privada, lugares de confinamento e proteção do indivíduo moderno. À contraparte do homem desalojado das ruas, o homem-estojo habita os cômodos espaços da vida privada[24]. As massas habitam espaços que se tornam museus de coisas novas, fetichizadas em seus lugares e funções, garantindo ao seu consumidor a confirmação narcísica de que a civilização chegou. No capítulo "O flâneur", de Paris do Segundo Império, Benjamin afirma: "Para o estilo Makart do final do Segundo Império, a moradia se torna uma espécie de cápsula"[25].

A epopeia, cuja origem se situa na juventude dos povos, desaparece na Europa com o fim da Renascença. O quadro é uma criação da Idade Média, e nada garante sua duração eterna. Mas a necessidade humana de morar é permanente. A arquitetura jamais deixou de existir. Sua história é mais longa que a de qualquer outra arte, e é importante ter presente a sua influência em qualquer tentativa de compreender a relação histórica entre as massas e a obra de arte" (Benjamin, A obra de arte na era de sua reprodutibilidade técnica, in *Magia, técnica, arte e política*, 7. ed., 1996, p. 193).

23 Benjamin, Rua de mão única, in *Obras escolhidas*, v. 2, 2000, p. 25.

24 Puls, citando Benjamin: "A casa se converte numa fortaleza da interioridade, na qual tudo espelha o indivíduo. Os aposentos burgueses expõem tantos objetos com os traços de seu proprietário que às vezes parecem superpovoados. Seu morador é o homem-estojo. 'O homem-estojo busca sua comodidade e a medula desta é o invólucro. O interior do estojo é marca que aquele imprimiu no mundo envolto em veludo' (W. Benjamin, DI, p. 160)" (Puls, *Arquitetura e filosofia*, 2006, p. 502).

25 Benjamin, Paris do segundo império, in *Obras escolhidas*, 3. ed., 2000, v. 3, p. 43.

A vida contida nas cidades é, por isso, artificial, e não natural, anticoletiva por definição, pois observa a forma rígida, recortada, dividida e divisora de se habitar e constituir o uso do espaço público. A cidade mantém vivo o anúncio: cada um na sua. Abertura e *non sense* nos espaços urbanos, isolamento e privatismo nos espaços íntimos; eis aí algumas evidências que "falam" desse modo de vida[26]. Ao trabalhar a questão, Benjamin exemplifica a partir de sua experiência berlinense, e afirma: "Ao voltar para a Alemanha, descobre-se antes de tudo uma coisa: Berlim é uma cidade despovoada. Homens e grupos que se movem em suas ruas têm a solidão ao redor. Pois a largura da calçada é principesca. Faz de um pobre diabo um fidalgo a passear no pódio de seu castelo. Principescamente isoladas, principescamente desertas são as ruas de Berlim"[27]. É possível dizer, num salto de cem anos, que morar em São Paulo do início do século XXI não é nada diferente da Berlim do início do século XX. Não por acaso, no interior dos grandes volumes de massas humanas que habitam cidades há o vazio e a solidão. O vazio vem do modelo de recorte espacial territorialista burguês[28].

12.3. A CIDADE, A VELOCIDADE E A DESUMANIZAÇÃO

O caráter histérico da velocidade nas grandes metrópoles expressa a que condição foi guindado o homem moderno. Em *Minima moralia*, é Adorno que se prontifica a testemunhar criticamente sobre o perfil do homem moderno nas grandes cidades: "O que desde o aparecimento das grandes cidades se observou como pressa, nervosismo e instabilidade estende-se agora de um modo epidêmico, como outrora a peste ou a cólera. Emergem também forças, com que os apressados viajantes do século XIX nem sequer podiam sonhar. Todos devem ter sempre algo que fazer"[29]. Nada mudou, nesse sentido. Observar as pessoas e seus comportamentos em meios urbanos pode ser revelador: elas andam apressadas, geralmente de cabeça baixa, sinalizam com o corpo que não querem ser incomodadas. Têm feições rígidas e endurecidas, quando não desesperadas, e estão eletrizadas em suas ações, na ansiedade do próximo ato que não pode esperar. Isso revela o uso do tempo na grande metrópole. A

---

26 "Enquanto o espaço privado é fechado, denso e opaco, o espaço público é aberto, rarefeito e transparente" (Puls, *Arquitetura e filosofia*, 2006, p. 503).

27 Benjamin, Imagens do pensamento, in *Obras escolhidas*, 2000, v. 2, p. 156.

28 A escuridão interior do isolamento privado burguês, prenhe de objetos como um museu e vazio de vida, soa morte, um convite literário, portanto, à tanatologia. "O interior burguês dos anos 60 até 90, entalhados, os cantos sem sol, onde se ergue a palmeira, o balcão que a balaustrada fortifica e os longos corredores com a cantante chama de gás, torna-se adequado como moradia unicamente ao cadáver. 'Neste sofá a tia só pode ser assassinada' " (Benjamin, Rua de mão única, in *Obras escolhidas*, 2000, v. 2, p. 15).

29 Adorno, *Minima moralia*, 2001, § 91, p. 141.

grande metrópole moderna tem algo de frenético, e a simultaneidade de acontecimentos é a sua marca; por isso, sua temporalidade é a da passagem. Profusão e multiplicidade nela se misturam, e é dessa promiscuidade que nasce a sua determinação.

A cidade de São Paulo é um exemplo disso. São Paulo frenética, São Paulo mimética da moderna forma de vida. Assim, a cidade tudo absorve. Nela, tudo é possível, que o sonho vire realidade, que a realidade vire sonho, que o sonho acabe em tragédia. Seu gigantismo é único, multifário e incontrolável. Eis uma cidade sem demarcações, sem limites e sem fronteiras. Sua ausência de recortes e dimensões é o que provoca esse processo de regionalismo, bairrismo e autoencerramento das culturas locais, forma de proteção que permite que o isolamento, de classe, de bairro, de gênero, de hábito, de frequência, de costumes, de gosto... determine a forma de associativismo urbano.

Não há, por isso, nessa cidade lugar para o encontro entre humanos, como expressão de um genuíno encontro do gênero humano, pois todos os encontros são mediados pela cidade, em suas diversas formas; a *cidade-bar* produz o encontro dos gostos entre pessoas, na busca de preenchimento de vazios; a *cidade-clube* produz a aproximação de hábitos entre pessoas, da mesma classe; a *cidade-trabalho* produz a aproximação de relações pessoais e profissionais por especializações, mediadas pelo interesse econômico; a *cidade-rua* dificilmente aproxima alguém, salvo raríssimas exceções. A cidade é, por isso, lugar das possibilidades infinitas, que se convertem em impossibilidades, exatamente por serem infinitas. Nada que é infinito existe de fato, por isso, nada que é infinito é infinitamente humano. Pelo contrário, somente o finito é da ordem do humano, e somente o finito abastece o que é humano. A lei da metrópole contemporânea é a lei da indiferença, e, por isso, sua estrutura é atravessada pela incapacidade de evitar tornar a opacidade do outro algo que faça parte de seu cotidiano.

Por isso, o caso urbano citadino, de um lugar cosmopolita como São Paulo, pode parecer, à primeira vista, o lugar das possibilidades abertas. Mas uma cidade da proporção de São Paulo esconde suficientes becos, labirintos, ruas fechadas e intransitáveis, como é capaz de esconder os seus males e suas torpezas. Aliás, males e torpezas são ejetados da visibilidade para serem tomados como *não lugares*, como *não pertencentes* à cidade, por isso, ao lado da cidade visível existe uma outra cidade, oculta, opaca, invisível, que às vezes se abre para a curiosidade de fotógrafos meticulosos e pesquisadores de entranhas urbanas, como também, por vezes, se abre para o olhar da antropologia urbana e da sociologia crítica.

Aglomerados e indiferentes, os indivíduos que habitam a *urbis* moderna não precisam uns dos outros, senão como "encaixes funcionais" do sistema de produção. Por suas "artérias viárias" escorrem as massas que ocupam o mundo moderno, com seus corpos apressados e suas faces amedrontadas e estranhadas. Têm atitudes mecânicas, guiadas pelas normas que conduzem suas ações: isso é permitido, isto é proibido. As massas, ainda que caoticamente, ocupam os vãos entre cimento, asfalto e aço; por isso, são intransparentes, uma vez que os grupamentos humanos anárquicos servem à disciplina das cidades. Por isso, pode-se concluir que as massas se alimentam da passagem, do fluxo, da continuidade e do movimento, e não da intersubjetividade intencionada. Walter Benjamin, em "A obra de arte na era de sua reprodutibilidade técnica", afirma: "A massa distraída, pelo contrário, faz a obra de arte mergulhar em si, envolve-a com o ritmo de suas vagas, absorve-a em seu fluxo"[30].

A cidade, dominada pela forma moderna de se travestir, despe o homem de sua humanidade. Por isso, todos, ao saírem às ruas, estão nus, nus de si mesmos, nus de humanidade. Daí a indiferença ser comum. Cada movimento na cidade moderna é furioso e defensivo; é evitando a todos que nela se sobrevive. Ela é cínica e veste dois rostos de máscaras carrancudas, que sinalizam: "Proibido o diálogo!"; "Não tente dialogar se não for convidado!"; "Não se atreva a passar da linha de 3 metros de distância!". Em "Rua de mão única", Benjamin, analisando a vida urbana, afirma: "A liberdade do diálogo está-se perdendo. Se antes, entre seres humanos em diálogo, a consideração pelo parceiro era natural, ela é agora substituída pela pergunta sobre o preço de seus sapatos ou de seu guarda-chuva"[31]. Ao desconectar intersubjetividades, o ritmo da cidade desumaniza, por si só, enquanto tal, e, por isso, reifica.

O maquinismo da vida urbana é puxado por uma locomotiva que não são os interesses nas pessoas, e muito menos o interesse pela vida; ao impor um dinamismo que tudo atravessa, e que impõe uma rítmica de sinfonia fora de tom, a modernidade em curso, com sua vida urbana frenética, enlouquece, faz delirar e torna tudo sempre sucata. Uma polifonia de ruídos dissintônicos ocupa a atmosfera poluída da vida urbana em comum.

A velocidade, e não a intersubjetividade, tornou-se a essência espiritual da modernidade. Se os antigos viam-na como o "lugar" do homem – a *pólis* para os gregos é essa arena do comum, ponto de ancoragem da felicidade humana –, ela se converteu no lugar das coisas, mas não dos homens. Se é o lugar dos homens, ao menos, é o lugar dos homens reduzidos em sua humanidade e devolvidos à sua condição exasperada de selvagens. A cidade torna-se um ambiente inóspito, e, por isso, como se percebe nos destaques de recortes de jornais feitos por Walter Benjamin, em "O flâneur", o lugar de práticas de selvageria: "Sobre *O homem da multidão*, essa passagem de um artigo de *La semaine*, de 4 de outubro de 1846,

---

30 Benjamin, A obra de arte na era de sua reprodutibilidade técnica, in *Magia, técnica, arte e política*, 7. ed., 1996, p. 193.

31 Benjamin, Rua de mão única, in *Obras escolhidas*, 2000, v. 2, p. 23.

atribuído a Balzac ou mesmo a Hippolyte Castille (cit. Messac, Le detective novel et l'influence de la pensée scientifique, Paris, 1929, p. 424): 'O olho segue os passos desse homem que caminha na sociedade atravessando as leis, as ciladas, as traições de seus cúmplices, como um selvagem do novo mundo entre os répteis, os animais ferozes e as tribos inimigas'"[32].

Por isso, a cidade não é lugar de permanência, mas de passagem. A urbanidade moderna está centrada na facilitação da circulação veloz. A velocidade como marca rítmica do frenético, como compulsão inconclusa da existência moderna é o estampido de fluidez que produz dessocialização. Ao cultuar a velocidade, a cidade moderna suprime a experiência do tempo, da troca, da reflexão e do convívio, e, por isso, danifica o processo de socialização. Se os minutos são essa aguardente ordinária, tudo o que a cidade nos rouba é o prazer de nos tornarmos viciados compulsivos, bêbados contumazes e cultores embriagados do tempo. Sobre a sua experiência na Rússia, Benjamin afirma: " 'Tempo é dinheiro' – em cartazes reclama-se para essa frase admirável a autoria de Lênin, a tal ponto é estranha aos russos essa noção. Perdem tempo com tudo (Poder-se-ia dizer que os minutos são uma aguardente ordinária da qual nunca se saciam, estão embriagados pelo tempo)"[33]. Onde nada para, tudo flui continuamente, nada fica e nada significa. A banalização do humano começa com o aumento da velocidade. A velocidade que alimenta as pás do moinho do progresso é a mesma que destemporaliza a existência. A experiência da velocidade tudo atravessa e constitui, em seu desfazimento da percepção da temporalidade[34]. Suprime e corta, violenta e degrada, pela impossibilidade de estar no mesmo ritmo com que flui o progresso[35].

Por esse motivo, o grande lugar de afluxo são as grandes avenidas, lugar de espetáculo e desfile, de aparição do senhor das grandes cidades, este que molda Los Angeles na afirmação de sua história recente[36]. Principescas são as

---

32 Benjamin, O flâneur, in *Obras escolhidas*, 3. ed., 2000, v. 3, p. 216. Neste outro trecho, da mesma forma: "De *Les fusées* (Os foguetes), de Baudelaire: 'O homem... está sempre... em estado selvagem! O que são os perigos da floresta e da pradaria comparados aos choques e conflitos diários do mundo civilizado? Enlace sua vítima no bulevar ou trespasse sua presa em florestas desconhecidas, não é ele... o mais perfeito predador?' " (Benjamin, O flâneur, in *Obras escolhidas*, 3. ed., 2000, v. 3, p. 220).

33 Benjamin, Imagens do pensamento, in *Obras escolhidas*, 2000, v. 2, p. 168.

34 "O acidente da estrada me fez refletir a respeito da relação entre as depressões e a experiência do tempo, que na contemporaneidade praticamente se resume à experiência da velocidade" (Kehl, *O tempo e o cão:* a atualidade das depressões, 2008, p. 17).

35 "As atividades que favorecem a transmissão das experiências através das narrativas são executadas em um tempo distendido, diferente do tempo da produção mecanizada que caracteriza o nascimento do capitalismo" (Kehl, *O tempo e o cão:* a atualidade das depressões, 2008, p. 163).

36 "Los Angeles foi a primeira metrópole mundial a ser decisivamente moldada pelo automóvel na era de seu maior crescimento. Um dos resultados foi a descentralização do comércio e da cultura e a atrofia constante do centro da cidade" (Davis, *Cidades mortas*, 2007, p. 119).

avenidas em que reina o senhor das cidades do século XXI: o automóvel particular singular. Há lugar para ele em todas as partes, mas não há lugar para as pessoas em parte alguma, como nota Maria Rita Kehl[37]. Das carapaças de carros de que se vestem as pessoas para se manterem trancafiadas em seus mundos particulares e inacessíveis; das residências muradas e tornadas fortalezas da privacidade; das ruas fechadas que se tornam o cercado de especificidade de um bairro; das regiões inabitáveis, que, pela violência e pela miséria, se tornam polos esquecidos do convívio da cidade; das grandes avenidas que facilitam o trânsito e expulsam a pessoalidade do humano. Por isso, os espaços urbanos das grandes cidades modernas estão danificados e desabitados, putrefatos de vida, mas preenchidos pelos gases tóxicos de cujos escapamentos nos alimentamos todos os dias.

12.4. O CONTRATEMPO DO *FLÂNEUR* E A VELOCIDADE... A ARTE DA GARIMPAGEM DA CIDADE...

A advertência de Walter Benjamin, em "Infância em Berlim por volta de 1900", parece de todo curiosa: "Saber orientar-se numa cidade não significa muito. No entanto, perder-se numa cidade, como alguém se perde numa floresta, requer instrução"[38]. Perder-se requer instrução, orientar-se não significa muito... Ora, a orientação das cidades modernas disciplina os movimentos e determina os comportamentos, e é contra isso que resiste Benjamin, com a arte de descobrir por acidente a todo o tempo os lugares da cidade, e, por isso, redescobrir o *amor fati* contido na vivência experimentada do ambiente urbano. Benjamin resiste à linearidade da cidade moderna, às expulsões e injustiças que ela provoca. Em verdade, a cidade é utilitária e empurra o operário para a fábrica, o consumidor para o consumo, o carro para a rua, o pedestre para a calçada, o burguês para o seu apartamento; ela é pura disciplina em seus arranjos. Por isso, a atração de Benjamin pelo passo a passo do *flâneur*, pela arte de flanar, e pela arte de perder-se na cidade, que é uma forma de "resistência" na vida moderna. Em *Parque Central*, essa questão aparece explicada: "Com sua ostensiva serenidade, o *flâneur* protesta contra o processo de produção"[39]. Por sua vez, em "O flâneur", ainda mais explícita a seguinte afirmação: "A ociosidade do flâneur é uma demonstração contra a divisão do

---

37 "Da mesma forma as grandes avenidas de São Paulo, Tóquio ou Los Angeles não são mais lugares onde as pessoas precisam desviar para não esbarrar nas outras, como nos bulevares parisienses do século XIX, mas vias onde só os carros circulam em alta velocidade. As grandes cidades já não são construídas para a circulação e a exposição dos passantes ao contato com outros pedestres" (Kehl, *O tempo e o cão:* a atualidade das depressões, 2008, p. 176).

38 Benjamin, Infância em Berlim por volta de 1900, in *Obras escolhidas*, 2000, v. 2, p. 73.

39 Benjamin, Parque central, in *Obras escolhidas*, 3. ed., 2000, v. 3, p. 171.

trabalho"[40]. Eis a lupa do intelectual poeta, que Benjamin usa como ninguém, para observar a vida da moderna cidade, para nela sentir-se um habitante, da mesma forma que um estranho.

Ao vaguear pelas ruas, o *flâneur* não procura algo, se procura... ao perder-se do mundo, se acha, pois contesta a vida do progresso reinante[41]. A cidade da *flânerie* é Paris, e nela emerge, pois somente ela espelha aquilo que lhe configura e lhe desfigura[42]. Nela as forças do progresso estão agindo com toda força; Paris é o centro da moda, da especulação, do crescimento e das tendências. Claro, da ciência, da economia, da educação culta e da técnica. Por isso, o progresso a contorna, como a deforma. Por isso, o progresso se faz tão veloz em seus territórios, a ponto de tornar-se frenético. No entanto, se o progresso tivesse aprendido com as tartarugas, talvez tivesse aprendido algo sobre a vida. No capítulo "O flâneur", de *Paris do segundo império*, Benjamin afirma: "Ocioso, caminha como uma personalidade, protestando assim contra a divisão do trabalho que transforma as pessoas em especialistas. Protesta igualmente contra a sua industriosidade. Por algum tempo, em torno de 1840, foi de bom-tom levar tartaruga a passear pelas galerias. De bom grado, o *flâneur* deixava que elas lhe prescrevessem o ritmo de caminhar. Se tivessem seguido, o progresso deveria ter aprendido esse passo"[43].

Meticulosamente, o *flâneur* opera como um agente infiltrado no tecido da cidade, e nela causa a sua desordem. Todos se perguntam: o que faz? por que anda devagar? por que não se encontra ocupado? quem é? por que observa tudo? Em seu silêncio autoentretido, o *flâneur* desarranja a vida moderna. Por isso, sua atitude é uma ameaça. É possível vê-lo em ação, como um agente corruptor da vida da cidade, seguindo os passos de Benjamin: "Uma embriaguez aquele que longamente vagou sem rumo pelas ruas. A cada passo, o andar ganha uma potência crescente; sempre menor se torna a sedução das

---

40 Benjamin, O flâneur, in *Obras escolhidas,* 3. ed., 2000, v. 3, p. 199.

41 "Para que falar de progresso a um mundo que afunda na rigidez cadavérica? A experiência de um mundo assumindo a rigidez cadavérica" (Benjamin, Parque central, in *Obras escolhidas,* 3. ed., 2000, v. 3, p. 172).

42 "O *flâneur* como tipo o criou Paris. É estranho que não tenha sido Roma. Qual a razão? Acaso, na própria Roma, não encontra o sonho das vias trilháveis? E não está a cidade mais do que repleta de templos, praças cercadas, santuários nacionais, para poder penetrar indivisa, com cada paralelepípedo, com cada tabuleta, com cada degrau, com cada pórtico, no sonho do transeunte? Muito também se pode atribuir ao caráter nacional dos italianos. Pois não foram os forasteiros, mas eles, os próprios parisienses, que fizeram a Paris a Terra Prometida do flâneur, a paisagem construída puramente de vida, como a chamou certa vez Holmannstahl. Paisagem – eis no que se transforma a cidade para o flâneur. Melhor ainda, para ele, a cidade se cinde em seus polos dialéticos. Abre-se para ele como paisagem, e, como quarto, cinge-o" (Benjamin, O flâneur, in *Obras escolhidas,* 3. ed., 2000, v. 3, p. 186).

43 Benjamin, Paris do segundo império, in *Obras escolhidas,* 3. ed., 2000, v. 3, p. 50-51.

lojas, dos bistrôs, das mulheres sorridentes e sempre mais irresistível o magnetismo da próxima esquina, de uma massa de folhas distantes, de um nome de rua. Então vem a fome. Mas ele não quer saber das mil e uma maneiras de aplacá-la. Como um animal ascético, vagueia através de bairros desconhecidos até que, no mais profundo esgotamento, afunda em seu quarto, que o recebe estranho e frio"[44].

Mas, percebe-se, a resistência do *flâneur*, como "resistência isolada", é o que faz de seus esforços um conjunto de ações incompreendidas. Seu passo de tartaruga é a exceção diante dos rolamentos de automóveis e ruídos de caminhões. Mais ainda, um conjunto de ações sensíveis, mas invisíveis; um conjunto de ações desabitado de sentido, e, por isso, constitutivo do que *não pertence* ao *modus* da cidade moderna. É, sem dúvida, e paradoxalmente, aquilo que emerge da vida moderna, mas em contradição direta com ela; a *flânerie* nada faz, nada constitui de novo, mas sobrevive como oportunidade de fruição, e protótipo de ação que faz a diferença, no sentido ético-político, ainda que opaca, em centros urbanos.

12.5. A REALIDADE BRASILEIRA E O *BOOM* DO *MODUS VIVENDI* URBANO

A cidade moderna, como metamodelo, transfere-se para todas as partes do mundo. Na constituição do processo de transferência estética, mas também tecnológica, é da *mímesis* que nascerão as cidades de modernidade precária do capitalismo periférico. É isso que se vê como traço constitutivo, na forma de importação dos interesses, conceitos, modelos e condições que se impõem sobre as cidades, mundo afora. Em particular, no Brasil, a história da concentração da vida nas grandes cidades ao longo do século XX coincidirá com a gradativa expulsão dos homens da terra, colaborando para um processo de concentração populacional nos grandes centros urbanos – com despreparo e baixa capacidade de absorção e oferta de condições de vida digna –, onde a maioria dos graves conflitos e disparidades se expressa a olho nu, dentro da malha das tensões e dos problemas urbanos. Na América Latina, não haveria de ser diferente para países que foram colonizados e atravessaram as suas histórias à luz e semelhança dos grandes centros do capitalismo, seja europeu, seja norte-americano. No relatório *Cidades e igualdade social* (*Cities and social equality*), desenvolvido pelo Ilanud em parceria com a *London School of Economics*, no âmbito do projeto *Urban Age*, identifica-se que as cidades da América do Sul são muito importantes para a cartografia global, mas que são áreas de extrema polarização sociourbana.

---

[44] Benjamin, O flâneur, in *Obras escolhidas*, 3. ed., 2000, v. 3, p. 186.

Elas, as cidades, falam por si mesmas da estrutura social e econômica do próprio país. Permitem, nesse sentido, uma "hermenêutica a céu aberto" da realidade que as determina e as compõe. Quando se "observa" uma cidade, uma metrópole, como São Paulo, tem-se, como registra a socióloga argentina Beatriz Sarlo, a impressão de estar diante de uma megalópole do futuro[45]. Apesar disso, nela se veem assimetrias, irregularidades, imperfeições urbanísticas, inacabamento, desleixo e desorganização. Mas, ao apurar os "olhos", vê-se mais: a forma como habitações irregulares se mesclam a habitações regulares, a forma como o impossível subsiste ameaçando a vida de transeuntes, a forma como a feiura e a *sub-habitação* ocupam espaço de relevo, a forma como a tibieza da legislação urbanística permite que bairros inteiros sejam descaracterizados pela força do mercado imobiliário e pela penetração corruptora do poder do capital na forma como se determinam as ocupações dos espaços urbanos. A cidade é feia, e é bela, é distorcida, opulenta e pulsante, ao mesmo tempo que fétida e inabitável[46]. Há algo de pútrido, que convive com algo de belo e renovado. Torce-se, nessas cidades, para que elas sejam renovadas. Nova York é o exemplo de permanente renovação que a modernidade solicita das cidades: substituir o anterior por algo mais moderno.

Sua grande dimensão populacional não é proporcional à sua escala territorial, daí ter assumido uma feição de conurbação amorfa e indeterminada. Ademais, em sua territorialidade, há perímetros e perímetros. As áreas precárias são, naturalmente, o destino-lugar da população pobre, uma vez que as leis urbanísticas acabam por consolidar a perversão social que coloca em ação o mercado informal (grilagem, ilegalidade, títulos falsos, induzimentos de ocupação de terrenos precários e encostas, mercado de baixa renda, periferização). Esse modelo constituiu um modo de definição da "forma de operar da lei", e que continua agindo entre nós, segregando pessoas e construindo espaços de classes que identificam bairros e categorias de seres humanos. A consciência de classe coloniza o espaço urbano num sentido negativo, e isso desde a origem dos processos de constituição urbanística da cidade[47]. A elitização das decisões

45 "O impacto que produz São Paulo para um portenho é realmente de uma megalópole do futuro, tanto no seu caráter anômalo como em sua enorme vitalidade, na beleza do moderno e do hipermoderno que se tem" (Marcolini, Fervor de Buenos Aires, *Folha de S.Paulo,* Ilustrada, domingo, 7 jun. 2009, p. 5).

46 "Por isso, a acumulação de riqueza é acompanhada pela acumulação de pobreza. A construção de sedes de empresas e palácios residenciais encontra sua contrapartida na multiplicação de cortiços e favelas: a beleza e a feiura são as faces antagônicas, porém complementares, da mesma sociedade" (Puls, *Arquitetura e filosofia,* 2006, p. 423).

47 Nestes dois trechos, fica nítida a questão: "Ao mesmo tempo em que a lei alinhavou os territórios da riqueza, delimitou também aqueles onde deveria se instalar a pobreza" (p. 47). "Os investimentos diretos realizados pela Prefeitura também privilegiavam os novos bairros residenciais da elite" (Rolnik, *A cidade e a lei:* legislação, política urbana e territórios na cidade de São Paulo, 3. ed., 2007, p. 113).

políticas, antidemocráticas, e a expulsão das camadas baixas para regiões periféricas tornaram possível o fenômeno de *desabitação*, de desagregação do centro de São Paulo[48]. Com esse processo, fica evidente como as classes baixas recairão no problema do inacesso ao direito à territorialidade digna, que marca e determina a forma de operar das instituições no atual contexto.

Em países de capitalismo periférico, fica nítida a coloração das formas e estruturas nas grandes cidades. Tudo lembra caos, desordem, falta de planejamento, e privilégios das elites. Eis a face, superficial e profunda, da maior metrópole da América do Sul, e de uma das maiores metrópoles do mundo, signo do que o capitalismo é capaz de produzir. Curiosamente, é a ausência de traçado o que marca a construção das cidades no processo de colonização portuguesa do Brasil, como constata Raquel Rolnik[49]. Essa particularidade diferenciava a forma de colonização espanhola, que marcou a formação de inúmeras cidades latino-americanas, entre elas a cidade de Buenos Aires, a antiga Paris latino-americana. No entanto, processos sociais, políticos e econômicos mais recentes demonstram que mesmo uma cidade como esta padece dos mesmos efeitos dissincrônicos da vida contemporânea, a ponto de assustar o observador contemporâneo, pela escatologia que está embutida no interior das análises de perspectiva da sociologia do espaço urbano[50].

No caso do Brasil, o inchaço de suas metrópoles e, em particular, da megalópole paulistana deve-se ao traçado das grandes injustiças e do retardamento da reforma agrária no campo. Essa história, sem dúvida alguma, remonta ao marco legal da Lei de Terras[51]. No entanto, é mais recente o fato de

---

48 "Assim, bairros inteiros existiam sem, no entanto, ser reconhecidos como parte da cidade oficial, e a alta densidade do território popular causava repugnância e preocupação às elites que se defendiam construindo bairros exclusivos e propondo favores fiscais e liberalidades construtivas para os empreendedores que desejassem construir casas populares em zonas precisamente delimitadas para tal, fora do perímetro central" (Rolnik, *A cidade e a lei:* legislação, política urbana e territórios na cidade de São Paulo, 3. ed., 2007, p. 145).

49 "A história da legislação urbana em São Paulo reafirma a clássica proposição de Sergio Buarque de Holanda em seu texto 'O semeador e ao ladrilhador' de que a colonização portuguesa, ao contrário da espanhola, não possuía um conjunto sistemático de regras escritas para o desenho da cidade" (Rolnik, *A cidade e a lei*: legislação, política urbana e territórios na cidade de São Paulo, 3. ed., 2007, p. 16).

50 Eis a opinião de Beatriz Sarlo, socióloga argentina: "Buenos Aires não projeta essa imagem. Nada disso. Ela está rodeada do que, possivelmente, será o futuro de todas as cidades dos países não europeus – cinturões de pobreza, favelas, marcas do desemprego, da podridão, do desastre ecológico" (Marcolini, Fervor de Buenos Aires, *Folha de S.Paulo,* Ilustrada, domingo, 7 jun. 2009, p. 5).

51 "A promulgação da Lei de Terras marca um corte fundamental na forma de apropriação da terra no Brasil, com grandes consequências para o desenvolvimento das cidades. A partir de sua promulgação, a única forma legal de posse da terra passou a ser a compra devidamente registrada. Foram duas as implicações imediatas dessa mudança: a absolutização da propriedade, ou seja, o reconhecimento do direito de acesso se desvincula da condição de efetiva ocupação, e sua monetarização, o que significa que a terra passou a adquirir plenamente o estatuto de mercadoria"

o Brasil partir de uma situação no século XX, com 60% da população no campo, em 1940, para uma concentração de 70% da população na realidade urbana, em 1980, sob os incentivos de urbanização e desenvolvimentismo da ditadura militar (1964-1985). O desenvolvimento está dado por um processo de hiperconcentração urbana, uma vez que o *modus vivendi* urbano-burguês foi tornado o padrão-universal de vida. Por isso, as cidades terão a feição do lugar do impossível, da acolhida universal, fato esse que é por si mesmo impossível, quando pensada a condição de amplo provimento de direitos e serviços necessários para o desenvolvimento humano. A concentração nunca é uma boa saída, mas tornou-se a forma distorcida de realizar a modernidade precária do mundo em desenvolvimento no Brasil. E isso porque se trata de um país de matriz agroexportadora e que assiste, ao longo do século XX, ao fenômeno da migração para os meios urbanos, em função: 1º) da modificação dos hábitos de consumo e exploração do solo; 2º) dos influxos de modernização e de modificação do sistema econômico no capitalismo tardio; 3º) da expulsão sistemática da população do campo, especialmente o pequeno produtor; 4º) da expansão latifundiária destinada ao abastecimento dos interesses do *agro-business*; 5º) da busca de oportunidades de trabalho, educação e benefícios que não existem fora das áreas de concentração urbano-habitacional[52].

12.6. AS CIDADES MODERNAS, O PARADIGMA CIVILIZATÓRIO E A PARTILHA DO ESPAÇO PÚBLICO

Por isso, como desafio, torna-se imperativo rever o modelo de produção de vida que concentra massas humanas nos centros e nas cidades modernas. Faz parte da busca por alternativas e por novos paradigmas de desenvolvimento dois tipos de movimentos: a melhoria da qualidade de vida em centros urbanos; a valorização do modo de vida centrado no campo. Isso tem tudo que ver com a necessidade de administrar, como duas frentes de perspectivas, o conjunto das calamidades e dificuldades que marcarão, cada vez de modo mais presente, a vida urbana no século XXI, como graves consequências para o abastecimento, o transporte, a saúde e a sustentabilidade ambiental.

Nas cidades e urbanizações que aquietam a pobreza e consomem o meio ambiente, a solução sempre aparece usando o meio ambiente como escudo à

(Rolnik, *A cidade e a lei:* legislação, política urbana e territórios na cidade de São Paulo, 3. ed., 2007, p. 23).

52 Da mesma forma como em São Paulo, também em Buenos Aires: "Assim como os bairros onde os pobres viviam em condições precárias, as favelas nasceram nos anos 1940, quando se produziram grandes migrações internas pela necessidade de mão de obra das indústrias que se concentravam nos arredores da cidade" (Marcolini, Fervor de Buenos Aires, *Folha de S.Paulo,* Ilustrada, domingo, 7 jun. 2009, p. 5).

frente do social, ao estilo do que se processou no Rio de Janeiro, com o caso da construção do chamado "muro ambiental". E, em verdade, a questão ambiental tem sido usada como expediente retórico pelo governo, para aquietar o alarde social, empurrando o debate público para dentro da vala dos consensos intocáveis; mas, em verdade, trata-se de uma justificativa que encobre a forma como se lidam com questões sociais no Brasil. Mas este parece ser um fenômeno mundial. Testemunhando a partir da experiência urbana de Los Angeles, em *Cidade de quartzo*, Mike Davis apresenta o argumento de que o problema da segurança e a correlação com a degradação dos espaços públicos foram simultâneos, resultando num processo de agigantamento da privatização da segurança e na blindagem social entre classes sociais e espaços de convívio[53].

O troca-troca da equivalência urbana está centrado na especulação que faz das coisas e das relações apenas matéria desse processo de hipervalorização imobiliária e de especulação sobre territórios citadinos. Eis aí a clássica fórmula da periferização dos problemas, pois as habitações precárias são deslocadas do olhar da população e realocadas na distância da indiferença. Eis o caminho plantado da violência urbana, no registro de Paulo Endo[54]. Enquanto isso, são milhares que habitam o impossível. "A gente está dormindo e é rato andando por cima da gente, conta Ângela Quitéria, 43, com o olhar voltado para o chão do barraco Hatsuta, favela com esgoto a céu aberto no centro de Guarulhos (região metropolitana de São Paulo)[55]". Eis um depoimento que ilustra com nitidez essa reflexão.

A segregação social passa a fazer parte do processo de confirmação dos desajustes sociais[56]. A geografia da miséria e das distorções permite identificar

---

[53] Nos comentários de Wisnik (Crítica – Cidade de quartzo, *Folha de S.Paulo*, Ilustrada, sábado, 3 out. 2009, p. E5): "As ações extorsivas na partilha da cidade, ao fazerem recair suas linhas de corte sobre o cidadão, atingem de uma só vez o corpo, tornado objeto de degradação pública e subjetiva; os lugares privatizados como espaços para privilegiados, e a cidadania, que supõe um corpo autônomo por sua pertinência a um lugar" (Endo, *Violência no coração da cidade*: um estudo psicanalítico sobre as violências na cidade de São Paulo, 2005, p. 72).

[54] "A desfavelização, as ações integradas e as operações urbanas têm sido instrumentos eficazes que, unindo poderes públicos e investidores imobiliários, vêm contribuindo, decisivamente, no processo de periferização da cidade e de concentração da rede urbana longe destas periferias" (Endo, *Violência no coração da cidade:* um estudo psicanalítico sobre as violências na cidade de São Paulo, 2005, p. 68).

[55] "Segundo o governo do Estado, Guarulhos é a cidade paulista com mais população em áreas irregulares – são 700 mil, de um total de 1,2 milhão de habitantes. A prefeitura local não confirma os números" (Paiva, 700 mil vivem em área ilegal, em Guarulhos, diz governo, *Folha de S.Paulo*, domingo, 17 maio 2009, p. C3).

[56] "Toda estratificação social pressupõe uma segregação espacial: numa escola, o quadro do professor se opõe às carteiras dos alunos; numa igreja, o altar situa-se num patamar acima do espaço dos fiéis; num palácio, o governante ocupa um gabinete fechado aos governados. O que a arte faz é tornar visível aquilo que está invisível: a arquitetura espelha a estrutura social, separando dominantes e dominados, aliados e adversários" (Puls, *Arquitetura e filosofia*, 2006, p. 22).

a perversidade dos processos de regionalização dos bolsões de riqueza e pobreza, de segurança e insegurança. A grande extensão das megalópoles, paradoxalmente, tem como resposta a fragmentação do convívio, o confinamento por bairro, perfil de consumo, clubes de acesso reservado, e por classe social. A grande cidade, não raras vezes, torna-se um quarteirão.

As cidades de todo o mundo estão vivendo um processo semelhante, por isso, há proximidades entre os fenômenos urbanos do mundo da globalização. O aumento das regiões faveladas em todo o mundo é exponencial, sendo África e Ásia as regiões de maior predomínio desse modo de vida urbano precarizado, conforme aponta o relatório das Nações Unidas-Habitat, divulgado em 5 de outubro de 2009, intitulado *Planejando cidades sustentáveis*. O grande deslocamento de pessoas todos os dias faz parte de um processo contínuo de busca da vida urbana iniciado há séculos atrás[57]. Do ponto de vista comparativo, vale a pena registrar que, "Na África subsaariana, 62,2% dos moradores vivem em favelas. Em Serra Leoa, os que vivem em moradas informais compõem 97% da população do país"; "enquanto o Chile tem só 9% de população em habitações informais, na Jamaica os favelados são mais de 60%. O Brasil fica no meio do caminho: tem 29% da população vivendo em favelas, segundo os dados da ONU"[58].

12.7. A CIDADE SUSTENTÁVEL E INCLUSIVA: CIDADANIA E DIREITOS HUMANOS NO ESPAÇO URBANO

Seria possível mentalizar uma outra forma de construção da identidade dos meios urbanos? Eis a face de uma discussão da mais relevante importância no início do século XXI[59]. Eis também a utopia da habitabilidade[60]. Cidades que girem em torno de pessoas, e não em torno de mercadorias, coisas e carros; cidades que sejam capazes de ser pensadas como foro de realização da

---

57 "Todo dia 200 mil pessoas deixam o campo e vão para as cidades. É como se um município do tamanho de São Carlos fosse criado diariamente no mundo" (Carvalho, Grellet, Duzentos mil deixam campo rumo à cidade a cada dia no mundo, *Folha de S.Paulo*, Mundo, terça-feira, 6 out. 2009).

58 Carvalho, Grellet, Duzentos mil deixam campo rumo à cidade a cada dia no mundo, *Folha de S.Paulo*, Mundo, terça-feira, 6 out. 2009.

59 Cada vez mais notável são as notícias acerca do problema ambiental: "Desde 1975, o número de desastres naturais cresceu quatro vezes, segundo a ONU" (Carvalho, Grellet, Duzentos mil deixam campo rumo à cidade a cada dia no mundo, *Folha de S.Paulo*, Mundo, terça-feira, 6 out. 2009).

60 "Uma cidade flexível, repleta de parques por diversos bairros, transporte fácil e qualidade de vida acessível a todos os habitantes. Essa metrópole ideal, imaginada pelo arquiteto Christian Portzamparc, é quase uma utopia, frente aos graves problemas enfrentados por locais tão diversos como São Paulo, Paris e Pequim" (Gioia, Cidades em colapso, *Folha de S.Paulo*, sábado, 12 set. 2009, p. E1).

dignidade humana. Por isso, são inúmeros os desafios da cidade moderna: garantia de diversidade, promoção da inclusão, realização da sustentabilidade e da cidadania participativa[61]. A cidade que inclui é a cidade da diversidade, do pluralismo e das formas democráticas de gestão do comum, em que o respeito ao outro e ao ambiente se constroem como forças complementares de *éros*. A cidade que inclui não mata nem de fome, nem de frio, nem de trânsito, nem de tiro, não discrimina e não separa, não oprime, nem degrada, não explora e não esquece. A cidade que inclui é acolhedora; por ser *oikós*, lugar de encontro consigo e com o outro.

A feição transmutada é a de uma cidade capaz de realizar uma forma outra de vida. A cidade assim pensada é a cidade em que se produz e se consome, como trocas válidas, mas não a cidade da mercadurização de tudo. Sua nova identidade deve ser capaz de promover a ideia de que a cidade é o lugar da produção e da proteção ambiental, o lugar do trabalhador ativo, mas também do idoso, da criança e do adolescente, o lugar capaz de inclusão, e que é pensada para o lazer e para o trabalho, para a circulação e para o descanso. A cidade includente abriga e permite condições[62]; essa cidade é a dos portadores de deficiência e, portanto, o lugar dos muitos. Lugar da agitação, mas lugar do silêncio.

Nesse sentido, é da observação das contradições atuais da vida nas cidades que nasce o potencial de se lutar e de se proclamar pelo direito à cidade como uma forma complexa de expressão dos direitos humanos[63]. Na Carta Mundial pelo Direito à Cidade, Foro Social Mundial de Porto Alegre, 2005, lê-se, no art. 2º: "O direito à cidade é definido como o usufruto equitativo das cidades dentro dos princípios de sustentabilidade, democracia, equidade e

---

61 "Enfim, um espaço onde deve ser buscada a máxima vantagem social e liberdade cidadã, refutando, deste modo, a segregação social, a degradação ambiental, e, finalmente, a infelicidade" (Molinaro, Direito à cidade e proibição de retrocesso, in *Anais,* Congresso Internacional de Direito Ambiental, Direito ambiental, mudanças climáticas e desastres: impactos nas cidades e no patrimônio cultural [Antonio Herman Benjamin, Eladio Lecey, Silvia Cappelli], 2009, p. 22).

62 "Com isso se chega ao outro lado do argumento. Pois assim como a flânerie pode transformar toda a Paris num interior, numa moradia cujos aposentos são os quarteirões, não divididos nitidamente por soleiras como os aposentos de verdade, por outro lado, também, a cidade pode abrir-se diante do transeunte como uma paisagem sem soleiras" (Benjamin, O flâneur, in *Obras escolhidas,* 3. ed., 2000, v. 3, p. 192).

63 "Identificar um direito à cidade conduz o observador para a reflexão sobre como estão formatadas as cidades de nossos dias, sobre como as condições de vida nelas têm sido degradadas seja pela privatização desordenada dos bens e dos serviços, seja pelo continuado aumento dos níveis de desigualdade, cada vez mais visível discriminação e da consequente exclusão provocada; portanto, importa também considerar *l'état d'art* na concretização dos direitos humanos e dos direitos fundamentais" (Molinaro, Direito à cidade e proibição de retrocesso, in *Anais,* Congresso Internacional de Direito Ambiental, Direito ambiental, mudanças climáticas e desastres: impactos nas cidades e no patrimônio cultural [Antonio Herman Benjamin, Eladio Lecey, Silvia Cappelli], 2009, p. 21).

justiça social. É um direito coletivo dos habitantes das cidades, em especial de grupos vulneráveis e desfavorecidos, que lhes confere legitimidade de ação e de organização, baseado em seus usos e costumes, com o objetivo de alcançar o pleno exercício do direito à livre autodeterminação e um nível de vida adequado (...)". É como direito social que se realiza, pois implica o atendimento a muitos outros direitos de interesse coletivo. O direito à cidade, como direito social, envolve: um direito à moradia, um direito à segurança, um direito à saúde, um direito à mobilidade urbana, um direito ao trabalho, um direito à educação, um direito ao lazer, um direito à cultura, um direito das futuras gerações[64].

O desenvolvimento de políticas relacionadas ao direito à cidade é de fundamental importância para a tarefa de considerar o deslocamento do *privado* para o *público*, do *individual* para o *coletivo*, do *uso particularizado* da cidade ao *uso compartilhado do espaço comum da cidade* como *construção de todos e para todos*. Nesse sentido, práticas que se relacionem à revitalização de espaços públicos, ao convívio liberal com manifestações pacíficas, ao encontro de novas formas de sociabilidade, às intervenções estético-criativas, ao uso e aprimoramento do transporte coletivo, à ocupação de praças públicas com atividades permanentes, à prevenção da violência, à construção de foros abertos de participação social, ao desenvolvimento de atividades educativas como aulas públicas e cinema/teatro de rua, à criação de eventos gratuitos e de usufruto comum em espaços públicos, à construção de programações de redistribuição social dos benefícios e serviços públicos acessíveis, à oferta de equipamentos públicos multiuso abertos à comunidade, à construção da memória simbólica da cidade, ao exercício da solidariedade com a população em situação de rua, à restauração do patrimônio histórico-arquitetônico, têm todas a ver com a proposta de consolidação e realização do direito à cidade.

O paradoxo das cidades modernas é que elas são, em princípio, abertas para todos, sem fronteiras e impedimentos de circulação. Mas, ao mesmo tempo, elas estão circundadas por leis veladas, que não sinalizam com clareza ao passante desavisado do seu não pertencimento. Na sua atual conformação, por exemplo, a beleza pode ser vista como um elemento dispensável para os bairros de classes baixas, enquanto é um requisito essencial e identitário, para aos bairros de classes elevadas. Aos pobres, a feiura e o lixo; aos ricos, a beleza e a limpeza. A socialização da beleza arquitetônica deve ser uma preocupação que deve acompanhar bairros ricos e bairros pobres. Um belo para todos é o atributo da arte que se responsabiliza por dignas condições de vida, e por

---

64 Cf. Molinaro, Direito à cidade e proibição de retrocesso, in *Anais*, Congresso Internacional de Direito Ambiental, Direito ambiental, mudanças climáticas e desastres: impactos nas cidades e no patrimônio cultural [Antonio Herman Benjamin, Eladio Lecey, Silvia Cappelli], 2009, p. 31.

qualidade de uso do espaço público, para todos. O belo não precisa ser um privilégio de classe, mas se trata de uma obrigação de contraprestação do Poder Público, pela habitabilidade e pela valorização dos lugares habitados, para todos.

A arquitetura, o ambientalismo, a educação, a cultura e a arte, o urbanismo, a engenharia e a cultura dos direitos humanos jogam um papel de grande significação nesse processo de reconstrução e redimensionamento, que inverte a lógica da lei velada que governa a vida das cidades; o projeto sustentável tem que ver com esse caráter propositivo de uma nova legalidade para esses espaços[65]. A razão crítica deve ser, por isso, capaz de indicar caminhos e apontar contradições, em que hegemonicamente se veem expressões de naturalismos sociais. Uma cidade moderna remodelada torna-se, por isso, capaz de significar um lugar de importante realização da pessoa, e, por isso, um lugar de felicidade e provimento material.

Tornar o ambiente urbano menos inóspito parece ser um grande desafio, mas não uma impossibilidade, como a análise do arquiteto francês Portzamparc demonstra[66]. A segregação provocada pelos recortes nos traçados urbanos pelas grandes avenidas, numa outra proposta de urbanização, deveria ser evitada, pois os bairros se tornam, entre elas, ilhas isoladas, mobilizadoras do isolamento urbano e da divisão social. Na mesma medida, a proteção ambiental deveria ser uma previsão que alcança o problema da apropriação do ar, da água e do solo[67]. O lazer e a instrução, a participação e a cidadania, como formas de identificação da vida urbana. Assim, não há vida urbana reformada sem que se pense em condicionantes necessárias e fundamentais, para humanizar o ambiente das cidades, como: o uso de intervenções e experiências artísticas; remodelamento urbanístico e intervenções socioambientais; medidas de preservação ambiental; restrições legais à livre determinação de mercado e à especulação sobre o território urbano; democratização do acesso, uso e construção de políticas para os espaços urbanos; publicização de espaços; uso do lazer e da integração como formas de socialização no espaço urbano; criação de espaços alternativos que sejam capazes de agregar as muitas formas de vida e as várias formas de fruição

---

65 "A sustentatibilidade de uma cidade, afinal de contas, não é somente uma relação linear entre a população e a base de recursos disponíveis; também é determinada pela forma social de consumo, e isso, em última instância, é uma questão de projeto urbano" (Davis, *Cidades mortas*, 2007, p. 125).

66 "Para Portzamparc, as grandes avenidas criam, pouco a pouco, bairros-enclaves, que não se relacionam com o restante da cidade de forma sustentável. Em Paris, por exemplo, essa circulação expressa cria setores segregados. Isso cria espaços sem futuro, que vivem unicamente de um tipo de atividade. Uma cidade sustentável tem de ser flexível" (Gioia, Cidades em colapso, *Folha de S.Paulo*, sábado, 12 set. 2009, p. E1).

67 "De modo mais profundo, a grande cidade capitalista é extremamente perigosa porque domina a natureza mais do que coopera com ela" (Davis, *Cidades mortas*, 2007, p. 19).

da vida comum e do espaço urbano; proteção do exercício das liberdades e garantia contra o medo e a violência, o crime e a usurpação; a preservação da memória da cidade contra as formas de apagamento provocadas pela modernização; a conservação do patrimônio histórico, como forma de acesso ao conhecimento cultural do espaço urbano, entre outras.

Ainda mais, a cidade moderna cosmopolita, que é repleta de rostos e faces as mais diversas, deve ser capaz de não converter diferenças em assimetrias sociais. Se o melhor aspecto das cidades cosmopolitas é atrair uma grande diversidade de pessoas, deveria ser capaz também de congregar a diversidade e oferecer condições de vida a uma multiplicidade de estilos de vida. A multiplicidade deve estar em seu seio. A cidade que isola, segrega, discrimina, divide, desaproxima, setorializa é a cidade das impossibilidades humanas.

CONCLUSÕES

Nessa investigação, procurou-se pensar o tema das cidades modernas. Numa retomada histórica de sua formação, pôde-se perceber como a sua lei interna é a mesma que governa, de modo amplo e geral, a própria modernidade. Nesse sentido, as contradições das sociedades modernas estão refletidas em seus ambientes. Todas as grandes distorções que se afirmam na construção da identidade de um coletivo urbano retratam a clausura dos conceitos e categorias que organizam o mundo moderno, e, por isso, espelham suas insuficiências. Nessa perspectiva, fica clara a evidência da necessidade de se pensar a correlação entre *direitos humanos*, *democratização de espaços públicos* e *uso das cidades*.

Nessa medida, ficou evidente a necessidade de refletir o *direito à cidade* como um *direito social*, tomada a sua complexidade e assumida a tarefa de pensar criticamente o uso do espaço comum em sociedades modernas. Habitar, nesse sentido, é estar num lugar em processo permanente de socialização. Do ponto de vista do *Estado Democrático de Direito*, a promoção da *dignidade humana* está estritamente condicionada ao problema do desenvolvimento de condições para um ambiente urbano sustentado, diverso, pluralista, que consinta, por presença inteligente do Poder Público na vida comum, a gestão democrática da coisa comum.

Assim, percebe-se a correlação negativa entre os desvios legais, as desigualdades sociais nacionais, as assimetrias geográficas urbanas e o processo de concentração de violências. A expulsão do homem do campo, o uso do latifúndio como lugar de produção e a concentração de terras geram a acumulação de condições de vida em que o espaço urbano se torna uma expressão do adensamento dos graves problemas e das graves distorções de vida numa sociedade desigual, injusta e violenta. Talvez, com o avanço das novas tecnologias, a alternativa a uma divisão radical entre cidade e campo possa ser aos poucos dissolvida, na medida em que o *home office* – que pode ser realizado a qualquer distância – tornou possível a não presença corpórea dos trabalhadores nos locais de trabalho. Nisto, a tecnologia converge para possibilitar o repovoamento das imensas distâncias de terra atualmente existentes.

Se a *cidade* é o *lugar da justiça*, também o é da *injustiça*. Quando se toca nesse ponto, percebe-se claramente que o problema da matriz civilizatória precisa, urgentemente, ser revisto. Daí a importância do *direito à cidade*, como lógica a inscrever a própria *luta por direitos humanos*, o uso da territorialidade urbana, a justiça no campo e o equilíbrio nas tarefas do *Estado Democrático de Direito* no desenvolvimento de políticas públicas voltadas à redistribuição de terras, mediada pela compreensão crítica da realidade e da justa forma de proceder na construção dos espaços sociais.

REFERÊNCIAS BIBLIOGRÁFICAS

ADORNO, Theodor. *Minima moralia.* Tradução de Artur Morão. Lisboa: Edições 70, 2001.

_________; HORKHEIMER, Max. *Dialética do esclarecimento.* Tradução de Guido Antonio de Almeida. Rio de Janeiro: Zahar, 1985.

ALVES, Alaôr Caffé. Crise econômico-social, meio ambiente urbano e proteção ambiental: a questão metropolitana. O grande desafio do século XXI. In: *Anais,* Congresso Internacional de Direito Ambiental, Direito ambiental, mudanças climáticas e desastres: impactos nas cidades e no patrimônio cultural (BENJAMIN, Antonio Herman; LECEY, Eladio; CAPPELLI, Silvia), São Paulo, 2009, p. 3-19.

BAUMAN, Zygmunt. *Em busca da política.* Tradução de Marcus Penchel. Rio de Janeiro: Zahar, 2000.

_________. *Comunidade:* a busca por segurança no mundo atual. Tradução de Plínio Dentzien. Rio de Janeiro: Zahar, 2003.

_________. *O mal-estar da pós-modernidade.* Tradução de Mauro Gama e Cláudia Martinelli Gama. Rio de Janeiro: Zahar, 1998.

BENJAMIN, Walter, Melancolia de esquerda. In: *Magia, técnica, arte e política:* ensaios sobre literatura e história da cultura. Tradução de Sergio Paulo Rouanet. 7. ed. São Paulo: Brasiliense, 1994. p. 71-77.

_________. *Obras escolhidas.* Tradução de José Carlos Martins Barbosa e Hemerson Alves Baptista. 3. ed. São Paulo: Brasiliense, 2000. v. 3.

_________. A obra de arte na era de sua reprodutibilidade técnica. In: *Magia, técnica, arte e política.* Tradução de Sergio Paulo Rouanet. 7. ed. São Paulo: Brasiliense, 1996. p. 165-196.

__________. *O conceito de crítica de arte no romantismo alemão*. Tradução de Marcio Seligmann Silva. 3. ed. São Paulo: Iluminuras, 2002.

BITTAR, Eduardo C. B. *O direito na pós-modernidade e reflexões frankfurtianas*. 2. ed. Rio de Janeiro: Forense Universitária, 2009.

CARVALHO, Mario César; GRELLET, Fábio. Duzentos mil deixam o campo rumo à cidade a cada dia no mundo. *Folha de S.Paulo,* Mundo, terça-feira, 6 out. 2009.

CASTRO, Ruy. O Brasil impermeável. *Folha de S.Paulo,* Opinião, sábado, 12 set. 2009, p. A2.

DAVIS, Mike. *Cidades mortas*. Tradução de Alves Calado. Rio de Janeiro: Record, 2007.

ENDO, Paulo. *Violência no coração da cidade:* um estudo psicanalítico sobre as violências na cidade de São Paulo. São Paulo: Escuta/FAPESP, 2005.

GIOIA, Mario. Cidades em colapso. *Folha de S.Paulo,* sábado, 12 set. 2009, p. E1.

KEHL, Maria Rita. *Sobre ética e psicanálise*. São Paulo: Companhia das Letras, 2002.

KONDER, Leandro. *Walter Benjamin:* o marxismo da melancolia. 3. ed. Rio de Janeiro: Civilização Brasileira, 1999.

LAGES, Susana Kampf. *Walter Benjamin:* tradução e melancolia. São Paulo: EDUSP, 2007.

MANNHEIM, Karl, O problema do intelectual. In: *Sociologia*. Tradução de Emilio Willems et al. São Paulo: Ática, 1982. p. 101-106.

MARCOLINI, Adriana. Fervor de Buenos Aires. *Folha de S.Paulo,* Ilustrada, domingo, 7 jun. 2009, p. 5.

MARCUSE, Herbert. *Eros e civilização:* uma interpretação filosófica do pensamento de Freud. Tradução de Álvaro Cabral. 8. ed. Rio de Janeiro: LTC, 1999.

MATOS, Olgária. Os muitos e o um: logos mestiço e hospitalidade. In: *Ide:* psicanálise e cultura. São Paulo: SBPSP, 31 (47), p. 8-15, 2008.

__________. *Adivinhas do tempo*. São Paulo: Hucitec, 2008.

MOLINARO, Carlos Alberto. Direito à cidade e proibição de retrocesso. In: *Anais,* Congresso Internacional de Direito Ambiental, Direito ambiental, mudanças climáticas e desastres: impactos nas cidades e no patrimônio cultural (Benjamin, Antonio Herman; LECEY, Eladio; CAPPELLI, Silvia), p. 21-35, 2009.

PAIVA, Natália. 700 mil vivem em área ilegal, em Guarulhos, diz governo. *Folha de S.Paulo,* domingo, 17 maio 2009, p. C3.

PULS, Mauricio. *Arquitetura e filosofia*. São Paulo: Anna Blume, 2006.

ROLNIK, Raquel. *A cidade e a lei:* legislação, política urbana e territórios na cidade de São Paulo. 3. ed. São Paulo: Fapesp/Studio Nobel, 2007.

ROUANET, Sergio Paulo. *Mal-estar na modernidade*. 2. ed. São Paulo: Companhia das Letras, 1993.

SAFATLE, Vladimir. *Cinismo e falência da crítica*. São Paulo: Boitempo, 2008.

SCLIAR, Moacir. O nascimento da melancolia. In: *Ide:* psicanálise e cultura. São Paulo: SBPSP, 31 (47), p. 133-138, 2008.

TOCQUEVILLE, Alexis de. *O antigo regime e a revolução*. Tradução de Rosemary Casthek Abílio. São Paulo: Martins Fontes, 2009.

WISNIK, Guilherme. Crítica – Cidade de quartzo. *Folha de S.Paulo,* Ilustrada, sábado, 3 out. 2009, p. E5.

13. DEMOCRACIA E UTOPIAS SOCIAIS: sobre os problemas da razão e da história na pós-modernidade

13.1. SOBRE HISTÓRIA E FALIBILIDADE DA TEORIA

A mundanidade humana é um cemitério de injustiças; a história reúne os cadáveres insepultos, os vestígios mortais e as doses de letalidade dos movimentos de realidade humana. Por isso, se somente podemos extrair potenciais de transcendência histórica a partir dos quadros de teorias emancipatórias e experiências exemplares, também temos de avaliar se as teorias fornecem os subsídios corretos e adequados para essas transformações. É sempre reconfortante apegar-se a um paradigma e enxergar a realidade sob a dimensão que se quer prestigiar; no entanto, olhar a complexidade é mais difícil do que aceitar a simplicidade. Superar, transcender ou transgredir esse quadro parece ser um desejo humano, desde longas eras, e uma pretensão de todos os sistemas de orientação do comportamento, dos religiosos aos morais, dos políticos aos filosóficos. Sistemas filosóficos não são, portanto, os únicos a se motivarem pelo impulso de transformação da realidade a partir de um ideal. A modernidade construiu os seus, e muitos são o horizonte possível do pensar em contraste com o estado de coisas. De qualquer forma, a pretensão de superar o estado de coisas responde a uma justa pulsão de vida e autossuperação, na condição humana, que exprime um desejo transformador que também revela um nobre sentimento. Mas essa pulsão tem de ser avaliada também por sua irrealidade.

A experiência de mundanidade envolve, na aceitação da falibilidade, o reconhecimento da pobreza de nossa condição. Se podemos exigir muito do pensamento, não podemos exigir muito dos outros, e da complexidade que se extrai dos processos de socialização. A alteridade, a regulação da vida social, a complexidade de fatores em convívio na atmosfera social contemporânea formam tempestades de sentido a impedirem a visão clara do horizonte iluminista intacto. Quando a teoria social e crítica do direito deita os olhos sobre o seu objeto de pesquisa, deve admitir que viver em sociedade não se faz por uma matemática, e é por isso que a teoria diante da realidade é falível; todo teórico deve saber reconhecer que a teoria é também expressão de subjetividade, e, por isso, de impotências, de incapacidades, de inabilidades, de desvios, que decorrem da própria historicidade do sujeito racional.

Equívocos há inúmeros na história do pensamento. Adorno exagerou em seu juízo devastador sobre o *jazz*, em sua *Ästhetiche theorie*, na mesma medida em que Platão, na *República*, incentivava a eugenia de crianças deficientes em sua cidade ideal[1]. Por sua vez, Aristóteles, na *Política*, legitimava a escravidão por natureza. Por isso, a descoberta da fórmula teórica para a sociedade sempre corre o risco de ser a expressão de um subjetivismo autoritário. Nessa mesma medida, cada sistema teórico, na história da filosofia, é sempre o espelho de um autor e de uma época; isso coube a Hegel, através da filosofia da história da filosofia, demonstrar com clareza. Mas essas reflexões conduzem a um ponto crucial da discussão atual sobre a racionalidade da filosofia; se a *theoría* é útil para iluminar a *práxis*, é também verdadeiro que toda teoria tem o seu ponto cego.

A filosofia crítica não se desincumbe da sobrecarga de reconstruir os horizontes danificados da vida moderna, a partir da própria razão. Quando a experiência é devidamente sopesada, é a razão que deve reduzir as suas pretensões. Ao desprender-se do que está (*statu quo*), não pode pretender mentalizar para que simplesmente seja de outra forma, tratorando categorias prévias da experiência. É nesse ponto que a história faz a diferença. O limite das filosofias está na sua capacidade de erro, no seu incalculado, no seu conteúdo necessário de inconsciência. A psicanálise e a hermenêutica bem o demonstram, e, nesse sentido, demonstram também o confinamento no qual está posto o sujeito moderno, dentro de suas premissas de ação e pensamento racionais.

Por isso, se as utopias filosóficas alimentam transformações reais, também é verdade que elas se constituem a partir de verdades autoinoculadas. Nesse ponto, há que reconhecer a falibilidade da filosofia, e nisso está o reconhecimento necessário de uma castração parcial, que não prejudica a função mais ampla que a razão filosófica desempenha para a vida social. Que ela não seja um convite à inércia, mas que sirva como autorrestrição narcísica às pretensões hipertróficas que são o nascedouro do personalismo na filosofia política, e, portanto, à expressão concreta e heroica das ditaduras unipessoais e regimes totalitários. O mundo não será moldado à nossa imagem e semelhança, nem se converterá no espelho narcísico de si, por mais que isso deprima a teoria, ou por mais que isso signifique um aparo letal à forma de constituição do

[1] Ademais, constata-se no pensamento contido na República, de Platão, forte tendência autoritária, como constata Wellmer: "... y no podía conducir a otra cosa que a una concepción represiva de una sociedad ideal" (Wellmer, *Finales de partida*: la modernidad irreconciliable, 1996, p. 51).

sujeito moderno cartesiano (Sc) e ao antropocentrismo legado do início da vida moderna.

13.2. DIAGNÓSTICO DA POLÍTICA E MORTE DAS UTOPIAS

As vias revolucionárias estão exauridas. Quando o sonho é grande, o retorno à realidade pode ainda ser mais duro de ser administrado. É duro sentir a frieza e a dureza do chão. Em verdade, do diagnóstico do tempo presente deve ser capaz de identificar, como tarefa filosófica, o grave déficit político das grandes democracias contemporâneas. Maio de 68 já significou um sinal histórico da alteração do sujeito da história, não mais a classe trabalhadora, mas o movimento estudantil, e as diversas lutas identitárias em evidência. Atualmente, pode-se computar: trabalhadores desorganizados, apatia política, burocratização sindical, partidarismo de Estado, ascensão social das classes trabalhadoras como consumidoras, desmobilização do movimento estudantil, desinteresse social pelas urnas, elitização do debate democrático, promiscuidade entre interesses particulares e interesses de Estado... entre outros fatores a condicionarem a sensação de exaustão utópica na atmosfera social. O individualismo apenas acirra essa sensação de distenção amórfica da vida social[2]. As conclusões de hoje são as mesmas da década de 1920, do século XX, que deram nascimento e motivação ao nascimento da assim chamada primeira geração da Escola de Frankfurt.

Por isso, quando se trata de pensar à sombra do Muro de Berlim, é para se considerar importante tê-lo, de fato, em consideração, quando se calculam os riscos políticos dos projetos sociais utópicos contemporâneos. Não é mais possível voltar a colar os cacos do Muro de Berlim. Em *A condição política pós-moderna*, Agnes Heller e Ferenc Féher afirmam: "Qualquer tipo de política redentora é incompatível com a condição política pós-moderna"[3]. Nesses tempos, é sintomático que o anarquista-libertário de Maio de 68, Daniel Cohn-Bendit, em recente entrevista, afirme: "Em 68, queria a transformação da sociedade por processo revolucionário, mas isso só é possível dentro das instituições democráticas". Em seguida, vem o seu: "Esqueçam 68!", bradado em 27 de agosto de 2010, em Porto Alegre, no Brasil. A depressão social e a sensação de falencismo da crítica estão intimamente associadas a essa condição na qual impera a impotência transformadora.

---

2 "Allí donde la sociedade civil 'se despliega con toda su eficacia y sin estorbos', ya no hay ligadura comunal que valga, ya no hay preocupación alguna por el bien común, ya no hay escrúpulos morales que pudiesen poner coto a la destrucción social, cuyas vítimas son los perdedores en esa competición universal por los bienes materiales, por el poder, por el dinero y por la felicidad" (Wellmer, *Finales de partida*: la modernidad irreconciliable, 1996, p. 47-48).

3 Heller; Fehér, *A condição política pós-moderna*, 1998, p. 14.

Há utopias antigas, medievais, modernas, sendo que a morte da busca de uma utopia social universal marca a questão social e filosófica pós-moderna, como cenário de reavaliação e estagnação imagética, no interior da autorreflexão crítica sobre a vida moderna. Aí está implicada a discussão sobre a morte da razão ocidental, depois de Adorno. Em seu livro de 1985, *Sobre a dialética entre modernidade e pós-modernidade* (*Zur dialektik von Moderne und Postmoderne*), Albrecht Wellmer afirma: "... trata de articularse la conciencia de hallarse en el umbral de una época cuyos contornos son aún confusos, poco claros y ambiguos, pero cuya experiencia central, sin embargo – la muerte de la razón – parece apuntar al final definitivo de un proyecto historico: el proyecto de la modernidad, el proyecto de la Ilustración europea, o incluso, por último, el proyecto de la civilización grecooccidental"[4].

Mas as utopias continuam representando um papel fundamental de renovação social, pois os cenários históricos tendem a se acrisolar; se não são modificados pelos homens em ação, são modificados pelo caráter implacável da história; a história aqui é mais do que a história dos homens, e mais do que o conceito que possamos atribuir a ela. Por isso, a história tem de assumir um novo sentido, e isso significa a aposta em novas utopias sociais.

13.3. OS ARCANOS MODERNOS DA IDEIA DE REVOLUÇÃO

A ideia de revolução, como forma de transformação radical da vida social, é uma invenção moderna. A ideia de revolução funciona como um estopim transformador para o redimensionamento da realidade social, em direção a utopias constituídas no ambiente da razão e dos valores sociais historicamente predominantes. Como categoria nascida dos ideais do pensamento moderno, é um fruto da razão moderna, e, portanto, uma forma de construir uma arquitetura que siga os padrões de uma lógica linear, através da qual se constrói o panorama da vida social, segundo imposições da formalidade lógica e do rigor do pensamento. Não é coincidência que a própria filosofia da história seja um fruto do pensamento moderno, e que o fim da filosofia da história construa a derrocada das perspectivas de "terminação da história", por uma narrativa que esteja acima de sua lógica própria, que os modernos tentaram decifrar, dando ensejo ao que se tem convencionado chamar de contexto pós-moderno[5].

Através da revolução, ao conjunto das injustiças sociais, responde-se com uma forma de intromissão transformadora da história, como meio de

---

[4] Wellmer, *Sobre la dialéctica de modernidad y postmodernidad*: la crítica de la razón después de Adorno, 2. ed., 2004, p. 49.

[5] A respeito, v. Bittar, *O direito na pós-modernidade*, 2005.

alteração completa das condições de exercício do poder, fato este que altera a equação entre liberdade e poder. Daí as margens da utopia se inscreverem como consolação *a posteriori* de todo o processo revolucionário; a conduzir os revoltosos estão um conjunto de construções racionais indicativas de um caminho erguido por diretrizes racionais em torno das quais devem girar as ações históricas modificadoras das condições sociais. A filosofia da história assume um papel de redentora da história, a iluminar o futuro, coberta de dúvidas e trevas, convidando os homens a construírem a história num mundo enquanto moderno, laicizado e despido de ideais.

As utopias revolucionárias estão contaminadas por aquilo que pretendem superar. Não por outro motivo, a modernidade produz catástrofes humanas inomináveis como o Holocausto. Em *Uma crise global da civilização:* os desafios futuros, no pensamento de Agnes Heller, encontra-se a afirmação, segundo a qual: "O totalitarismo foi – ou é – uma entre elas nascido na Europa; ele é o filho intelectual feio da modernidade, mas é absolutamente moderno"[6]. Na mesma linha de análise, considerando o saldo do século XX, no capítulo "O significado do processo civilizador" de *Modernidade e holocausto*, o sociólogo Zygmunt Bauman afirma: "A civilização moderna não foi a condição suficiente do Holocausto; foi, no entanto, com toda a certeza, sua condição necessária. Sem ela, o Holocausto seria impensável. Foi o mundo racional da sociedade moderna que tornou possível o Holocausto"[7].

13.4. CRISE DA RAZÃO E FRAGMENTAÇÃO DAS UTOPIAS

Quando se visita, historicamente, esse tema, percebe-se que há graves questões incutidas na discussão sobre a racionalidade moderna em jogo, tornando-se oportuno rever seus ditames e formatos. A razão moderna foi feita de excessos e é essa história que é necessário superar. A pretensão de onipotência da razão moderna deve ser revista, para ser criticada e superada. Muitas das utopias modernas foram constituídas a partir dessas pretensões racionais, e um exemplo claro se colhe nos ideais libertários cujos excessos estão claramente motivados pelo idealismo racional moderno. O incalculado de todo o projeto racional moderno é a possibilidade de se tropeçar com o *outro*, este humano-diverso-oposto-complementar a incomodar a acomodação de objetivos racionais, entre a ação imediata e os resultados almejados. "Precisamos avaliar a evidência de que *o processo civilizador é, entre outras coisas, um processo de despojar a avaliação moral do uso e exibição da violência e emancipar os*

---

6 Heller, Uma crise global da civilização, in *A crise dos paradigmas em ciências sociais e os desafios para o século XXI*, 1999, p. 20.

7 Bauman, *Modernidade e holocausto*, 1998, p. 32.

anseios de racionalidade da interferência de normas éticas e inibições morais[8]". Por isso, os abusos do planejamento social moderno estão estritamente ligados com a imprevisão ou com a negação do lugar político do outro.

Ao se pretender descrever o tracejado da sociedade almejada, atividade esta de possibilidade remota e inalcançável, incorre-se em erro. Todo arquiteto erra ao dimensar mal entre o planejamento e a realidade de execução da obra. Essa consciência clara é exibida em *Questões de tática*, texto saído no *Almanaco libertário*, em Genebra (1931), de autoria do anarquista italiano Enrico Malatesta, que escrevia: "Negligenciar todos os problemas de reconstrução ou preestabelecer planos completos e uniformes são dois erros, dois excessos que, por vias diferentes, conduziriam à nossa derrota enquanto anarquistas e ao triunfo de novos, ou antigos, regimes autoritários. A verdade está a meio caminho"[9]. Mesmo para as correntes anarquistas libertárias, que apostam grandiosamente na força da liberdade humana e da solidariedade pós-revolucionária, a racionalidade que define a sociabilidade futura é indescritível.

Por isso, inexistindo uma visão política clara do que seja o processo político pós-revolucionário, tudo o demais se torna alvo da oportunidade e da conveniência das forças políticas predominantes. Daí o elevado risco revolucionário ter de ser visto com cautela e prudência. O grande problema das revoluções se encontra na reconstrução da ordem social. A remontagem racional da ordem social pode escapar à capacidade filosófica e sociológica de prever a influência de outros fatores no processo de condução dos ideais revolucionários. Platão foi vendido como escravo; Danton e Robespierre foram guilhotinados; Trotski foi perseguido e morto; Pachukanis foi preso, condenado e executado.

Na crítica da razão deve-se ter presente que a posse de certezas infalíveis e a construção de universais inquebrantáveis fazem parte do universo de formas mortas da modernidade. Há que se impor dúvidas em torno dos pensamentos enrijecidos e que ressoam não terem dúvidas, uma vez que o poder pode levar a ação em direção a fins, desprezando-se os meios, tudo, inclusive, em nome de certos ideais. Ao estudar o tema da razão totalizadora, é o teórico alemão frankfurtiano Albrecht Wellmer que, citando Frederic Jameson, afirma: "Frederic Jameson ve en esa renuncia postmoderna a la violencia de una razón totalizadora la oportunidad de un nuevo concepto de totalidad por así decir dialógico, postmoderno"[10].

---

8 Bauman, *Modernidade e holocausto*, 1998, p. 48.

9 Malatesta, *Autoritarismo e anarquismo*, 2004, p. 35.

10 Wellmer, *Sobre la dialéctica de modernidad y postmodernidad*: la crítica de la razón después de Adorno, 2. ed., 2004, p. 52.

Por isso, o atual exercício de reflexão crítica sobre a modernidade não envolve a ressuscitação dessas formas mortas, mas a construção de novas formas historicamente situadas e relevantes de pleito por emancipação e justiça. O nosso exercício é o de olhar para frente, em condições presentes, considerando o rastro de homens e mulheres que erraram no passado, e, portanto, pensando o saldo da história, sem nenhum conteúdo de idealização. Isso significa responder a um impulso pós-moderno de autossuperação, necessária e significativa, na reconsideração da condução dos caminhos e descaminhos da razão[11].

Por isso, no cenário de crise da modernidade, fica difícil entrever uma única utopia social a preencher todo o horizonte de sentido das lutas sociais. Os abalos sofridos no projeto do Iluminismo foram suficientes para limitarem sua capacidade de dizer verdades universais. Porém, isso não pode significar um abandono completo do universalismo democrático, fator de equilíbrio político que nos resta, e, muito menos, da autonomia do sujeito a partir da força emancipatória que a teoria tem a desempenhar na vanguarda dos horizontes de compreensão da vida social[12].

Nesse sentido, a pós-modernidade também pode ser compreendida pelas tarefas que tem a empreender em direção ao futuro, mais do que pelos escombros do passado que se deve criticar. Por isso, Albrecht Wellmer afirma: "Entendida correctamente, la postmodernidad sería un proyecto. Pero el postmodernismo, en la medida en que sea realmente algo más que una mera moda, una expresión de regresión o una nueva ideología, también se puede entender ante todo como un movimiento de búsqueda, como un intento de constatar indicios de cambio y hacer resaltar con más nitidez los contornos de ese proyecto"[13]. Nesse cenário, a fragmentação das utopias é uma constatação de claro sentido, que não implica abandono, mas revisão, reconsideração e pluralização: "Este final de la utopía no representaría ningún bloqueo de las energías utópicas; más bien su reconfiguración, su transformación y pluralización; pues ninguna vida humana, ninguna pasión humana, ningún amor humano serían pensables sin un horizonte utópico"[14].

---

11 "Es en el intento de hacer eso donde yo vería un genuino impulso postmoderno hacia la autosuperación de la razón" (Wellmer, *Sobre la dialéctica de modernidad y postmodernidad*: la crítica de la razón después e Adorno, 2. ed., 2004, p. 106).

12 "Pero eso no significa que tengamos que despedirnos ni del universalismo democrático y su sujeto autónomo, ni del proyecto de Marx de una sociedad autónoma, ni de la razón" (Wellmer, *Sobre la dialéctica de modernidad y postmodernidad*: la crítica de la razón después e Adorno, 2. ed., 2004, p. 106).

13 Wellmer, *Sobre la dialéctica de modernidad y postmodernidad*: la crítica de la razón después e Adorno, 2. ed., 2004, p. 107.

14 Wellmer, *Finales de partida:* la modernidad irreconciliable, 1996, p. 76.

13.5. VIOLÊNCIA, AUTORIDADE, UTOPIA E REVOLUÇÃO

A promessa de um mundo melhor jamais poderá ser implantada pelos caminhos da violência; o que ela ensina é antitético com relação àquilo que promete. A história tem violências demais, os povos têm formas de violências tantas e o presente as reinventa com tanta criatividade e fúria, que custa achar que se possa eliminá-la da história; ela é um traço constante da história, e, por isso, ela "pertence" ao cálculo da existência. Nada, no entanto, permite-nos afirmar que tenhamos que ser tolerantes com sua permanência e com sua continuidade. E, muito menos, permite-nos categoricamente afirmar que pela violência histórica se apagam as demais violências de dominação, como a dominação econômica ou ideológica. Se ansiedade e imediatidade transformadoras não são senão o caminho obtuso e repentino para a repetição do mesmo, é nesse sentido que a teoria crítica deve acautelar-se em face dos anarquismos momentâneos para enxergar, além do entusiasmo juvenil e da empolgação, se os ajustamentos sociais dão sinais de regressão ou de progressão.

Há muitas formas de revoluções. Há revoluções pacíficas e há revoluções violentas. Prefiro as revoluções que se operam no silêncio, na invisibilidade e que operam mudanças sem volta. As revoluções que vêm para perdurar não operam na base do código da violência, mas lutam de fato contra todas as formas de opressão. Com isso, quer-se dizer que, dificilmente, baionetas e canhões convencerão multidões. Medo, terrorismo, vitimização e vontade de vingança, hostilização de opositores políticos, tortura, saldos humanos negativos, militarização da política, prejuízos materiais e morais, perseguição ideológica, supressão de direitos fundamentais são danos que progridem em escaladas incontroláveis na vida social, cujos prejuízos irrecuperáveis tornam as chances de consolidação política. Já afirmava o anarquista Malatesta: "O terror, bem como a guerra, desperta os sentimentos atávicos de ferocidade ainda mal cobertos pelo verniz da civilização, e iça aos primeiros postos os elementos perversos que se encontram na população. Em vez de servir para defender a revolução, o terror serve para desacreditá-la, torná-la odiosa às massas, e, após um período de lutas ferozes, desemboca necessariamente no que hoje denominarei normalização, isto é, a legalização e a perpetuação da tirania. Qualquer que seja o partido vencedor, sempre se chega à constituição de um governo forte, o qual assegura, a alguns, a paz às expensas da liberdade, e aos outros, a dominação sem perigos demasiado grandes"[15].

Dificilmente, um mundo melhor prosperará após a passagem de tanques e morteiros, em função das traumações sociais geradas ao longo do processo revolucionário, e por quanto tempo durar o processo de sua afirmação políti-

---

15 Malatesta, *Autoritarismo e anarquismo*, 2004, p. 50.

ca. Os estragos provocados pela radicalidade dos processos revolucionários são danosos às finalidades teleológicas das revoluções. Por isso, a escalada em direção à humanidade, dos atos e dos gestos, das práticas e das atitudes, não encontra na violência sua forma natural de expressão. Ainda mais, as ditaduras tendem a se perenizar e a se personalizar, a burocratização tende a enrijecer o modo de ação do Estado e a utopia do comunismo aparece como um ideal regulatório e normativo inalcançável a sociedades modernas concretas. Ditaduras, mesmo que do proletariado, e mesmo que transitórias, são sempre ditaduras. O grande e grave problema, sob a promessa de serem transitórias, é o de se perenizarem.

Por isso, as "utopias terminativas" são antidialéticas, pois se propõem a "encerrar a história". A dialética é um impulso da história que lhe confere dinâmica e movimento, independentemente dos homens. Ela preexiste na mecânica das leis naturais antes da existência dos homens e da invenção da filosofia. Nesse sentido, ela não pode ser "contida" pela razão. Isso não convida a um imobilismo, mas a pensar que, apesar das intervenções na história, ela continua escapando à nossa capacidade de controlá-la. Uma sociedade, em que prospera a liberdade, não nasce de uma sociedade de controle, nem a razão teórica tem alcance para prever o fluxo da história do futuro, por isso a história se passa para nós como um fluxo do imprevisível, que amedronta e surpreende. Também por isso, o capitalismo continua sendo um sistema histórico, e, por isso, existe um horizonte pós-capitalista, pois o capitalismo não controla a história, mas um momento histórico, não controla a roldana da história, mas sim homens singulares que se encontram determinados pela história presente.

O fim das violências pela violência revolucionária não pode redimir os homens da violência na civilização. Acima de tudo, ao problema da racionalidade do futuro e do poder soma-se o problema da *virilidade* com a qual se quer interromper o fluxo da história, para transformá-la. Será que a virilidade é capaz de fundar uma sociedade solidária? Será que a sociedade ideal brota de união entre razão e violência? A própria discussão sobre o ato revolucionário coloca esse tema em questão, uma vez que, em sua obra *Psicologia de grupo e análise do ego*, de 1921, Freud afirma, sobre o caráter instintual da psique coletiva que age em grupo: "Um grupo é impulsivo, mutável, irritável. É levado quase que exclusivamente por seu inconsciente. Os impulsos a que um grupo obedece podem, de acordo com as circunstâncias, ser generosos ou cruéis, heroicos ou covardes, mas são sempre tão imperiosos, que nenhum interesse pessoal, nem mesmo o da autopreservação, pode fazer-se sentir. Nada dele é premeditado. Embora possa desejar coisas apaixonadamente, isso nunca se dá por muito tempo, porque é incapaz de perseverança. Não pode tolerar qualquer demora entre seu desejo e a realização do que deseja. Tem um sentimento de onipotência: para o indivíduo num grupo a noção de impossibilidade desaparece"[16].

Uma vez que toda revolução é operada por indivíduos concretos, com seus vícios e virtudes, limites e objetivos, dores e paixões, há de se esperar, portanto, da revolução que seja um ato de razão, ou será mais um ato de paixão? Se se trata de um ato de paixão, que opera a transformação da vida social, o que garante que a revolução não seja guiada exclusivamente pela cegueira daqueles que seguem um líder sanguinário, voltando-se para a satisfação de interesses pessoais? A paixão é, em geral, mãe das distorções e das expressões febris de cegueira coletiva, e não pode, portanto, representar um porto-seguro na equação da reconstrução da vida social. Pela análise da psicologia de grupo, Freud chega a concluir que a violência é o que marca a identidade instintual do grupo: "O que exige de seus heróis, é força ou mesmo violência. Quer ser dirigido, oprimido e temer seus senhores. Fundamentalmente, é inteiramente conservador e tem profunda aversão por todas as inovações e progressos, e um respeito ilimitado pela tradição"[17].

As utopias revolucionárias concebem a possibilidade de supressão da autoridade social constituída. Por isso, justificam o processo de instauração do poder social nas mãos de grupos imbuídos de ideais transformadores. Através de *Totem e tabu*, essa discussão pode ser analisada a partir da ideia da revanche instintual de supressão do *pai-autoritário-injusto*. A ideia de *Totem e tabu* de que o homem primitivo vivia em pequenas hordas, e de que cada horda se encontrava sob a liderança de um macho poderoso e concentrador, é retomada em *Moisés e o monoteísmo*, no qual Freud dá seguranças de que sua hipótese não parte do vazio, mas de premissas darwinianas, e das ideias de Atkinson[18]. Nesse texto, fica claro que o pai era fonte de todo poder, e, por isso, de toda violência, praticante, portanto, de uma desproporcional condição de mando e subordinação quanto aos demais dependentes e filhos[19].

Amor e devoção, gratidão e reverência acompanham a figura do pai, mas sua ambivalência também leva à inveja, ao ódio, à raiva, à vingança, à violência. "A ambivalência faz parte da essência da relação com o pai: no decurso do tempo, também a hostilidade não podia deixar de despertar, o que mais uma

---

[16] Freud, Psicologia de grupo e análise do ego, in *Sigmund Freud*, 1996, v. 18, p. 88.

[17] Freud, Psicologia de grupo e análise do ego, in *Sigmund Freud*, 1996, v. 18, p. 89.

[18] O trecho é o seguinte: "Apresentei essas asserções já há um quarto de século atrás, em meu *Totem e tabu*, e basta que eu as repita aqui. Minha construção parte de um enunciado de Darwin e inclui uma hipótese de Atkinson. Afirma ela que, em épocas primeiras, o homem primitivo vivia em pequenas hordas. Cada uma das quais o domínio de um macho poderoso" (Freud, *Moisés e o monoteísmo*, 1997, p. 72).

[19] "O macho forte era senhor e pai de toda a horda e irrestrito em seu poder, que exercia com violência" (Freud, *Moisés e o monoteísmo*, 1997, p. 72).

vez impulsionou os filhos a matarem seu admirado e temido pai"[20]. Após o banquete totêmico, é a instauração da lei, como sucessora e memória do pai, que possibilita e condiciona a continuidade irrestrita da preservação da autoridade paterna carnalmente desaparecida[21]. Essa questão apontada por Freud abre uma pista interessante para a pesquisa sobre o caráter revolucionário e as lutas humanas mais concretas, fatores que devem ser ponderados, quando se quer pensar a sociedade até o limite dos laços sociais.

13.6. OS LIMITES ÉTICOS HUMANOS E OS LIMITES UTÓPICOS

As utopias sociais devem considerar os limites humanos se pretendem condicionar o futuro a transformações sociais concretas. Quando se trata de varrer para dentro do vazio da expressão "natureza humana" algum conteúdo semântico (considerando essa expressão *démodé* desde o fim das expressões filosóficas jusnaturalistas), não se pode fazê-lo a partir dos livros. Só se pode fazê-lo olhando nos olhos de mães, irmãos, primos, amigos, cidadãos, alunos e desconhecidos para aí encontrar não o uno, e sim o múltiplo. Não existe, sem altos graus de injustiça e opressão, a possibilidade de instituir o uno em sociedade, por isso, invariavelmente, o uno egípcio, o uno cristão, o uno stalinista, o uno nazista estão fadados a se esgotarem como formas históricas da injustiça. Nos quadros de um realismo jusfilosófico, não há a possibilidade histórica para a humanidade da experiência do Bom, do Belo e do Justo. O termo "justiça" sempre evocará o seu antônimo, injustiça, e a aventura humana continuará a ser escrita com tinteiros de sangue.

A evidência empírica de que, mesmo numa comunidade de francos e sinceros amigos, sobrevivem a inveja, o egoísmo, o interesse, a liderança, o

---

20 Freud, *Moisés e o monoteísmo*, 1997, p. 116.

21 "Aqui é o lugar, contudo, para uma interpelação, a fim de evitar um mal-entendido. Ainda que possa parecer que a renúncia instintual e a ética nela fundada não façam parte do conteúdo essencial da religião, geneticamente, contudo, elas estão bastante intimamente vinculadas à religião. O totemismo, a forma mais primitiva de religião que identificamos, traz consigo, como constituintes indispensáveis de seu sistema, uma série de ordens e proibições que não possuem outra significação, naturalmente, que a de renúncias instintuais: a adoração do totem, que inclui uma proibição contra danificá-lo ou matá-lo; a exogamia – isto é, a renúncia às apaixonadamente desejadas mães e irmãs da horda –, a concessão de direitos iguais a todos os membros da aliança fraterna – isto é, a restrição da inclinação para a rivalidade violenta entre eles. Nesses regulamentos, devem ser vistos os primórdios de uma ordem moral e social. Não nos escapa que dois motivos diferentes estão em ação aqui. As duas primeiras proibições operam do lado do pai, que foi eliminado: dão continuidade a sua vontade, por assim dizer. A terceira ordem – a concessão de direitos iguais aos irmãos aliados – despreza essa vontade; justifica-se por um apelo à necessidade de manter permanentemente a nova ordem que sucedeu ao afastamento do pai, pois, de outra maneira, uma recaída no estado anterior se tornaria inevitável. É aqui que as ordens sociais divergem das outras, as quais, como poderíamos dizer, se derivam diretamente de vinculações religiosas" (Freud, *Moisés e o monoteísmo*, 1997, p. 103-104).

desprezo, o ódio, o desentendimento, a vingança, o escárnio... implica olhar para os arranjos sociais mais latos como relações complexas, em que todos esses fatores intersubjetivos estão presentes e agindo em conjunto. O poder é a artimanha que dá lugar a que essas qualidades morais se evidenciem mais ou menos, ou de forma destrutiva ou não. Sociedades modernas, governadas pelo princípio produtivo, não são capazes de reconstruírem o edifício danificado das tradições, sem um apelo direto à instância do Estado-mediador, e sem um apelo necessário à instância do direito. O direito é, nesse sentido, a autoridade necessária, ainda que não seja a mais justa.

Nessa medida, vistos os traços dos comportamentos humanos, figura claro que é da condição humana que, em processos pós-revolucionários, surjam novas elites, lideranças personalizadoras do ideário revolucionário, formas de burocratização dos empenhos de transformação, o que permite que o lugar do poder social venha a acomodar novas elites, novas vaidades, novos líderes, novos jogos de interesses; enfim, a dominação está no cerne da história política humana. Em *A imaginação dialética,* Martin Jay, ao citar Phillip Rief, para se reportar ao tema, afirma: "Para Marx, o passado está prenhe do futuro e tem no proletariado o parteiro da história. Para Freud, o futuro está prenhe do passado, um fardo do qual somente o médico e a sorte podem nos livrar. A revolução só repetiria a revolta prototípica contra o pai e, tal como esta, na totalidade dos casos, estaria condenada ao fracasso"[22].

Ademais, a ideia utópico-regulatória de uma ausência de autoridade a guiar a vida social, sustentada pela vontade dos pares da relação social, foge completamente da ideia freudiana de descrever a humana condição, quando afirma, no capítulo IX, intitulado *O instinto gregário*, de sua obra de 1921: "Ousemos, então, corrigir o pronunciamento de Trotter de que o homem é um animal gregário, e asseverar ser ele de preferência um animal de horda, uma criatura individual numa horda conduzida por um chefe"[23]. Freud, nesse sentido, não crê numa supressão completa da autoridade como hipótese de conciliação de homens com homens, a ponto de se formar uma sociedade imune à autoridade. Ainda mais diretamente, Freud afirma: "Um grupo é um rebanho obediente, que nunca poderia viver sem um senhor. Possui tal anseio de obediência, que se submete instintivamente a qualquer um que se indique a si próprio como chefe"[24].

Nessa mecânica, parece que a dissolução das causas da opressão social se dá com uma resposta de definitiva capacidade de desmanche das causas da

---

22 Jay, *A imaginação dialética*: história da Escola de Frankfurt e do Instituto de Pesquisas Sociais, 2008, p. 133.

23 Freud, Psicologia de grupo e análise do ego, in *Sigmund Freud*, 1996, v. 18, p. 131.

24 Freud, Psicologia de grupo e análise do ego, in *Sigmund Freud*, 1996, v. 18, p. 91.

opressão de homens sobre homens. Na perspectiva freudiana, o problema é ainda mais profundo que a origem do capitalismo, pois é de caráter primevo e constitutivo das condições psicossocial humanas[25]. Por isso, a revolução pode ser feita, como historicamente já foi tentada e realizada inúmeras vezes, como demonstra a história do século XX, mas acaba por não alcançar suas condições materiais de realização. Num contexto de baixo desenvolvimento humano e moral da humanidade, não há que depositar grandes expectativas por projetos de radical transformação social.

Todo ideário sempre terá seus entusiastas, e também seus descontentes. Esse não é um problema do capitalismo, em oposição ao socialismo, mas um problema da vontade de controle que queremos exercer sobre os campos de ação e as esferas de liberdade do outro; portanto, esta é uma questão de natureza psicológica e antropológica, e, por isso, não se trata somente de uma questão de opção ideológica. E por que? Quais as causas dessa impossibilidade? Ora, nada há que garanta que os irmãos não disputarão entre si o antigo posto do pai; nada garante que ciúme, egoísmo e disputa não reinstalem a história no contexto da pós-história... Quando a ideia do fraternal é precária... todas as conclusões são, juntamente com ela, precárias... o que fragiliza a aposta nos ideais revolucionários.

13.7. DIAGNÓSTICO DO TEMPO E UTOPIAS SOCIAIS: LIBERDADE, RECIPROCIDADE E DIREITOS HUMANOS – OS RISCOS DA DEMOCRACIA

Toda a análise sobre os limites da revolução e da razão colocam em questão o problema político concreto, e atual, da aposta na democracia. Isso significa, de seu aprofundamento, de sua atualização, de seu redimensionamento histórico, e de sua radicalização, o que implica a assunção de riscos. No entanto, a maturidade política de um povo é o que faz brotar a possibilidade de novos horizontes sociais, como um seu melhor produto. Nesse percurso, a única garantia é mesmo a manutenção do jogo de opostos existente dentro da democracia, e isso significa o convívio com a ideia de irresolução, de tensão de opostos dialéticos[26], e, também, do que é processual em termos de avaliação dos valores sociais primordiais.

---

25 "Mais tarde, quando a Sociedade e o superego assumiram o lugar dos pais, o que na criança era chamado de 'bem-comportado' ou 'travesso' é descrito como 'bom' e 'mau', ou 'virtuoso' e 'vicioso'. Mas ainda é sempre a mesma coisa – renúncia institucional sob a pressão da autoridade que substitui e prolonga o pai" (Freud, *Moisés e o monoteísmo*, 1997, p. 104).

26 "Si la libertad en el mundo moderno incluye un dualismo normativo de libertad negativa y libertad positiva, comunal, entonces la propia idea universalista de libertad lleva inscrita una tensión dialéctica" (Wellmer, *Finales de partida:* la modernidad irreconciliable, 1996, p. 74).

Isso é histórico, ou seja, com a vida moderna, perdeu-se a possibilidade de um todo reconciliado[27]. As utopias atuais devem estar conscientes de que se operou uma castração parcial de seu potencial de realização. Nessa medida, no reconhecimento da castração parcial não está implicado o abandono da esperança emancipatória nem do espírito democrático. No entanto, aprender a lidar com a castração parcial é encaminhar a luta social para rumos renovados. Os ideais emancipatórios, se não utilizados, tendem a azedar, ou a se tornarem perversos, por revelarem uma libido insatisfeita e contida numa progressão estagnada, que se volta contra o próprio sujeito da emancipação, sedento de concretização onipotente, de conversão do princípio de prazer em princípio de realidade. A superação desse quadro depende da aceitação de que a vida moderna implica um bloqueio a horizontes de plena emancipação social. No outro lado, estão desistência e horror, que são apenas dois extremos da *práxis*, temperados à luz da decepção política prática.

Em *Uma crise global da civilização,* Agnes Heller afirma: "Um arranjo sociopolítico que garanta a liberdade pessoal e política pode acomodar melhor a dinâmica da modernidade"[28]. Essa afirmação conduz à reflexão sobre a situação atual de uma Teoria Crítica, que é a de pensar os desafios da radicalização da democracia, ao lado de projetos políticos emancipatórios e perspectivas de efetivação dos direitos humanos. Rumando em seu atual sentido, a Teoria Crítica pode falar de uma ética de democracia sem que isso implique decisão sobre valores; a ética democrática é aquela que constitui e orienta projetos políticos que não devem impedir nem a liberdade, nem a igualdade, e esses fatores sim têm de ser conciliados espaços de nucleação da vida política comum, voltados para a justiça social e para a consolidação do convívio regulado[29].

A vida moderna possui seus paradoxos, quais os indicados por Adorno e Horkheimer, na *Dialética do esclarecimento*, porém esses paradoxos devem

---

27 No capítulo *Condições de uma cultura democrática*, Wellmer afirma: "Que la sustância ética de las sociedades modernas ha de reducirse a un núcleo procedimental significa a la vez que ya no es compatible con ninguna idea enfática de un todo reconciliado; antes esta idea se vuelve tendencialmente totalitaria. Desde la perspectiva del tránsito a la modernidad, esto es 'tragégia en lo ético', que Hegel descubre en la historia de la constitución de las sociedades modernas; y esto significa a la vez que Hegel descubre como ingrediente de esa forma de eticidad moderna que se unda en el reconocimiento general y reciproco del derecho de la particularidad" (Wellmer, *Finales de partida:* la modernidad irreconciliable, 1996, p. 90-91).

28 Heller, Uma crise global da civilização, in *A crise dos paradigmas em ciências sociais e os desafios para o século XXI,* 1999, p. 20.

29 "El concepto de una eticidad democratica no define, por tanto, de por sí un ideal de vida buena, sino la forma de una coexistencia comunicativa a la vez que igualitaria de una pluralidad de ideas del bien que compiten unas con otras. Y esto significa a la vez que la vida política no puede ser ya el único lugar o el lugar privilegiado de la vida buena" (Wellmer, *Finales de partida:* la modernidad irreconciliable, 1996, p. 91).

ser mitigados, em favor da aceitação de uma possibilidade de convivência entre liberdade e igualdade. Por isso, não se trata de opor Locke a Marx, nem Smith a Lênin, mas de pensar os desafios continuados e atuais da vida moderna, em seu atual estágio. E isso, especialmente porque a vida moderna implica um conjunto de necessidades irreversíveis, que não mais podem ter seu fim declarado, como no limiar de seu surgimento, e, especialmente, logo após a Revolução Francesa.

No início do século XXI, os desafios são outros, e qualquer perspectiva política para sociedades modernas deve implicar a aceitação da modernidade e de seus arcanos básicos de funcionamento. Em sua dinâmica interna, dialética e histórica, a modernidade é um projeto que não pode ter seu fim declarado. "El proyecto de la modernidad es, políticamente hablando, el proyecto de tal reconciliación entre libertad negativa y libertad comunal. Contra Marx y Hegel hay que decir que este proyecto es un proyecto sin fin, un proyecto sin soluciones últimas, un proyecto en el que energías utópicas siempre nuevas habrán de transformarse en nuevas soluciones concretas[30]".

Nesse quadro, as liberdades são insuprimíveis, pois já consolidadas, daí a constatação de Albrecht Wellmer: "La razón de esa crítica radica en que no es pensable una libertad comunal en el mundo moderno que no descanse en la institucionalización de una igual libertad negativa para todos"[31]. Mas a questão da liberdade ainda pode ser problematizada como se pode fazer, pensando com Hegel, através de Wellmer. Em sua obra *Endspiele: Die universöhnliche Moderne* (1993), no capítulo *Liberdade negativa e liberdade comunicativa*, Wellmer afirma: "Las teorías individualistas de la libertad se centran en torno al concepto de derechos fundamentales; la libertad queda ubicada en los derechos fundamentales de los individuos. Las teorías comunalistas de la libertad ponen, en cambio, la libertad en una forma intersubjetiva de vida"[32].

Os dois extremos teóricos da discussão sobre a noção de liberdade levam a polaridades e a modelos sociais opostos: o individualismo (Nozick) e o comunalismo radical (Lênin)[33]. Deve haver um tempo entre ambos que permita o equilíbrio entre os fatores em ebulição na vida moderna. É apoiando-se em Hegel que Wellmer encontrará a possibilidade de falar politicamente da

---

30 Wellmer, *Finales de partida:* la modernidad irreconciliable, 1996, p. 75.

31 Wellmer, *Finales de partida:* la modernidad irreconciliable, 1996, p. 64.

32 Wellmer, *Finales de partida:* la modernidad irreconciliable, 1996, p. 42.

33 "Las comprensiones individualista y comunalista de la libertad de ningún modo aparecen siempre en la filosofía política moderna como oposiciones polares. Frecuentemente se comportan más bien en términos de complementariedad, como ocurre en las teorías de Hegel, Mill y Tocqueville. El individualismo radical y el comunitarismo radical son más bien casos límite; quizá cabría entender a Robert Nozick como un individualista radical y a Lenin como un comunalista radical" (Wellmer, *Finales de partida:* la modernidad irreconciliable, 1996, p. 42).

organização social moderna, sem que isso represente uma fratura radical com seus princípios. Por isso, afirma: "La respuesta de Hegel a la cuestión de cómo es posible la libertad en el mundo moderno representaría, por tanto, un intento de superar la alternativa política entre individualismo y comunalismo"[34].

Por isso, a discussão forjada por Wellmer, em sua retomada de Hegel, indica caminho para a atualidade hegeliana do pensamento de Honneth, que se conforma a responder a essa questão, dando ao termo "liberdade" um sentido-síntese entre essas polaridades. Liberdade não é incompatível com igualdade, desde que liberdade signifique reciprocidade e reconhecimento. Essa análise aparece em *Justice as institutionalized freedom: a hegelian perspective*, de Honneth: "By mutual recognition is meant at first, viewed like this, only the reciprocal experience of envisioning oneself confirmed in the wishes and goals of the person opposite to the extent that his or her existence represents a condition for the realization of one's own wishes and goals"[35].

No balanço crítico sobre o duplo legado da modernidade, Honneth se posiciona não no sentido da polarização entre liberdade e igualdade, como opções extremas, mas no sentido de afirmar perspectivas conjuntas de construção entre esses campos semânticos, enquanto termos mínimos da vida moderna. Por isso, afirma: "No modern theory of justice can refrain from grounding its legitimacy in the freedom of the individual or the self-actualization of social individuals"[36]. Daí o papel desempenhado pela reciprocidade do reconhecimento na vida política em comum, na vida política que assume as tensões e diferenças, e as torna possíveis num mesmo espaço de convívio: "In this way, Hegel can conclude that individuals only really experience and realize freedom if they participate in social institutions that are formed by mutual recognition relationships"[37].

Assim, justa é a sociedade na qual, no uso de suas liberdades individuais, agindo, os singulares realizam igualmente objetivos de uma justiça comum. As doses de indivíduo, de coletividade, de Estado e de mercado devem todas estar sopesadas nessa equação. Daí a processualidade do jogo democrático caber como fórmula adequada ao equilíbrio dessas tensões: "What we call just in modern societies must no longer be simply measureds in terms of the power of all members of society over negative or reflective freedoms, but instead must satisfy those measures processually, securing the possibilities of these subjects being able to participate in institutions of recognition"[38].

---

34 Wellmer, *Finales de partida:* la modernidad irreconciliable, 1996, p. 46.

35 Honneth, *Justice as institutionalized freedom. A Hegelian perspective*, 2010, p. 179.

36 Honneth, *Justice as institutionalized freedom. A Hegelian perspective*, 2010, p. 172.

37 Honneth, *Justice as institutionalized freedom. A Hegelian perspective*, 2010, p. 185.

38 Honneth, *Justice as institutionalized freedom. A Hegelian perspective*, 2010, p. 196.

Ainda que em estado de crise, e considerado o avanço do neoconservadorismo em escala global, não se pode abandonar a ideia de que se deve trabalhar dentro do amplo espectro de perspectivas democráticas. Por isso, as apostas atuais da vida política que se podem fazer giram em torno da predisposição ainda maior, na vida social, aos empenhos por: solidariedade, educação, cidadania, democracia, igualdade, liberdade[39]. Não podemos imaginar democracia senão como a forma política da justiça, e se democracia e justiça devem caminhar lado a lado, fica claro que esse caminho se dá dentro das instituições da modernidade.

CONCLUSÕES

A presente investigação, operando uma revisão crítica da modernidade, e produzindo um diagnóstico do tempo presente, como atividade hermenêutica e contribuição filosófica frankfurtiana, detecta na morte das utopias uma questão que indica o estado atual das perspectivas políticas e do debate sobre a vida democrática. A morte da grande utopia e das metanarrativas históricas abalou profundamente o espírito da sociedade moderna, e esse abalo conduz as sociedades contemporâneas ao estado letárgico, que se reconhece como de crise da modernidade, ou condição pós-moderna. De toda forma, fica claro que as polarizações e os extremos do século XX somente produziram catástrofes que se devem evitar.

Nesse contexto histórico, são nebulosas as perspectivas. No entanto, a garantia da vida democrática se concentra na aposta procedural de ligação entre liberdade e igualdade. Fica a lição fundamental de que qualquer *emancipação* (plural, democrática e não violenta) deve nascer como um rebento novo dentro de uma vivência da liberdade. As novas formas de justiça social somente podem ser aprimoramentos de expressões da ampliação da liberdade que solda o convívio, em que a noção de intersubjetividade desempenha importante papel.

Por isso, todo o foco da *Filosofia do Direito* e da *Filosofia Política* devem hoje estar na ampliação do domínio da democracia, respeitadas as conquistas dos direitos humanos. Sua aplicação, sua progressão e suas técnicas devem ser levadas ao seu maior potencial. Eis a luta possível e realizável de nosso tempo. Nessa medida, nada disso impede que a chama e o ideário pela transformação social não devam alimentar a vontade de mudança social, assim como nada

---

[39] "Las instituciones políticas son el lugar de esa libertad comunal, racional; de una libertad que tiene que ser pensada conjuntamente con la preocupación por el bien común, con el desarrollo de las virtudes cívicas, con la discusión pública y el control político de la economía" (Wellmer, *Finales de partida:* la modernidad irreconciliable, 1996, p. 48).

disso impede que se continue a ter perspectivas de análise e avanços sociais na Teoria Crítica. Como afirma Wellmer: "... un final de la utopía en este sentido no significa un final de los impulsos libertarios, del universalismo moral y del revisionismo democrático, que son partes del proyecto de la modernidad"[40].

REFERÊNCIAS BIBLIOGRÁFICAS

ADORNO, Theodor W. *Palavras e sinais*. Tradução de Maria Helena Ruschel. Petrópolis: Vozes, 1995.

________. *Indústria cultural e sociedade*. Tradução de Julia Elizabeth Levy. 3. ed. São Paulo: Paz e Terra, 2006.

________. *Minima moralia*. Lisboa: Edições 70, 2003.

________. *Prismas*: crítica cultural e sociedade. Tradução de Augustin Wernet e Jorge M. B. de Almeida. São Paulo: Ática, 2001.

ALTHUSSER, Louis. *Freud e Lacan. Marx e Freud*. Tradução de Walter José Evangelista. 4. ed. Rio de Janeiro: Graal, 2000.

ARMELLA, Virginia Aspe. *El concepto de técnica, arte y producción en la filosofía de Aristóteles*. México: Fondo de Cultura Económica, 1993.

BAUMAN, Zygmunt. *Em busca da política*. Tradução de Marcus Penchel. Rio de Janeiro: Zahar, 2000.

________. *Modernidade e holocausto*. Tradução de Marcus Penchel. Rio de Janeiro: Zahar, 1998.

________. *Comunidade*: a busca por segurança no mundo atual. Tradução de Plínio Dentzien. Rio de Janeiro: Zahar, 2003.

BENJAMIN, Walter. *Obras escolhidas*. Tradução de Sergio Paulo Roaunet. 7. ed. São Paulo: Brasiliense, 1994.

BITTAR, Eduardo C. B. *O direito na pós-modernidade*. 2. ed. Rio de Janeiro: Forense Universitária, 2009.

________. MELO, Tarso de (Org.). *Vidas à venda*. São Paulo: Terceira Margem, 2009.

BRAVO, Gian Mario. Anarquismo. In: BOBBIO, MATTEUCCI, PASQUINO. *Dicionário de política*. Tradução de Carmen C. Varrialle, Gaetano Lo Mônaco, João Ferreira e Luís Guerreiro Pinto Cacais. 5. ed. Brasília: UnB, Imprensa Oficial, 2000. v. 1.

CHOMSKY, Noam. *Notas sobre o anarquismo*. Tradução de Felipe Correa, Bruna Mantese, Rodrigo Rosa e Pablo Ortellado. São Paulo: Imaginário, 2004.

CUNHA, Paulo Ferreira. Constituição, direito e utopia: do jurídico-constitucional nas utopias políticas. *Boletim da Faculdade de Direito da Universidade de Coimbra*. Coimbra: Coimbra Ed., 1996.

[40] Wellmer, *Finales de partida:* la modernidad irreconciliable, 1996, p. 76.

ELEY, Geoff. *Forjando a democracia:* a história da equerda na Europa, 1850-2000. Tradução de Paulo Cezar Castanheira. São Paulo: Fundação Perseu Abramo, 2005.

ELIAS, Norbert. *O processo civilizador*. Tradução de Ruy Jungmann. Rio de Janeiro: Zahar, 1993. v. 2.

FREUD, Sigmund. Psicologia de grupo e análise do ego. In: *Sigmund Freud*. Tradução de Jayme Salomão. São Paulo: Imago, 1996.

________. *Moisés e o monoteísmo*. Tradução de Maria Aparecida Moraes Rego. Rio de Janeiro: Imago, 1997.

HELLER, Agnes; FÉHER, Ferenc. *A condição política pós-moderna*. Tradução de Marcos Santarrita. Rio de Janeiro: Civilização Brasileira, 1998.

________ et al. Uma crise global da civilização: os desafios futuros. In: *A crise dos paradigmas em ciências sociais e os desafios para o século XXI*. Rio de Janeiro: Contraponto, 1999.

HONNETH, Axel. O capitalismo como forma de vida fracassada: esboço sobre a teoria da sociedade de Adorno. In: Política e trabalho. *Revista de Ciências Sociais*, n. 24, p. 9-26, abr. 2006.

________. Justiça e liberdade comunicativa: reflexões em conexão com Hegel. *Revista Brasileira de Estudos Políticos*. Belo Horizonte: Universidade Federal de Minas Gerais, n. 89, p. 101-120, jan./jun. 2004.

________. *Reificación:* un estudio en la teoría del reconocimiento. Buenos Aires: Katz, 2007.

HORKHEIMER, Max; ADORNO, Theodor W. *Dialética do esclarecimento*: fragmentos filosóficos. Tradução de Guido Antonio de Almeida. Rio de Janeiro: Zahar, 1985.

JAY, Martin. *A imaginação dialética*: história da Escola de Frankfurt e do Instituto de Pesquisas Sociais. Tradução de Vera Ribeiro. Rio de Janeiro: Contraponto, 2008.

KASHIURA, Celso Naoto. *Crítica da igualdade jurídica*. São Paulo: Quartier Latin, 2009.

LÖWY, Michael (Org.). *Revoluções*. Tradução de Yuri Martins Fontes. São Paulo: Boitempo, 2009.

MALATESTA, Errico. *A anarquia*. Tradução de Plínio Augusto Coelho. Instituto de Estudos Libertários, 2001.

________. *Autoritarismo e anarquismo*. Tradução de Plínio Augusto Coelho. Instituto de Estudos Libertários, 2004.

MARCUSE, Herbert. *Eros e civilização*: uma interpretação filosófica do pensamento de Freud. Tradução de Álvaro Cabral. 8. ed. Rio de Janeiro: LTC, 1999.

MARX, Karl. Prefácio. In: *Os economistas*: para a crítica da economia política; salário, preço e lucro; o rendimento e suas fontes, 1982.

MATOS, Olgária. *Adivinhas do tempo*. São Paulo, 2009.

PISIER, Evelyne. *História das ideias políticas*. Tradução de Maria Alice Farah Calil Antonio. Barueri: Manole, 2004.

ROUANET, Sergio Paulo. *Mal-estar na modernidade*. 2. ed. São Paulo: Companhia das Letras, 2003.

VENTURA, Zuenir. *1968*: o que fizemos de nós. São Paulo: Planeta, 2008.

________. *1968*: o ano que não terminou. São Paulo: Planeta, 2008.

WELLMER, Albrecht. *Sobre la dialéctica de modernidad y postmodernidad*: la crítica de la razón después de Adorno. Traducción de José Luís Arántegui. 2. ed. Madrid: A. Machado Libros, 2004.

________. *Finales de partida*: la modernidad irreconciliable. Traducción. Madrid: Machado, 1996.

14. DEMOCRACIA E EMANCIPAÇÃO SOCIAL: ensaio sobre justiça procedural e participação popular*

14.1. JUSTIÇA, RAZÃO E TEORIA DO DISCURSO

Diante do cenário de enfraquecimento das utopias, um certo esmorecimento dos ideais poderia se consolidar na apatia da inação e da falta de perspectivas. No entanto, como já se analisou no ensaio anterior, se uma certa perspectiva única de metanarrativa histórica entrou em colapso, isso não invalida outras perspectivas mais atuais. E é exatamente nessa medida que as discussões sobre o aprofundamento, a qualificação e o aprimoramento da democracia se colocam em evidência. Em outro estudo, já se pôde identificar que a crise da democracia somente pode encontrar remédio no próprio aprofundamento da democracia[1]. Dessa forma, a revitalização da democracia, a dinamização da democracia, a pluralização da democracia e a defesa dos princípios republicanos como estruturais para a vida democrática são de fundamental importância nesse contexto.

E, se democracia tem muito a ver com a possibilidade de equidade social, justiça, liberdade e igualdade, fica claro que os déficits democráticos comprometem a possibilidade de afirmação desses valores socialmente tão caros ao convívio. Nessa linha de trabalho, a teoria do discurso não está em busca de essências quando procura trabalhar o conceito de justiça, como se a filosofia pudesse determiná-lo a partir do lugar da razão. Limitando a pretensão de conceituar a justiça, no entanto, Jürgen Habermas não deixa de enfrentar e abordar o tema e, exatamente por isso, é definido como um pensamento

---

* Este Ensaio foi publicado na forma de artigo, com modificações de conteúdo, sob o título "Justiça, razão comunicativa e emancipação social: filosofia do direito e teoria da justiça a partir do pensamento de Jürgen Habermas", *no Boletim da Faculdade de Direito da Universidade de Coimbra*, Coimbra, n. 88, 2012, p. 287-312.

1 A esse respeito, consulte-se Bittar, Crise política e Teoria da Democracia: contribuições para a consolidação democrática no Brasil contemporâneo, *Revista de Informação Legislativa*, ano 53, n. 211, Brasília, Senado Federal, Secretaria de Editoração e Publicações, p. 11-33, jul./set. 2016.

pós-metafísico, desatrelado das amarras que asseguram e garantem a forma de expressão da filosofia da consciência.

Para uma teoria do discurso, se a preocupação está no uso das palavras, então a discussão escapa da tendência de buscar a essência da justiça captada por um conceito para um exercício de compreensão dos contextos e dos jogos que definem os *usos da justiça* e do poder do discurso na capacidade de gerar novas formas à justiça. Wittgenstein, nas *Investigações filosóficas* (*Philosophical Investigations*), deixa claro esse aspecto: "Quando os filósofos usam uma palavra – 'saber', 'ser', 'eu', 'proposição', 'nome' – e procuram captar a *essência* da coisa, devemo-nos sempre perguntar: na linguagem onde vive, essa palavra é de facto sempre assim usada? Nós reconduzimos as palavras do seu emprego metafísico ao seu emprego cotidiano"[2].

Assim, desde Wittgenstein, a ideia de conceito, ancestralmente enraizada como busca fundamental da filosofia e, depois, da própria ciência, torna-se um exercício útil dentro do contexto e dos usos sócio-históricos, mesmo para questões fundamentais, como o próprio conceito de *jogo* por ele empregado nas *Investigações*: "Poder-se-ia dizer que o conceito de jogo é um conceito de contornos esfumados. 'Mas um conceito esfumado é de todo um conceito?' É uma fotografia difusa de toda uma imagem de homem? Pode-se sempre substituir com vantagem uma imagem difusa por uma imagem nítida? Não é muitas vezes a difusa aquela de que nós precisamos?'. Um pouco mais adiante, ainda, se pode ler: 'Frege compara o conceito com uma área e diz: a uma área sem fronteiras precisas não se pode de todo chamar uma área'"[3]. Assim, ao pensamento pós-positivista, especialmente quando projetado para o campo da Filosofia do Direito, não cabe simplesmente lidar com os cânones da justiça como legalidade, nem cabe simplesmente afirmar a justiça como uma substância metafísica a ser descrita por um conceito universalizável. Nessa perspectiva, o que é universalizável são as condições de exercício do discurso, que facultam a aparição de formas históricas e pragmaticamente significativas de justiça. Assim, processualmente, a justiça é uma luta infinita, a depender dos horizontes de compreensão dos estados de desenvolvimento da cultura.

Parte-se, pois, da ideia de que no horizonte histórico e circunstancial da interação pragmática e da comunicação humana entreveem-se potenciais de exercício de ações concertadas que podem encadear e provocar liberdade e justiça[4]. Daí, nas tarefas de uma Filosofia do Direito extraídas da

---

2 Wittgenstein, *Investigações filosóficas*, 1995, Parte I, § 116, p. 259.

3 Wittgenstein, *Investigações filosóficas*, 1995, Parte I, § 71, p. 232, para todo o trecho citado.

4 Sobre a relação entre liberdade e comunicação, leia-se as reflexões pragmáticas de Tercio Sampaio Ferraz Junior: "O sentido da liberdade é, pois, o ser livre em comum, e o ser livre em comum

teoria do discurso, manter-se estável a preocupação de manutenção do laço que une emancipação e crítica, cujo matiz caracteriza e identifica o pensamento da *FrankfurtSchüle*. Por isso, quando se trata de pensar a relação entre justiça, emancipação e razão comunicativa, no pensamento de Jürgen Habermas, deve-se ter presente essa particularidade da teoria do discurso, considerando a impossibilidade de pensar pragmaticamente, prescindindo de considerar a responsabilidade particular que os atores sociais possuem como ativos produtores das condições de socialização, o que alivia o peso moral depositado sobre o filósofo, desimpede a ação social para o que é politicamente significativo, aproxima *theorie und práxis*, desloca o olhar do paternalismo social para fixar exigentes condições sobre as determinações das condições e dos direitos inerentes às formas de interação democrática e dialógica.

A teoria do discurso, se comparada a outras perspectivas filosóficas contemporâneas, como a de John Rawls, que, ao deixar de lado a necessidade de apresentação do conteúdo da justiça, apresenta-se com ainda menor pretensão metafísica na medida em que deposita suas exigências nas condições do uso público da razão. "Más modesta, porque se limita a los aspectos procedimentales del uso público de la razón y desarrolla el sistema de derechos a partir de la idea de su institucionalización jurídica. Puede dejar más preguntas abiertas porque confia más en el *proceso* de una formación racional de la opinión y la voluntad. En Rawls, en cambio, las cargas están distribuídas de otro modo: mientras a la filosofia le reserva el desarrollo de la idea consensuable de una sociedad justa, los ciudadanos emplean dicha idea como plataforma desde la que juzgan las instituciones y políticas existentes." Nessa perspectiva é que Habermas afirma um papel diferente para a filosofia, pois não adianta conteúdo nem deduz verdades a partir de criações e ficções como o véu da ignorância, que fazem do filósofo aquele sujeito que antecipa conteúdos à ideia de justiça. "Frente a esto, yo propongo que la filosofía se limite a la clarificación del punto de vista moral y del procedimiento democrático, al análisis de las condiciones del discurso y la negociación racionales. En esta función la filosofía no precisa proceder de modo constructivo sino sólo *reconstructivo*. Las respuestas sustanciales, que tienen que encontrarse acá y ahora, se dejan al compromiso más o menos ilustrado de los participantes, lo que no excluye

---

é comunicação. A comunicação é o sentido primeiro da vida humana e de toda vida. Sem comunicação a vida é um sem sentido, é angústia da própria morte, a comunicação não tem um sentido contrário – o homem não pode não se comunicar, quem comunica que não comunica, comunica. Assim, propriamente, a negação da comunicação tem o sentido da negação da liberdade do outro, isto é, da morte do outro" (Ferraz Junior, O justo e o belo: notas sobre o direito e a arte, o senso de justiça e gosto artístico, in *Revista da Pós-graduação da Faculdade de Direito da USP*, v. 2, 2000, p. 44).

que también los filósofos participen en las discusiones públicas, aunque en el papel de intelectuales, no de expertos"[5].

14.2. JUSTIÇA, EMANCIPAÇÃO SOCIAL E RADICALIZAÇÃO DA DEMOCRACIA

A *Kritische Theorie* fideliza-se à dimensão da emancipação social, fortalecendo as bases de afirmação da ação social responsável e democraticamente exercida. Ao contrário de se fixar sobre conceitos abstratos, reforça, aliando teoria e prática, a busca para a afirmação da *justiça* nas interações socialmente mediadas por exigentes critérios de racionalidade comunicativa[6]. A teoria do discurso defende os modos de incentivo da racionalidade e da interação, retirando seus fundamentos da comunicação livre e desimpedida do quotidiano[7].

É certo que as exigências procedimentais tornam as deliberações mais exigentes, e toda a expectativa de um idealismo das instituições passa a carecer de incentivos concretos sobre as formas de produção das condições da procedimentalização da vida democrática, quando a discussão passa a ser a respeito da qualidade real da interação democrática que se tem em determinadas condições históricas, e não apenas das formais condições e hipotéticas instituições políticas e legais à disposição do exercício do poder comunicativo e da esfera pública. As exigentes afirmações normativas da teoria do discurso estão voltadas exatamente para a incrementação da cidadania e da autonomia dos

---

5 Habermas, Reconciliación mediante el uso publico de la razón, in *Debate sobre el liberalismo político* (Habermas; Rawls), 2000, p. 70-71. Richard Rorty não deixa de ver entre as concepções de razão que orientam Rawls (razão prática) e Habermas (razão comunicativa) certas similaridades, e a diferença estaria apenas entre o "o que" e o "como" da razão; a respeito, Rorty, Justiça como lealdade ampliada, in *Pragmatismo e política*, 2005, p. 101-122.

6 Sobre a tentativa de situar o debate da justiça fora da razão, e a equiparação de justiça com lealdade, Rorty escreve, criticando Habermas: "Filósofos morais que permanecem leais a Kant provavelmente acham que isso é uma grande perda. Os kantianos, geralmente, insistem que a justiça se origina da razão, e a lealdade, do sentimento. Somente a razão, eles dizem, pode impor obrigações morais universais e incondicionais, e assim é nossa obrigação de sermos justos. É sobre outro plano, a partir de relações de afeto, que criamos a lealdade. Jürgen Habermas é o filósofo contemporâneo mais proeminente que insiste no modo kantiano de olhar as coisas: é o pensador que está menos propenso a borrar a linha entre razão e sentimento, ou a linha entre validade universal e consenso histórico" (Rorty, Justiça como lealdade ampliada, in *Pragmatismo e política*, 2005, p. 104-105).

7 "Na perspectiva de Habermas, é essa *possibilidade* que deve ser levada muito a sério, porque é ela que oferece os fundamentos para um pensamento social que seja simultaneamente crítico das condições existentes e voltado para uma emancipação possível da espécie humana – sob formas e com conteúdos que só o intercâmbio livre de atores competentes na ação comunicativa poderá estabelecer" (Cohn, A teoria da ação em Habermas, in *Teorias da ação em debate* (Weisshaupt, Jean-Robert, et al.), 1993, p. 75).

cidadãos, de cujo agir deverá resultar um processo de aprofundamento da vida democrática. Nesse modelo teórico, a *justiça* se aproxima mais de um produto do processo de inclusão no discurso e de interações mediadas por pretensões de validade do que de um *a priori* substancial, que reclamaria do filósofo a apresentação de um conceito fixo e substancial. A transformação social está, nesse sentido, mais na dependência da capacidade dos atores sociais exercerem poder comunicativo do que na capacidade da teoria produzir recortes conceituais precisos do termo justiça.

Assim, a questão da democracia é o principal insumo da teoria política habermasiana, centrada na ideia de diálogo e de incremento à cidadania pela esfera pública. Na *teoria do discurso*, o tema brotará, aos poucos, a partir da *filosofia da linguagem*, para ganhar significação na *filosofia política*, desdobrando-se no campo da *filosofia do direito*, com graves consequências para a constituição e tecitura dos direitos, para a afirmação da política democrática e para a constituição da opinião dos cidadãos. É nesse sentido que a questão ganha fôlego para significar um dos elos de maior importância para a construção, manutenção e qualidade da experiência política democrática. E isso porque a democracia, no sentido habermasiano, não é uma atividade do Estado, do poder administrativo, mas acima de tudo a expressão e a consagração das interações racionais oriundas da intersubjetividade comunicativa na esfera pública. Assim, a teoria do discurso se ocupará vivamente de pensar o poder comunicativo, inclusive considerando a perspectiva emancipatória de radicalização da democracia, de democracia representativa a democracia participativa.

A noção de *esfera pública*, como se vê, é de capital importância para o debate sobre a cultura democrática e a legitimação do poder político. É do contexto da própria modernidade que Habermas haverá de extrair noções que se tornam fundamentais para a articulação de seu pensamento. Se o nascimento da ideia de *esfera pública* (*Öffentlichkeit*) se dá na modernidade, e seus desdobramentos haverão de abalar o *Ancien Régime*, abrindo o cenário da era dos direitos, é exatamente por isso que Habermas parte da avaliação de sua significação histórico-política, em *Mudança estrutural da esfera pública*, para a análise de sua significação jurídico-política, no capítulo VIII (*O papel da sociedade civil e da esfera pública política*), em *Direito e democracia*[8].

14.3. LÓGOS, AÇÃO SOCIAL E JUSTIÇA PROCEDURAL

A vida em sociedade reclama *lógos* como único meio de encontro intersubjetivo e racional. Não há como prescindir do discurso para a interação

[8] Cf. Avritzer, *A moralidade da democracia*: ensaios em teoria habermasiana e teoria democrática, 1996, p. 32-34.

humana. Se, em *Pensamento pós-metafísico* (*Nachmetaphysisches Denken. Philosophiche Aufsätze*), Habermas afirma que *Ego* e *alter* coordenam suas ações a partir de processos de interação comunicativa[9], não há como prescindir do discurso como meio de realização da justiça. A comunicação é o modo desse *estar-no-mundo* na condição humana. Não há como ser diferente, nesse aspecto. Os processos sociais são, portanto, mais que simplesmente mediados por discursos, eles são constituídos por práticas discursivas, que podem ser manipulatórias, ideologizadas, fantasiosas, opressivas, ou seja, veicularem formas de poder (econômico e administrativo) que instrumentalizam a condição humana e servem para aumentar os contigentes de opressão social. Por isso, se as interações sociais são constituídas por formas de interação codificadas em linguagens, estas aparecem como os instrumentos necessários no interior dos quais se produz a coordenação de ações compartilhadas.

Com mais precisão: "Os tipos de interação distinguem-se, em primeiro lugar, de acordo com o mecanismo de coordenação da ação; é preciso saber, antes de mais nada, se a linguagem natural é utilizada apenas como meio para a transmissão de informações ou também como fonte da integração social. No primeiro caso trata-se, no meu entender, de agir estratégico; no segundo, de agir comunicativo. No segundo caso, a força consensual do *entendimento* linguístico, isto é, as energias de ligação da *própria linguagem* tornam-se efetivas para a coordenação das ações, ao passo que no primeiro caso o efeito de coordenação depende da *influência* dos atores uns sobre os outros e sobre a situação da ação, a qual é veiculada através de atividades não linguísticas"[10].

A tarefa da teoria do discurso, cujas preocupações emancipatórias são claras, é a de criar condições para que o uso do *poder comunicativo* seja capaz de compensar as formas estratégicas de interação em sociedade e, exatamente por isso, evitar que os desequilíbrios de poder nas interações redundem também em injustiças que se concretizam em práticas culturais, econômicas, políticas e, por fim, normativas, da vida social, e que colonizam as diversas dimensões de manifestação do mundo da vida (*Lebenswelt*).

Em sua perspectiva, portanto, a teoria do discurso assume uma opção pragmática e procedural para a discussão dos temas que dão contorno à *justiça* e à *emancipação*, dando, aliás, continuidade a preocupações já expressadas pelos demais teóricos críticos. Apela menos à ideia de significado, especialmente porque a ideia de significado implica a aceitação de pressupostos que

---

9 "O problema da coordenação coloca-se a partir do momento em que o ator só pode executar o seu plano de ação de modo interativo, isto é, com o auxílio (ou mediante a omissão de auxílio) de pelo menos um outro ator. Do modo de *Alter* conectar seus planos e ações aos planos e ações de *Ego* resultam diferentes tipos de interações mediadas linguisticamente" (Habermas, *Pensamento pós-metafísico*: estudos filosóficos, 1990, p. 71).

10 Habermas, *Pensamento pós-metafísico*: estudos filosóficos, 1990, p. 71.

redundam numa ontologia metafísica. Por isso, mesmo ao discutir moral, Habermas observará de modo distanciado e pós-metafísico a ideia de significação como realização de pressupostos comunicativos[11]. A discussão filosófica empreendida pela teoria do discurso sobre a *justiça* perde em *definição semântica*, mas ganha em exigências procedurais. A discussão sobre as formas sociais de construção concreta de justiça envolvem a atuação de atores coletivos na mobilização e no exercício do poder comunicativo, seja na prevenção da injustiça, seja na promoção do novo valor de justiça, seja na preservação dos quocientes de justiça já conquistados. Da prevenção à promoção da justiça, é a cidadania um elemento de peso na forma de processar concretamente o poder comunicativo e tornar efetiva a justiça historicamente relevante para um grupo, para toda uma sociedade, ou ainda, para cidadãos de um determinado Estado Democrático de Direito[12].

Nessa linha da raciocínio, a *justiça* perde em precisão vertical e monológica como decurso da razão prática, mas ganha em definição dialógica e horizontal, como decurso da razão comunicativa. Trata-se de uma concepção que comporta uma visão que caminha no sentido do entendimento da justiça como um processo de aprendizagem coletiva. E isso porque a justiça tem a ver com esse permanente estado de negociação da sociedade, que envolve trocas materiais e trocas simbólicas, uma distribuição contigente de ações estratégicas e ações comunucativas, em que a comunicação se destaca como a prática constitutiva para a proteção e para a reprodução simbólica do mundo da vida. A *justiça* passa a funcionar como um elemento que, reclamando a conjuntividade de uma forma comunicativa de exercício da razão, torna os indivíduos interessados pela luta (*Kampf*) por aquisição e/ou manutenção de parâmetros de equanimidade social na vida comum, sem o que não se justificaria a vida social, pois se dissolveria em um conjunto de vidas e biografias paralelas sem conexão comum.

A partir da teoria do discurso que respeita a fragmentação social produzida no contexto das sociedades pós-modernas, para as quais a proteção da diversidade, da multiplicidade e da pluralidade se tornaram de fundamental importância, a busca filosófica sobre "*A Justiça*" se desloca para o campo da busca filosófica pelas práticas comunicativas que possibilitam a aparição *da(s)*

---

11 Cf. Dutra, *Kant e Habermas*: a reformulação discursiva da moral kantiana, 2002, p. 129.

12 Essa percepção é desenvolvida como muita acuidade pelo estudo de Silva, Emancipação, esfera pública e direito, cujo trecho em destaque é bastante significativo: "Dessa maneira, o modelo crítico habermasiano pretende deslocar de sua perspectiva emancipatória a assunção de qualquer padrão substantivo de sociedade justa ou virtuosa, comprometendo-se com a investigação das condições comunicativas necessárias para que os próprios envolvidos possam decidir acerca de sua vida mediante processos de entendimento livres de coerções" (Silva, Emancipação, esfera pública e direito, in *Habermas, Honneth*: formação do indivíduo e socialização (Mente, cérebro, filosofia), n. 8, 2008, p. 12).

forma(s) histórica(s) da justiça, ou dos critérios de formação procedural de promoção de justiça. Nesse sentido, se torna mais importante pensar pragmaticamente as exigências pelas quais se veiculam discursos sobre o justo, do que pensar o semanticamente exigível como conteúdo de uma norma universal de justiça. O discurso pós-moderno trouxe consigo a ideia da busca de afirmação da heterogeneidade, em substituição à homogeneidade oriunda da modernidade, mas com isso não abre um consentimento irrestrito, e é este o alerta a ser afirmado, à aceitação de um relativismo irrestrito e amorfo que tudo abriga, do aceitável e do razoável ao arbitrário e unilateral, do justo ao danoso. A concepção desenvolvida pela teoria do discurso é cautelosa com relação a esses dois extremos[13].

Mas, ao desenvolver-se com apelo racional, mesmo assim, consente e garante a realização da heterogeneidade. Por isso, a abertura para a pluralidade dos discursos por meio do diálogo que inclua múltiplos atores na interação comunicativa, e pela garantia dos procedimentos, é de fundamental importância. A garantia da diversidade parece, de todo, invocar, nas práticas de justiça fundadas em procedimentos, a exigência de preservação da diversidade.

O procedimento justo deve, acima de tudo, assumir a divergência em torno do conceito de justiça, e não pré-determinar *a priori* um critério ou recorte de exclusão que impeça o florescimento do debate sobre o justo. Todo parâmetro de justiça, uma vez já legalizado, torna-se discutível e, por isso, alvo da possibilidade discursiva de sua revisão; com isso, a forma da justiça que se legaliza flui pelos canais institucionais como aquisições e progressões em torno do justo, que se cristalizam por etapas de consolidação democrática. Sociedades mais justas são estas que se tornaram mais capazes e mais sensíveis de processar novas exigências de justiça, revendo seus parâmetros legalmente e anteriormente consolidados. Por isso, o procedimento para a justiça consente que percepções diversificadas da justiça possam encontrar espaço para aparecer, apenas consolidando decisões, após interações comunicativas dialógicas terem promovido novas formas de percepção da realidade e diagnosticados quadros de opressão que carecem de ser corrigidos ou alterados. Nesse sentido, uma *teoria procedural da justiça* se oferece ao acolhimento das indeterminações do futuro e reivindicações que aprofundam a consciência do justo. Isso não significa, no entanto, que a aposta numa discussão do justo por meio do procedimento e das formas de sua institucionalização democrática

---

[13] Exatamente por isso Habermas se distancia da concepção de Rorty, que abdica inclusive da razão como fator de importância para a discussão da filosofia e também para a afirmação do debate sobre o justo, entregando toda a questão à dinâmica da interação pragmático-política, como se pode ler neste trecho: "Penso que descartar o racionalismo residual do que herdamos do Iluminismo conveniente por muitas razões" (Rorty, Justiça como lealdade ampliada, in *Pragmatismo e política*, 2005, p. 121).

não esteja profundamente ancorada em um conjunto de exigências de direitos, pois a exigência de procedimentos para que haja justiça não exclui a exigência de direitos humanos fundamentais para que haja condições à promoção e à aquisição de novos conteúdos de justiça.

Mais ainda, isso não significa que, por não existir uma substância de justiça, a justiça não reclame um conteúdo. Ela sempre deve se expressar de alguma forma e, especialmente, positivar-se por leis, como a partir da modernidade se torna rotina sistêmica, para que tenha valia social e jurídica, para que seja impositiva, pública e acessível aos sujeitos aos quais se destina. E, também por isso, seja passível de revisão e renovação. Toda norma de justiça feita de decisão legal é passível de revisão. A concepção desenvolvida por Jürgen Habermas, por meio da teoria do discurso, para a concepção de *justiça*, incorpora e projeta uma noção de *justiça dinâmica*, adquirida a partir da própria modernidade, como experiência que está no horizonte das modernas condições de exercício da vida democrática. Um positivismo crítico e sujeito a permanentes formas de submissão à reavaliação na base de uma exposição à razão pública, de debate e reconstrução a partir da *Öffentlichkeit*, é o fruto da teoria do discurso que se preocupa em manter um equilíbrio entre a função de *estabilização* do poder administrativo e a função de *renovação* do poder comunicativo; ainda aqui, a ideia é a de manter viva a tensão entre faticidade (*Faktizität*) e validade (*Geltung*) das normas legais. A historiadora e socióloga Agnes Heller[14], em *Além da justiça* (*Behind justice*) e outros textos, ao entrar em diálogo com o pensamento de J. Habermas, afirma que, em verdade, "...uma sociedade *sem* justiça dinâmica é indesejável. Desejável é a generalização e universalização de justiça dinâmica como um *procedimento justo*. O único procedimento justo para justiça dinâmica (generalizada e universalizada) é *discurso*"[15].

Nesta perspectiva, a ideia procedural de justiça, ainda que não forneça contornos precisos à sua identificação semântica do termo *justiça*, concebe a justiça em seu caráter pragmático e histórico, uma vez que esta passa a ser entendida como produto daquilo que indivíduos em interações comunicativas de fala podem fazer, uma vez que dadas as pretensões de validade do discurso, em torno das questões que giram ao redor do interesse comum. Como o que é de interesse comum está em permanente mudança e na dependência de uma sempre crescente expansão da compreensão de mundo desenvolvida pela ci-

---

14 Sobre a ideia de justiça dinâmica para as instituições modernas, Heller e Féher afirmar que se trata do "...melhor exemplo do caráter dialético do ordenamento moderno. A contestação da justiça não é unilateral. Um lado desafia a instituição, outro lado a defende" (Heller, Féher, O pêndulo da modernidade, in *Tempo Social*, Revista de Sociologia da USP, São Paulo, 6 (1-2), 1994, p. 52).

15 Heller, *Além da justiça*, 1998, p. 334-337.

dadania, a justiça não pode ser fixada a conteúdos e, exatamente por isso, como se pode ler em *Direito e Democracia* (*Faktizität und Geltung*), desdobra-se e amplia-se "...englobando problemas ao autoentendimento e questões da escolha racional de meios – e, naturalmente, problemas de compensação de interesses não generalizáveis, tornando necessários compromissos", conforme afirma Habermas[16].

A polêmica sobre formalismo e substancialismo, do ponto de vista filosófico, foi o ingrediente que alimentou o debate entre John Rawls e Jürgen Habermas. Este afirma que, em verdade, o pensamento de J. Rawls possui traços substancialistas, e, por isso, Rawls replica, afirmando "Considero mi réplica como una defensa del liberalismo porque cualquier concepción liberal tiene que ser sustantiva, y me parece correcto que sea así. Además, no veo por qué la concepción de Habermas no es sustantiva, aún cuando los elementos sustantivos puedan diferir"[17]. Por sua vez, John Rawls (*Political liberalism: reply to Habermas*) verifica que certos traços substancialistas estão igualmente presentes no pensamento procedural da justiça de J. Habermas e afirma que existe a preocupação com um mínimo de conteúdo no interior da teoria do discurso, o que, de certa forma, seria suficiente para afirmar que a concepção procedural não deixa de possuir também um núcleo dogmático do qual não pode abrir mão[18]: "Esta compreensão, como aliás o próprio Estado de Direito, conserva um núcleo dogmático, ou seja, a ideia da autonomia, segundo a qual os homens agem como sujeitos livres na medida em que obedecem às leis que eles estabeleceram, servindo-se de noções adquiridas num processo intersubjetivo. Contudo, esta ideia é dogmática num sentido *sui generis*. Pois nela se expressa uma tensão entre facticidade e validade, a qual é dada através da estrutura linguística das formas de vida socioculturais, as quais nós, que formamos nossa identidade em seu seio, não podemos eludir"[19].

Esse debate é ainda hoje útil e atual, na medida em que serve ao esclarecimento de que nem mesmo as concepções procedimentais estão isentas de se preocuparem com um grau mínimo de categorias que deveriam orientar a própria decisão de exigir condições procedimentais para a realização da *justi-*

---

16 Habermas, *Direito e democracia*, I, p. 195.

17 Rawls, Replica a Habermas, in *Debate sobre el liberalismo político* (Habermas; Rawls), 2000, p. 129.

18 No texto, Rawls afirma: "De hecho, creo que Habermas reconoce que su concepción es sustantiva, puesto que él solo dice que es más modesta que la mía y que deja 'más cuestiones abiertas porque confía más en el *proceso* de formación racional [razonable] de la opinión y la voluntad'. No dice que su concepción deja todas las cuestiones sustantivas abiertas a la discusión. En el párrafo final de *Faktizität und Geltung*, Habermas admite que su teoria no puede ser meramente formal..." (Rawls, Replica a Habermas, in *Debate sobre el liberalismo político* (Habermas; Rawls), 2000, p. 134).

19 Habermas, *Direito e democracia*, I, p. 190.

ça. Esse debate revela, ainda, que, apesar de formal e pragmática, a teoria do discurso não é formalista, e destoa dos modelos positivistas e legalistas, para deslocar sua força para os procedimentos democráticos. Por isso, a possibilidade de se entrecortarem as exigências da *justiça procedural* às exigências da *justiça substancial*, como adverte Rawls: "Empezar explicando que tomo la distinción entre justicia procedimental y justicia sustantiva como la distinción, respectivamente, entre la justicia (o equidad) de un procedimiento y la justicia (o equidad) de su resultado. Ambos tipos de justicia ejemplifican ciertos valores, de procedimiento y de consecuencia, respectivamente; y ambos tipos de valores van juntos en el sentido de que la justicia de un procedimiento siempre depende (dejando a un lado el caso especial del juego) de la justicia de su resultado probable, o de la justicia sustantiva. Así, la justicia procedimental y la sustantiva están conectadas y no van separadas. Ello permite, con todo, que los procedimientos equitativos tengan valores intrínsecos a ellos, por ejemplo un procedimiento que tiene el valor de la imparcialidad porque da a todos una oportunidad igual para presentar su caso"[20]. Por isso, no interior dos procedimentos, são alistáveis, na visão de John Rawls, pelo menos, cinco valores que orientam o processo de aproximação de uma decisão justa: imparcialidade, igualdade, abertura, ausência de coerção e unanimidade[21].

Daí a importância de que o criterioso procedimento formador das condições da deliberação justa seja capaz de conduzir a resultados que expressem decisões (políticas ou jurídicas) com conteúdos de *justiça*. Neste sentido, os valores já estão presentes e imbutidos nas exigências procedimentais, na medida em que, a partir de pretensões de validade, o *procedimento justo e democrático*, institucionalmente correto e transparente, é de fundamental importância na determinação da substância das decisões. Decisões que apelam para consensos (epistemológicos, morais, políticos, jurídicos) devem estar guiadas pelos exigentes pressupostos da comunicação. Numa perspectiva que assume em sua integralidade a presunção da viragem linguística, não se torna mais

---

20 Rawls, Replica a Habermas, in *Debate sobre el liberalismo político* (Habermas; Rawls), 2000, p. 129.

21 "Cuanto más igual e imparcial, más abierto es este proceso y menos participantes resultan coercionados, estarán más dispuestos a ser guiados por la fuerza del mejor argumento y con mayor probabilidad los verdaderos intereses generalizables serán aceptados por todas las personas afectadas de modo relevante. Hay aqui cinco valores que sin pensarlo parecen ser valores del procedimiento – imparcialidad e igualdad, el carácter abierto (no se excluye ninguna informacion relevante, ninguna en general), la ausencia de coerción y la unanimidad –, valores que combinados guían la discusíon sobre los intereses generalizables hacia el acuerdo de todos los participantes. Este resultado es ciertamente sustantivo, ya que se refiere a la situacion en la que los intereses generalizables de los ciudadanos están satisfechos. Además, los anteriores cinco valores se relacionan con juicios sustantivos si la razón de que dichos valores se incluyan como parte del procedimiento es que son necesarios para hacer que los resultados sean justos o razonables" (Rawls, Replica a Habermas, in *Debate sobre el liberalismo político* (Habermas; Rawls), 2000, p. 133).

possível sustentar uma concepção de justiça fundada exclusivamente na lógica metafísica, à qual Habermas se opõe. Nessa medida é que a perspectiva de justiça da teoria do discurso assume a veste pós-metafísica, afinada que está com o pluralismo moral das sociedades pós-tradicionais, e abre campo ao diálogo como potente instrumento político.

14.4. TEORIA PROCEDURAL DA JUSTIÇA, INJUSTIÇA E DINÂMICA SOCIAL

Se a ideia de *justiça* não pode ser logicamente deduzida, e veritativamente constatada, ao menos fica claro que, para que se construa, é necessário um esforço coletivo, um empreendimento no qual desde a audição da *injustiça sofrida*, até a *tomada da decisão*, espaços comunicativos, oportunidades de fala, qualidade de informações, ausência de coerção devam determinar o *modus operandi* das instituições. Assim, a *justiça* não pode ser pensada sem que se discutam os pressupostos comunicativos das formas de interação e convívio humanos. Por isso, a própria justiça vem definida, nesse sentido, a partir das *pretensões de validade*. Não há uma justiça *ad aeternum* como substância válida para todos os casos, para todas as hipóteses, para todos os contextos, fora do tempo e do espaço, e que possa fornecer segurança absoluta ao agir humano.

A partir da teoria do discurso, como forma de expressão da *Filosofia Social do Direito* contemporânea, em parceria com a Filosofia Política, não há um conceito que transcenda a história desde fora, apenas desde dentro, ou seja, a história dos conceitos de justiça revela o quanto estão fadados a serem transmutados, a sofrerem as inflexões do tempo, ou sinfs, as derrotas da história. Dessa maneira, na teoria do discurso não há justiça fora da história, pois essa é a marca do envolvimento que determina a nossa ligação com todos e nossa *codependência* de tudo e de todos; subjetividade e intersubjetividade não se desligam no interior da teoria do discurso.

Em *Faktizität und Geltung*, Habermas afirma que uma norma "...só é justa (*Eine Norm ist nur dann gerecht*) quando todos podem querer que ela seja seguida por qualquer pessoa em situações semelhantes. Mandamentos morais têm a forma semântica de imperativos categóricos ou incondicionais"[22]. Assim, não é qualquer conteúdo de deliberações que se torna justo pelo mero procedimento formal[23], mas apenas se o resultado pode ser mimetizado como

---

[22] Habermas, *Direito e democracia*, I, 2003, p. 203. "Eine Norm ist nur dann gerecht, wenn alle wollen können, daβ sie in vergleichbaren Situationen von jedermann beforlgt wird. Moralische Gebote haben die semantische Form von kategorischen oder unbedingten Imperativen" (Habermas, *Faktizität und Geltung*, 1998, p. 200).

[23] A visão luhmanniana não desenvolve um conceito de justiça, mas permite que se conceba a justiça nesta contingência de funcionamento dos sistemas e como resultado de operações de

exigência universal. O que se está afirmando é que todo conceito que se queira produzir para conferir *substância semântica* à justiça necessariamente será provisório, na medida em que exista uma forte coerção dada ao termo justiça por injunções humanas e comunicativas, o que envolve o estado do horizonte hermenêutico, as condições de evolução da técnica, o desenvolvimento da ciência e do sistema de saberes, as infraestruturas econômicas, as formas de ideologias hegemônicas, o lastro da dinâmica cultural. Não se trata simplesmente de reconhecer o caráter fugidio da justiça, mas, sobretudo, de identificar os caminhos do campo de discussão da justiça. Uma noção *destranscendentalizada* de justiça implica, por isso, uma reflexão sobre os pressupostos que garantam a processualidade do justo, ou seja, a sua produção de conformidade com pretensões que podem tornar, ao final, válida a *substância* atribuída para uma determinada *norma de justiça*. Esta consideração de que uma específica *substância* histórica possa ser atribuída ao termo *justiça* não significa que não se possa, num passo adiante, substituí-la por uma outra noção, mais adequada ou ajustada ou que esta não possa ser efetivamente relativizada ou aprimorada, dados os motivos para isso.

Apesar dos procedimentos implicarem valores neles imersos, como igualdade e não coerção, diferentemente de afirmar que a justiça seja um valor entre outros valores, e se confundir com qualquer conteúdo normativo, a justiça, na teoria do discurso, tem a ver com um predicado para a validade das proposições normativas que expressam regras morais, e que foram fruto de deliberações que buscam como base de legitimação formas participativas que consentem a verificação de que todos os atingidos estão de acordo com o conteúdo do que foi normatizado. Neste outro trecho de *Faktizität und Geltung*, Habermas afirma: "Questões de justiça referem-se a pretensões contestadas em conflitos interpessoais, que nós podemos julgar imparcialmente a partir de normas válidas. Essas normas, por sua vez, têm que passar por um teste de generalização que examina o que é igualmente bom para todos. *Assim como 'verdadeiro' é predicado para a validade de proposições assertóricas, 'justo' é um predicado para a validade das proposições normativas gerais que expressam mandamentos morais. Por isso, a justiça não é um valor entre outros valores (Deshalb*

---

comunicação social dentro das estruturas da sociedade composta pelo funcionamento seguro e equilibrado entre subsistemas: "Com referência aos diversos jogos de linguagem, impõe-se uma justiça discursiva como 'justiça em face do heterogêneo'. Nessa perspectiva, justiça significa 'a relação entre idêntidade e alteridade discursiva, não, contudo, a partir da perspectiva de um terceiro, mas sim da perspectiva singular do respectivo discurso em face de outros mundos discursivos'. Em suma, a justiça pressupõe e exige o reconhecimento da pluralidade discursiva e complexidade sistêmica da sociedade mundial de hoje, implicando o respeito à autonomia das esferas discursivas ou dos sistemas de comunicação" (Neves, E se faltar o décimo segundo camelo? Do direito expropriador ao direito invadido, in *Niklas Luhmann*: do sistema social à sociologia jurídica, 2004, p. 168).

ist Gerechtigkeit kein Wert unter anderen Werten). Valores concorrem sempre com outros valores. Eles exprimem quais bens determinadas pessoas ou coletividades ambicionam ou preferem em determinadas circunstâncias. Somente na perspectiva delas os valores podem ser trazidos para uma ordem transitiva. Por conseguinte, a pretensão de validade da justiça é absoluta, como a dos valores: mandamentos morais pretendem validade para todos e cada um em particular"[24].

A ideia de justiça continua sendo diretiva para a vida social, mas mantém-se sem conteúdo semântico preciso, exatamente para que tenha um caráter aberto e dialogal, predispondo-se a um alargamento semântico elástico permanente, dependente das crescentes incorporações de reivindicações que são inerentes ao trato social. Nesse ponto, Agnes Heller, analisando a *Filosofia do Direito* de Habermas, comenta suas formulações, afirmando que: "O princípio fundamental de universalização foi mantido completamente formal. Habermas quer evitar as armadilhas de um completo conceito ético-político de justiça, e, para mim, está certo em fazê-lo. Ele está totalmente ciente dos perigos implícitos na tentativa de sugerir *qualquer norma substantiva* como a norma de 'consenso de ordem mais alta'. Sucumbir a tal tentação pode ser, para ele, equivalente a superimpor uma norma (valor) nativa à nossa cultura, tradição, biografia ou intuição nos participantes do discurso e, assim, equivalente a *antecipar* o resultado do próprio discurso"[25].

Agnes Heller concorda, pois, com a formulação procedural de justiça e com as exigências de universalidade da justiça, verifica que a perda de substância na definição de justiça não a expõe a todo risco de dissenso infinito, pois toda norma de justiça se funda sempre em um lastro extraído do mundo da vida, compartilhado por uma comunidade histórica de atores sociais. Nessa linha, a ideia de justiça está dirigida pelo princípio D, que exige a máxima participação deliberativa dos atores interessados, e, também, pelo princípio U, que garante que a deliberação, na extensão de seus efeitos, terá a adesão de todos os interessados para que sua validade seja confirmada. Esses dois corretores da ideia procedural de justiça afirmam que as questões de justiça têm a ver com o uso público da razão e carecem, portanto, de uma aceitabilidade geral, vinculada à ideia de sua extensão ideal máxima a todos os afetados. "Las cuestiones de justicia se pueden decidir fundadamente – en el sentido de estar fundadas en una aceptabilidad racional – porque se refieren, desde una perspectiva ampliada idealmente, a lo que es de interés por igual para todos. Por

---

24 Habermas, *Direito e democracia*, I, p. 193 (grifo nosso). "Deshalb ist Gerechtigkeit kein Wert unter anderen Werten... Während also Werte relative Geltung beanspruchen, stellt die Grechtigkeit einen absoluten Geltungsanspruch: moralische Gebote beanspruchen Geltung für alle und jellen" (Habermas, *Faktizität und Geltung*, 1998, p. 190).

25 Heller, *Além da justiça*, 1998, p. 321.

el contrario, las cuestiones 'éticas' en sentido estricto no admiten semejante juicio vinculante para todas las personas morales porque se refieren, desde la perspectiva de la primera persona, a lo que es bueno para mí o para nosotros, un determinado colectivo, en conjunto y visto a largo plazo, aun cuando no sea igualmente bueno para todos"[26].

As preocupações de Habermas se somam às de Heller, pois a qualificação da definição de justiça, nos quadros de uma visão procedural, e como expressão do pensamento pós-positivista, deve ser suficiente para a evitação do retorno a Auschwitz. Se o positivismo não está suficientemente aparatado para sustar a legitimidade de regimes totalitários, a teoria do discurso, como teoria democrática, deve ser formal o suficiente para evitar a discussão de morais particulares, mas procedural o suficiente para evitar a barbárie orquestrada por meios racionais. Agnes Heller se preocupa em aprimorar ainda mais as formulações extraídas do pensamento de Habermas, sem destoar de suas linhas gerais. Por isso, em *Além da justiça*, afirma: "Minha reformulação do princípio fundamental de universalização é a seguinte: 'cada norma e regra social e política válida (cada lei) precisa encontrar a condição cujas consequências previsíveis e efeitos laterais da observância geral daquela lei (norma) obriguem à satisfação das necessidades de cada indivíduo, que devem ser aceitas por quem quer que esteja envolvido, e que a reivindicação da norma para atualizar os valores universais de liberdade e/ou vida deveriam ser aceitos todos os indivíduos, independentemente dos valores aos quais estão comprometidos'. As consequências e efeitos laterais dessas normas precisam ser preferidas àquelas, garantindo todas as regras alternativas, e a norma deve atualizar os valores universais de liberdade e/ou vida a um grau maior (mais completo) do que outras regras alternativas o fariam"[27].

Especialmente em sociedades complexas, se torna impossível falar da busca de uma substância moral estanque e unilateral que possa conferir um sentido único a valores morais. A questão da justiça fica exposta a essas mesmas questões. Por isso, a eticidade a que se aspira é procedural e não invoca a possibilidade de que a justiça se defina conceitualmente, mas se abre para decisões dos atores sociais. Nessa medida, o fenômeno da justiça se torna receptivo a sempre novas conquistas que advêm do processo de alargamento dos horizontes de compreensão e de intersecção entre os mundos objetivo, subjetivo e social. Por isso, a concepção procedural de justiça envolve, no mínimo, as seguintes observações: independe exclusivamente do Estado para se afirmar, apesar de, como expressão do poder comunicativo, realizar-se por meio do necessário apoio do Estado, enquanto poder administrativo, para impor-se

---

[26] Habermas, Reconciliación mediante el uso público de la razón, in *Debate sobre el liberalismo político* (Habermas; Rawls), 2000, p. 63.

[27] Heller, *Além da justiça*, 1998, p. 326-328.

socialmente de modo generalizado e tornar vinculativas as condutas sociais; deriva de uma base interativa e comunicativa, canalizada para a esfera pública política, para a consolidação de seus conteúdos normativos que exprimem valores morais relevantes para toda uma comunidade; envolve métodos intersubjetivos de conquista de seus conteúdos, o que torna sua formação necessariamente um modo de exercício do partilhamento social, e não uma expressão da racionalidade monológica; pressupõe formas democráticas de interação social e a garantia de uma série de direitos fundamentais como mecanismos mínimos de encaminhamento de deliberações fundadas nos princípios D e U; não exclui a possibilidade de exercício da desobediência civil, quando a negação (ou o falseamento) do exercício do discurso é consolidada como forma de cisão entre os procedimentos discursivos e a cidadania; funciona a partir do escoamento da argumentação moral no interior das instâncias decisórias administrativas e judiciárias responsáveis, no interior do Estado, pela solução preventiva ou *a posteriori* de conflitos sociais; não se exerce por e nem possui um sujeito universal como portador privilegiado de verdades sociais, apontando para a cidadania participativa e ativa para a sua realização concreta; escoa de modo permanentemente suscetível de revisão, no interior das estruturas procedimentais, bem como no interior dos procedimentos que haverão de garantir a argumentação das partes em situações de litígio judicial.

As exigências que decorrem da formulação da teoria do discurso depositam, por isso, importante força sobre as instituições jurídico-políticas. Não por outro motivo, torna-se possível, a partir da teoria do discurso, chegar a produzir uma Teoria do Direito, que se utiliza de todos os pressupostos da concepção de justiça procedimental e discursiva[28].

Menos *à l'individuel*, própria da racionalidade monológica, e mais de acordo com a lógica *des exchanges*, própria da racionalidade dialógica, é que se afirma o *modus* da teoria do discurso conceber a formação da justiça para sociedades modernas e dinâmicas, complexas e funcionalmente diferenciadas. Trata-se de uma proposta que cria condições para a mobilização de novos mecanismos de produção comum de decisões, o que incrementa o debate ético, valoriza a pluralidade da esfera pública, atribui poder comunicativo à sociedade civil organizada, em que a interdependência das situações do *criar-em-comum* que decorrem da noção de *poder* extraída do pensamento de Hannah Arendt (*On violence*) forma o *background* para a vida social democrática e justa[29]. Por isso, afirma Habermas: "Tal poder comunicativo só pode formar-se em esferas públicas, surgindo de estruturas da intersubjetividade

[28] A esse respeito, consulte-se Bittar, *Introdução ao Estudo do Direito*: humanismo, justiça e democracia, 2018.

[29] A respeito, *vide* Arendt, *Sobre a violência*, 2001.

intacta de uma comunicação não deformada. Ele surge em lugares onde há uma formação da opinião e da vontade, a qual, junto com a liberdade comunicativa que permite a cada um 'fazer uso público de sua razão em todos os sentidos', faz valer a produtividade de um 'modo de pensar mais amplo'. Este tem por característica 'que cada um atém o seu juízo ao juízo de outros possíveis, e se coloca no lugar de cada um dos outros!'"[30].

A luta (*Kampf*) pela justiça (*Gerechtgkeit*) passa a significar uma luta por um agir comum, que, ao mesmo tempo que cria um *arquétipo social* acima dos indivíduos, beneficia indivíduos privados e suas finitas biografias. Daí a exigência de que as *normas de justiça* sejam o fruto efetivo de práticas comunicativas, em que as consequências normativas prevejam o que é bom para todos. Por isso, Habermas afirma: "Em discursos ético-políticos, nós nos certificamos de uma configuração de valores sob o pressuposto de que nós ainda não sabemos o que queremos *realmente*. Em discursos desse tipo, é possível fundamentar programas, na medida em que eles são adequados e, num sentido amplo, bons para nós. No entanto, uma boa fundamentação precisa levar em conta outro aspecto – o da justiça. Antes de querer ou de aceitar um programa, é preciso saber se a prática correspondente é *igualmente boa para todos* (...ob die entsprechende Práxis *Gleichermaßen* gut ist *für alle*)"[31]. A justiça é uma experiência e um processo de aprendizagem coletiva, que importa em ação comum, em que subjetividade e intersubjetividade agem em conjunto, nas engrenagens dialéticas históricas da vida social. A qualidade da justiça está determinada pelos contingentes de liberdade socialmente conquistada, o que demonstra o quanto a visão hegeliana da história da interconexão entre subjetividade e intersubjetividade não são desprezíveis para a compreensão da noção de justiça[32]. Nesse sentido, cabe que se faça a pergunta: de que adiantaria um *legislador justo* com uma *sociedade* profundamente *injusta*? Por isso, o espaço do uso público da razão é uma conquista social determinante para a visão filosófica procedural da justiça. Em *Entre naturalismo e religião* (*Zwischen Naturalismus und Religion*), Habermas afirma: "A imparcialidade no sentido da justiça converge com a imparcialidade no sentido da certificação discursiva de pretensões de validade discursivas. Tal convergência fica patente quando se compara a orientação de processos de aprendizagem moral com as condições a serem preenchidas para uma participação em argumentações em geral"[33]. Se os *media* poder e dinheiro escamoteiam a comunicação livre, é importante que seja possível, pela teoria do discurso, identificar quais são essas formas de

---

[30] Habermas, *Direito e democracia*, I, p. 187.

[31] Habermas, *Direito e democracia*, I, 2003, p. 202. Habermas, *Faktizität und Geltung*, 1998, p. 200.

[32] A respeito, os estudos de Honneth, *Justiça e liberdade comunicativa*: reflexões em conexão com Hegel, in *Revista Brasileira de Estudos Políticos*, 2004, p. 111-112.

[33] Habermas, *Entre naturalismo e religião*: estudos filosóficos, 2007, p. 60.

atuação do poder, para que se possam prevenir violações permanentes e incólumes ao processo de troca comunicativa. "Sob condições do discurso, o sentido deontológico da validade das normas, que nesse meio tempo se tornaram problemáticas, apresenta-se como a ideia pós-tradicional de justiça que leva ao respeito simétrico de interesses"[34].

Se a *vida democrática* é trabalhosa, e se as deliberações exigem tempo e condições para se realizarem, evita-se por meio da procedimentalização do diálogo que o dissenso absoluto e arbitrário seja refreado pelo recurso à dimensão do mundo da vida, que anteriormente às exigências da razão marca o universo da experiência comum e das possibilidades do agir social[35]. As limitações vêm exatamente desse conjunto de consensos prévios, extraídos do mundo da vida. Quando se fala em *fundar* um conceito de justiça, pela ciência do direito, pela filosofia do direito, ou quando se fala em *agir* com justiça, ou quando se fala em *decidir* com justiça, não se está a falar de experiências que partem socialmente *ex nihilo* para se afirmarem; toda ação, toda decisão, toda visão sobre o justo parte de uma tradição que o horizonte hermenêutico gadameriano já muito bem sublinhou como horizontes das possibilidades concretas da justiça. Nenhuma interação linguística é possível fora da dimensão de um mundo da vida compartilhado, o que define o lastro de toda discussão socialmente concreta sobre a justiça.

O mundo vivido é, de fato, anterior à experiência de cada indivíduo e de cada ator de fala, estruturado na base da comunicação e por ela constituído[36]. O mundo vivido é propriamente o horizonte de linguagem possível, como acervo que reúne as experiências que permitem, por evidências, tornar os indivíduos atores no processo de interação social. É uma espécie de consenso prévio ao ato de fala. Não se pode ignorá-lo ou diminuir sua importância. Trata-se de um *a priori* da história e do próprio jogo de interações em sociedade; trata-se de uma noção sujeita à falibilidade, e, toda vez que o mundo da vida sofre algum tipo de falha, surgem patologias e distúrbios sociais, no processo de integração, na identidade cultural, na lógica de funcionamento das teias de solidariedade[37]. Ora, toda justiça que se extrai, se extrai desse *background* elementar da vida comum, que vem do conjunto de condições para o estabelecimento de concretas regras de justiça. Um acordo normativo que defina *isto* ou *aquilo* como conteúdo da norma, geralmente, vem a confirmar algo extraído da experiência ordinária de atores inseridos num universo histórico de relações marcadas pela identidade linguística.

---

34 Habermas, *Entre naturalismo e religião*: estudos filosóficos, 2007, p. 103.

35 Cf. Dutra, *Kant e Habermas*: a reformulação discursiva da moral kantiana, 2002, p. 186-187.

36 "O mundo vivido é, nesse sentido, comunicativamente estruturado" (Dutra, *Razão e consenso em Habermas*: a teoria discursiva da verdade, da moral, do direito e da biotecnologia, 2005, p. 81).

37 Cf. Oliveira, *Reviravolta linguístico-pragmática na filosofia contemporânea*, 1996, p. 337.

Os horizontes da justiça estão, nesse sentido, determinados pelos horizontes da linguagem humana. Então, justiça é, e sempre será, um processo social em construção. O arcabouço vindo do mundo da vida é que permite dizer: "Isto é imoral!", ou "Isto não pode ser feito!", ou "Isto merece punição!". Ora, em grande parte, a justiça haverá de incorporar intuições e princípios extraídos da percepção moral corriqueira da vida. E a experiência da comunicação cotidiana está repleta dessas marcas extraídas da concretude das interações sócio-humanas. Por isso, a justiça, apesar de carecer de substância e recorrer a expedientes procedimentais, não se constrói arbitrariamente *ex nihilo* da experiência social, nem se deduz a partir do solipsismo kantiano do Sujeito transcendental. A justiça é construída socialmente e experimentada por meio dos jogos de linguagem e pela força da argumentação racional na história, sobre vivências concretas, que registram experiências as mais diversas de dor e prazer, sofrimento e alegria, sucesso e insucesso, respeito e desrespeito, de igualdade e desigualdade, dignidade e indignidade.

Essa é, portanto, a base de uma ideia procedural de justo pós-metafísico. Se nenhum sujeito tem acesso privilegiado à verdade moral, nem mesmo o filósofo reserva a si esse privilégio, então não há justiça possível a ser preservada no solilóquio contemplativo da razão de um indivíduo, de um jurista, de um juiz, de um legislador ou de um burocrata. A justiça se faz no coletivo, no pluralismo da interação, e depende dos ganhos de qualidade conquistados pela esfera pública para se consolidar. Nessa linha, o cerne da justiça tem a ver com o fruto de um *agir em conjunto*, ou seja, com uma prática social voltada para a deliberação comunicativa em torno de fins comuns. Dessa forma interpretada, a justiça implica, necessariamente, um processo de socialização comunicativa e de realização de uma comunicação socializada. Por contraste, é possível identificar as formas de atuação do jogo antidemocrático na esteira da supressão do diálogo, do não consentimento à voz, da negação do espaço para a participação, da esterilização dos modos de inclusão no discurso, do enfraquecimento da vontade coletiva, da instigação do silêncio e do medo, do acrisolamento das instituições à intransparência, da eliminação da diferença pela imposição. Muitas vezes, o falseamento do procedimento também permite identificar as formas de atuação do jogo antidemocrático, quando se constata que, em certas circunstâncias, "o jogo aqui já está jogado, e que não importa o que o ator fizesse, os resultados seriam os mesmos"[38]. Por isso, o dis-

[38] Por isso, o tema da injustiça está associado à ausência de respeito às condições de discurso, como se percebe pela desconfiança prudentemente exprimida por Habermas, quando pensa a questão: "As inconsistências que levantam a suspeita 'de que aqui ninguém está argumentando' só são percebidas quando participantes relevantes são visivelmente excluídos, contribuições relevantes são suprimidas, ou quando tomadas de posição em termos de sim/não são manipuladas ou condicionadas por meio de outro tipo de influências" (Habermas, *Entre naturalismo e religião*: estudos filosóficos, 2007, p. 64).

curso é o antídoto às formas de violência, ao falseamento dos procedimentos e às expressões da dominação ideológica que silenciam o discurso divergente.

A preocupação com a *injustiça* e com a *opressão* social, continuamente expressa pela *Kritische Theorie*, desde a sua primeira geração, fornece importantes subsídios para uma teoria discursiva da justiça. A *injustiça* é a experiência negativa que desautoriza a vida social, que constrange a dignidade de um e de todos, que assujeita personagens sociais e que mitiga o senso de justiça como traço das conquistas alargadas do viver comum; pois a injustiça "...significa primariamente limitação da liberdade e atentado à dignidade humana"[39]. A *injustiça* aparece como o transfundo que também define muito dos horizontes de busca por novos rumos nas definições históricas de justiça. Em suas diversas manifestações, a *injustiça* serve como o contraste que torna ainda mais explícita a imperativa e indispensável necessidade da *justiça* para a organização da vida social e dos relacionamentos interpessoais. Mas nisso já está implícita uma ideia de igualdade no trato das questões sociais e interativas. A questão da *justiça* sempre esteve, de alguma forma, historicamente, ligada à questão da igualdade[40], assim como a questão do poder esteve ligada ao conceito de legitimidade. Se observada de perto, a *injustiça* sempre provoca uma quebra na igualdade, se observada num contrato, num ato de violência, ou numa quebra de isonomia política. Em todos esses casos, a primeira forma de igualdade rompida é a igualdade da posição de *ego* e *alter* no discurso, seguida da perda de uma interação genuína ou da própria ruptura comunicativa.

A posição comunicativa do *injustiçado* é, normalmente, a posição de quem experimenta os sentimentos de inaceitação, de inconformismo ou de revolta. Daí, a *injustiça* reacender e renovar o gosto pela busca de justiça, seja pela busca de resposta ao *ato injusto*, seja pela renovação da avaliação do conteúdo de uma norma, seja pela busca de renovados critérios para a avaliação das formas de aferição de conteúdos normativos. A partir das reflexões de Agnes Heller, é possível afirmar que, na vida moderna, a noção de *justiça* passa a refletir essa dinâmica em três modos: "Primeiro, nenhuma instituição está fora dos limites: cada uma delas pode ser testada e considerada injusta ou injustificada. Segundo, qualquer um pode levantar uma reivindicação deslegitimada. Terceiro, todos os argumentos em favor de uma alternativa podem recorrer à liberdade e à vida como valores gerais (universais). Na verdade, esses três aspectos se desenvolvem em conjunto, e sua combinação final indica que se chegou ao ponto de não retorno no surgimento inicial (originário) do ordena-

---

39 Habermas, *Direito e democracia*, II, 2003, p. 160. "Ungerechtigkeit bedeutet primär Einschränkung von Freiheit und Verletzung der Menschenwürde" (Habermas, Faktizität und Geltung, 1998, p. 505).

40 "A questão da justiça foi sempre ligada ao problema da igualdade. A questão do poder sempre se ligou à questão da legitimação" (Heller, *Para mudar a vida*, 1982, p. 32).

mento social moderno"[41]. Nessa medida, a experiência advinda da vivência de uma *injustiça*, de uma ruptura de igualdade ou negativa de reconhecimento, pode simplesmente revelar a denegação da justiça de hoje, mas renova a possibilidade de aprimoramento das instituições e práticas sociais a partir da experiência reivindicatória que inscreve na dimensão do convívio a necessidade do recurso às instituições que acolhem os *pleitos de justiça*. Daí a prevenção da teoria do discurso desenvolvida por J. Habermas ao encerramento da ideia de *justiça* na estática de um conceito semanticamente delimitado.

CONCLUSÕES

A atualidade da *Teoria Crítica* se faz presente através do importante giro em direção ao aprimoramento da democracia, encontrado no pensamento de Jürgen Habermas. Aqui, a teoria da justiça, no quadro de uma teoria do discurso, irá se esvaziar de pretensões conceituais, para enriquecer os pressupostos e os procedimentos para a produção de deliberações sobre o justo e o injusto. Isso não confina a teoria do discurso nas perspectivas do formalismo positivista, que reduz justiça a lei e legalidade a procedimentos administrativos. A teoria do discurso procura lidar com os desafios de sociedades modernas e complexas, considerando a emancipação social uma construção partilhada da liberdade por meio de exigências de discurso, e, nesse sentido, mantém viva a ideia da *Kritische Theorie* de superação das formas sociais de opressão e injustiça, algo para o que a teoria do discurso como teoria procedural da justiça significa a luta pela institucionalização de ricos pressupostos discursivos.

Nesse sentido, a justiça não pode ser apreendida por um conceito que a teoria venha a oferecer, como se o filósofo tivesse acesso privilegiado à moral. Pelo contrário, a justiça é fruto de processos sociais em que atores socialmente engajados constroem pragmaticamente as formas de expressão da justiça e, com isso, tornam suas liberdades ativas pelo discurso e pela participação ativa na vida social. Assim, a importância da participação social, de procedimentos abertos e plurais, de recursos de interação democrática, que facilitem e aproximem as condições de aprimoramento da *esfera pública democrática* como meio de reforma e transformação da lei.

Os patamares de justiça conquistados se estabilizam como parâmetros, que tornam possível e viável o exercício das crescentes formas de manifestação da suprapositividade do Direito, de modo que, dinamicamente, a sociedade retroalimenta pela *esfera pública ativa* os meios de aprimoramento da cultura do Direito e das leis. A sociedade se emancipa praticando formas

---

41 Heller, Féher, O pêndulo da modernidade, in *Tempo Social*, Revista de Sociologia da USP, São Paulo, 6 (1-2), 1994, p. 53-54.

mais aprimoradas de justiça, à mesma medida que se educa ao praticar os procedimentos discursivos pelos quais promove e protege as interações comunicativas de alto nível. Nisto, os espaços democráticos, os foros de participação, a liberdade de expressão e a construção política dialógica são ingredientes de inestimável valor.

A teoria do discurso é uma forma reflexiva de expressão de repúdio às diversas formas de exposição de indivíduos, ou de uma totalidade de atores sociais, ao convívio ostensivo, quotidiano e abusivo com injustiça e opressão, fatores que, uma vez inoculados na vida social e generalizados nos processos de integração social, tornam a existência humana inadmissível, enquanto sem sentido, e, exatamente por isso, indigna. Se o predomínio da *Instrumentellen Vernunft* na vida social moderna não garante o exercício concreto da justiça, é, exatamente por isso, que o incentivo à cultura da razão comunicativa visa promover formas de fomento à integração social e à construção democrática de espaços de partilhamento da vida social. A *emancipação social* é, por isso, condição para a *justiça*, e a *justiça* que se realiza representa já a *emancipação* possível consolidada na conquista de novos direitos, dentro dos horizontes que entrelaçam democracia e direitos humanos, fatores de fundamental importância para a conservação da coexistência social.

REFERÊNCIAS BIBLIOGRÁFICAS

ADORNO, Theodor W. *Lições de sociologia*. Tradução de João Tiago Proença e Manuel Seca de Oliveira. Lisboa: Edições 70, 2004.

ARAGÃO, Lúcia. *Habermas:* filósofo e sociólogo do nosso tempo. Rio de Janeiro: Tempo Brasileiro, 2002.

ARENDT, Hannah. *Sobre a violência*. 3. ed. Tradução de André Duarte. Rio de Janeiro: Relume Dumará, 2001.

AVRITZER, Leonardo. *A moralidade da democracia*: ensaios em teoria habermasiana e teoria democrática. São Paulo: Perspectiva; Minas Gerais: UFMG, 1996.

________. Sociedad civil, espacio público y poder local: un análisis del presupuesto participativo en Belo Horizonte y Porto Alegre. In: DAGNINO, Evelina (Coord.). *Sociedad civil, esfera pública y democratización en América Latina*: Brasil. México: Fondo de Cultura Económica, 2002.

BECK, Ulrich (Org.). *Hijos de la libertad*. Traducción de Mariana Rojas Bermúdez. México: Fondo de Cultura Económica, 2006.

BERTEN, André. Habermas, l'éthique et la politique. *Revue Philosophique de Louvain*, Belge: Institut Supérieur de Philosophie, t. 87, p. 74-96, 1989.

BITTAR, Eduardo C. B. *Democracia, justiça e emancipação social:* reflexões jusfilosóficas a partir do pensamento de Jürgen Habermas. São Paulo: Quartier Latin, 2013.

_______. Crise política e Teoria da Democracia: contribuições para a consolidação democrática no Brasil contemporâneo. *Revista de Informação Legislativa*, ano 53, n. 211, Brasília, Senado Federal, p. 11-33, jul./set. 2016.

_______. Justiça, razão comunicativa e emancipação social: filosofia do direito e teoria da justiça a partir do pensamento de Jürgen Habermas. *Boletim da Faculdade de Direito da Universidade de Coimbra*, Coimbra, n. 88, p. 287-312, 2012.

_______. *Introdução ao estudo do direito*: humanismo, justiça e democracia. São Paulo: Saraiva, 2018.

COHN, Gabriel. A teoria da ação em Habermas. In: WEISSHAUPT, Jean-Robert et al. *Teorias da ação em debate*. São Paulo: Cortez, FAPESP, Instituto de Estudos Especiais, PUC, 1993.

CRUZ, Álvaro Ricardo de Souza. *Habermas e o direito brasileiro*. Belo Horizonte: Lumen Juris, 2006.

DAHL, Robert A. *A democracia e seus críticos*. Tradução de Patrícia de Freitas Ribeiro. São Paulo: Martins Fontes, 2012.

DUTRA, Delamar José Volpato. *Kant e Habermas*: a reformulação discursiva da moral kantiana. Porto Alegre: EDIPUCRS, 2002.

_______. *Razão e consenso em Habermas*: a teoria discursiva da verdade, da moral, do direito e da biotecnologia. 2. ed. Florianópolis: UFSC, 2005.

DWORKIN, Ronald. A bondade da justiça. *Revista Justiça do Direito*. Passo Fundo: Universidade de Passo Fundo, Faculdade de Direito, EDIUPF, v. 13, n. 13, p. 125-134, 1999.

ESTEVES, João Pissara. *Espaço público e democracia*: comunicação, processos de sentido e identidade social. Rio Grande do Sul: Unisinos, 2003.

FARIA, José Eduardo O. C. *O direito na economia globalizada*. São Paulo: Malheiros, 1999.

FERRAZ JUNIOR, Tercio Sampaio. *O justo e o belo*: notas sobre o direito e a arte, o senso de justiça e gosto artístico. *Revista da Pós-graduação da Faculdade de Direito da USP*, São Paulo: USP, v. 2, 2000, p. 35-45.

FRASER, Nancy. Reconhecimento sem ética? In: SOUZA, Jessé; MATTOS, Patrícia (Orgs.). *Teoria crítica no século XXI*. São Paulo: AnnaBlume, 2007.

FREITAG, Bárbara. Ética iluminista e ética discursiva. *Jürgen Habermas: 60 anos, Revista Tempo Brasileiro*, Rio de Janeiro, 2. ed., 98, 79/124, jul./set. 1989.

GALUPPO, Marcelo. As possibilidades da ética do discurso como ética da civilização ocidental. *A filosofia hoje*, Anais do V Congresso Brasileiro de Filosofia, Instituto Brasileiro de Filosofia, São Paulo, p. 521-532, set. 1998.

GÜNTHER, Klaus. *Teoria da argumentação no direito e na moral*: justificação e aplicação. Tradução de Cláudio Molz. São Paulo: Landy, 2004.

HABERMAS, Jürgen. *Mudança estrutural da esfera pública*: investigações quanto a uma categoria da sociedade burguesa. Tradução de Flávio R. Kothe. Rio de Janeiro: Tempo Brasileiro, 1984.

________. *Teoria de la acción comunicativa*: crítica de la razón funcionalista. Traducción de Manuel Jiménez Redondo. Madrid: Taurus, 1988. t. II.

________. *Consciência moral e agir comunicativo*. Tradução de Guido A. de Almeida. Rio de Janeiro: Tempo Brasileiro, 1989.

________. O Estado-nação europeu frente aos desafios da globalização: o passado e o futuro da soberania e da cidadania. Tradução de Antonio Sérgio Rocha. *Revista Novos Estudos*, São Paulo: CEBRAP, n. 43, p. 87-101, nov. 1995.

________. *Faktizität und Geltung*: Beiträge zur Diskurstheorie des Rechts und des demokratischen Rechsstaats. Frankfurt am Main: Suhrkamp, 1998.

________. *Agir comunicativo e razão destranscendentalizada*. Tradução de Lúcia Aragão. Rio de Janeiro: Tempo Brasileiro, 2002.

________. *Direito e democracia*: entre facticidade e validade. 2. ed. Tradução de Flávio Beno Siebeneichler. Rio de Janeiro: Tempo Brasileiro, 2003. v. I e II.

________. *Pensamento pós-metafísico*. Tradução de Lumir Nahodil. Coimbra: Almedina, 2004.

________. A virada pragmática de Richard Rorty. In: SOUZA, José Crisóstomo (Org.). *Filosofia, racionalidade e democracia*: os debates Rorty e Habermas. São Paulo: UNESP, 2005.

________. *Toward a rational society*: student protest, science and politics. Translated by Jeremy J. Shapiro. Boston: Beacon Press, 2005.

________. *Entre naturalismo e religião*: estudos filosóficos. Tradução de Flávio Beno Siebneichler. Rio de Janeiro: Tempo Brasileiro, 2007.

________; RAWLS, John. *Debate sobre el liberalismo político*. Traducción de Gerar Vilar Roca. Barcelona: Paidós, 2000.

HELLER, Agnes. *Para mudar a vida*: felicidade, liberdade e democracia. Entrevista a Ferdinando Adornato. Tradução de Carlos Nelson Coutinho. São Paulo: Brasiliense, 1982.

________. *Além da justiça*. Tradução de Svannah Hartmann. Rio de Janeiro: Civilização Brasileira, 1998.

________; FÉHER, Ferenc. O pêndulo da modernidade. *Tempo Social*, Revista de Sociologia da USP, São Paulo, v. 6, n. 1-2, p. 47-82, 1994.

________; ________. *A condição política pós-moderna*. Tradução de Marcos Santarrita. Rio de Janeiro: Civilização Brasileira, 1998.

HÖFFE, Otfried. *El proyecto político de la modernidad*. Traducción de Peter Storandt Diller. Buenos Aires: Fondo de Cultura Económica, 2008.

HOLMES, Pablo. Briga de família ou ruptura metodológica na teoria crítica (Habermas ´ Honneth). *Tempo Social*, Revista de Sociologia da USP, São Paulo, v. 21, n. 1, p. 132-154, jun. 2009.

HONNETH, Axel. Justiça e liberdade comunicativa: reflexões em conexão com Hegel. *Revista Brasileira de Estudos Políticos*, Belo Horizonte: Universidade Federal de Minas Gerais, n. 89, p. 101-120, jan./jun. 2004.

HORKHEIMER, Max. *Théorie traditionnelle et théorie critique*. Traduction de Claude Maillard et Sibylle Muller. Paris: Gallimard, 1974.

LUHMANN, Niklas. *Sociologia do direito*. Tradução de Gustavo Bayer. Rio de Janeiro: Tempo Brasileiro, 1983. t. I.

MATOS, Olgária C. F. *A Escola de Frankfurt*: luzes e sombras do iluminismo. 2. ed. São Paulo: Moderna, 2005.

MAUS, Ingeborg. *O direito e a política*: teoria da democracia. Apresentação de Manfredo Araújo de Oliveira. Tradução de Elisete Antoniuk. Revisão de Martonio Mont´Alverne Barreto Lima. Belo Horizonte: Del Rey, 2009.

NEVES, Marcelo da Costa Pinto. E se faltar o décimo segundo camelo? Do direito expropriador ao direito invadido. In: ARNAUD, André-Jean; LOPES JR., Dalmir (Orgs.). *Niklas Luhmann*: do sistema social à sociologia jurídica. Tradução de Dalmir Lopes Jr., Daniele Andréa da Silva Manão e Flávio Elias Riche. Rio de Janeiro: Lumen Juris, 2004.

NOBRE, Marcos. Crítica e emancipação: em busca dos princípios fundamentais da teoria crítica. *Espacios en Blanco*, n. 14, p. 45-78, jun. 2004.

________. Habermas e a teoria crítica da sociedade: sobre o sentido da introdução da categoria do direito no quadro da teoria da ação comunicativa. In: OLIVEIRA, Nythamar Fernandes de; SOUZA, Draiton Gonzaga de (Orgs.). *Justiça política*: homenagem à Ottfried Höffe. Porto Alegre: EDIPUCRS, 2003.

OLIVEIRA, Manfredo Araújo de. *Reviravolta linguístico-pragmática na filosofia contemporânea*. São Paulo: Loyola, 1996.

________. *Moral, direito e democracia*: o debate Apel *versus* Habermas no contexto de uma concepção procedimental da filosofia prática. In: OLIVEIRA, Nythamar de; SOUZA, Draiton Gonzaga de (Orgs.). *Justiça global e democracia*: homenagem a John Rawls. Porto Alegre: EDIPUCRS, 2009.

OLIVEIRA, Nythamar de. *Affirmative action, recognition, sel-respect*: Axel Honneth and the phenomenological deficit of Critical Theory. Texto apresentado no IV Simpósio Internacional sobre justiça, Justice and Recognition: in honor of Axel Honneth, PUCRS, setembro de 2009, no prelo.

PUTNAM, Robert D. *Comunidade e democracia*: a experiência da Itália moderna. Tradução de Luiz Alberto Monjardim. 5. ed. São Paulo: FGV, 2006.

RAWLS, John. Political liberalism: reply to Habermas. *The journal of philosophy*, v. 92, n. 3, p. 132-180, mar. 1995.

________. *Justiça e democracia*. Tradução de Irene A. Paternot. São Paulo: Martins Fontes, 2000.

________. *Uma teoria da justiça*. Tradução de Carlos Pinto Correia. Lisboa: Presença, 1993.

REPA, Luís Sérgio. Jürgen Habermas: a psicanálise como teoria crítica. *Habermas, Honneth*: formação do indivíduo e socialização (Coleção Mente, cérebro & filosofia), São Paulo, Duetto, n. 8, p. 16-23, 2008.

RORTY, Richard. Verdade, universalidade e política democrática. In: SOUZA, José Crisóstomo (Org.). *Filosofia, racionalidade e democracia*: os debates Rorty e Habermas. São Paulo: UNESP, 2005.

________. Resposta a Jürgen Habermas. In: SOUZA, José Crisóstomo (Org.). *Filosofia, racionalidade e democracia*: os debates Rorty e Habermas. São Paulo: UNESP, 2005.

________. Justiça como lealdade ampliada. In: RORTY, Richard. *Pragmatismo e política*. Tradução de Paulo Ghiraldelli Junior. São Paulo: Martins, 2005.

ROUANET, Luiz Paulo. O debate Habermas-Rawls de 1995: uma apresentação. *Revista Reflexão*, Campinas, n. 78, p. 111-117, set./dez. 2000.

SAFATLE, Vladimir. *Cinismo e falência da crítica*. São Paulo: Boitempo, 2008.

SIEBENEICHLER, Flávio Beno. *Jürgen Habermas*: razão comunicativa e emancipação. Rio de Janeiro: Tempo Brasileiro, 1989.

SOBOTTKA, Emil A. *Recognition and learning processes in modern societies*. Texto apresentado no IV Simpósio Internacional sobre justiça, Justice and Recognition: in honor of Axel Honneth, PUCRS, setembro de 2009, no prelo.

________. Participação e democracia: uma análise do capital social em Putnam. In: OLIVEIRA, Nythamar de; SOUZA, Draiton Gonzaga de (Orgs.). *Justiça global e democracia*: homenagem a John Rawls. Porto Alegre: EDIPUCRS, 2009.

TEIXEIRA, Ana Claudia Chaves; DAGNINO, Evelina; SILVA, Carla Almeida. La constitución de la sociedad civil en Brasil. In: DAGNINO, Evelina (Coord.). *Sociedad civil, esfera pública y democratización en América Latina*: Brasil. Fondo de Cultura Económica, México, 2002.

TERRA, Ricardo. Notas introdutórias sobre sistema e modernidade: Kant e Habermas. In: TERRA, Ricardo. *Passagens*: estudos sobre a filosofia de Kant. Rio de Janeiro: UFRJ, 2003.

TIBURI, Márcia. *Uma outra história da razão e outros ensaios*. Rio Grande do Sul: Unisinos, 2003.

WERLE, Denílson Luis. Indivíduo e sociedade: Habermas e a psicologia social de Mead. *Habermas, Honneth:* formação do indivíduo e socialização (Coleção Mente, cérebro & filosofia), São Paulo, Duetto, n. 8, p. 40-47, 2008.

WHITE, Stephen K. *Razão, justiça e modernidade*: a obra recente de Jürgen Habermas. Tradução de Márcio Pugliese. São Paulo: Ícone, 1995.

WIGGERSHAUS, Rolf. *A Escola de Frankfurt*: história, desenvolvimento teórico, significação política. Tradução de Lilyane Deroche-Gurgel e Vera Azambuja Harvey. Rio de Janeiro: DIFEL, 2002.

WILKINSON, Helen. Hijos de la libertad. Surge una nueva ética de la responsabilidad individual y social? In: BECK, Ulrich (Org.). *Hijos de la libertad*. Traducción de Mariana Rojas Bermúdez. México: Fondo de Cultura Económica, 2006.

WITTGENSTEIN, Ludwig. *Tratado lógico-filosófico. Investigações filosóficas*. Tradução de M. S. Lourenço. Lisboa: Fundação Calouste Gulbenkian, 1995.

15. ACELERAÇÃO SOCIAL E NOVAS TECNOLOGIAS:

ensaio sobre revolução digital e direito à desconexão

15.1. MODERNIDADE, ERA DIGITAL E ACELERAÇÃO

As novas tecnologias introduzem um novo quociente de desenvolvimento, progresso e transformação das economias no mundo contemporâneo. Ao longo da história do capitalismo, se conheceram inúmeras fases, períodos e revoluções. O capitalismo tardio introduz a quarta Revolução Industrial, esta que corresponde ao que se pode chamar de Era Digital[1]. A Era Digital introduz um novo modo de socialização, para o qual a mediação da *tecnologia* se tornou central. Assim, as *novas tecnologias*, uma vez interligadas, interdependentes e interconectadas, formam o *modus operandi* da vida moderna. Esta nova etapa de desenvolvimento do capitalismo contemporâneo não introduz somente uma *forma* de interação humana para a qual a *tecnologia* e as *interfaces tecnológicas* se tornam de definitiva importância; agora, as relações de trabalho dependem da *tecnologia*, as interações sociais são mediadas pelas *redes sociais* e a política se vê determinada pela importância da manipulação do *fake* e da *informação*[2].

Assim, a escala das transformações da sociedade contemporânea é imensa, e apenas se inicia nos dias atuais, com uma história de futuro que, certamente, apenas gerará um aumento significativo de *acceleration* provocada pela tecnologia na forma de circulação das coisas, das pessoas e de estruturação da

---

1 "A revolução digital será aqui compreendida, portanto, como mais uma das etapas internas do mundo moderno, e a glorificação das novas tecnologias será interpretada como a ideologia que autoriza a emergência das novas fronteiras e conquistas da técnica moderna" (Bittar, A Teoria do Direito, a Era Digital e o Pós-Humano: o novo estatuto do corpo sob um regime tecnológico e a emergência do Sujeito Pós-Humano de Direito, in *Direito & Práxis*, vol. 10, n. 02, 2019, p. 937).

2 "Certes, dans le monde de Facebook, les vagues d'indignation et les soulèvements sont rapides, au niveau tant de leur formation que de leur propagation, mais elles demeurent, dans leurs conséquences, contingentes et imprévisibles" (Rosa, Chapoutot, Mouvement Historique et Histoire Suspendue: le rapport du changement social et de l'expérience de l'histoire, in *Vingtième Siècle. Revue d'histoire*, n. 117, 1, 2013, p. 101).

vida social. A *estabilização dinâmica* se torna uma característica definidora da forma como o capitalismo engendra *inovação*, para implementar o *progresso econômico*. Nesse sentido, a *inovação tecnológica* está a serviço do crescimento e da aceleração econômica, permitindo que o capitalismo realize os seus fins, detonando consequências profundas nas dinâmicas da vida social[3].

Tendo-se presente a categoria da *aceleração* (*acceleration*, ingl.; *Beschleunigung*, al.) – categoria de central valor epistemológico na sociologia da existência de Hartmut Rosa –, é possível compreender todo o processo de afirmação da modernidade enquanto expressão de intensificação da *aceleração*[4]. Na obra intitulada *Social acceleration*, Hartmut Rosa irá afirmar que a modernidade é expressão de *aceleração*[5]. E isso porque o capitalismo se baseia em duas coerções: i) coerção ao crescimento;[6] ii) coerção à aceleração[7]. Nestes termos, a vida moderna está em constante estado de mudança, sabendo-se que a *aceleração* afeta todas as dinâmicas da vida em sociedade, criando efeitos que se projetam sobre: i) o meio ambiente (devastação); ii) as relações políticas (desorientação); iii) as relações afetivas (relações líquidas); iv) a interação entre os indivíduos (instrumentalização); v) as relações de trabalho (digitalização); vi) o sentido da experiência de mundo (alienação); vii) os conhecimentos técnicos e científicos (tecnologias digitais); viii) a esfera da cultura e das tradições culturais (destradicionalização). A *destradicionalização* se segue à *destemporalização*[8].

---

3 "Tout ceci est la conséquence logique du fait que les sociétés modernes sont constitutivement fondées sur le principe de l'accroissement: elles ont besoin de croissance, d'accélération et d'augmentation des taux d'innovation pour reproduire leur structure et conserver leur statu quo" (Rosa, Chapoutot, Mouvement Historique et Histoire Suspendue: le rapport du changement social et de l'expérience de l'histoire, in *Vingtième Siècle. Revue d'histoire*, n. 117, 1, 2013, p. 91).

4 "La Modernidad, en su corazón, es la dinamización del mundo en su realidad material – pensemos em las masas de personas, bienes y matérias primas que están en movimineto a altas velocidades en cualquier momento – y, también, en su realidad social" (Rosa, Bialakowsky, Alienación, aceleración, ressonância y buena vida: entrevista a Hartmut Rosa, in *Revista colombiana de Sociología*, vol. 41, n. 02, Jul./Dec. 2018, p. 852).

5 "The initial hypothesis of this work runs as follows: the experience of modernization is an experience of acceleration" (Rosa, *Social acceleration*: a new theory of modernity, 2015, p. 21).

6 "E aqui, parece-me, tocamos em dois princípios associados, cuja influência estrutural e cultural não pode ser, de maneira alguma, superestimada: a coerção ao crescimento, de um lado, e a coerção à aceleração, de outro" (Rosa, *Social acceleration*: a new theory of modernity, 2015, p. 20).

7 "Nas sociedades capitalistas, não apenas há cada vez mais da maioria das coisas, mas, além disso, muito mais coisas – não raro, temos mesmo a impressão de que quase tudo – devem acontecer de maneira cada vez mais rápida. O crescimento da economia e a aceleração social se associam estreitamente, em uma lógica recíproca de intensificação" (Rosa, *Social acceleration*: a new theory of modernity, 2015, p. 21).

8 "A vida se torna, nesse sentido, 'destemporalizada': hoje é assim; amanhã tudo, inclusive os próprios desejos, pode ser diferente" (Rosa, *Social acceleration*: a new theory of modernity, 2015, p. 28).

15.2. DIAGNÓSTICO DO TEMPO, ACELERAÇÃO DIGITAL E CONEXÃO DIGITAL

A renovação contemporânea – líquida, global, digitalizada e hipertecnológica – do capitalismo transfere a integralidade das dimensões da vida para o mundo digital, através de processos de *conexão* (computador; *smartphone*; *laptop*; *gadgets*). Assim, o *modo conectado* passa a se sobrepor ao *modo desconectado*, e a "conexão digital" passa a ser a condição da interação social. Os indivíduos são convidados a uma *hiperconexão* – ativa, irrestrita, imoderada e autoconsentida – e, por isso, totalizadora da experiência de mundo[9]. O elemento *totalitário* da *hiperconexão*, aqui, é identificado pela capacidade de a *velocidade* digital e as *novas tecnologias* afetarem a *integralidade* da vida do indivíduo, cercando-o em todas as suas dimensões, pelas exigências heterodeterminadas pelo trabalho e pelo mercado[10].

Assim, as *novas tecnologias* interferem de forma decisiva sobre o *tempo*, com a consequência de que se parte da *aceleração mecânica* à *aceleração digital*[11], o que corresponde a um incremento de *velocidade* que conduz a sociedade contemporânea à *hiperaceleração*. Se o *tempo da internet* (instantâneo; acelerado; ilimitado) se sobrepõe ao *tempo da ação*, é evidente que toda relação entre pessoas e coisas, ademais da relação entre as pessoas, haverá de se intensificar, ampliando a percepção de desconexão dos indivíduos com o mundo. A intensa *circulação de dados* se sobrepõe à "vida real", fazendo da "realidade paralela" uma nova dimensão que determina aquela; o "digital" domina o "real", pois para esta dimensão foram transferidas as dinâmicas da produção econômica.

A *hiperconexão* traz consigo a *hiperaceleração* e, por consequência, é capaz de produzir *alienação*. Na sociologia da existência de Hartmut Rosa, o conceito de *alienação*[12] aponta para uma concepção que resgata categorias críticas da

---

9 "Y, sí, mi conception de la aceleración como una fuerza totalitária tiene mucho que ver com las consideraciones sobre el carácter totalitário del capitalismo de Adorno y Marcuse" (Rosa, Bialakowsky, Alienación, aceleración, ressonância y buena vida: entrevista a Hartmut Rosa, in *Revista colombiana de Sociología*, vol. 41, n. 02, Jul./Dec. 2018, p. 851).

10 "Entonces, la velocidad es totalitária en el sentido de que afecta todos los momentos, elementos y esferas de nuestra vida" (Rosa, Bialakowsky, Alienación, aceleración, ressonância y buena vida: entrevista a Hartmut Rosa, in *Revista colombiana de Sociología*, vol. 41, n. 02, Jul./Dec. 2018, p. 852).

11 "By means of successive waves of acceleration through revolutions in transportation, transmission and, most recently, transplantation (i.e., increases in speed through the organic fusion of body and machine, of genetic engineering and computer technology) we arrive at the victory of time over space" (Rosa, *Social acceleration*: a new theory of modernity, 2015, p. 56).

12 "Gostaria de definir aqui a alienação de si, a princípio, de maneira bastante simples e pragmática como um estado no qual voluntariamente fazemos o que não queremos, ou por vezes até mesmo queremos o que não queremos. De que modo fazemos isso? Nós o fazemos coletivamente e nós o fazemos individualmente" (Rosa, *Social acceleration*: a new theory of modernity, 2015, p. 29).

sociologia tradicional, mas também inova para apontar os efeitos patológicos de sua presença na vida do indivíduo[13]. A perda de sentido da experiência, e a perda de relação com as coisas e as pessoas, torna a vida desprovida da possibilidade de reações que não sejam aquelas fundadas na *instrumentalidade* do agir guiado tecnoeconomicamente. A redução da experiência a uma forma de vida *unidimensional*, e a dessensibilização dos indivíduos quanto a tudo e a todos, em função de seus objetivos egoísticos, é um desafio que se coloca na trilha da *desumanização* dos vínculos com o mundo natural e com o mundo social.

15.3. ACELERAÇÃO, ERA DIGITAL E TEMPO DIGITAL

A Era Digital é responsável por gerar um enorme impacto sobre o mundo do trabalho. Especialmente durante o período da *pandemia da Covid-19*, por força das circunstâncias, pôde-se provar e experimentar o quanto as relações de trabalho passam por uma redefinição. A partir do uso das *novas tecnologias*, tornou-se possível a manutenção do trabalho, garantida a realidade do *trabalho remoto*, de modo a acentuar a relação de *liquidez* das relações e das interações sociais, num diagnóstico de época convergente entre os estudos de Hartmut Rosa[14] e de Zygmunt Bauman[15]. O trabalho se *digitaliza* em escala crescente, para responder a uma também crescente tendência do mercado global, qual seja, a do comércio digital (*e-commerce*) e suas cifras (no período 2013-2025, registra-se no mundo um crescimento progressivo e constante)[16].

A transferência da mão de obra para o universo digital vem implicando uma substituição de gerações, mas também a necessidade de adaptação das antigas gerações de profissionais, devendo-se exigir formação técnica e profissional para o trabalho digital. Não é por acaso que, nestes tempos, acentua-se a relação entre *inclusão digital* e *exclusão digital*, de modo que as antigas estruturas de classe e as já conhecidas e mapeadas desigualdades socioeconômicas da realidade brasileira agora se projetam para a dimensão das dinâmicas digitais.

---

13 "Isso, porém, é uma forma pura de alienação; e um sistema econômico que nos aliena assim de modo permanente de nós mesmos é verdadeiramente patológico" (Rosa, *Social acceleration*: a new theory of modernity, 2015, p. 34).

14 "The transformation o four relationships to space, to Other humans, and to the material structures of the world of things follows the shared logic that is characteristic of the modernization process as a whole: it becomes, as it were, 'liquified', i.e., quicly changeable, and contingent" (Rosa, *Social acceleration*: a new theory of modernity, 2015, p. 104).

15 "O trabalho sem corpo na era do software não mais amarra o capital: permite ao capital ser extraterritorial, volátil e inconstante" (Bauman, *Modernidade líquida*, 2001, p. 141).

16 A este respeito, consulte-se: <https://www.statista.com/statistics/379046/worldwide-retail-e-commerce-sales/>.

As transformações do mundo do trabalho vieram acompanhadas da *precarização* e da *desregulamentação* das relações de trabalho, o que prejudica a cultura de direitos sociais que veio se consolidando ao longo da história de desenvolvimento do *Direito do Trabalho*. A *plataformização* é uma das formas pelas quais profissões são transferidas para o mundo digital, num deslocamento que modifica não somente a forma do trabalho, mas o traço central de certos fazeres profissionais, ademais de criar novas dinâmicas de mercado, solapar profissões já conhecidas e criar novas fronteiras (digitais) de trabalho[17].

A partir das relações de trabalho, agora digitalizadas, apreende-se a contínua e crescente *pressão do tempo digital*. O *tempo digital* (7 dias por semana; 24 horas por dia; 12 meses por ano; ininterrupto) não é o *tempo da natureza*, não é o *tempo da vida* e não é o *tempo do trabalho*. Assim, pode-se falar em *dessincronização*[18]. Por isso, o *tempo digital* abalroa essas outras dimensões, com consequências para a vida individual e para a vida coletiva. E isso porque o *tempo digital* se impõe como um *sobretempo* ao *tempo real*, influenciando a rítmica do trabalho. Basta o exemplo de uma compra *on-line*, que, com o apertar leve, simples e rápido de um botão (<comprar>), inicia uma cadeia de eventos do mundo do trabalho (empacotar→emitir nota→enviar→entregar). Esta cadeia de eventos pode ser local, nacional ou global. Ela pode se iniciar no Brasil, se desenvolver na China, passar pelos Estados Unidos e ser concluída no Brasil. Nela, estão embutidos uma nova forma de interação econômica e um novo *modus operandi* do mercado.

15.4. ALIENAÇÃO, EMANCIPAÇÃO E RESSONÂNCIA

Numa sociedade dígito-cêntrica, os *data* guiam a ação social, aprofundando a *sobredeterminação* informática da ação social, alimentando a *alienação* e afastando o indivíduo da *ressonância* (*resonance*, ingl.; *Resonanz*, al.). Na sociologia de Hartmut Rosa, a noção de *ressonância* aparece como uma categoria importante, na medida em que aponta para a resposta à *alienação*, entendendo-se nessa última uma *distorção* de nossa relação com as coisas, com os espaços e

---

17 "La dérégulation crée de nouvelles formes de travail, comme le travail à durée déterminée ou les diverses formes du travail à temps partiel, pendant que les technologies de l'information engendrent des branches nouvelles, qui vont de pair avec la disparition de nombreux métiers traditionnels" (Rosa, Chapoutot, Mouvement Historique et Histoire Suspendue: le rapport du changement social et de l'expérience de l'histoire, in *Vingtième Siècle. Revue d'histoire*, n. 117, 1, 2013, p. 95).

18 "Así, la desincronización entre la Modernidad y los tempos naturales adecuados causa las crisis ecológicas; la desincronizacióin entre la democracia, que es em su misma esencia um processo que consume tempo, y el mercado causa las crisis democráticas (...)" (Rosa, Bialakowsky, Alienación, aceleración, ressonância y buena vida: entrevista a Hartmut Rosa, in *Revista colombiana de Sociología*, vol. 41, n. 02, Jul./Dec. 2018, p. 851).

com as pessoas[19]. E isso porque a *aceleração* somente é negativa quando implica na produção de *alienação*[20], de modo que ela não é um mal em si mesma. Assim, a *aceleração* é uma causa da alienação, mas a *opressão* é outra coisa[21].

A *aceleração*, nesse sentido, pode ser a causa de inúmeros benefícios, que não se pode negar, e até mesmo a fonte de *emancipação* e *autodeterminação*[22]. Mas as *patologias do tempo* precisam ser corrigidas, pois elas se expressam por três diagnósticos: i) diagnóstico de irracionalidade; ii) diagnóstico de destemporalização; iii) diagnóstico de alienação[23]. Isso requer, de um lado, soluções individuais (autoproteção) e, sobretudo, soluções coletivas (proteção geral), sabendo-se que esta segunda dimensão é a única com possibilidades de maior eficácia global[24]. As soluções individuais apontam para os caminhos da *boa vida*, que implica afeição, autoeficácia, transformação e elusão[25]. Esta somente

---

19 "My answer to this question was resonance: We are non-alienated when we are in resonance with the world, i.e. with the people we live with, the place we are in, the tools we work with etc. Thus, alienation is a distortion in the way we relate to the world, and resonance is an alternative mode of relationship" (Corrêa, Peters, Tziminadis, Human beings are first and foremost resonant beings: Interview with Professor Hartmut Rosa of Universität Jena and Director of Max-Weber--Kollegs, in *CIVITAS*, n. 21 (1), jan./abr. 2021, p. 123).

20 "Entonces, escribí un ensayo sobre alienación y aceleración, en el que intenté mostrar que la aceleración es mala sólo cuando conduce a la alienación (...). Mi respuesta a esto es el concepto de 'resonancia' " (Rosa, Bialakowsky, Alienación, aceleración, ressonância y buena vida: entrevista a Hartmut Rosa, in *Revista colombiana de Sociología*, vol. 41, n. 02, Jul./Dec. 2018, p. 851).

21 "Look, resonance is always relationship that actually requires the subject to be free: repression or oppression are always and necessarily killing the possibility of resonance" (Corrêa, Peters, Tziminadis, Human beings are first and foremost resonant beings: Interview with Professor Hartmut Rosa of Universität Jena and Director of Max-Weber-Kollegs, in *CIVITAS*, n. 21 (1), jan.-abr. 2021, p. 127).

22 "Evidentemente, crescimento e aceleração oferecem oportunidades para a emancipação, bem como abrem e contêm toda uma série de possibilidades de felicidade. Eles fornecem, antes de tudo, os recursos sociais, técnicos e econômicos para uma vida autodeterminada. Não pretendo de modo algum negar isso" (Rosa, *Social acceleration*: a new theory of modernity, 2015, p. 23).

23 "Trata-se, em certa medida, de três diagnósticos de patologias, a saber: primeiro, um diagnóstico da irracionalidade; segundo, um diagnóstico da destemporalização ou da depressão – essa é a patologia da estagnação frenética; e terceiro, um diagnóstico da alienação. Cada uma dessas patologias possui, logo, uma forma de manifestação individual e uma coletiva" (Rosa, *Social acceleration*: a new theory of modernity, 2015, p. 23).

24 "Esto significa que la transformación a la que apunto no puede ser realizada individualmente, necessita de uma transformación integral, un verdadeiro cambio de paradigma: necessitamos superar la lógica de la estabilización dinámica" (Rosa, Bialakowsky, Alienación, aceleración, ressonância y buena vida: entrevista a Hartmut Rosa, in *Revista colombiana de Sociología*, vol. 41, n. 02, Jul./Dec. 2018, p. 853).

25 "Por lo tanto, estos son los cuatro elementos de la ressonância: afección, autoeficácia, transformación y elusion. Uma buena vida, entonces, es una vida ressonante: una vida que está basada en ejes estables de ressonância con las cosas y el trabajo, con las personas y la política, y, finalmente, con la vida o el mundo en cuanto tales" (Rosa, Bialakowsky, Alienación, aceleración,

pode ser alcançada dentro dos quadros da democracia e por uma busca fundada na tentativa de superação da lógica da *estabilização dinâmica*[26], que funda a modernidade.

15.5. ERA DIGITAL, TECNOLOGIA E DIREITOS HUMANOS

A tarefa do Direito contemporâneo não é outra senão a de desenvolver as condições para a proteção da dignidade da pessoa humana, aprimorando o tratamento dos direitos humanos em direção à quinta dimensão dos direitos humanos, no que tange às relações digitais, como já se vem procurando defender em estudos anteriores[27]. A estagnação do Direito, sem a capacidade de oferecer respostas às transformações tecnológicas do mundo digital, implicaria um déficit da capacidade de gerar a compensação necessária às novas formas de violência (violência digital), de violação a direitos da personalidade (personalidade digital), à circulação de dados pessoais (dados sensíveis) e ao conjunto das formas de opressão impostos pela vida digital (*zoom fatigue*; jornadas exaustivas; multiplicação de *meetings* etc.).

A compreensão dinâmica e histórica dos direitos humanos aponta para a incompletude, para a deficiência e para a insuficiência da lista de direitos reconhecidos. Por isso, não é por acaso que novos direitos começam a emergir, a ganhar *status* jurídico e a alcançar o topo da legislação, com o reconhecimento de sua inserção no cenário dos direitos fundamentais. O exemplo atual mais adequado de ser lembrado é o da PEC n. 17/2019, que inclui inciso ao art. 5º da CF/1988 para reconhecer a proteção de dados pessoais como um direito fundamental da pessoa humana. Também, deve-se recordar as inovações jurídicas trazidas pela LGPD (Lei n. 13.709/2018), que inaugura a ideia de proteção de dados como responsabilidade geral na interação digital.

---

ressonância y buena vida: entrevista a Hartmut Rosa, in *Revista colombiana de Sociología*, vol. 41, n. 02, Jul./Dec. 2018, p. 853).

26 "Nous cherchons une forme possible de société qui satisfasse aux attentes normatives de la modernité, mais qui ne dépende plus, pour maintenir ses propres structures, de la logique d'accroissement. Il reste à savoir si une telle transformation historique peut être menée à bien dans le cadre d'un gouvernement démocratique" (Rosa, Chapoutot, Mouvement Historique et Histoire Suspendue: le rapport du changement social et de l'expérience de l'histoire, in *Vingtième Siècle. Revue d'histoire*, n. 117, 1, 2013, p. 91).

27 "A tarefa do Direito, para fazer face à era do numérico e à era do digital, é a de consolidar a quarta dimensão dos direitos humanos – correspondendo à regulação da engenharia genética – e avançar, no sentido de tonar ainda mais claro o surgimento da chamada quinta dimensão dos direitos humanos – correspondendo à regulação da tecnologia da informação –, tendo-se em vista a importância de contornar por camadas de regras jurídicas o núcleo central da dignidade da pessoa humana" (Bittar, A Teoria do Direito, a Era Digital e o Pós-Humano: o novo estatuto do corpo sob um regime tecnológico e a emergência do Sujeito Pós-Humano de Direito, in *Direito & Práxis*, vol. 10, n. 02, 2019, p. 954).

Contudo, num estado mais avançado do que este, a cultura dos direitos humanos deve se desenvolver num sentido mais amplo, devendo servir neste tema, como em tantos outros, acima de tudo, como barreira ao exercício das novas formas de poder, neste caso, do *poder tecnológico-digital*. Por isso, os direitos humanos devem servir ao propósito não somente de evitar a desapropriação e a reapropriação completa dos dados no ambiente digital; eles devem ser capazes de permitir a proteção da esfera da *ressonância* das vidas individuais e coletivas, em face da *alienação* provocada pela *aceleração digital*. Nesse sentido, o *direito à desconexão* passa a fazer parte desse grande catálogo dos direitos humanos, enquanto exigência mínima a garantir a preservação da vida, da saúde, da integridade física e psíquica das pessoas. O seu reconhecimento legislativo deve ser capaz de impor limites ao exercício do *poder heteronômico* e *algorítmico* sobre a vida humana.

CONCLUSÕES

A *Teoria Crítica* traz uma enorme contribuição para a compreensão da sociedade contemporânea, a partir da análise do conceito de *aceleração*. Na sociologia existencial de Hartmut Rosa, esse ingrediente deixa de ser um elemento lateral e se torna um elemento central, para compreender e analisar a modernidade. Para o capitalismo tardio, isso implica a visão de que a *inovação tecnológica* é agora tornada o componente decisivo da *Era Digital*, e a vida é transferida para o ambiente digital. Assim, o ambiente digital passa a sobredeterminar a "vida real".

Nessa medida, o conceito de *aceleração* é estudado como o ingrediente central da vida moderna. A *aceleração* está associada ao crescimento econômico e, por isso, se sobrepõe à vida dos indivíduos, tornando a escassez de tempo um fenômeno de desapropriação de experiência de mundo. A Era Digital introduz a dinâmica do *tempo digital*. Assim, cada vez mais aceleradas, as *interações sociais* dos tempos digitais se tornam *hipertecnológicas, digitais* e passam a exigir a *hiperconexão*. A *velocidade* das interações se impõe às demais temporalidades existenciais, solapando a *experiência de mundo*, dissipando o indivíduo de si e de seus objetivos. A *heteronomia* é, agora, a *heteronomia digital*. Por isso, o enfrentamento das novas dinâmicas do desenvolvimento econômico somente pode se dar pelo incremento das formas de proteção ao trabalho (trabalho digital), à desalienação (ressonância) e à garantia dos direitos humanos (direito à desconexão).

REFERÊNCIAS BIBLIOGRÁFICAS

BAUMAN, Zygmunt. *Modernidade líquida*. Tradução de Plínio Dentzein. Rio de Janeiro: Jorge Zahar, 2001.

BITTAR, Eduardo C. B. A Teoria do Direito, a Era Digital e o Pós-Humano: o novo estatuto do corpo sob um regime tecnológico e a emergência do Sujeito Pós--Humano de Direito. *Direito & Práxis*, Rio de Janeiro, vol. 10, n. 02, p. 933-961, 2019.

CAMPOS, Diogo Leite de; BITTAR, Eduardo C. B. (Coords.). Os direitos humanos no espaço virtual. *Galileu: Revista de Economia e Direito*, Lisboa: Departamento de Ciências Econômicas e Empresariais, Departamento de Direito, Universidade Autônoma de Lisboa – UAL, vol. XVII, n. 1/n. 2, 2012.

CORRÊA, Diogo Silva; PETERS, Gabriel; TZIMINADIS, João Lucas. Human beings are first and foremost resonant beings: Interview with Professor Hartmut Rosa of Universität Jena and director of Max-Weber-Kollegs. *CIVITAS: Revista de Ciências Sociais Programa de Pós-Graduação em Ciências Sociais*, PUC-RS, n. 21 (1), p. 120-129, jan./abr. 2021.

ROSA, Hartmut. *Social acceleration*: a new theory of modernity. Tradução de Jonathan Trejo-Mathys. New York: Columbia University Press, 2015.

________. Contra a invisibilização de um 'poder fatídico': apelo à renovação da crítica do capitalismo. *Perspectivas*, São Paulo, v. 49, p. 17-36, jan./jun. 2017.

________; BIALAKOWSKY, Alejandro. Alienación, aceleración, ressonância y buena vida: entrevista a Hartmut Rosa. *Revista Colombiana de Sociología*, Bogotá, vol. 41, n. 02, p. 849-859, Jul./Dec. 2018.

________; CHAPOUTOT, Johnann. Mouvement Historique et Histoire Suspendue: le rapport du changement social et de l'expérience de l'histoire. *Vingtième Siècle. Revue d'histoire*, Paris, Presses de Sciences Po, n. 117, 1, p. 89-104, 2013. Disponível em: <https://www.cairn.info/revue-vingtieme-siecle-revue-d-histoire-2013-1-page-89.htm>.